Histoire culturelle de l'Alsace

BERNARD VOGLER

Histoire culturelle de l'Alsace

DU MOYEN ÂGE À NOS JOURS,
LES TRÈS RICHES HEURES
D'UNE RÉGION FRONTIÈRE

LA NUÉE BLEUE

Bernard Vogler est professeur d'histoire d'Alsace à l'université de Strasbourg. Ses centres d'intérêt sont l'histoire religieuse et l'histoire d'Alsace. Parmi ses ouvrages citons *La société pastorale du Palatinat au XVIe siècle* (1976), *L'Alsace de 1520 à 1648* (1977), *Les testaments strasbourgeois au XVIIIe siècle* (1978), *Le monde germanique et helvétique à l'époque des Réformes (1517-1618)* (1982), *Dictionnaire religieux du monde contemporain (1802-1962) : l'Alsace* (1987), *L'Alsace une histoire* (1990), Histoire des Caisses d'Epargne de Strasbourg, Thann, Guebwiller et Ribeauvillé.

L'auteur remercie Guy Sautter, Philippe Forstmann et Roger Lehni pour leurs conseils et informations.

Quatrième édition,
avec mise à jour.

ISBN 2-7165-0273-0

Aux Alsaciens victimes de 1870 à 1945 de l'intolérance pour leurs convictions patriotiques et leur attachement aux libertés, à ceux qui ont souffert du handicap de leur formation culturelle, française après 1870, allemande après 1918 et 1945, à ceux qui furent déchirés entre les deux nations voisines, aux enrôlés de 1914 et aux incorporés de force, obligés par les nazis d'endosser un uniforme étranger.

Introduction

La double culture est aujourd'hui très à la mode dans les discours officiels en Alsace. Quelle est sa place dans l'histoire culturelle de la région ? C'est l'objet de ce livre qui se veut une introduction aux problèmes culturels de l'Alsace à travers les âges et dont le fil conducteur est la double culture, les relations avec les deux voisins, la conception de l'identité et l'esprit d'innovation. Bien que certains clichés aient tendance à souligner son caractère conservateur et traditionnel, l'Alsace a toutefois suscité de nombreux scientifiques, inventeurs et intellectuels créatifs. Au départ s'imposait une réflexion sur le concept de culture dont le contenu s'élargit considérablement au XX*e* *siècle. J'ai retenu les aspects suivants, en partie à cause de la possible remontée dans le temps et donc d'une étude dans le temps long, et de l'existence d'une documentation : les langues, l'école, l'université, l'innovation, la littérature, les arts, le théâtre, la musique, la presse et les autres médias, le livre (production, imprimerie, lecture et bibliothèques), l'attitude face aux deux voisins et le sentiment d'identité. Ces thèmes sont traités à l'intérieur des tranches chronologiques classiques, ce qui permet de les suivre dans la diachronie en liaison chaque fois avec le contexte historique spécifique, axé sur la frontière, qui se trouve déplacée au* XVII*e* *siècle des Vosges au Rhin. Axe commercial et culturel (*Pfaffengasse*) majeur, le fleuve devient successivement une frontière politique, militaire, nationale et douanière. Aujourd'hui, à l'heure de la construction européenne, il est en voie de devenir une frontière* *linguistique attestée par l'apparition de l'expression « langue du voisin » !*

Cette situation frontalière a valu à l'Alsace de subir quatre changements d'appartenance nationale de 1870 à 1945, un record européen, qui a profondément marqué la vie culturelle : le choix d'une langue écrite était interprété comme un choix politique. Cette imbrication étroite du politique et du culturel a marqué des générations d'Alsaciens, dont beaucoup avaient entre 1918 et 1945 le sentiment de vivre dans un corridor servant de punching-ball à leurs deux voisins.

Le projet s'est heurté à un double problème. De 1870 à 1945 le sujet est très sensible et possède une forte charge passionnelle. Actuellement encore le thème conserve une certaine charge émotionnelle dont témoigne le courrier des lecteurs des deux quotidiens alsaciens. J'ai essayé de faire preuve, à côté du recul universitaire, de sérénité, inspirée il est vrai par le souci de l'avenir et de la réconciliation à travers un engagement pour l'Europe.

Ensuite le traitement de la période contemporaine (depuis 1945) qu'il était impossible d'ignorer s'est révélé assez difficile. Le manque de recul, l'extension du concept et des activités culturelles, l'information hétéroclite en sont les raisons. Il fallait éviter de déséquilibrer l'architecture d'ensemble par un traitement trop long. Aussi ai-je été amené à opérer, avec le plus de probité possible, des choix susceptibles de susciter des réserves.

L'information est très disparate. Hormis l'histoire linguistique de P. Lévy, seuls existent des ouvrages ou des articles qui ne couvrent que de courtes périodes. Ce livre s'appuie en particulier sur de nombreux travaux universitaires demeurés souvent inédits, ainsi que sur plusieurs documents de travail fournis par la région Alsace et la DRAC (Direction régionale des affaires culturelles).

J'ai eu également le souci d'accorder mon intérêt à l'ensemble de la province, car très souvent l'histoire de l'Alsace se limite à celle de ses trois grandes villes.

Il est possible que le lecteur soit déçu par la brièveté de tel ou tel aspect traité. De nombreuses lacunes persistent dans la recherche (en particulier sur l'histoire du cinéma en Alsace et sur l'édition après 1870). D'autre part j'ai eu le souci d'éviter un livre trop épais, d'où des mises au point qui peuvent sembler un peu brèves. Si ce bilan provisoire d'un chantier en cours peut susciter des vocations pour de nouvelles recherches, permettre aux Alsaciens une relation plus décrispée avec leur histoire, notamment la période tragique 1870-1945, et les persuader de la richesse de leur patrimoine culturel, étroitement associé aux impulsions venues de l'ouest et de l'est, il aura rempli sa mission.

CHAPITRE I

L'essor culturel au Moyen Âge

Le contexte alsacien est profondément marqué par l'intégration de la province en 870 dans l'espace politique germanique devenu en 962 le Saint Empire romain germanique. Peuplée d'Alamans et dans l'extrême nord ainsi qu'en Alsace bossue de Francs, elle conserve une partie non négligeable de son patrimoine linguistique et toponymique de l'époque gallo-romaine. Elle fait très vite partie du centre de gravité politique, économique et culturel de l'Empire, tout en demeurant une frontière : du Ballon d'Alsace au Donon la ligne de crête des Vosges constitue une véritable frontière culturelle avec la Lorraine francophone, pourtant également membre de l'Empire. Bien qu'intégrée dans un ensemble plus vaste, une identité alsacienne apparaît assez tôt. Le nom Alsace, dont l'étymologie donne lieu à plusieurs interprétations, apparaît pour la première fois dans une chronique des années 620-630, sous le vocable *Alesaciones*. Puis elle constitue, la seule fois dans son histoire, une entité politique, le duché d'Alsace (640-740), ensuite coupé en deux parties, devenues au XIIe siècle les landgraviats de Haute et de Basse-Alsace, séparés par le Landgraben au sud de Sélestat, qui a disparu aujourd'hui du paysage. L'acception la plus nette du mot Alsace au Moyen Age est géographique. Elle désigne alors la région délimitée par le Rhin (qui n'est pas perçu jusqu'à Louis XIV comme une frontière, car il constitue un important axe de circulation de Bâle à Francfort et aux Pays-Bas) à l'est, les Vosges à l'ouest (où subsistent sur le versant alsacien des enclaves francophones dans les vallées de la Bruche, du Giessen (Villé), de la Lièpvre et de la Weiss). Les limites nord et sud demeurent plus floues : Seltzbach ou Lauter avec Wissembourg, seuil de Bourgogne. Une lettre du duc de Bourgogne en 1382 évoque la « patrie commune de l'Alsace » (*communis patria Alsatiæ*), alors que depuis le XIIIe siècle elle n'est plus qu'une mosaïque de territoires ou seigneuries. C'est également à cette époque qu'apparaît le concept de « elsasser sproch ».

La culture monastique

C'est à partir de l'époque carolingienne que l'Alsace devient un important centre culturel, en premier lieu par les monastères, dont deux ont joué un rôle majeur. Celui de Murbach possède au IXe siècle une bibliothèque de trois cent quarante manuscrits, un ensemble exceptionnel pour l'époque. Il s'agit surtout de livres de patristique, de glossaires et de traductions pour les besoins de l'instruction, d'hymnaires et de récits hagiographiques pour l'édification des fidèles. L'abbaye bénéficie aussi au IXe siècle d'une certaine notoriété par ses ateliers d'enluminure, dont seule une infime partie est conservée, en particulier l'*Hymnaire de Murbach* (Murbacher Hymnen), le *Missel de Murbach* et la *Bible de Murbach*, conservés le premier à Oxford, les deux autres à Colmar. Seuls cinquante-six manuscrits subsistent, dont trente-cinq conservés en Alsace. Cette abbaye contribue également à l'élaboration du culte hybride romano-germanique, qui devient la liturgie de l'Eglise latine par deux œuvres majeures, le *Comes de Murbach* (vers 780), l'*Hymnaire de Murbach* (vers 825), auxquels s'ajoute l'*Ordo romanus* du moine anonyme de Wissembourg (vers 850). L'abbaye de Wissembourg constitue en effet le second centre monastique important. Son école lui assure à partir de la fin du VIIIe siècle un rayonnement culturel considérable avec une bibliothèque d'environ quatre cents volumes dès le IXᵉ siècle. Elle a produit plusieurs ouvrages de qualité : le *Catéchisme de Wissembourg* (fin du VIIIᵉ siècle), un des premiers ouvrages rédigés en allemand, en francique rhénan, un *Ordo romanus* qui constitue un des premiers guides pratiques pour la messe et les fêtes religieuses. Une centaine de manuscrits sont conservés, des recueils d'homélies, catéchismes et psautiers.

Otfried de Wissembourg

Si les abbayes ont joué d'abord un rôle comme vecteur de la culture latine chrétienne, très vite leur souci missionnaire en fait un laboratoire d'une langue populaire écrite incluant les concepts chrétiens, soit une littérature en langue tudesque. Le premier poète de langue allemande dont le nom soit connu est Otfried de Wissembourg (vers 790 - vers 870-875) [1]. Directeur de l'école du monastère il a composé pendant au moins vingt ans le *Livre des Evangiles*, une histoire de la vie du Christ selon les quatre évangiles en plus de seize mille vers. Il utilise le premier la forme métrique des vers latins avec rime en fin de ligne, qui devient jusqu'au début du XXᵉ siècle la rime dominante de la littérature allemande. La langue est le vieux haut-allemand avec une couleur dialectale francique méridionale. D'ailleurs son introduction est un manifeste pour la création d'une littérature nationale du peuple franc. C'est à la fois le premier grand ouvrage écrit en allemand et l'un des chefs-d'œuvre de la littérature allemande. Il représente le premier pas vers l'adoption des langues populaires dans le domaine religieux en vue de faire mieux comprendre par les fidèles le message de l'Eglise.

De manière fortuite la rencontre des deux petits-fils de Charlemagne, Charles le Chauve et Louis le Germanique, donne lieu aux *Serments de Strasbourg* (842) qui constituent, l'un le plus ancien monument écrit en langue romane française, l'autre, en francique rhénan, un des plus anciens de la littérature allemande. Dans le domaine artistique par contre la Renaissance carolingienne, à laquelle l'Alsace a pris une large part, n'a laissé, outre quelques fondations monastiques majeures (Hohenbourg, Marmoutier, Andlau), que des vestiges assez minces, en raison des destructions postérieures, hormis à travers l'art ottonien qui rappelle la disposition des anciennes basiliques romaines par une triple nef limitée souvent par deux imposants massifs. Il subsiste pour les xe et xie siècles des églises de plan basilical (Dompeter, Feldbach) ou circulaire (Ottmarsheim) et quelques ruines de château (Guirbaden, Eguisheim). Le xie siècle est le premier grand moment de l'art roman, qui use des volumes géométriques simples, superposés ou juxtaposés, avec un plafond lambrissé. On dénombre quatorze monuments encore debout et un minimum de quarante chantiers, comprenant des édifices centrés, de grandes basiliques et de modestes églises rurales.

Herrade de Landsberg et la culture monastique

Les xe et xie siècles marquent en Alsace comme dans l'ensemble des régions germanophones un creux dans la productivité littéraire, à la fois en langue populaire et en latin. Toutefois la culture française bénéficie d'une certaine attraction car certains jeunes Alsaciens de bonne famille sont envoyés à l'ouest des Vosges, notamment dans les écoles de Toul et de Luxeuil pour y apprendre la langue.

Avec l'arrivée sur le trône impérial de la dynastie des Hohenstaufen (1138-1250) qui a manifesté une sollicitude exceptionnelle à l'Alsace, celle-ci bénéficie d'un renouveau culturel qui se traduit par un âge d'or de l'architecture, une reprise de la culture monastique et deux remarquables réussites littéraires. Certains monastères s'adonnent à nouveau à diverses activités culturelles. L'histoire est cultivée sous la forme d'annales en latin qui notaient année par année les faits jugés importants de l'histoire régionale. Les annales les plus

Planche extraite du «Hortus Deliciarum» (fin XIIe siècle) de Herrade de Landsberg. Cette miniature est une illustration de l'art monastique, de la mentalité et de la spiritualité des moniales de l'époque.

intéressantes sont celles dites de Marbach, qui sont l'œuvre d'un copiste de l'abbaye de Neubourg vers 1238, et la chronique d'Ebersmunster. Le prieur Gunther de Pairis[2], ancien étudiant à Paris et à Bologne, célèbre en vers latins les Croisades. Il a composé une histoire de la quatrième croisade (*Historia Constantinopolitana anno 1204*), à laquelle l'abbé Martin de Pairis a participé, et le *Ligurinus*, un poème de plus de six mille vers sur les hauts faits de l'empereur Frédéric Barberousse. Par la suite le couvent dominicain de Colmar a rédigé une chronique assez riche sur le dernier tiers du XIIIe siècle. Certains couvents jouent un rôle d'intermédiaire culturel. Au XIIe siècle cisterciens et prémontrés français imposent leur conception à la plupart des couvents de Haute-Alsace. Celui de Sainte-Foy de Sélestat est fondé par des bénédictins de Conques dont il dépend longtemps.

La plupart des monastères disposent d'un atelier d'enluminure, qui ont laissé de remarquables créations artistiques, de chartes (charte-plan de Sindelsberg en 1146) et surtout de livres manuscrits. Actuellement on en a retrouvé une cinquantaine antérieurs au milieu du XIIIe siècle, émanant des abbayes de Murbach, Wissembourg, Pairis, Marbach et du couvent des dominicains de Strasbourg, et aujourd'hui dispersés dans de nombreuses bibliothèques, en partie étrangères à l'Alsace. Le manuscrit encore existant le plus remarquable est le *Codex Guta-Sintram* (1154), œuvre de la moniale Guta et de Sintram, moine augustin de Marbach, comprenant en particulier un calendrier décoré de belles compositions. Les enluminures se rattachent à l'école souabe du XIIe siècle ayant subi une influence irlandaise. Herrade de Landsberg[3], abbesse de Hohenbourg (mont Sainte-Odile) entre 1176 et 1196, est l'auteur du *Hortus deliciarum*, anéanti par les obus prussiens en 1870, et dont ne subsistent que des copies partielles. Il est constitué de près de douze cents textes destinés à la formation et à l'édification des moniales de Hohenbourg et de plusieurs centaines de miniatures qui constituent une mine unique de renseignements sur la civilisation du XIIe siècle et sur l'iconographie chrétienne. Herrade a utilisé de nombreuses sources : à côté de quelques textes empruntés à la littérature patristique ou attribués à tort à des Pères de l'Eglise, elle a surtout recours à des auteurs contemporains, dont un Parisien, Pierre le Mangeur. Par souci pédagogique elle a accompagné de nombreux textes de gloses allemandes.

Un Roman de Renart *alsacien*

A la fin du XIIe siècle, un Alsacien mal connu, Heinrich der Glichezare, a composé un poème épique, *Reinhart Fuchs*, en vers moyen-haut-allemands, qui est apparenté au *Roman de Renart* français, où il puise de nombreux épisodes qu'il remanie largement. La diffusion s'est développée des deux côtés de la frontière linguistique délimitant les pays de langue romane et ceux de langue germanique. L'auteur en fait un roman satirique à but moral. Le fil conducteur est la fourberie du renard. Ses digressions satiriques qui visent en particulier le clergé, la vie monacale et ses parodies de chansons courtoises et de poèmes épiques font de lui le premier grand auteur satirique de la littérature en Alsace.

Gottfried de Strasbourg et les Minnesänger

Lorsque, sous Frédéric Barberousse, Haguenau devient une de ses résidences favorites, la cour attire des troubadours, un genre littéraire et musical importé de France qui suscite quelques vocations en Alsace, et dont deux représentants ont connu une grande renommée. Avant 1200 le plus célèbre des Minnesänger germaniques est Reinmar de Haguenau qui formera Walther von der Vogelweide, le plus illustre de tous les Minnesänger. Il a composé de nombreux textes, dans lesquels il apparaît surtout comme le philosophe de l'amour malheureux, dont il est devenu le grand classique, alors que son œuvre est bien plus complexe. Il était un poète qui avait tendance à idéaliser, à chercher la femme absolue pour une félicité absolue.

Le second poète est Gottfried de Strasbourg (mort après 1210)[4], considéré comme l'un des trois tout grands conteurs épiques de la littérature courtoise en langue allemande. Il a composé un *Tristan und Isolde* à partir du modèle français de Thomas de Bretagne, qui constitue depuis un des classiques de la littérature en moyen-haut-allemand. La métaphore religieuse est omniprésente ; plus que dans le modèle français il s'agit d'une apologie de l'amour pour l'amour, de la passion destructrice des liens sociaux. Le rôle de Gottfried comme relais culturel est essentiel. Il inaugure, à sa manière, le bilinguisme, truffant son texte d'expressions françaises (« Und Tristan sprach : merci bele Isôt »). Il témoigne ainsi du prestige dont jouit la langue française grâce à la littérature courtoise. L'Alsace, comme la Flandre, sert comme pour le *Reinhart Fuchs* de voie de pénétration pour les thèmes de romans. La forme soignée et la clarté du langage ont valu à Gottfried d'être appelé le poète allemand le plus français du Moyen Age. Il a aussi le mérite d'avoir écrit le premier roman psychologique, vu la grande importance donnée à la description des états d'âme de ses personnages. L'originalité du *Tristan und Isolde*, c'est la violence et la sincérité de la passion et le sentiment de la nature. Mais au XIIIe siècle cette expression poétique si originale s'affaiblit, en dépit de la présence d'au moins une douzaine de Minnesänger en Alsace.

L'art roman

Le siècle des Staufen se caractérise aussi par l'apogée de l'art roman, dont les plus belles églises conservées sont celles de Marbach, Andlau, Lautenbach, Marmoutier, Rosheim, Sainte-Foy de Sélestat, Saint-Léger de Guebwiller, Saint-Pierre-et-Paul de Neuwiller et le chœur de la cathédrale de Strasbourg. Parmi les bâtisseurs on compte avant tout les communautés religieuses, les villes nouvelles et les bourgades du vignoble. L'art roman alsacien peut être défini comme le règne de l'arc en plein cintre et de la voûte construite sur croisée d'ogives, à quoi s'ajoutent deux tours placées devant la façade de la nef et une troisième tour érigée sur la croisée (Sélestat, Guebwiller). Dans cette liste figurent la plupart des églises abbatiales, qui pour des raisons de prestige constituent des ensembles complexes dont on trouve d'autres exemples à travers toute l'Europe. Ces églises se caractérisent par un imposant massif occidental, une grande variété de l'aspect extérieur et la présence d'une remarquable tour-clocher ainsi que par l'animation des surfaces murales par des éléments de décor plastique.

On a utilisé des plans très simples avec des murs percés de petites ouvertures, en plein cintre, et des plafonds charpentés, soit des constructions très solides. Les églises paroissiales, à l'image de celle de Rosheim, ont souvent la forme d'une croix dont l'intersection est surmontée par une tour. Les arcades retombent sur de gros chapiteaux cubiques posés sur des colonnes ou sur des piliers carrés. Cette période réunit des influences diverses, allemandes (Hirsau, Spire), bourguignonnes (Cluny), lombardes et lorraines.

Au premier tiers du XIIIe siècle une timide évolution vers la structure gothique se fait sentir par la juxtaposition d'arcs brisés pour le tracé des arcades et d'arcs en plein cintre conservés aux portails et aux fenêtres. Les principales réalisations sont Saint-Adelphe de Neuwiller, Saint-Etienne et Saint-Thomas à Strasbourg. Les sculptures sont réalisées en bas-relief et intégrées aux façades ; on privilégie en particulier les très beaux portails surmontés par des tympans. Cette époque correspond aussi au premier apogée de la construction de châteaux forts sur des sites stratégiques dominant en général la plaine ou barrant l'entrée des vallées vosgiennes et comportant de grandes salles d'apparat.

Un nouvel art de bâtir : le gothique

Vers 1230 la pénétration de l'architecture gothique en Alsace coïncide avec l'essor des villes et l'arrivée des ordres mendiants. Strasbourg constitue une plaque tournante dans la pénétration du style gothique vers l'est. Les premières œuvres sont fortement marquées par l'influence française : l'église de Rouffach est influencée par la cathédrale de Sens et la nef de la cathédrale de Strasbourg, construite à partir de 1240, est proche de l'art champenois et de celui de l'Ile-de-France. Le vaisseau donne une impression d'élégance et d'unité qui le classe au premier rang des édifices gothiques. Son architecte connaissait parfaitement les sanctuaires parisiens et rémois. Erwin de Steinbach (1284-1318) qui a réalisé la façade occidentale avec les trois portails et le dessin de la rose, est un des bâtisseurs les plus doués de l'Occident médiéval. Grâce à lui Strasbourg est devenu un des foyers créateurs du gothique international. Son rayonnement, considérable, atteint l'Autriche, la Bohême et la Prusse. Certains chantiers alsaciens continuent toutefois à s'inspirer des ateliers de Dijon, Toul et Metz. De leur côté les ordres mendiants, sensibles au langage architectural italien, participent activement à la diffusion des formules gothiques en usage dans l'Empire. Le travail des sculpteurs qui disposèrent tout un peuple de statues porte la marque des ateliers rémois et parisiens. La rose à seize pétales demeure l'une des plus accomplies en Europe par sa pureté géométrique. Vers 1300 une centaine de chantiers importants sont en activité en Alsace : églises paroissiales et églises des ordres mendiants dont celles des dominicains de Strasbourg, Colmar et Guebwiller. Ils comportent plusieurs innovations capitales : dédoublement des parois, éclosion de grandes roses à pétales, implantation d'églises-halles et chœur à travées multiples. Mais cet élan se ralentit fortement au XIVe siècle, qui connaît après 1330 une chute sensible de l'activité architecturale.

Procession d'action de grâces autour de la cathédrale après la mort de Charles le Téméraire. Gravure éditée à Strasbourg en 1477. Une des premières représentations connues de la cathédrale, joyau de l'art gothique et centre de la vie religieuse à Strasbourg au XVe siècle.

La culture ecclésiastique et la mystique rhénane

L'essor urbain et l'arrivée des ordres mendiants donnent une forte impulsion à la vie culturelle. Comme dans l'ensemble de l'Occident, les villes prennent la relève des monastères et deviennent au XIIIe siècle des foyers de vie intellectuelle. A Strasbourg le chapitre cathédral entretient une école et dispose d'une bibliothèque, comme plusieurs autres chapitres. Mais ces écoles ont essentiellement pour but la formation des prêtres et ne dépassent pas un niveau culturel moyen. On y recopie des manuscrits et l'enseignement se limite aux rudiments de la langue latine et à la formation des clercs. A Colmar le chapitre Saint-Martin crée en 1283 un poste de maître d'école et dès la fin du siècle celui-ci réunit une centaine d'élèves. Franciscains et dominicains relèvent sensiblement le niveau et créent des bibliothèques. Celle de Guebwiller comprend trois cent quarante titres vers 1340 et attire de nombreux étudiants pour de courts séjours d'études. Les ordres mendiants créent des écoles supérieures, ouvertes aux moines et aux laïcs.

C'est lors de la réunion du chapitre général de l'ordre franciscain à Strasbourg en 1262 que fut probablement élaboré le *studium generale*, programme pour les écoles de l'ordre, comportant les sept arts libéraux, la philosophie, la théologie et le droit canon. Cette école a bénéficié de donations importantes des évêques pour assurer la subsistance des étudiants. Les statuts prévoient de les envoyer pour leurs études dans diverses universités, à Oxford, Cambridge, Orléans, Cologne et surtout Paris qui attire des étudiants alsaciens jusqu'au XVIe siècle. D'ailleurs aucun ne devait être reçu maître s'il n'avait étudié à Paris. Le renom de cette école fut tel que la province franciscaine de Haute-Allemagne fut appelée province de Strasbourg.

L'école dominicaine de Strasbourg acquiert au cours du XIIIe siècle un grand prestige par la qualité de ses maîtres.

Après Cologne, Strasbourg contient l'école la plus importante de cet ordre en Allemagne. L'activité intellectuelle est vive par l'étude des œuvres philosophiques, théologiques et de droit canon des membres les plus célèbres de l'ordre. Albert le Grand qui y fait deux séjours forme plusieurs disciples alsaciens. Hugues Ripelin, qui a étudié et professé à Paris, est l'auteur d'un manuel de philosophie, *Compendium theologiae veritatis*, qui a connu un large succès pendant deux siècles. Ulric Engelbrecht, provincial d'Allemagne et professeur à Paris, est l'auteur d'une somme de la théologie, *De summo borno*, qui s'apparente au commentaire d'Albert le Grand des *Noms divins* du pseudo-Denys. L'école bénéficie d'une importante bibliothèque et encourage le théâtre religieux.

Elle a surtout fait de Strasbourg un centre important de la mystique rhénane, dont l'initiateur fut maître Eckart qui séjourne à Strasbourg de 1314 à 1322, où il a élaboré l'essentiel de sa pensée sur le mysticisme. Le principal représentant est Jean Tauler (vers 1300 - 1361), un prédicateur de talent qui fait preuve de prudence. Grâce à lui le sermon en langue populaire connaît un grand essor. Les adeptes, pour lesquels l'homme peut et doit trouver Dieu en lui-même, soit une union mystique avec le Créateur, ce qui nécessite une haute concentration, se regroupent en petits groupes, les Amis de Dieu. Les sermons attribués à Tauler ont été publiés en 1543 par le jésuite allemand Peter Canisius. Par ce canal la pensée de Tauler contribue à l'élaboration du mysticisme espagnol et français de l'époque de la Réforme catholique. Après sa mort, un ancien banquier, retiré des affaires, Merswin, continue à regrouper les Amis de Dieu, mais ses écrits spirituels manquent d'originalité.

Les chroniqueurs urbains

L'affirmation des villes suscite une littérature bourgeoise, orientée vers la connaissance du passé de la ville, présenté comme un aboutissement de l'histoire universelle. Strasbourg voit s'affirmer plusieurs chroniqueurs. Fritsche Closener (mort avant 1373), prébendier de la chapelle Sainte-Catherine de la cathédrale, a rédigé une chronique en allemand qui contient des renseignements précieux sur les mouvements sociaux à Strasbourg de 1320 à 1360. Il consigne des observations personnelles et fait preuve d'un certain esprit critique, de précision et de finesse. Auteur de la première chronique de langue allemande, on l'a considéré comme le père de l'histoire de l'Alsace. Jacques Twinger, dit Koenigshoven, chanoine de Saint-Thomas (1346-1420), a rédigé une chronique allemande menée jusqu'en 1415, s'inspirant de celle de Closener, sans hésiter à recopier des passages entiers d'auteurs antérieurs. Il est l'auteur de la première chronique dite mondiale en allemand : il utilise la langue du peuple et non le latin parce que, dit-il, « die klugen legen (Laien) also gerne lesent von semelichen dingen also gelerte Pfaffen ». Il s'adresse donc essentiellement à la bourgeoisie urbaine en quête d'instruction dans sa propre langue. Il souligne aussi que les empereurs allemands sont plus puissants que les rois de France. Cette chronique qui a connu une grande popularité en Allemagne au XVe siècle servit de modèle pour les historiens d'autres villes dans tout l'Empire et la réputation de Strasbourg et de l'Alsace. A la fin du XIIIe siècle, Ellenhard, un administrateur du chantier de la cathédrale, fait réaliser le *Ellenhard Codex*, qui contient des annales de la ville allant de 1132 à 1297, et en particulier le récit de la bataille de Hausbergen (1262), par laquelle la ville s'affranchit de la tutelle épiscopale (*Bellum Waltherianum*).

Un recul relatif de la vie artistique au XIVe siècle

Au XIVe siècle l'architecture religieuse, si elle n'a pas suscité de sanctuaires majeurs dans les villes, a néanmoins vu l'achèvement de nombreux bâtiments et l'édification de nombreuses églises conventuelles, par les ordres prêcheurs et mendiants, qui se caractérisent par un chœur très étendu et de hautes fenêtres (Saint-Guillaume de Strasbourg, dominicains de Guebwiller). On peut encore citer Saint-Martin de Colmar, Saint-Florent de Niederhaslach, Notre-Dame de Rouffach et la chapelle Sainte-Catherine à la cathédrale, parente de la chapelle Saint-Wenceslas à Prague. Il convient de relever « l'impact de l'art des Parlers, tant souabe que bohémien, sur les chantiers du Rhin supérieur... ainsi que les apports strasbourgeois, antérieurs à cet impact, sans doute, à l'art de Prague »[5]. La sculpture n'a pas la même importance qu'au siècle précédent. Le XIVe siècle a privilégié les saints sépulcres, les plates et hautes tombes à gisants, ainsi que les figures de piété isolées : Vierges à l'Enfant, saints et pietà. La peinture murale est illustrée par d'intéressantes séries murales, en particulier dans l'église des dominicains de Guebwiller. Le XIVe siècle est surtout très riche en vitraux avec des ensembles très diversifiés, d'une iconographie abondante, en particulier une série de cinq verrières à la cathédrale, sur le bas-côté méridional : elles constituent « l'une des plus riches illustrations des thèmes mariologiques et christologiques inspirés par la Bible des Pauvres »[6].

CHAPITRE II

Le rayonnement culturel et l'humanisme (1480-1520)

Au milieu du XIVe siècle l'Alsace est durement touchée par la grande peste, suivie de guerres et d'épidémies jusqu'en 1474, ce qui entraîne un net ralentissement des activités culturelles. A Strasbourg les trois premiers quarts du XVe siècle sont étrangement vides de réalisations intellectuelles, entre la floraison de la mystique et celle de l'humanisme. On ne peut citer aucun poète, ni écrivain, ni savant d'envergure et les deux écoles franciscaine et dominicaine ne semblent avoir joué qu'un rôle mineur. Après 1450 la reprise économique progressive suscite un net renouveau multiforme : littéraire (humanisme), scolaire, architectural, artistique et dans le domaine de l'imprimerie. Dans tous ces domaines l'Alsace bénéficie d'un véritable apogée en 1500 et 1520, une des périodes les plus riches dans l'histoire culturelle et artistique.

Strasbourg, une des capitales européennes du livre imprimé[7]

La présence, attestée, de Gutenberg à Strasbourg, de 1434 à 1444, a permis à la métropole rhénane de jouer un rôle déterminant dans l'invention de l'imprimerie, mais aucun document ne permet d'affirmer que la découverte a bien eu lieu à Strasbourg. En tout cas Strasbourg devient très vite un important centre d'imprimerie avec l'apparition d'au moins une dizaine d'ateliers entre 1460 et 1480 et dont plusieurs ont fait preuve d'esprit d'innovation. Le premier est celui de Jean Mentelin originaire de Sélestat, dont le premier ouvrage connu est une Bible latine parue en 1460-1461 et visiblement inspirée de celle de Gutenberg. Jusqu'à sa mort (1478) il a imprimé au moins quarante-deux titres, œuvres théologiques, une Bible allemande, auteurs latins et almanachs, production comparable à celle de ses concurrents. Alors que Mentelin et Heinrich Eggestein impriment presque exclusivement des ouvrages théologiques, Adolphe Rusch et Johann Schott font paraître aussi de nombreuses œuvres classiques. Le gendre de Mentelin, Rusch, est le premier imprimeur allemand à employer des caractères romans. Pour l'illustration, dans un premier temps on se contente d'enluminures faites à la main. Henri Knoblochtzer, dont on connaît une trentaine de publications de 1476 à 1484 est le premier à faire paraître des ouvrages illustrés. Il introduit l'usage systématique de la gravure sur bois, des bois originaux exécutés par des artistes locaux, ainsi que celui des bordures ornementées de fleurs et d'oiseaux, à la manière de ses confrères d'Ulm et d'Augsbourg. Il est également le premier à publier de nombreux livres en allemand en vue de toucher un public plus vaste.

Strasbourg devient aussi un foyer de diffusion de la nouvelle technique. Un Michel Friburger de Colmar est à l'origine du premier ouvrage imprimé à Paris (1470), de même c'est un Strasbourgeois qui a fondé la deuxième imprimerie de Lyon. On trouve d'autres imprimeurs alsaciens en Italie (Naples, Venise, Rome) et en Rhénanie (Cologne). De 1480 à 1520 il y a toujours au moins six ateliers en activité. Si on rencontre de nombreux échecs et des réussites éphémères, il y eut aussi des chefs d'entreprise de large envergure qui ont su fonder des affaires durables, à l'image du plus prolifique d'entre eux, Johann Grüninger, dont l'entreprise a duré sur deux générations près de cinquante ans, 1487-1538, de celle de Johann Pruss (trente ans et dix ans par le gendre), la firme Martin Flach s'est maintenue de 1483 à 1524 pendant deux générations et celle de Schott de 1481 à 1548. On peut ajouter à ces grands noms celui de Jean Knobloch. En fait l'imprimerie est

La plus ancienne reproduction connue d'une presse à imprimer (1520).

dominée par trois ou quatre grands entrepreneurs, dont chacun publie entre deux cents et trois cents ouvrages. La plupart sont d'origine allemande et ont fait un séjour dans une université, d'où un niveau culturel de qualité.

Les deux premières décennies du XVIe siècle forment la période la plus glorieuse de l'imprimerie alsacienne. Les anciennes maisons (Schott, Pruss, Flach, Grüninger) poursuivent leur activité ; mais après la mort de leur fondateur, la plupart connaissent des difficultés, ce qui contraint les fils de Martin Flach et de Johann Pruss à fermer leur atelier. Ils sont remplacés par des hommes nouveaux : Johann Knobloch devient un des imprimeurs les plus productifs, Mathias Hupfuff publie de nombreux livres populaires, alors que l'érudit Mathias Schurer privilégie les auteurs classiques. L'imprimerie strasbourgeoise, dont la diffusion se fait par l'intermédiaire des foires de Francfort, où elle installe des dépôts biens garnis, bénéficie d'un rayonnement véritablement européen. Selon un inventaire de la bibliothèque de Sibiu en Transylvanie datant de 1500, sur un total de trois cent vingt ouvrages, vingt-huit, soit 8 %, proviennent des presses de Strasbourg contre vingt-deux de Bâle et onze d'Augsbourg, deux villes qui font partie des grands centres européens.

Typologie des livres

Le livre religieux continue à tenir une place dominante dans les livres imprimés. Les imprimeurs strasbourgeois, en particulier Grüninger et Pruss, ont été parmi les premiers à se rendre compte que les institutions ecclésiastiques peuvent être d'excellents clients, d'où leur idée de démarcher l'épiscopat de l'Empire pour leur proposer des missels, des bréviaires et des rituels, car par le nombre de paroisses, chaque diocèse représente un marché potentiel intéressant. Dans le diocèse de Strasbourg ils obtiennent à deux reprises la commande de l'édition d'un bréviaire pour tous les membres du clergé en

1489 et en 1511. Le rituel du diocèse est imprimé à un rythme rapproché, en 1490, 1495 et 1505. Pour les autres diocèses ils obtiennent des commandes de Coire, Mayence (trois éditions de bréviaires et de missels), Breslau (bréviaire et missel), Spire (deux bréviaires) et Worms (un bréviaire). Johann Grüninger (vers 1455 - vers 1532) imprime de nombreux livres liturgiques et cherche ses clients fort loin, obtenant des commandes dans les diocèses de Hambourg, Munster, Osnabrück et Halberstadt. Il s'est spécialisé dans la fabrication de bréviaires maniables et bien présentés, faisant appel, pour l'illustration, aux bois des meilleurs artistes de l'époque, Hans Baldung Grien et Johann Wechtelin. Il employa plusieurs séries d'initiales gothiques historiées et des encadrements de titres d'une rare élégance.

On a pu recenser en tout vingt-sept éditions de missels et vingt-cinq pour les bréviaires. Vers 1500 quatorze diocèses, s'étendant de Constance à la Prusse (Ermland) et de Munster à Cracovie utilisent des livres imprimés à Strasbourg. A cette production officielle s'ajoute toute une littérature abondante concernant la confession et la prédication, car les curés apprécient les aide-mémoire et l'édification. La Bible bénéficie de plusieurs éditions, alors que la théologie spéculative ne connaît que peu de succès. Cette littérature religieuse représente une cinquantaine d'éditions ou de rééditions, soit des dizaines de milliers de volumes. Alors que l'Alsace et l'espace rhénan deviennent un important centre de l'humanisme, les imprimeurs demeurent longtemps hésitants. Pour les années 1490 à 1507 Myriam Chrisman, la spécialiste de l'histoire de l'imprimerie strasbourgeoise, n'a recensé que seize éditions de classiques grecs et latins. Grüninger publie les œuvres complètes d'Horace et de Virgile, ainsi que des traductions allemandes d'auteurs latins (César, Tite-Live et l'*Enéide*). Pruss choisit de son côté des œuvres populaires du répertoire classique. En fait les imprimeurs semblent estimer que le marché pour les classiques demeure trop étriqué en Alsace, ce qui explique l'absence de toute édition de Cicéron, de Pline et de Sénèque et de toute œuvre grecque en langue originale.

Il faut attendre l'année 1508 pour observer un changement, lorsque Mathias Schurer a le courage de s'aventurer dans cette voie par goût pour l'humanisme et pour la littérature latine plus que par pur calcul économique. De 1508 à 1520 il publie dans ce créneau une centaine de titres, qu'on peut regrouper en quatre rubriques. En premier lieu des poètes : quatre éditions d'Horace, les *Bucoliques* et l'*Enéide* de Virgile, alors qu'Ovide bénéficie de onze éditions. L'histoire occupe aussi une large place avec Pline le Jeune, Suétone, Salluste et Hérodote, tout comme Cicéron avec dix-sept éditions de plusieurs œuvres. Enfin Schurer bénéficie du monopole des œuvres d'Erasme à Strasbourg. Avec un total de onze ouvrages, on constate en fait une édition par an. Les *Adages* du prince des humanistes bénéficient d'un succès particulier avec douze éditions. Ses intérêts multiformes l'ont également incité à publier des ouvrages de grammaire, de stylistique et de rhétorique. Il est le premier imprimeur strasbourgeois à utiliser des lettres grecques. C'est le seul imprimeur reçu par la *sodalitas litteraria* de Strasbourg. Il entretient des relations suivies avec de nombreux humanistes, dont Beatus Rhenanus. Schurer apparaît comme un « érudit d'un intérêt sincère pour les langues et d'un enthousiasme véritable pour la littérature latine » selon Myriam Chrisman. Il a publié près de cent mille volumes de divers formats, tous porteurs du message humaniste. Face à ce succès, les concurrents cessent de faire preuve de scepticisme et se lancent à leur tour dans la brèche humaniste : cinquante-sept éditions d'ouvrages classiques sont recensés de 1508 à 1520.

L'apparition d'une culture laïque[8]

Si la majeure partie des livres rédigés et imprimés sont en latin et peu à peu également en grec, ce qui limite leur marché aux seuls clercs, une clientèle croissante réclame des livres en allemand, afin de pouvoir s'édifier, s'instruire ou se distraire. Après 1490 la cadence des publications en langue vernaculaire s'accélère et contribue à l'élaboration d'une culture laïque par une bourgeoisie urbaine alors en plein essor dans les villes alsaciennes et rhénanes et que Myriam Chrisman a su analyser avec finesse. Cette culture présente cinq caractères. D'abord une curiosité méthodique et bien documentée des phénomènes physiques, ce qui se traduit par l'intérêt porté aux livres d'anatomie, de botanique (en particulier des herbiers), de géographie et d'astronomie. Ensuite le souci de la compétence technique pour des bourgeois entreprenants, d'où l'intérêt de manuels techniques concernant la géométrie, les mathématiques appliquées, l'exploitation minière, alors en plein essor à Sainte-Marie-aux-Mines, l'agronomie et la médecine sous la forme de conseils d'hygiène. Les autres caractéristiques sont la passion pour l'instruction personnelle sous la forme de guides, la quête d'une orientation religieuse et une quête morale : élaboration d'une éthique pour tous les jours par la lecture de romans, de chansons et de poèmes. Cette culture laïque, plutôt optimiste, se caractérise par le pragmatisme, l'empirisme et pas du tout par les superstitions et la crédulité.

Elle a été élaborée par divers groupes sociaux. Les intellectuels et les lettrés proches de l'Eglise, des écoles et des tribunaux, au lieu de se replier dans un ghetto d'initiés, acceptent d'écrire pour un public populaire. Certains imprimeurs choisissent des manuscrits plus par goût ou conviction que par souci de rentabilité économique : ainsi les répertoires de Christian Egenolff et de Jacques Cammerlander reflètent un intérêt commun pour les ouvrages techniques et les écrits de vulgarisation. Enfin des laïcs ont joué également un rôle notable, en particulier des fonctionnaires urbains, des bureaucrates et des nobles.

Durant cette période on peut distinguer deux phases. Les années 1480-1500 constituent une période d'éveil. Les imprimeurs approvisionnent surtout le marché ecclésiastique, mais découvrent peu à peu l'intérêt du marché pour le grand public en multipliant les illustrations, des gravures sur bois. C'est Johann Grüninger qui commande de nouvelles matrices en bois à des artistes connus[8a]. La qualité des dessins permet aussi de s'adresser à des personnes ne sachant pas lire, comme le dit explicitement Sébastien Brant dans l'avant-propos d'une version illustrée de *La Nef des fous* : ceux qui ne savent pas lire peuvent néanmoins voir leur bêtise dans les gravures. Les livres illustrés permettent ainsi de rendre accessible le monde de l'écrit à des milieux plus populaires de la petite et moyenne bourgeoisie urbaine, ce qui favorise l'apprentissage de la lecture. Les presses se mettent au service de l'instruction de ces catégories sociales par des livres pratiques de correspondance, qui fournissent des modèles de lettres et des manuels divers : vinification, distillation, astrologie à fins médicales (les signes astrologiques réglementent la prise de bains ou de remèdes). Curieusement le livre religieux demeure le grand absent du répertoire des livres populaires. On ne trouve aucun livre de dévotion, ni psautier ni recueil de cantiques en langue vernaculaire. Les seuls livres religieux appréciés sont des vies de saints, sous la forme de brefs récits hagiographiques, alors que les biographies plus étoffées demeurent réservées au clergé par l'emploi du latin.

De 1500 à 1520 la culture laïque fait appel à l'élite littéraire et occupe une place grandissante dans le répertoire des imprimeurs, soit 12 % du total des livres produits à Strasbourg. On veut se distraire, mais c'est aussi une époque de grand sérieux moral et de quête spirituelle. Le matériau de base de ces ouvrages populaires demeure toujours les récits courtois, les légendes grecques et romaines destinées à distraire. Si les héros demeurent des nobles, des rois, des reines et des princesses en partie françaises, on s'efforce d'en faire un modèle de conduite pour la bourgeoisie, à l'image du sous-titre de l'ouvrage *Le*

Une des nombreuses illustrations de la «Nef des fous» (1494) de Sébastien Brant : une critique des vices et des travers des diverses catégories sociales.

Chevalier de Turm, une belle et bonne histoire pour l'instruction de vos enfants, paru en 1519 et 1538.

Les ouvrages didactiques voient leur champ s'élargir au droit, à l'agronomie et à la médecine. Certains livres juridiques de vulgarisation bénéficient d'un large succès à l'image du *Layenspiegel* de Tengler, édité sept fois en huit ans, et arrivé à quatorze éditions au milieu du XVIe siècle. A une époque où les procès se multiplient, alors que le commun des mortels se sent un peu démuni, ce livre indique comment préparer sa défense, exprimer ses doléances et présenter son affaire. Les livres de correspondance occupent toujours une place importante. La vulgarisation médicale constitue un créneau porteur avec des traités de botanique qui fournissent des remèdes pour les affections courantes, une pratique qui est à l'origine d'une automédication par les plantes qui a connu une très large diffusion dans les campagnes jusqu'au milieu du XXe siècle. En 1507 Martin Flach publie un remarquable best-seller, le livre de gynécologie de Rösslin, *Der Schwangeren Frauen Rosengarten*, destiné à l'instruction des sages-femmes, réédité une centaine de fois au cours du siècle et diffusé dans tout l'espace germanophone.

En cette période de grandes découvertes il est intéressant de noter que le public alsacien a fait preuve de curiosité et d'ouverture aux nouveaux mondes. Le récit par Amerigo Vespucci de son quatrième voyage dans le Nouveau Monde en 1505, a paru dès 1509 et un récit de la conquête de Malacca par les Portugais (1511) dès 1513. Les récits de ces voyages maritimes suscitent un très vif intérêt, ce qui explique les délais très courts pour leur publication. En 1513 Johann Schott publie vingt-sept cartes anciennes de Ptolémée et vingt cartes modernes, réimprimées deux fois en dix ans. Jusqu'en 1540 cette œuvre sert de base pour l'étude de Ptolémée et des premières données de la cartographie moderne.

Durant cette période, les humanistes strasbourgeois participent à l'élaboration de la culture populaire par des publications en allemand. *La Nef des fous* de Sébastien Brant contribue à créer un genre de satire populaire appréciée de tous (clergé, marchands, artisans, citadins). Thomas Murner publie une série de poèmes satiriques soulignant les fausses valeurs de ses contemporains : âpres au gain, ambitieux, menés par l'orgueil et la vanité, ce qui débouche sur un monde désordonné. Ces poèmes sont populaires parce qu'ils sont distrayants. Une des caractéristiques de cette période est l'essor de la littérature religieuse populaire, en particulier des sermons de Geiler, des livres de dévotion et des recueils de vies de saints. Les imprimeurs créent un type nouveau de livre religieux : une version illustrée de la Passion du Christ avec le texte des quatre Evangiles. En agissant seuls et de leur propre initiative, ils sont les premiers à mettre entre les mains des laïcs une version d'une partie de la Bible en allemand.

Une étude des auteurs édités avant 1520 aboutit à des résultats surprenants. La plupart de ces livres ont été rédigés aux XIVe et XVe siècles par des ecclésiastiques en majorité romans, français, italiens et espagnols, des médecins italiens et arabes, et des humanistes italiens. Seule une proportion minime est due à des auteurs allemands et alsaciens. La répartition des titres de 1480 à 1520 révèle le poids des livres religieux (35 %), la montée de l'humanisme (17 %). Les titres scientifiques représentent 11 %, les classiques gréco-latins 9 %, les recueils de textes 7 %, le droit 3 % et les livres à usage populaire en allemand 12 %.

Le nombre des imprimés a incité très vite le Magistrat et le pouvoir épiscopal à mettre en place un contrôle, appelé par la suite censure, destiné à filtrer le flot des manuscrits, en vue d'éviter toute publication contestataire de l'ordre politique, moral ou ecclésiastique. Mais ces fonctionnaires avaient beaucoup de mal à surveiller la totalité des manuscrits sous presse. Hors de Strasbourg l'imprimerie n'apparaît qu'à Haguenau, une ville libre de la Décapole, qui connaît une période très brillante de 1480 à 1530 avec deux grandes officines qui travaillent en fait pour des éditeurs extérieurs. Heinrich Gran a imprimé près de trois cents titres, destinés surtout au clergé (sermonnaires) et aux écoles (grammaires). Thomas Anshelm a imprimé de 1516 à 1523 au moins cent quinze livres à l'usage des universités et des écoles, dont une douzaine d'éditions d'Erasme. Ils se caractérisent par la qualité des illustrations, dues en partie à des graveurs réputés comme Hans Baldung Grien.

L'Alsace, un grand foyer de l'humanisme

L'essor de l'imprimerie va de pair avec celui de l'humanisme. L'Alsace constitue de 1501, date du retour de Sébastien Brant dans sa ville natale, à 1520 un des principaux foyers de l'humanisme rhénan et même allemand. Il s'articule autour de trois grands noms, entourés de toute une pléiade de disciples, et se diffuse aussi dans plusieurs villes de la Décapole[9]. Le premier est Geiler de Kaysersberg (1446-1510), prédicateur à la cathédrale (1478-1510), qui a beaucoup critiqué, dans une langue imagée et pleine de verve, les mœurs de ses concitoyens[10]. Il a laissé de nombreux sermons et des écrits moralisateurs. Le doctor im münster – surnom donné par ses auditeurs – fut un vrai éducateur, préoccupé des normes d'une pratique conforme à l'Evangile et d'imiter Gerson, chancelier de l'université de Paris, qui désirait combler le fossé séparant la théorie de la pratique chrétienne quotidienne. Il a été rejoint par Brant et Wimpheling. Sébastien Brant (1457-1521)[11], professeur de droit à Bâle, revient en 1501 dans sa ville natale comme secrétaire et syndic de la ville. Son chef-d'œuvre, *Das Narrenschiff* (1494) décrit les diverses catégories sociales dont les clercs et les laïcs, les illettrés et les pédants, embarquées pêle-mêle sur un navire qui les mène à la perdition en Narragonie, pays imaginaire des fous. C'est un poème satirique et moralisant d'environ sept mille vers, rédigé par un moraliste sévère et dévot, et qui a connu de multiples réédi-

«Tu ne voleras pas». Illustration d'un des dix commandements par Baldung Grien, remarquable portraitiste.

tions et des traductions en latin, en français, en anglais et en bas-allemand. Brant a laissé en outre plus de soixante-dix publications imprimées et variées : écrits juridiques (dont des manuels de pratique juridique), historiques et poétiques. La poésie latine est surtout d'inspiration religieuse. Humaniste fervent il publia plusieurs auteurs latins avec des commentaires.

Jacques Wimpheling (1450-1528) [12], un prêtre né à Sélestat et qui a séjourné trente ans à l'université de Heidelberg, se fixe à Strasbourg en 1501 où il consacre ses écrits à deux préoccupations majeures. Le souci de la pédagogie s'exprime dans quatre traités, dans lesquels il plaide la cause de la civilisation latine, en particulier l'*Adolescentia*, un recueil de préceptes imprimé sept fois à Strasbourg entre 1500 et 1515. Il est convaincu que l'étude du latin permet de s'imprégner de l'esprit dont cet idiome est le véhicule et des vertus qui ont fait la puissance et la gloire de Rome. Son rayonnement lui a valu de ses contemporains le titre prestigieux de *praeceptor Germaniae*. Il s'est aussi beaucoup intéressé à l'histoire devenue la maîtresse de sa vie, invitant ses lecteurs à prendre exemple sur leurs aînés, les héros et les saints qui s'étaient sacrifiés pour l'Empire et l'Eglise. Il a publié un essai d'histoire allemande (*Epitome rerum germanicarum*), une biographie de Geiler, ainsi que des écrits de Gerson, son maître à penser comme celui de Geiler. Autour de la triade constituée en 1502 se regroupe peu à peu toute une intelligentsia de chanoines, d'avocats et de notaires de l'officialité avec une minorité de laïcs. En 1514 ils constituent une association, la *sodalitas litteraria*, qui invite Erasme. Lors de son séjour à Strasbourg (1514) qui marque la consécration de l'humanisme strasbourgeois, le prince des humanistes a su exprimer un compliment très apprécié à la ville rhénane : « une monarchie sans tyrannie, une aristocratie sans factions, une démocratie sans troubles » [13].

Mais à partir de 1510 un fossé se creuse entre la génération

Geiler de Kaysersberg (1445-1510), en haut, le grand prédicateur de la cathédrale, et Martin Bucer (1491-1551), fondateur de l'Église protestante de Strasbourg.

mûre, soucieuse de revivifier l'organisme ecclésial en utilisant les lettres de l'Antiquité mais en respectant l'héritage médiéval, et la jeune génération, formée dans les universités de Paris et de Bologne, ou dans celles plus proches, de Bâle, de Fribourg ou de Heidelberg. Cette dernière est plus contestataire, allant jusqu'à critiquer certaines structures comme l'état monastique. Leur maître à penser est Erasme qui veut restaurer l'Eglise primitive, celle des Pères. Une partie de ces jeunes humanistes s'est engagée dans le conflit opposant l'hébraïsant Johann Reuchlin et les dominicains de Cologne. L'avocat Nicolas Gerbel, secrétaire du grand chapitre, a probablement participé aux *Lettres des hommes obscurs*, un pamphlet inspiré par Ulrich von Hutten, un humaniste casqué, chantre du patriotisme allemand et dont Gerbel a fait publier au moins deux écrits à Strasbourg. Cette lézarde à l'intérieur d'un groupe uni par le culte des lettres classiques et le service de l'Eglise est transformée par la Réformation en une brèche béante.

Ce groupe de collaborateurs et de disciples, de talents inégaux, est constitué d'humanistes, de poètes, d'historiens, de géographes et de pédagogues. Pierre Schott (1458-1490), chanoine à Saint-Pierre-le-Jeune, docteur en droit de Bologne s'est rendu célèbre comme orateur, poète et grammairien, mais n'a rien publié de son vivant. Thomas Wolf (1475-1509), chanoine à Saint-Thomas, docteur en droit de Bologne, est un disciple actif de Wimpheling. Matthias Ringmann Philesius (1482-1511) [14] a été le disciple de Lefèvre d'Etaples à Paris, où il a appris le français. Latiniste, poète, géographe, historien, archéologue, il est un esprit ouvert, maître d'école et traducteur de Jules César pour éveiller chez les laïcs le goût des études historiques. Jean Adelphus Muling a le mérite d'avoir publié des ouvrages anciens et d'avoir aidé par ses traductions à instruire les laïcs. Thomas Aucuparius ou Vogler, licencié en droit de Fribourg, publia Térence, Lucien et Ptolémée. Ottmar Nachtgall, dit Luscinius (1487-1536), après un séjour à Paris et à Vienne, a eu le mérite d'inaugurer en Alsace par une série de publications les études grecques et publia aussi sur l'art musical. Il a voyagé en Italie et en Grèce. Il est le seul humaniste alsacien de sa génération qui ait allié la culture hellénique à l'érudition latine. Il est à la fois poète grec et latin et écrivain d'expression allemande.

L'humanisme pénètre aussi peu à peu les couvents. Un humaniste original est le franciscain Thomas Murner[15], originaire d'Obernai (1475-1537), un esprit turbulent et un des plus grands poètes satiriques de son temps, qui a beaucoup voyagé, en France, en Allemagne, en Pologne, en Suisse et en Italie. Son tempérament violent, impétueux et colérique et son instabilité de caractère expliquent pour une large part sa vie itinérante. Il a publié principalement des satires morales, nourries de sève populaire de type humaniste, qui décrivent et dénoncent les vices et la perversion des humains. Il a laissé une importante œuvre de traducteur en allemand de textes latins. Adversaire de la Réforme, il publie le pamphlet *Von dem grossen Lutherischen Narren* (1522). Il a publié aussi des ouvrages didactiques sur l'enseignement des lettres classiques et de la logique qu'il a enseignée à partir d'un jeu de cartes. Il se sert du parler strasbourgeois complété par quelques expressions latines, des termes français et italiens. Sa remarquable écriture se caractérise par la verve, l'humour et la virtuosité verbale.

L'humanisme strasbourgeois a débordé la littérature et la pédagogie pour enrichir d'autres domaines. A l'époque des découvertes et à la suite de l'école de géographie de Saint-Dié, l'imprimeur Johann Schott édite en 1513 la *Géographie* de Ptolémée avec quarante-sept cartes en couleurs, une « des productions les plus remarquables de la typographie strasbourgeoise »[16], réalisée par Martin Waldseemüller et Matthias Ringmann, et suivie d'une seconde édition en 1522 publiée par Lorenz Fries. Ainsi, pendant vingt ans, c'est dans l'œuvre des Alsaciens qu'on a étudié à la fois Ptolémée et les premières données de la cartographie moderne. Le domaine médical est également concerné. Ce sont deux Alsaciens, Jérôme Brunschwig et Lorenz Fries, qui sont les vrais représentants de la littérature médicale en Allemagne. Le premier est l'auteur de quatre ouvrages majeurs publiés à Strasbourg en allemand de 1497 à 1512. Ils connurent de nombreuses éditions, valant surtout par leur iconographie. Fries publie en 1518 un *Spiegel der Artzney*, qui est la première encyclopédie médicale et qui connaît huit rééditions jusqu'en 1546. Il a contribué à la multiplication des ouvrages de médecine à Strasbourg. Le domaine juridique a également été touché par l'intermédiaire des anciens étudiants revenus en Alsace. La plupart d'entre eux ont séjourné à Bologne, la plus célèbre faculté de droit en Europe, comme Thomas Wolff senior, devenu l'ami de la plupart des jurisconsultes influents tant à la curie romaine que dans les diocèses. Ils reviennent généralement avec une mentalité de technocrate et « liés par toutes sortes de solidarités à la caste cosmopolite des *Doctores* »[17]. Plusieurs clercs juristes se signalent par des prestations littéraires et juridiques de valeur. Ainsi Thomas Wolff senior est un mécène qui fait embellir le cloître de Saint-Pierre-le-Jeune par des peintures. Jacob Spiegel, neveu de Jacques Wimpheling, est l'auteur de poèmes, de commentaires littéraires et d'un grand dictionnaire commenté de droit romain. Mais ces juristes favorisent le droit romain et la culture de la Renaissance qui le sous-tend contre le droit coutumier au profit des marchands et des pouvoirs politiques.

Si Strasbourg constitue le principal centre de l'humanisme alsacien, celui-ci rayonne aussi dans la plupart des villes de la Décapole. A Sélestat il est diffusé par l'école latine, la *sodalitas litteraria* fondée par Jacques Wimpheling en 1517, et surtout par Beatus Rhenanus (1485-1547)[18]. Il a fait ses études à Paris, où il a été marqué par Lefèvre d'Etaples dont il reprend les idées avec enthousiasme, et à Bâle où il a séjourné longtemps comme ami d'Erasme. C'est en 1526 qu'il se fixe à

Sélestat. Etant favorisé par la fortune, il jouit de la sécurité matérielle et dispose de suffisamment de pièces d'or pour acquérir plus de sept cents volumes. Il peut consacrer tout son temps à l'étude et à l'écriture. Homme polyvalent, il a publié des livres sur l'astronomie, les mathématiques et la musique, mais s'est concentré sur deux thèmes. D'abord vingt et une éditions commentées des écrivains classiques et des Pères de l'Eglise. Ainsi il a publié des œuvres de Tertullien, de Tacite, de Tite-Live, de Quinte-Curce, de Sénèque, et des notes sur l'*Histoire naturelle* de Pline l'Ancien, mais aussi de quelques humanistes italiens contemporains. Son second centre d'intérêt est l'histoire. *Rerum germanicarum libri III* constitue une véritable histoire de l'Allemagne depuis l'Antiquité, comprenant la description des principaux bâtiments de Strasbourg, de Bâle et de Sélestat. Le livre s'appuie sur une vaste culture et de nombreux documents, ce qui en fait le meilleur ouvrage d'histoire produit par l'humanisme allemand. Il a sur le tard légué à la ville sa bibliothèque qui constitue aujourd'hui – ayant eu la chance de survivre à toutes les vicissitudes et guerres – le noyau de la bibliothèque humaniste de Sélestat.

Grâce à l'imprimerie surtout, Haguenau devient également un centre actif de l'humanisme sans oublier le rôle des clercs, des maîtres d'école et des patriciens. A Colmar [19] l'humanisme demeure limité à quelques individualités. Lorenz Fries, médecin et géographe, qui y a séjourné quelques années, se plaint dans son édition de la *Géographie* de Ptolémée que les « Colmariens étaient plus grossiers que de la paille de fève, persécuteurs de toute littérature et ne se réjouissent que de barbarie » [20]. Le chanoine Sébastien Murrho, philosophe et historien, enseigne à la fois le latin, le grec et l'hébreu. Le diplomate Jérôme Boner, onze fois maire de Colmar, a néanmoins trouvé le temps de publier onze traductions d'historiens grecs et latins, dont Thucydide, Hérodote, Plutarque, et des traductions de chroniques sur les royaumes d'Espagne et de Hongrie. On peut encore citer le chanoine

Louis Ber de Thann, élève et ami de Lefèvre d'Etaples et d'Erasme, et Ulrich Surgant d'Altkirch, professeur de droit à Bâle, qui a publié un manuel pour les curés, *Manuale curatorum*, qui est le premier traité sur l'art homilétique et une véritable liturgie allemande, ce qui lui vaut dix éditions en vingt ans. Comme une partie de la Haute-Alsace est de langue française, il donne aussi en français le Pater, l'Ave Maria, le Décalogue et la formule du mariage. Les humanistes alsaciens sont « une société de savants tranquilles et d'austère conduite. Leur humanisme est dirigé vers l'école, ils lui donnent une orientation nationale et ecclésiastique »[21].

Un remarquable essor des études

La vitalité intellectuelle est liée à l'essor des études. Certes en 1500 il n'existe pas encore d'université en Alsace, mais plusieurs sont très proches : Heidelberg (1389), Bâle (1460), Fribourg-en-Brisgau (1460) et Tübingen (1477). Les étudiants les plus doués, les plus favorisés par les ressources et les plus courageux préfèrent se rendre dans les facultés de Paris ou d'Italie (Bologne, Padoue), à cause de leur plus grand prestige et du haut niveau de l'enseignement : les littéraires et théologiens vont sur les bords de la Seine, attirés notamment par Lefèvre d'Etaples qui se constitue une importante cohorte de disciples alsaciens, alors que les juristes vont en Italie. Ce sont eux qui, devenus administrateurs de l'évêché et juges de l'officialité, s'installent au cœur des affaires ecclésiastiques temporelles, introduisant des méthodes de gestion plus efficaces pour le seul profit d'une caste étroite détentrice du pouvoir politique, économique et ecclésiastique.

Les universités rhénanes offrent à ceux qui ne disposent que de moyens limités des possibilités d'études satisfaisantes, d'où une remarquable démocratisation des études supérieures. Selon Francis Rapp, l'examen des registres matricules démontre que les Alsaciens furent nombreux à saisir cette chance ; ils se rendirent en particulier à Heidelberg et à Bâle, où on recense trente-sept recteurs (annuels) alsaciens entre 1460 et 1524. Si les citadins furent sans doute les premiers à se faire étudiants, on rencontre par la suite aussi des fils de vignerons et de paysans aisés. Rares sont les bourgades et les villages d'Alsace dont le nom ne figure sur aucune liste d'immatriculation [22]. Dans le diocèse de Strasbourg vers 1517 un clerc sur trois avait séjourné pendant quelques mois et souvent quelques années auprès de l'*alma mater*. La proportion des gradués, bacheliers, licenciés ou docteurs était relativement élevée. La plupart se bornaient généralement à la formation générale dispensée à la faculté des arts. Seule une minorité a entrepris des études spécialisées de théologie ou de droit : ces derniers, assez nombreux, étaient recrutés par les diverses administrations princières, seigneuriales et ecclésiastiques en plein développement qui leur assuraient à la fois des avantages matériels et de l'autorité.

En Alsace les autorités urbaines ont fait preuve d'une grande prudence face au problème d'une fondation universitaire. En 1501 Wimpheling propose au Magistrat de Strasbourg la création d'une école assurant la liaison entre les écoles latines et l'université pour éviter les échecs d'une partie des étudiants strasbourgeois. Ce gymnase servirait de propédeutique, de préparation à l'enseignement universitaire aux élèves les plus doués, alors que les autres seraient ainsi détournés d'une entreprise trop difficile pour eux et ne gaspilleraient plus inutilement l'argent strasbourgeois au-dehors. Ce projet de bon sens se heurte aux réticences du Magistrat, désireux de ne pas susciter l'animosité des ordres religieux qui y voient une concurrence. De plus come Wimpheling a annexé ce projet à son ouvrage *Germania*, Thomas Murner réfute les thèses historiques contenues dans ce livre, ce qui provoque un véritable brouhaha chez les intellectuels strasbourgeois, dans lequel l'enjeu de la partie fut perdu de vue, ce qui incita le Magistrat à demeurer dans une prudente neutralité.

La principale école de l'époque est celle de Sélestat qui connaît un rayonnement considérable. Fondée à la fin du XIVe siècle, elle bénéficie au XVe siècle de pédagogues de talent[23]. Louis Dringenberg, recteur de 1441 à 1477, formé par les Frères de la Vie commune qui ont privilégié l'éducation, se révèle un professeur de talent habité d'une grande ferveur religieuse. Il se met à la portée des élèves, ne surcharge pas leur mémoire et se préoccupe de l'application pratique des règles de grammaire, de l'élégance du style et de la correction du langage à travers l'explication des textes classiques latins et des Pères de l'Eglise. Son don de sympathie a su stimuler ses élèves et donner une âme à son école. Ses successeurs ont poursuivi son œuvre. Krafft Hofman enseigne davantage les auteurs anciens et contemporains grâce à une remarquable technique de l'explication des textes. Jérôme Gebwiler, directeur de 1501 à 1509, après des études à Bâle et à Paris où il a également été un étudiant de Lefèvre d'Etaples, se caractérise par sa piété et le goût de l'étude. Il met au point un véritable cycle d'études contenant la grammaire, puis la rhétorique, la prosodie, la dialectique et la philosophie morale. Il insiste beaucoup sur l'art de parler en public et de rédiger des lettres. Il a publié de nombreux auteurs latins dont Horace, Plaute et Térence. L'école a connu son apogée avec Jean Sapidus (1510-1525), formé aussi à Paris et qui introduit le grec dans les programmes. Sous sa direction le nombre des étudiants passe de deux cent cinquante à un millier. Grâce à cette école de très nombreux Sélestadiens ont fait une belle carrière à l'image de Jacques Wimpheling et de Martin Bucer. L'école figure aussi en bonne place dans l'histoire intellectuelle de l'Europe, car elle représente un des prototypes dont s'inspirent successivement les gymnases protestants et les collèges jésuites à la fois pour la répartition par classes de niveau et l'enseignement de la littérature gréco-latine qui entre ainsi dans la mémoire collective de l'Occident.

Les autres écoles avaient beaucoup moins de relief. A Strasbourg fonctionne l'école du grand chapitre de la cathédrale, dirigée de 1509 à 1525 par le talentueux pédagogue Jérôme Gebwiler qui établit un programme et répartit les élèves en trois groupes de niveau : les débutants qui apprennent le maniement du latin, la dialectique où l'on apprend à discuter, la philosophie morale et naturelle selon Aristote. Plusieurs couvents possèdent également des écoles qui accueillent à la fois des élèves destinés aux ordres et d'autres qui entrent ensuite dans la vie active. Les écoles latines se multiplient aussi dans les villes et bourgades de l'Alsace, en particulier pour enseigner aux clergeons qui participaient aux offices religieux quelques connaissances en latin, à l'initiative le plus souvent des conseils de fabrique. En général les informations demeurent lacunaires. Une telle école, dispensant quelques éléments de savoir et de culture classique, a existé notamment à Masevaux, à Thann, à Guebwiller, à Mulhouse, à Kaysersberg, à Ensisheim, à Dannemarie, à Obernai, à Benfeld, à Brumath, à Ribeauvillé et à Saverne ; celle-ci est fréquentée en 1521 par trente et un garçons. Celle de Colmar bénéficie d'un maître de valeur en la personne de Matthias Ringmann et celle de Haguenau connaît un renouveau avec la nomination de Michel Hilspach. A Mulhouse l'instruction progresse nettement puisqu'on y rencontre quinze élèves qui se font immatriculer à l'université de Bâle de 1460 à 1505. Quelques écoles de chapitres et de couvents ont aussi joué un certain rôle comme celle des franciscains à Kaysersberg.

Enfin l'essor des classes bourgeoises urbaines étend le besoin d'instruction en langue vernaculaire pour l'administration municipale et les activités commerciales et financières : ce sont des écoles allemandes (deutsche Schulen) qui préparent de futurs artisans et commerçants à leur vie professionnelle.

Elles connaissent comme dans tout l'espace rhénan un grand développement vers 1500, mais l'absence de sources ne permet pas une estimation du taux d'alphabétisation, qui semble encore une spécificité urbaine face aux campagnes analphabètes, hormis le clergé et les receveurs. La progression a frappé Sébastien Brant qui déplore dans *La Nef des fous* que « les écoles et les maîtres se multiplient tellement qu'on ne les estime plus » et ajoute qu'on « prend des docteurs même parmi les paysans ».

Apparition des premières bibliothèques privées

L'essor des écoles, l'apparition d'une culture laïque et la baisse des prix des livres due à l'imprimerie favorisent la diffusion des livres et donc la formation de bibliothèques. Les *Adages* d'Erasme représentent l'équivalent de six journées de travail d'un charpentier. Malheureusement les inventaires demeurent trop rares pour permettre autre chose que de simples flashes. Certains chapitres et monastères disposent vers 1520 d'un nombre non négligeable de volumes. Les chartreux de Strasbourg disposent de plus de trois cent cinquante volumes : éditions de psautiers, des dictionnaires, œuvres de saint Augustin et de saint Thomas d'Aquin, collections de sermons et droit canon. La bibliothèque de Murbach est rénovée à la fin du XVe siècle. Dans les monastères féminins, les religieuses s'intéressent surtout aux recueils de méditations et d'oraisons. A Sélestat, Beatus Rhenanus consultait toutes les bibliothèques monastiques. Quelques paroisses urbaines mettent en place une bibliothèque pour les clercs à l'image de Saint-Georges à Haguenau (1495) et de Saint-Georges de Sélestat (1452) fondée et agrandie par divers legs.

Les particuliers sont principalement des clercs, surtout des chanoines. Paul Munthart, chanoine de Saint-Thomas, laisse à sa mort (1480) quarante-trois manuscrits et vingt incunables, dont une majorité concernent le droit canon. Le doyen de Saint-Pierre-le-Jeune, Ludwig von Odratzheim, possède cent trente-huit titres : à côté d'une majorité de livres juridiques figurent les sermons de saint Bonaventure et le manuel de confession d'Antoine Florent. Puis c'est au tour des curés. Matthias Brunck, un prêtre de Blienschwiller, possède un échantillon de livres imprimés à Strasbourg, comportant notamment des commentaires de divers livres bibliques, des recueils de sermons, la *Légende dorée* et l'*Imitation de Jésus-Christ* de Thomas à Kempis [24]. Hors de Strasbourg on peut évoquer Jérôme Gebwiler, qui a une bibliothèque assez fournie et le curé Wolfgang Rapp de Haguenau, qui possède, outre douze manuscrits, cent six volumes en latin et en allemand, dont de nombreuses éditions des Pères de l'Eglise (dix tomes pour le seul saint Augustin), de la théologie scolastique, du droit canon, des sermonnaires et des livres d'édification.

Seul un petit nombre des inventaires conservés contiennent des ouvrages de l'Antiquité classique, à l'image de Louis Ber, chanoine à Thann et professeur à Bâle. Ami de Lefèvre d'Etaples et d'Erasme, son inventaire comprend cent cinquante-six livres dont soixante incunables. A côté de la théologie scolastique figurent de nombreux poètes latins, dont Horace, Lucain, Martial, Juvénal et Virgile, des historiens (César, Salluste), mais aussi des contemporains (Erasme et Lefèvre, ses deux amis), des livres de grammaire et de géographie, ainsi que des œuvres en allemand de Geiler et du chroniqueur suisse Aegidius Tschudi. Parmi les laïcs, les principales bibliothèques sont celles de Beatus Rhenanus, un cas exceptionnel, qui privilégie les œuvres grecques et latines, et de Jacob Spiegel, secrétaire de l'archiduc Ferdinand à Ensisheim. Bien des laïcs, pieux et cultivés, se procurent des livres d'heures ou de vies de saints auprès d'ateliers de copistes, dont le plus connu est celui de Diebolt Lauber à Haguenau qui employait entre 1427 et 1467 jusqu'à cinq scribes et autant d'enlumineurs.

Un apogée de la création artistique

La vitalité culturelle s'accompagne d'un formidable essor artistique, où l'Alsace constitue un carrefour où se rencontrent, se mêlent et s'enrichissent les traditions et les innovations de multiples horizons. Cette période est une des rares où l'Alsace a connu une telle créativité. Dans la première moitié du siècle on assiste à l'apparition du gothique flamboyant, un courant spécifiquement rhénan, dans trois chantiers majeurs. C'est d'abord sous la direction de Jean Hultz la construction de la flèche de la cathédrale, achevée en 1439 et expression d'une rare virtuosité, dans un style plus anguleux et plus compact, avec une tendance à la démesure. Elle demeure jusqu'au XIXe siècle la flèche la plus haute en Europe. La collégiale de Thann voit s'élever un chœur somptueux, alors qu'à l'église Saint-Georges de Sélestat on construit un vaste et somptueux chœur rectangulaire de trois travées.

Avec le retour d'une certaine prospérité, un renouveau démographique et surtout l'essor culturel, le nombre des chantiers augmente considérablement entre 1450 et 1520. La cathédrale connaît un ultime épanouissement avec les chapelles Saint-Laurent et Saint-Martin. La collégiale de Thann, le plus grand chantier de cette époque, voit s'élever sa nef. La rose de la façade s'inspire des grandes roses flamboyantes d'Ile-de-France et de Normandie. La flèche gracile constitue un chef-d'œuvre de grâce féerique réalisée par Rémy Faesch. Plus de deux cents chantiers sont alors en activité, expression d'une véritable joie de construire dans les bourgades et même certains villages. Le flamboyant privilégie les flèches filigranées. La production architecturale gothique de l'Alsace frappe par une grande continuité sur trois siècles, une grande diversité et une recherche permanente de qualité par l'appel aux plus grands maîtres de l'époque. A l'intérieur les fabriques font réaliser un mobilier souvent de grande valeur artistique :

des fonts baptismaux, des chaires (dont celle conçue pour Geiler à la cathédrale), des orgues et des saints sépulcres.

A côté de l'architecture gothique religieuse l'essor urbain a également suscité un nombre prodigieux d'édifices publics construits à partir du XIIIe siècle, soit des centaines d'hôtels de ville, de monnaies, d'arsenaux, de halles, d'abattoirs et d'hôpitaux, dont seul un très petit nombre a échappé à la destruction au cours des siècles. Enfin de nombreux nobles et patriciens ont fait construire des maisons gothiques qu'on peut regrouper en trois catégories : les maisons à colombages avec généralement un rez-de-chaussée en pierre, les maisons en pierre agrémentées de petites baies souvent jumelées, les demeures plus cossues avec des pignons en escalier, des oriels et des échauguettes. La fin du Moyen Age voit aussi de grands travaux dans le domaine de l'architecture militaire. Vers 1500 au moins soixante et onze villes alsaciennes sont pourvues d'enceintes. Les châteaux forts gothiques sont moins grands qu'à l'époque romane, mais l'un de leurs atouts les plus sûrs est l'organisation des masses qui dégage une impression de puissance. Deux des principaux fleurons sont l'Ortenbourg et le Haut-Kœnigsbourg.

L'architecture n'est pas le seul point fort de l'activité artistique. La sculpture connaît une grande activité, de nombreux anonymes réalisent des statues de Notre-Dame, des mères heureuses, délicates, parfois souriantes, qui sont bien accordées au style d'origine franco-bourguignonne adopté par les artistes. Cet art est fécondé par le génie de Nicolaus Gerhaert von Leiden qui a séjourné à Strasbourg de 1463 à 1467[25]. Marqué par l'art flamand, il est un novateur par les draperies froissées et les visages saisis par leur intimité physique et morale qui livrent une apparence humaine nouvelle, dans laquelle on devine la mélancolie du temps et de la destinée. Il a fécondé en Alsace la sculpture, la peinture et l'orfèvrerie. Après son départ des maîtres de talent réalisent de nombreuses œuvres, comme Nicolas Meisterlin, dit de Haguenau, et Hans Bongart de Colmar. Les ateliers de sculpture de Strasbourg jouent alors un rôle prépondérant sur le Rhin supérieur, notamment par la formulation des drapés. En Haute-Alsace subsistent plus de trois cents œuvres recensées, dominées par les thèmes courants de l'époque, notamment celui de la Vierge à l'Enfant, de la Passion, de la Crucifixion et des saints. Les influences majeures sont exercées par les trois centres de Strasbourg, de Fribourg-en-Brisgau et de Bâle. La sculpture connaît un essor prodigieux entre 1500 et 1520. Le rôle de Strasbourg décline alors au profit de Bâle et de Fribourg, alors que seul Colmar a accueilli des ateliers. La Haute-Alsace fait preuve d'un certain conservatisme, plus dans les paroisses que dans les couvents[26].

Dans le domaine de la peinture, les artistes alsaciens ont préféré dans un premier temps, à la fin du XIVe siècle, travailler à l'extérieur dans des horizons variés : Nicolas Wurmser à Prague, Hans Hertsnabel à Avignon et Hänsel dans les villes hanséates.

A la fin du XVe siècle les peintres alsaciens se caractérisent par une remarquable virtuosité du dessin et de la couleur. Les principaux artistes sont Hans Hirtz marqué par les Pays-Bas, Caspar Isenmann qui restitue une intimité austère, une élégance de maintien et de draperies, et surtout Martin Schongauer. Ce maître se caractérise par l'élégance inspirée de l'art flamand des formes, la joie des couleurs et un lyrisme discret, à l'image de *La Vierge au buisson de roses*. Ses gravures se répandirent dans toute l'Europe. Pierre Hemmel d'Andlau est un artiste du vitrail où il narre avec talent des histoires mouvementées peuplées de personnages. Il sait créer une chaleur des coloris. Associé à plusieurs peintres verriers, son atelier fournit des vitraux à tout le sud de l'Empire de la Lorraine à la Bavière. Après 1500 l'Alsace bénéficie de deux génies de la peinture. Hans Baldung Grien, élève d'Albrecht Dürer, privilégie les corps féminins et les portraits qui soulignent les défauts. Mathias Grünewald, dont la personnalité

«L'agression de saint Antoine» de Martin Schongauer. Martin Schongauer (1450-1491) a été un graveur fécond et d'une remarquable spiritualité dont les œuvres ont été diffusées à travers l'Europe.

demeure mal connue, est l'auteur du chef-d'œuvre que constitue le retable d'Issenheim. Sa peinture se caractérise par la vigueur de l'expression, l'audace des couleurs et le caractère un peu visionnaire des paysages [27].

Au XVe siècle de nouveaux arts bénéficient d'une grande vitalité. La tapisserie réalisée surtout dans les couvents féminins, dont Saint-Jean-des-Choux, consiste en bandes de faibles hauteurs dont une des plus connues est l'histoire de saint Adelphe à Neuwiller-les-Saverne. Strasbourg devient, à côté d'Augsbourg et de Nuremberg, un des grands centres de l'orfèvrerie : les formes traditionnelles s'enrichissent en adoptant le décor flamboyant. Il s'agit d'une orfèvrerie à la fois civile et religieuse, en particulier des encensoirs, des crosses d'évêque, des tabernacles. Durant cette période l'Alsace s'affirme aussi sur le plan musical. Le chroniqueur Jacques Twinger de Kœnigshoffen a réuni l'essentiel du savoir musical de son temps dans un *Tonaire* conçu entre 1410 et 1415, tandis que le johannite Henri de Lauffenberg compose de beaux chants religieux. L'imprimerie strasbourgeoise multiplie après 1500 les antiphonaires, psautiers et missels, et des chants aussi bien spirituels que profanes sur feuilles volantes. De nombreuses églises font installer ou restaurer au cours du XVe siècle de grandes orgues, maîtrisées par des artistes de talent, le plus souvent originaires de l'Alsace et dont les plus connus sont Nachtigall et Hans Kotter qui a rédigé deux tablatures qui comprennent des préludes, des motets, des madrigaux italiens, des chansons françaises, des airs de cour allemands et des airs de danse populaires.

Une région bien intégrée à l'Empire

Toute cette vitalité culturelle est aussi favorisée par le fait que l'Alsace est constitutive du centre de gravité politique et culturel de l'Empire, situé dans la vallée rhénane (les grandes diètes sont réunies à Spire et à Worms) et le sud-ouest de l'Empire, région des villes d'Empire alors à leur apogée. En dépit du morcellement politique, la conscience de l'entité alsacienne demeure forte. Elle se traduit dans un engagement politique et militaire face aux menaces de Charles le Téméraire. La nouvelle de la double défaite infligée par les Suisses aux Bourguignons (Grandson et Morat) en 1476 provoque une vive impression de soulagement. Un contingent alsacien participe à la bataille de Nancy où le duc de Bourgogne trouve la mort (1477). La Décapole assure un certain ordre sur le plan économique, commercial et monétaire, et à la fin du siècle les villes et les seigneuries des deux landgraviats de Haute et Basse-Alsace multiplient les réunions pour assurer une certaine cohésion.

La conscience de l'unité alsacienne s'accompagne d'un patriotisme stimulé par l'humanisme, lié à l'Empire et surtout à l'empereur Maximilien Ier qui a entretenu d'excellents contacts avec les humanistes alsaciens. Ceux-ci publient les plaidoyers les plus vibrants de leur temps en faveur de l'Empire. De son côté Maximilien Ier a séjourné plus de vingt fois à Strasbourg entre 1492 et 1511 et encouragé une campagne de propagande antifrançaise en Alsace, au point que de 1514 à 1519 l'Alsace vit sous la perpétuelle menace de guerre et d'invasion [28]. Conscients de la supériorité culturelle des Italiens, les humanistes composent des panégyriques célébrant les vertus et l'hégémonie des souverains germaniques, ainsi que des chants en l'honneur de villes allemandes comme Fribourg et Strasbourg. Les humanistes alsaciens, tout en se plaignant d'être traités de barbares par les Italiens, s'inclinent devant leur supériorité et voient l'idéal de la perfection dans les œuvres italiennes. Matthias Ringmann présente certains pays européens de la manière suivante : « Combien opulente et belliqueuse la France, combien vaste, peuplée et riche en hommes robustes la Germanie, combien est riche, courageuse et expérimentée en l'art de la guerre l'Italie [29]. »

En 1501 Jacques Wimpheling, admirateur fervent du Saint

Empire, publie une *Germania*, dans laquelle il s'évertue à prouver que la rive gauche du Rhin n'a jamais été française, que les lys des monnaies strasbourgeoises n'ont rien de commun avec ceux du blason capétien. Ce livre est destiné à réfuter des opinions de Thomas Murner que le grand humaniste trouvait scandaleuses. Celui-ci semble isolé en Alsace pour ses opinions profrançaises et soupçonné d'être stipendié par l'électeur palatin Philippe allié à la France. Il répond par une *Germania nova* qui provoque une véritable bataille à coup de pamphlets et d'insultes entre les amis de Wimpheling et Murner. Puis Wimpheling reprend les matériaux du défunt chanoine Sébastien Murrho pour publier une histoire engagée, *Epitome rerum germanicarum*, destinée à fortifier le sentiment politique des Allemands en leur montrant les raisons d'être fiers de leur passé. Son livre s'achève sur l'apport des peuples germains à la civilisation européenne dans le domaine culturel et artistique, en particulier l'invention de l'imprimerie et la perfection de l'architecture gothique.

Son ami Sébastien Brant exhorte ses compatriotes à ne pas galvauder l'héritage de leurs aînés. Selon lui les successeurs de Charlemagne ont pour tâche de maintenir la paix et la foi et il s'inquiète à l'idée que le roi de France, François Ier, puisse être élu empereur en 1519. Le talent littéraire et l'engagement au service de l'Empire sont récompensés par une rencontre avec l'empereur Maximilien lors du passage de celui-ci à Strasbourg (1503). Celle-ci constitue une véritable consécration qui rehausse sensiblement le prestige de l'humanisme strasbourgeois. Après 1520 Beatus Rhenanus demeure fidèle à cette attitude nationale allemande qui constitue le fil conducteur des *Rerum Germanicarum libri tres*, qui témoigne également d'un vigoureux patriotisme régional alémanique et alsacien.

Ce patriotisme signifie pour la noblesse de Haute-Alsace un loyalisme envers la monarchie des Habsbourg. L'armée impériale victorieuse du roi de Bohême en 1278 est en partie composée de chevaliers du Rhin supérieur. Ils constituent une partie des cadres politiques et diplomatiques, et surtout des armées engagées par les Habsbourg aux XIVe et XVe siècles contre leurs adversaires helvétiques, puis à partir de 1494 contre la France dans les guerres d'Italie. Certains de ces nobles sont formés dans une double culture, ce qui les rend précieux sur le plan diplomatique.

Les juristes, à l'image de l'ensemble des humanistes, sont très attachés à l'Empire. Ceux qui ont séjourné à la cour impériale ont été actifs comme propagandistes et ont bénéficié, notamment Jacob Spiegel, de la manne mise à la disposition des propagandistes par les Fugger[30].

Dans le domaine linguistique on assiste à d'importantes mutations. Alors qu'avant 1450 existait un clivage clercs-laïcs basé sur le latin, le livre connaît une diffusion beaucoup plus accusée grâce aux écoles et à l'imprimerie qui révèle l'importance de ce marché. Le latin tend à devenir la langue des intellectuels (clercs et laïcs), d'une partie des littéraires et des cadres politiques, dont les juristes en pleine expansion. Il en résulte le risque, sérieux, d'un isolement de cette classe, liée aux universités rhénanes, mais aussi à celles de Paris et d'Italie, patriote mais aussi en relation avec l'élite intellectuelle, littéraire et universitaire de l'Occident. Mais une partie d'entre eux assume une double culture, latine et vernaculaire. Avec leurs satires populaires et leurs traductions d'œuvres scientifiques, ils apportent une contribution non négligeable à la culture vernaculaire. Celle-ci s'exprime pour l'essentiel en alémanique. Sébastien Brant écrivait l'alsacien de son époque. Dans les premiers livres imprimés à Strasbourg, les particularités dialectales sont progressivement sacrifiées pour des raisons commerciales. Les imprimeurs jouent un rôle important dans la genèse et l'évolution des dialectes écrits vers une koiné ou langue supralocale écrite, appelée Schriftdeutsch. Les imprimeurs de Strasbourg se sont rapidement adaptés à la nouvelle orthographe, plus vite que certains de leurs concurrents de Bâle ou de Lucerne [31].

Cette langue vernaculaire contribue à la naissance d'une culture profane basée sur l'empirisme et dont les auteurs sont beaucoup moins marqués par les valeurs de l'antiquité gréco-latine. C'est une culture chrétienne par ses conceptions religieuses et morales, et empirique par son approche du monde matériel, différences qui vont s'accuser dans les décennies suivantes. Par contre, en dehors des anciens étudiants à Paris, nombreux, le français, désigné par le terme Welsch à connotation péjorative, demeure pratiquement ignoré hormis des négociants qui trafiquent avec la Lorraine et des seigneurs de Haute-Alsace installés près de la frontière linguistique ou engagés comme diplomate au service des Habsbourg. Cette fin du Moyen Age connaît une création extraordinaire dans de nombreux domaines et constitue un des points forts de l'histoire de l'Alsace. La région bénéficie d'un rayonnement et d'une attraction considérables, favorisés par l'axe rhénan qui constitue alors le centre de gravité de l'Empire et un des hauts lieux de la culture européenne.

CHAPITRE III

Le XVIe siècle : un des sommets de la culture alsacienne

Le XVIe siècle est marqué en Alsace par la Réformation protestante qui donne une impulsion considérable à l'imprimerie et à l'éducation par la création d'une série d'établissements scolaires. L'Alsace bénéficie d'un rayonnemment considérable, en particulier Strasbourg, durant le second quart du siècle par l'association de deux personnalités d'envergure : Jacques Sturm, stettmeister et diplomate, présent à toutes les diètes d'Empire, et Martin Bucer [32], réformateur de Strasbourg (1491-1551) qui a fait de la ville libre d'Empire le troisième pôle européen de la Réforme, à côté de Wittenberg et de Zurich. Bucer est consulté par des villes d'Allemagne du sud et plusieurs princes (dont le landgrave Philippe de Hesse) pour l'organisation de la nouvelle Eglise protestante, et il participe à tous les colloques importants, sans oublier qu'il est le principal rédacteur de la *Tétrapolitaine*, une confession présentée à l'empereur en 1530 et qui est distincte de la *Confession d'Augsbourg*. Désormais la culture prend une coloration confessionnelle pour des siècles, et seule une partie de la production littéraire se situe au-dessus du clivage religieux.

Le livre religieux [33]

Après 1520 tous les imprimeurs strasbourgeois, hormis Johann Grüninger, se convertissent à la Réforme. A côté des anciens, tels que Jean Knobloch et Johann Schott, toute une génération de nouveaux typographes protestants s'installent entre 1525 et 1550, dont les plus actifs sont Wolfgang Koepfel, Wendelin Rihel, Balthasar Beck et Jacob Cammerländer. La plupart de ces hommes étaient très instruits. La génération qui suit 1550 ne fournit pas une production de même niveau que ses devancières, hormis les frères Rihel, Bertram et Bernard Jobin. Le niveau de production le plus élevé est atteint de 1518 à 1525, puis en 1526 le nombre des impressions chute de cent six à trente-huit. La chute des années 1526-1530 est suivie d'une légère remontée jusqu'à 1546 et d'une crise grave de 1547 à 1553. Vers 1560 se dessine une nette amélioration, mais la production ne retrouve plus le sommet de 1515-1525. Durant la décennie 1520 c'est la littérature religieuse qui mobilise les presses et le principal auteur est Martin Luther. De 1520 à 1525 Strasbourg joue un rôle actif dans la guerre des pamphlets qui agite l'ensemble de l'Empire [34].

Jusqu'en 1550 les deux catégories dominantes sont la polémique et les ouvrages théologiques. Les principaux auteurs sont Luther, puis les réformateurs locaux, Martin Bucer et Wolfgang Capiton, divers clercs et quelques laïcs. Les auteurs des pamphlets, principalement Luther (cinquante-cinq éditions de 1519 à 1525) et Ulrich von Hutten (vingt-six éditions), avec un total de cent trente-sept de 1520 à 1525, puis en net recul, s'en prennent d'abord à l'organisation de l'Eglise romaine, la papauté, le clergé et les ordres monastiques. Les imprimeurs publient successivement plusieurs éditions de la version allemande du Nouveau Testament de Luther, puis sept éditions complètes de la Bible. Par contre les commentaires bibliques, dont l'édition est concentrée entre 1523 et 1528, sont en grande majorité publiés en latin, destinés aux pasteurs et rédigés par des réformateurs locaux. Ceux-ci voulaient disposer pour chaque livre de la Bible d'un commentaire fondé sur la théologie protestante et sur la nouvelle érudition humaniste.

L'édition doctrinale concerne surtout les nouveaux enseignements sur la justification par la foi, l'eucharistie, les débats théologiques, le rôle du chrétien dans la société (soumission aux autorités politiques, responsabilité) et la famille. Très vite Strasbourg se crée une nouvelle spécialité avec l'édition de recueils de cantiques et de psautiers mis en musique : on dénombre jusqu'en 1548 quarante-huit éditions des psaumes et soixante de chants religieux, avec une moyenne de deux éditions par an après 1539. Après 1548 le livre protestant n'occupe plus qu'une place modeste : les responsables de l'Eglise font surtout publier des documents éducatifs de base : des catéchismes, des livres de prières, des recueils de cantiques et des psaumes mis en musique (une trentaine d'éditions entre 1537 et 1587), des livres pour enfants, enfin des livres de polémique et des récits des guerres de religion en France et aux Pays-Bas pour développer la solidarité confessionnelle. Le livre le plus diffusé est le *Betbüchlein* de Luther avec cinq éditions de 1560 à 1591. Par contre on n'édite presque plus de commentaires bibliques.

La culture laïque

Après 1525 plus aucun imprimeur ne peut dépendre d'un répertoire composé uniquement de livres protestants. Ainsi Johann Schott se tourne vers les ouvrages médicaux et techniques et Balthasar Beck vers ceux de médecine populaire. De 1530 à 1600 on compte une moyenne annuelle de six éditions protestantes et de neuf éditions scientifiques au sens large.

On peut distinguer trois périodes dans la production strasbourgeoise entre 1530 et 1600. De 1530 à 1555 on assiste à un véritable flot d'ouvrages médicaux, scientifiques et techniques en allemand. Ils sont en général rédigés dans un style plus professionnel. Le *Kreuterbuch* d'Otto Brunfels est un guide pratique avec des illustrations qui sont les premiers dessins botaniques d'après nature. Les traités d'anatomie reflètent une précision croissante avec les dessins dus probablement à

Hans Baldung Grien. Plusieurs dizaines de manuels techniques sont imprimés ; ils fournissent des informations sur un large éventail d'activités manuelles : extraction minière, teinture des étoffes, architecture, mathématiques appliquées (Rechenbüchlein) pour les nombreuses écoles commerciales privées. Les artisans et travailleurs manuels découvrent l'utilité de la maîtrise de leurs techniques et de l'information sur de nombreux procédés. Ils constituent le marché d'un imprimeur spécialisé, Christian Egenolff, dans la métallurgie et les mines. Par contre l'activité humaniste subit une forte baisse jusqu'à la fondation du gymnase (1538). Le besoin de manuels encourage alors certains enseignants à publier. Le recteur Jean Sturm publie des textes des grands classiques que sont Cicéron, Aristote et Platon. On peut citer aussi Peter Dasypodius, auteur d'un dictionnaire devenu célèbre [35]. Cette activité est loin d'être négligeable, puisqu'on recense un total de quatre-vingt-cinq manuels et éditions classiques de 1538 à 1550.

Le milieu du siècle (1550-1570) se caractérise par l'importance de la littérature allemande, composée par des lettrés membres des classes moyennes urbaines. La bourgeoisie engendre ses propres écrivains qui expriment de manière spontanée les valeurs et les aspirations de leurs concitoyens, en particulier la dignité de la vie bourgeoise, la félicité du mariage et les vertus de la vie familiale. Cette culture se manifeste surtout dans deux genres. Le théâtre connaît une mutation sensible avec des pièces bibliques, tirées le plus souvent de l'Ancien Testament. Le héros le plus populaire est Joseph. Plusieurs pièces sont consacrées à des femmes : Suzanne, Judith, Esther et Rebecca. Ces histoires bibliques visent « à illustrer les vertus familiales et domestiques et à montrer le chemin d'une vie bonne et vertueuse » (Myriam Chrisman). Rebecca apparaît comme un exemple d'obéissance et des devoirs des enfants envers leurs parents. Esther et Judith illustrent le patriotisme et le dévouement des citoyens à leur cité. Le théâtre a un rôle actif dans le développement de la culture laïque. Les représentations font souvent appel à une centaine d'acteurs. Elles ont lieu à la fois dans les villes moyennes et les bourgades comme Guémar et Kientzheim, où les troupes locales donnent des représentations concernant des sujets bibliques, des récits légendaires et des comédies carnavalesques. Le second genre littéraire est le roman bourgeois qui remplace l'amour romanesque des récits de chevalerie. Il devient le reflet de l'aspiration des bourgeois à un code moral et à des règles de conduite en relation avec la vie quotidienne. La famille bénéficie ainsi d'un nouveau statut dans la société. A cette époque la culture vernaculaire s'affranchit de l'Eglise et des écoles, ce qui favorise de nouvelles formes littéraires : le drame biblique et la nouvelle.

Vers la fin du siècle, si les composantes de la culture laïque demeurent stables, on assiste à un retour des scientifiques universitaires qui rédigent des traités pour le marché allemand, plutôt que de laisser cette tâche aux vulgarisateurs. Trois secteurs sont privilégiés. L'histoire sous la forme de récits minutieux et très documentés d'événements récents se développe avec la guerre de Bourgogne de Philippe de Commynes et l'histoire du règne de Charles Quint par Johann Sleidan, qui est éditée neuf fois de 1568 à 1598. Depuis 1540 les éditions en allemand l'emportent nettement sur celles en latin. L'ouvrage le plus populaire est *L'Histoire des juifs* de Flavius-Josèphe qui favorise le processus de création d'une nouvelle image de l'Eglise chrétienne et dont la traduction allemande connaît vingt-cinq éditions de 1530 à 1600. Une version allemande de Tite-Live connaît sept éditions de 1574 à 1600. L'histoire régionale est l'objet de deux chroniques : les *Collectanées* de l'architecte Daniel Specklin et la *Chronique d'Alsace* de Bernard Hertzog.

Dans les années 1560 apparaît le journalisme populaire, sous la forme de récits journalistiques de la guerre contre les Turcs, de la révolte hollandaise contre l'Espagne et des guerres de religion en France. Il s'agit de livres de propagande religieuse, dus en partie à Johann Fischart qui travaille pour son beau-frère l'imprimeur Bernard Jobin dont 40 % de la production concerne des livres pour un public populaire. Ensemble ils font de Strasbourg l'épicentre d'une nouvelle explosion de polémique plus vive que celle des années 1520. Des recueils de libelles huguenots sont traduits en allemand. Il s'agit d'un journalisme de propagande destiné à affermir la cause protestante et qui contribue à créer un climat passionné, et d'une quête d'identité des protestants face au catholicisme présenté comme l'ennemi.

Dans le domaine des sciences l'œuvre de Paracelse suscite un conflit dans le corps médical entre ceux qui acceptent sa doctrine, à savoir une pharmacopée basée sur l'utilisation des substances chimiques, et les partisans d'une pharmacopée traditionnelle à base de plantes. Son rayonnement se manifeste aussi par la publication de sept éditions de livres d'alchimie, dont quatre de lui, qui continuent à susciter du rêve dans certains milieux populaires. Les autres publications scientifiques, d'une qualité nettement supérieure à celle du début du siècle, sont le livre de botanique de Hieronymus Bock, des manuels vétérinaires et d'agronomie. A la fin du siècle on assiste à un changement en ce qui concerne les auteurs. Les ouvrages scientifiques et les livres d'histoire redeviennent, comme entre 1500 et 1520, l'œuvre de savants, de formation classique et universitaire. Le théâtre populaire est rédigé par des maîtres d'école au lieu et place de bourgeois écrivains. Cette mutation débouche sur une véritable synthèse : les publications en allemand voient leur importance reconnue et les lettrés participent davantage à leur création.

L'imprimerie strasbourgeoise a joué un rôle capital dans la genèse d'une culture laïque à Strasbourg, qui a connu à la fois un développement considérable et une large diffusion. Ses auteurs sont d'une part des érudits, des juristes, des médecins, des théologiens, d'autre part des praticiens, des ingénieurs, des hommes d'affaires, des apothicaires et des fonctionnaires. Leur objectif est pragmatique : fournir des renseignements pour la solution de problèmes et diffuser des savoir-faire et un savoir. Très différente est la culture savante qui se caractérise par une approche théorique dans la ligne traditionnelle de la grammaire, de la rhétorique et de la logique, mais qui ne connaît que peu d'innovations dans le fond et la forme. A l'inverse la culture laïque donne naissance à des genres nouveaux : livres didactiques, manuels médicaux de vulgarisation, manuels techniques illustrés, romans, pièces bibliques et journalisme. Il s'agit d'une création composite due à des hommes venus d'horizons culturels et mentaux différents et transmise, non par des établissements scolaires, mais par l'imprimerie qui occupe la première place dans l'élaboration du monde intellectuel des milieux populaires.

La censure municipale, plutôt libérale sous Sébastien Brant jusqu'à sa mort (1521), demeure peu restrictive : elle autorise des opinions variées tant qu'elles ne suscitent pas des difficultés diplomatiques au Magistrat ou ne calomnient pas des personnes, une mesure qui touche Thomas Murner. A partir de 1525 les auteurs strasbourgeois et alsaciens fournissent la majeure partie des impressions dans toutes les catégories. Myriam Chrisman a identifié cent huit Strasbourgeois[36]. Si une partie n'est connue qu'à l'intérieur d'un cercle restreint, d'autres bénéficient d'une notoriété européenne. Grâce à eux, Strasbourg devient un important centre intellectuel et scientifique. Parmi les auteurs de premier plan on peut citer Martin Bucer avec près de cent cinquante titres, en particulier des livres d'exégèse, Otto Brunfels, Jean Sturm avec cent cinquante-six écrits et cinq cent six éditions – textes classiques, manuels scolaires, écrits programmatiques sur l'éducation et sur l'enseignement, notamment ses *Epistolae classicae* –, Johann Sleidan et Johann Fischart.

Hors de Strasbourg l'imprimerie ne joue qu'un rôle modeste en Alsace. A Haguenau la grande période se poursuit jusqu'en 1532. Thomas Anshelm réalise de 1516 à 1523 cinquante-huit publications classiques et de manuels scolaires. Son beau-frère et successeur Johann Setzer un total de cent quatre-vingt-trois. Il publie des écrits humanistes, des ouvrages scolaires et surtout il réimprime à jet continu les ouvrages de Martin Luther et de Philippe Melanchton (vingt-deux en deux ans), mais à partir de 1524 il doit se plier à une décision du Magistrat de la ville, soucieux d'empêcher la diffusion des idées nouvelles, consistant à ne publier les œuvres protestantes qu'en latin, soit pour une clientèle purement extérieure. En fait la censure de la ville, demeurée catholique, contribue à l'étouffement de l'imprimerie qui cesse ses activités après 1536[37]. A Colmar il y eut deux tentatives isolées, celle d'Amandus Farckall qui réalise de 1522 à 1524 dix-sept impressions concernant surtout des écrits de réformateurs[38], puis celle de Bartholomaeus Grüninger (1538-1543), qui publie quelques œuvres religieuses catholiques et une traduction allemande de Plutarque[39]. Enfin on peut mentionner des tentatives isolées à Sélestat, où Lazare Schürer imprime de 1519 à 1522 quelques ouvrages humanistes et d'autres favorables à la Réforme. A Mulhouse Peter Schmid imprime de 1557 à 1564 une trentaine d'ouvrages, surtout des traités de médecine, de théologie et d'histoire. Les deux entreprises ont dû cesser leur activité en raison de difficultés financières.

Les progrès de l'instruction en milieu protestant

La Réforme protestante constitue une étape importante dans le développement scolaire de l'Alsace. L'alphabétisation est en effet la condition indispensable pour assimiler les concepts nécessaires au salut, qui présuppose désormais à la place de rites un savoir, ainsi que la lecture de la Bible. Aussi les réformateurs ont vivement encouragé les autorités politiques et municipales à ouvrir des écoles, à la suite de Luther qui dès 1524 exhorte les Magistrats des villes dans ce sens. A

Strasbourg, Bucer et Capiton manifestent un intérêt réel pour la pédagogie et soulignent l'importance du savoir pour la vraie foi. En 1524 et 1525 les prédicateurs strasbourgeois adressent plusieurs mémoires au Magistrat de la ville au sujet de l'instruction. Ils proposent six écoles pour les garçons, six pour les filles et quatre écoles latines, et prient le Magistrat d'exhorter les parents à envoyer les enfants à l'école, mais seulement le matin. Le financement serait assuré par les revenus des couvents. Le Magistrat manifeste effectivement un intérêt certain pour l'instruction. Il crée une commission de trois membres, appelés scolarques, dont le plus important est Jacob Sturm, chargée de nommer les enseignants et de contrôler le fonctionnement des écoles. En 1534 il publie une ordonnance scolaire qui interdit d'ouvrir une école sans l'autorisation des scolarques, qui prévoit une séparation par sexe, un droit d'écolage de dix-huit pfennigs par trimestre et qui précise un programme très modeste, limité à la lecture, à l'écriture et aux préceptes religieux ; ce dernier point occupe en effet une place majeure dans les écoles, en Alsace comme dans tout l'Occident chrétien jusqu'au XVIIIe siècle.

La mise en place d'écoles, associées désormais aux paroisses, est favorisée par la présence de personnel, les religieux passés à la Réforme, et de locaux, les nombreux couvents établis dans la ville et qui se trouvent presque tous désaffectés. Mais les réalités demeurent sombres : des locaux souvent étroits, un cumul de fonctions au détriment de l'enseignement, des traitements médiocres. Le lien avec la paroisse est souvent symbolisé par le fait que le maître d'école est en même temps sacristain et logé par la paroisse. Les progrès demeurent lents au début. Après l'épidémie de peste de 1541 le nombre des élèves recule de moitié. En 1548 six des sept paroisses ont une école de garçons, mais seule celle de Saint-Pierre-le-Vieux a une école de filles, ce qui confirme l'indifférence pour l'enseignement des filles.

Dans la seconde moitié du siècle la transformation des

écoles élémentaires en écoles paroissiales s'accentue, notamment pour des raisons financières. Les paroisses contribuent au traitement des maîtres et assurent leur logement. Les maîtres collaborent au culte. La rareté des documents ne permet pas une analyse plus substantielle de ces écoles. Par contre l'ordonnance ecclésiastique de 1598 impose déjà l'idée de l'obligation scolaire : tous les parents doivent envoyer leurs enfants à l'école paroissiale, mais la réalité demeure bien éloignée de cette idée généreuse. Dans les autres villes et à Mulhouse la Réforme favorise également un essor scolaire. Dans les campagnes ce sont moins les princes que les autorités ecclésiastiques qui, de concert avec les autorités villageoises et les pasteurs, s'efforcent de mettre sur pied dans les diverses paroisses une école. L'enseignement y est assuré par le pasteur ou le sacristain. La finalité est l'instruction catéchétique, l'apprentissage du chant, une éducation morale selon le nouveau bréviaire éthique, ainsi que bien sûr la lecture et l'écriture.

Les résultats sont inégaux en 1618. Dans le comté de Hanau-Lichtenberg, le règlement scolaire de 1614 considère l'existence d'une école dans chaque paroisse comme une réalité allant de soi. Ailleurs ce résultat n'est pas encore acquis. Dans le bailliage de Cleebourg, seules deux paroisses sur six ont en 1609 une école qui d'ailleurs ne fonctionne, comme très souvent dans les campagnes, que pendant les seuls mois d'hiver. Les sources ne permettent pas de fournir une estimation de l'alphabétisation. En 1618 le bilan de la scolarisation en pays protestant demeure inégal, mais il est loin d'être négligeable, car la progression a été très sensible et elle est attestée en particulier par la diffusion de livres religieux dans les campagnes.

La haute école, un établissement de rayonnement européen[40]

Plus qu'à l'enseignement élémentaire, scolarques et théologiens strasbourgeois s'intéressaient à la formation des futurs cadres protestants. Au lendemain de l'introduction de la Réformation à Strasbourg (1524) existent deux écoles latines, confiées à des maîtres de valeur. Il s'agit d'Otto Brunfels, un ancien chartreux, père de la botanique moderne, qui publie en 1529 deux traités de pédagogie, puis un manuel (*Catechis puerorum in fide*), contenant à la fois des textes d'auteurs grecs et latins et d'auteurs contemporains (Brant, Sapidus, Luther). Jean Sapidus, après son départ de Sélestat, dirige la seconde école latine. Comme une troisième est ouverte en 1534, Martin Bucer souhaite, en accord avec les scolarques, notamment Jacob Sturm, fusionner les écoles latines en une seule, installée dans le couvent des dominicains et confiée à Jean Sturm[41]. Cet humaniste (1507-1589), formé aux Pays-Bas et à Paris, où il a donné des cours en marge du Collège de France, est proche du mouvement évangélique. Appelé par Bucer, il impressionne ses auditeurs par sa familiarité avec la littérature antique et l'élégance du latin.

Le but des études est *sapiens atque eloquens pietas*. Pour Sturm la véritable instruction se fonde sur la connaissance des langues anciennes et sur la *pietas litterata*. Il se propose deux buts : présenter une méthode d'enseignement susceptible de conduire l'élève à une éloquence latine et assurer la performance maximale et la perfection morale et intellectuelle pour de futurs dirigeants. Il estime que l'éloquence permet l'épanouissement de la piété et de la culture. L'enseignement est réparti en dix classes dirigées chacune par un seul maître et coiffées par une section supérieure qui assure des cours de lettres, de droit et de théologie. L'ouverture a lieu en 1538 et l'établissement s'installe dans le couvent rénové des dominicains, soit déjà l'emplacement actuel, ce qui en fait l'établissement scolaire le plus ancien existant aujourd'hui en Alsace.

Les professeurs sont appelés Schuldiener, soit des fonctionnaires au service de la ville et du Magistrat, mais rémunérés par le chapitre Saint-Thomas, seul chapitre devenu protestant. La direction est confiée à un recteur, charge exercée avec sévérité par Jean Sturm de 1538 à 1581. L'école connaît assez rapidement un grand succès avec une moyenne de plus de quatre cents élèves, ce qui en fait une des plus grandes écoles municipales de l'époque, grâce à des enseignants de valeur, dont des réfugiés italiens (l'humaniste Vermigli, l'hébraïsant Tremellius) et français (les juristes Baudouin et Hotman). Elle bénéficie de deux internats : le collège des prédicateurs où sont logés et nourris trente étudiants de Strasbourg et des trois villes libres souabes Biberach, Constance et Isny ; en 1544 est fondé le *Collegium Wilhelmitanum* pour quarante étudiants qui, à côté de l'assistance aux cours publics, sont astreints à divers exercices sous la direction d'un précepteur.

Le succès contribue aussi à une modélisation de l'école dont les statuts inspirent de nombreuses créations dans l'espace helvétique (Lausanne, Genève), français (Nîmes), germanique (Hornbach, Lauingen) et polonais[42]. Alors que l'école s'est inspirée en partie de celle de Sélestat, elle influence à son tour les collèges jésuites qui deviennent ses grands concurrents. En 1566 un privilège impérial élève la haute école au rang d'académie, ce qui l'autorise à décerner les titres de bachelier et de maître ès arts et à assurer des cours normalement faits dans les diverses facultés. Les nouveaux statuts de 1568 maintiennent l'unité entre les dix classes de l'école et les cours supérieurs. Ils créent aussi un convent académique composé des trois scolarques, du recteur, du doyen (annuel) et de l'ensemble du personnel enseignant, qui se réunit tous les mois.

Les statuts demandent aux professeurs l'engagement de respecter la constitution politique et ecclésiastique de la ville, la participation aux offices religieux et à la communion selon le rite des Eglises de la Confession d'Augsbourg. Pour les

«Bataille de boules de neige au Gymnase Jean Sturm» par Emile Schweitzer, 1860.

étudiants les règlements disciplinaires sont renforcés : interdiction du port d'armes, arrestation des étudiants circulant la nuit dans les rues, interdiction de fréquenter les cabarets hors de la ville. L'orientation pédagogique du gymnase est dominée par la personnalité de Jean Sturm. Pour lui la rhétorique est la science de base méthodologique. Cicéron constitue un modèle stylistique et éthicopolitique. Aussi veut-il éduquer ses élèves à acquérir la dignité, la sagesse, la religiosité et la vigueur de forme de Cicéron. Pendant huit ans, de la dixième à la troisième, l'instruction est avant tout formelle, basée sur la grammaire, l'étude du style et du vocabulaire, la rhétorique et la dialectique. L'étude des disciplines spécialisées est reportée à la seconde. L'école contribue selon Sturm à la formation religieuse par le catéchisme, les livres bibliques, mais aussi par les auteurs anciens et l'histoire, censés renfermer de nombreux préceptes et exemples de vertu. Les classes sont subdivisées en groupes de huit à dix élèves avec un décurion chargé de dénoncer au professeur les fautes des camarades et de faire répéter les leçons et les devoirs. Chaque jour ont lieu cinq heures d'enseignement. On recourt beaucoup à l'émulation pour stimuler le zèle des élèves. L'apprentissage du latin fait exclure l'usage de la langue vernaculaire à l'intérieur des locaux sous peine de sanctions. Les *Lettres choisies* de Cicéron sont étudiées de la neuvième à la troisième. En sixième débutent les textes poétiques latins et le grec. Les exercices pratiques consistent en des rédactions, des versions, des thèmes et des commentaires à orientation morale. Dans les deux classes supérieures on associe les bases théoriques de l'éloquence à une lecture intensive des auteurs.

Sturm est un homme de son temps, attaché à la culture classique. L'émulation permet l'ascension sociale d'élèves d'origine modeste mais doués. La formation d'un homme imprégné de religion, de culture classique et capable de bien s'exprimer, répond à l'attente de ses contemporains et contribue à modeler la culture bourgeoise des lettrés. Mais vers la fin du siècle cette méthode disparaît peu à peu. On lui reproche ses exigences excessives, l'absence de mathématiques, de sciences naturelles et l'exclusion des langues vivantes. Les critères et manuels de l'école sturmienne sont mis en veilleuse, alors que le système lui-même conserve l'esprit humaniste et chrétien basé sur la maîtrise du latin et du grec, les techniques de la rhétorique et de la dialectique. Ces études, destinées aux élites politiques et culturelles et au clergé, produisent des esprits ordonnés et disciplinés, ce qui facilite la transmission d'une génération à l'autre. Ce milieu lettré formé par une culture savante qui subsiste en Occident pendant près de trois siècles se distingue désormais des milieux populaires. Les études supérieures, qui après 1566 se développent dans les quatre facultés, consistent toujours en des commentaires sous la forme de paraphrases lues et dictées. A la faculté des arts la rhétorique constitue la principale discipline, consacrée aux discours de Cicéron et de Démosthène, aux écrits de Platon et d'Aristote. Johann Ludwig Hawenreuter a réussi à rendre attrayante la physique d'Aristote, qui fait partout partie du bagage universitaire, et qu'il qualifie d'activité chrétienne, agréable à Dieu.

Dans la plupart des disciplines l'enseignement manque de relief et l'académie ne connaît aucun éveil vers les découvertes scientifiques. On peut noter avec regret que les universitaires strasbourgeois, obnubilés par le prestige de la culture classique, ne tiennent pas compte dans leur enseignement des découvertes contemporaines. En mathématiques, si Conrad Dasypodius rédige quelques manuels intéressants, il refuse de tenir compte des découvertes de Copernic pour continuer à enseigner le système de Ptolémée et les conceptions des auteurs classiques [43]. En géographie l'enseignement ignore les grandes découvertes (pourtant diffusées par l'imprimerie) et les travaux récents, notamment la *Cosmographie* de Sebastian Munster, un best-seller qui célèbre les richesses de l'Alsace [44]. Pour les langues, l'hébreu n'est qu'une annexe de la théologie et le niveau de grec demeure moyen tant dans l'enseignement que pour les éditions de textes. Seule l'histoire bénéficie d'un certain relief. Elle est à l'époque conçue moins comme un récit objectif des événements que comme une présentation selon des critères moraux d'actions exemplaires ou détestables. L'activité scientifique se concentre sur des problèmes textuels. Michel Beuther procède à un examen philologique des sources, développe en particulier la géographie et l'ethnographie du passé germanique. Le théologien Johann Pappus renvoie à la valeur patriotique de l'histoire nationale allemande. Philippe Glaser entreprend une reconstitution du passé sur la base de sources, ce qui permet d'acquérir une certaine autonomie. S'inspirant de Jean Bodin, il est un des premiers à laïciser l'histoire.

Le trio majeur ou « triade de choc » de l'académie est constitué par le droit, la médecine et la théologie. En droit l'enseignement se développe surtout après 1566 avec la création de trois chaires. L'influence française de l'école de Bourges est non négligeable avec la présence de trois juristes huguenots : François Baudouin (1555-1556), spécialiste du droit romain et du droit civil, Hotman (1556-1560), préoccupé des sources du droit, qui publie un catéchisme juridique bourré de citations littéraires classiques et un important commentaire des *Institutes* de Justinien, enfin Denys Godefroi (1591-1604), un éminent juriste humaniste. Presque tous les enseignants strasbourgeois ont été formés dans des facultés françaises et sont des adeptes du *mos gallicus* qui enseigne le droit romain dans sa pureté primitive. Georg Obrecht porte un intérêt aux pratiques judiciaires régionales, au droit féodal et à la législation impériale de droit public. C'est un novateur qui introduit des exercices pratiques sous la forme de procès fictifs. Il a le mérite d'intégrer au droit romain le droit coutumier et le droit français et de faire des cours sur les tribunaux et les procès. Soucieux d'associer la pratique à la théorie, il est assesseur judiciaire au Conseil des XIII de la ville de Strasbourg. Dans la vie courante il est attentif aux privilèges des territoires, des états et corporations, il porte un intérêt soutenu au développement des mines, des voies de communications, à la lutte contre l'usure, à la formation d'un corps de fonctionnaires sur le plan économique. Obrecht est un des pères de la science administrative dite caméraliste au XVIIe siècle[45]. Il contribue largement au déplacement de l'accent des questions didactiques de l'humanisme juridique aux problèmes concrets.

L'enseignement médical ne se développe qu'avec lenteur en raison des réticences du Magistrat. Il faut attendre les années 1580 pour assister à la création de trois chaires. Le promoteur est Gonthier d'Andernach qui apparaît comme un novateur : il est un disciple du chirurgien français André Vésale, ouvert à une anatomie plus moderne. Après l'épidémie de peste de 1564, il publie six brochures, dans lesquelles il procède à une description minutieuse des symptômes. Il préconise des mesures d'hygiène collective, la formation d'un personnel médical et infirmier spécialisé, et l'isolement des pestiférés. Mais dans son édition des œuvres de Galien, il se borne à un commentaire philologique. Si l'enseignement théorique demeure dogmatique par souci de fidélité à Galien, après 1600 apparaît à côté un enseignement pratique, lié au développement des observations empiriques – par l'aménagement d'un théâtre anatomique, d'un jardin botanique (1619) – et de recherches sur les bains et les cures thermales. Ces traits empiriques s'opposent au dogmatisme des autres disciplines et contribuent à un indéniable rayonnement : avec quatre-vingt-dix-huit étudiants en 1620, la faculté est la deuxième de l'Empire[46].

En théologie la tradition strasbourgeoise, créée par Bucer, d'un enseignement essentiellement biblique, évolue vers la primauté accordée à l'orthodoxie. Johann Pappus est la personnalité dominante : il assure des cours sur la Confession d'Augsbourg et il a le mérite d'introduire un enseignement d'histoire de l'Eglise, ce qui représente une innovation dans les facultés allemandes. Mais le niveau de la faculté s'abaisse en raison du recrutement de pasteurs peu qualifiés et de la limitation des publications à la seule controverse contre les catholiques et les calvinistes.

L'académie doit sa renommée en partie aux représentations théâtrales, qui deviennent annuelles en 1557 : elles bénéficient d'un large succès auprès du public bourgeois au point que parfois il faut faire appel à la protection de la police. On distingue les pièces à usage interne, drames classiques, et les drames pour grand public lors de fêtes solennelles (Pâques, les deux foires annuelles) ou lors du passage de princes étrangers. Les nouvelles pièces traitent de thèmes bibliques, de légendes antiques, d'épisodes de l'histoire allemande ou de celle de l'Eglise. Ces pièces, comédies latines, tragédies grecques, ou compositions des professeurs, se caractérisent par un bon niveau artistique, agrémenté souvent de machines et d'un décor baroque. Parfois ces drames scolaires sont embellis par Christophe Walliser qui a composé des chœurs spécifiques et écrit la musique de nombreuses pièces[47].

La haute école est également un lieu de production littéraire pour les élèves. Jean Sturm se taille la part du lion avec les *Lettres* et les *Discours* de Cicéron qui connaissent soixante éditions. Sa *Partitionum dialecticarum* connaît treize éditions et elle est diffusée dans de nombreuses écoles allemandes. De 1560 à 1599 l'ensemble de ses éditions scolaires atteint un total de quatre-vingt-trois. Parmi ses collègues on peut citer le dictionnaire latin-allemand et allemand-latin de Peter Dasypodius et la grammaire grecque de Theophil Gol (neuf éditions). Alors que les années 1538-1550 ont été très fécondes, on constate un recul ; seuls vingt-quatre enseignants publient de 1560 à 1600 un total de soixante-dix-sept éditions, avec un recul des éditions classiques et une montée des livres d'histoire et de mathématiques.

Dans le reste de l'Alsace protestante la bourgeoisie urbaine manifeste de l'intérêt pour des écoles, s'inspirant de celle de Strasbourg, mais à une échelle plus réduite, pour former les futurs cadres. L'école de Mulhouse, mal connue, est bien fréquentée, mais son niveau demeure insuffisant pour préparer ses élèves à suivre les cours à l'université. A Colmar un gymnase municipal est fondé en 1604 et s'inspire fortement du modèle strasbourgeois. A Haguenau et à Wissembourg les protestants créent une école latine sans prétention. Dans les deux principaux territoires sont également fondés un gymnase dans la capitale : Bouxwiller (1612) et Riquewihr, pour lequel la réglementation est mieux connue que le fonctionnement. Le personnel est réduit à un précepteur pour l'enseignement en latin et à son adjoint chargé de la classe d'allemand. En 1562 on recense quatre-vingts élèves. Les meilleurs se voient proposer une bourse pour faire des études de théologie à Tübingen, l'université des ducs de Wurtemberg.

L'essor des collèges jésuites

Pour les territoires demeurés catholiques on ne dispose que de très peu d'informations concernant l'enseignement élémentaire : il semble qu'il demeure encore limité en 1618 aux seules communes importantes et notamment aux seules villes et bourgades, en particulier Thann, Obernai, Saverne et Haguenau, où Jérôme Gebwiler a enseigné avec fruit de 1525 à 1543. En 1615 l'évêque de Strasbourg fait créer lors d'une visite du diocèse de nombreuses écoles, dont le rôle consiste surtout à éduquer les élèves dans la religion tridentine et à leur inculquer un bréviaire éthique[48].

La première création d'un établissement secondaire est due à Johann Rasser[49]. C'est un prêtre qui, attristé de voir les adolescents catholiques alsaciens se rendre à des écoles protestantes, entreprend de fonder à Ensisheim, capitale de l'Alsace autrichienne, une école dans l'esprit de la Réforme catholique (1579). Il obtient des locaux (l'hospice) du Magistrat et un financement (de l'abbaye bénédictine de Masevaux et du cardinal Andreas d'Autriche). Il s'inspire du modèle jésuite pour le programme et la méthode, mais se limite au latin, d'où un niveau moins élevé. Les statuts imposent aux élèves de ne parler que le latin sous peine de porter un gemaltes Eselsbild (image peinte d'un âne). Les internes sont répartis en trois groupes lors des repas selon la fortune, ce qui n'a pas manqué de susciter des tensions : on sert des quantités différentes de vin et de viande, mais les pauvres sont privés de rôti et de vin. Rasser a composé deux drames scolaires qui ont mobilisé l'ensemble de la centaine d'élèves dont certains ont dû mémoriser plusieurs centaines de vers. Ce collège constitue une création individuelle qui a bénéficié d'un grand prestige dans toute la Haute-Alsace. Rasser a eu le mérite de jeter les fondements du premier séminaire d'Alsace, mais il a décliné après la mort du fondateur (1594), avant d'être repris par les jésuites et intégré dans leur réseau scolaire (1614).

Dans le cadre de la réforme catholique l'Alsace est l'objet, comme tout l'espace rhénan, d'une implantation de collèges jésuites. Le premier est celui de Molsheim [50], fondé en 1580 à l'initiative de l'évêque de Strasbourg, qui le dote de manière substantielle, le prend sous sa protection et y installe une bibliothèque de qualité constituée en partie par différents legs de bibliothèques privées. Mais ce n'est qu'en 1613 que l'évêque y adjoint un véritable séminaire, soit un pensionnat dont les bénéficiaires se destinent au sacerdoce et sont des boursiers de l'évêque.

En 1617 les dernières classes sont érigées par l'empereur et le pape en université, qui dispense un enseignement en philosophie (lettres) et théologie et qui a le droit de conférer les grades universitaires. La promotion correspond à l'achèvement de nouveaux locaux scolaires et d'une belle église, et l'inauguration donne lieu à de très grandes fêtes, une manifestation du renouveau catholique. L'université devient un instrument du rétablissement et de la propagande de l'Eglise

Collège de jésuites de Molsheim (gravure de 1627), centre spirituel de l'Alsace catholique au XVIIe *siècle. A droite, l'église construite de 1615 à 1617.*

catholique en Alsace, notamment grâce à de brillantes représentations théâtrales. Les effectifs atteignent soixante-deux en 1617 et deux cents en 1619, ce qui est appréciable pour l'époque. En 1619 Molsheim constitue la seconde maison de la province du Rhin supérieur, juste après Mayence.

L'enseignement est assuré selon les principes de la *Ratio studiorum* (1599) qui est la norme pour l'ensemble des collèges de l'ordre. Le programme prévoit quatre années de grammaire et deux années d'humanités et de rhétorique. L'instruction religieuse occupe une large place. Durant les premières années on étudie le petit catéchisme de Peter Canisius, largement diffusé dans le catholicisme germanique, et on initie les élèves à la dispute avec les hérétiques. Pendant les deux dernières années les élèves mémorisent le grand catéchisme de Canisius. Les quatre années de théologie à la faculté consistent en un élargissement et une intensification de l'enseignement catéchétique, à partir de manuels et de cours dictés issus de la *Somme* de saint Thomas d'Aquin. L'enseignement est centré sur la scolastique, la théologie morale et la controverse. Le but consiste à former non des érudits, mais des prêtres bien instruits de l'enseignement de l'Eglise et capables de le défendre. Chaque samedi a lieu une *disputatio*, soit la défense d'une thèse, par une joute oratoire en latin sans notes durant une heure et demie. Le contenu est en partie apparenté aux principes de Jean Sturm, qui l'apprécie tout en redoutant la concurrence. Les autres collèges alsaciens demeurent mal connus : Porrentruy, siège du prince-évêque de Bâle qui attire des élèves de la Haute-Alsace qui fait partie de sa juridiction, fondé en 1591 avec un séminaire, Haguenau (1614), Ensisheim (1615) et Sélestat (1623).

Le théâtre jésuite, un moyen de combat et de séduction de la Contre-Réforme dans la grande majorité des collèges, se développe surtout à Molsheim et à Ensisheim. Ici le drame *Sanctus Maximilianus* (1615) exalte les formes traditionnelles de la piété et définit les conditions d'un renouveau missionnaire au service du catholicisme post-tridentin. A Molsheim lors de l'ouverture de l'université (1618) est joué *Carolus magnus, pius, sapiens*. Charlemagne est la figure emblématique du souverain moderne de la Contre-Réforme, soutien de Rome, défenseur du collège et bâtisseur d'églises. Ce drame se situe dans la lignée des œuvres théâtrales qui glorifient la dynastie des Habsbourg.

Le recul de l'humanisme

Avec l'essor de la Réforme qui attire de nombreux intellectuels, le mouvement humaniste cesse de recruter et éclate entre des individus et de petits noyaux qui disparaissent progressivement après le milieu du siècle. En Basse-Alsace le principal représentant demeure Beatus Rhenanus. Le mouvement se maintient davantage en Haute-Alsace, beaucoup moins touchée par la Réforme. Hieronymus Gschmus, un Mulhousien (1505-1544), professeur à Bâle, après un long séjour à Paris et à Turin, se tourne vers la philosophie, la médecine et les sciences de la nature. Il a publié des œuvres des sciences et de la philosophie antiques, des traductions latines de savants grecs, ainsi que les œuvres d'Aristote. Sébastien Austrius, de Rouffach, médecin à Colmar, puis professeur à Fribourg, a le souci de la correction de la langue latine. Conrad Wolffhart, de Rouffach, une bourgade qui a produit une pléiade d'intellectuels, s'installe comme pasteur à Bâle, où il publie une quinzaine d'ouvrages en latin d'orientation humaniste et de tendance morale. La culture hébraïque est développée par deux Haut-Rhinois qui se mettent au service de la Réforme à Zurich. Conrad Pellican (1478-1556), de Rouffach, franciscain, est un des meilleurs connaisseurs de l'hébreu. En 1526 il s'installe à Zurich et publie de nombreux commentaires bibliques en allemand. Leo Jud, philologue et hébraïsant, a traduit la Bible : cette Bible de Zurich se caractérise par la qualité de la traduction, et elle constitue le livre de référence pour tous les réformés helvétiques pour des siècles.

La littérature vernaculaire : une place honorable dans la littérature allemande

Au XVIe siècle l'Alsace a connu une remarquable créativité littéraire, dont il n'existe plus d'équivalent aux siècles postérieurs, liée peut-être à la prospérité économique. Il existe alors toute une littérature populaire composée de facéties et exprimant la vie joyeuse et truculente des milieux populaires. Johann Pauli publie en 1522 un recueil de facéties, *Schimpf und Ernst*. Celles-ci, hérissées de traits piquants, imagées et légèrement moralisantes, tournent en dérision les faiblesses humaines sans donner dans la méchanceté. Jacob Frey est l'auteur d'un recueil de facéties, *Die Gartengesellschaft* (1558), qui a connu au moins dix-sept rééditions jusqu'en 1612. Il est un des premiers représentants de la tradition alsacienne des Witz souvent truculents et corsés. Sa veine satirique s'exerce volontiers aux dépens des paysans. Il est aussi l'auteur de deux récits épiques en vers et de quatre drames. Martin Montanus publie un *Wegkürtzer* (1557). L'auteur compile ses prédécesseurs et se complaît dans l'érotisme et la grossièreté.

Le roman est représenté par deux grands auteurs. Jörg Wickram, un Colmarien, est l'auteur d'une œuvre multiforme avec plus de quinze titres. Il a composé des farces pour le théâtre local, un drame, *Le Fils prodigue*, constitué surtout de scènes de la vie familiale, et des romans à tonalité morale comme *Der jungen Knaben Spiegel* (1554), une critique de la noblesse : les roturiers se conduisent noblement alors que les nobles mènent une vie de débauche. Son *Rollwagen-Büchlein* (1556) est une œuvre amusante largement diffusée : il s'agit de soixante-sept contes brefs et distrayants qui sont un reflet de la société de l'époque. Il y oppose les valeurs bourgeoises (entraide, force de coopération) des marchands et artisans qui ont un mode de vie propre à la bravoure individuelle et inutile des chevaliers. Il est le premier à passer du roman chevaleresque en prose au roman bourgeois, dont il est un des créateurs dans la littérature allemande.

Le plus grand auteur est incontestablement Johann Fischart (1546 ou 1547 - 1590 ou 1591) [51]. Docteur en droit, il a séjourné à Paris, en Angleterre et en Italie. Il est l'écrivain le plus productif de la littérature allemande à la fin du siècle avec une centaine de titres. Son œuvre est à la fois polémique, satirique et moralisatrice. Face aux événements politiques il est un patriote soucieux de la prospérité et de l'indépendance de sa cité et un journaliste à l'affût de toute nouveauté. *Das glückhaft Schiff von Zurich* (1576) exalte l'amitié entre les deux villes. Protestant engagé il mène une ardente polémique contre les ordres religieux, en particulier les jésuites. Dans *Nachtrab* (1570) il présente les jésuites comme des cavaliers noirs, prêts à fomenter partout la guerre. Le *Bienenkorb*, dirigé contre la papauté, connaît de nombreuses rééditions. L'intérêt majeur de l'œuvre réside dans ses écrits satiriques qui ont fait de lui le « Rabelais alsacien ». La *Geschichtklitterung* est une traduction en prose du *Gargantua* de Rabelais qui triple de volume. Fischart y donne libre cours à sa verve et à sa fantaisie, critiquant en particulier toute étroitesse d'esprit et absence de tolérance. Dans d'autres écrits il fait l'éloge de la vie simple, se divertit dans le burlesque de la chasse aux puces (*Flöh-Hatz*) et persifle la crédulité astrologique de ses contemporains. Ses écrits constituent une mine sur les aspects multicolores de la vie culturelle au XVIe siècle (mœurs, coutumes, fêtes, chansons et dictons). Sa langue se caractérise par la virtuosité verbale, une grande richesse, des déformations cocasses, un vocabulaire d'une grande saveur et aimant les grossièretés, puisé dans le parler populaire du terroir et mis au service d'une imagination débordante. Ecrivain de talent, Fischart est une figure originale, qui marque le passage de la Renaissance au baroque. Ce patriote strasbourgeois et allemand regarde avec sympathie la culture française et imite les formes du lyrisme français.

Le théâtre populaire[52] prend son essor dans les années trente, mais Sébastien Brant déjà inaugure une longue série de représentations théâtrales. Plusieurs auteurs alsaciens se taillent une certaine réputation. Jörg Wickram compose des jeux de carnaval, comme *Das Narrengiessen* (1538), *Der treue Eckhart* (1538), puis il aborde des sujets bibliques (*Fils prodigue, Tobie*). Johann Rasser a aussi composé deux comédies de qualité en allemand. A Strasbourg on peut citer Jacob Frey (*Lazarus*), Martin Montanus (*Der untreue Knecht*) et Samuel Israël (*Susanna*). A Wissembourg le régent Christian Zyrl a écrit trois pièces bibliques : *Rebecca, Joseph, Urteil Salomons*. L'auteur le plus connu est Thiebolt Gart[53], bourgmestre à Sélestat, qui a fait jouer en 1540 *Joseph*, une comédie en allemand, qui a connu six éditions au XVIe siècle. Il s'inspire de modèles fournis par la littérature latine qui assurent une vigueur expressive et un mouvement dramatique. La comédie est une synthèse entre la tradition médiévale des jeux et la tradition humaniste. C'est un récit de la vie de Joseph, présenté par un chœur de prophètes et d'apôtres qui fait le lien entre les diverses scènes.

La vitalité scientifique

Si le théâtre tient une place intéressante dans la culture régionale, les sciences n'y occupent qu'une place limitée, hormis l'histoire. Le diplomate et historien Johann Sleidan publie deux ouvrages qui bénéficient d'une large diffusion. Les *Quatre Empires souverains* maintiennent la conception d'une histoire théologique dans laquelle l'Empire de Charlemagne constitue la transition entre l'Empire romain païen et le Saint Empire, légué aux Germaniques. Ce manuel scolaire de base est réimprimé plus de soixante-dix fois. Mais sa grande œuvre sont ses *Commentarii de Statu religionis* qui en font le premier et le plus célèbre des historiens protestants du XVIe siècle. Historien officiel de la ligue de Smalkalde, Sleidan avait accès aux documents détenus par celle-ci, d'où un récit bien documenté. Il présente le protestantisme comme la conséquence d'un processus historique. Ce livre, traduit en allemand et en français, constitue pour deux siècles le guide par excellence des historiens protestants pour la période 1517-1555, ce qui explique que l'ouvrage a connu quatre-vingts éditions jusqu'au XVIIe siècle. A la fin du siècle apparaissent des études régionales. L'architecte Daniel Specklin élabore des *Collectanées*, une nouvelle chronique sur l'histoire régionale, précieuse surtout pour les données archéologiques relevées par l'auteur. Le bailli de Wœrth, Bernard Hertzog [54], publie une *Chronicon Alsatiae* (1592), une description topographique de la Basse-Alsace, une histoire des évêques de Strasbourg et de la noblesse, ainsi que celle des villes de Sélestat, Strasbourg, Haguenau et Wissembourg.

Les sujets traités par l'historiographie concernent surtout l'histoire ecclésiastique et l'histoire contemporaine. A partir de 1530 l'allemand est plus fréquent que le latin pour les publications historiques à Strasbourg, car même les historiens érudits espéraient s'adresser au large public lettré et pas seulement au public érudit. L'importance des publications en allemand révèle également la relation entre l'historiographie et la croissance du sentiment national. Cette historiographie évolue vers un nouveau niveau d'analyse. Johann Sleidan interprète les sources et les organise dans une narration cohérente. L'histoire commence à servir à de nouvelles fonctions : elle devient un moyen pour comprendre le présent, pour présenter des idées théologiques et politiques et pour modeler l'idéologie des alphabétisés du XVIe siècle [55].

Le chroniqueur Daniel Specklin [56] est surtout un remarquable ingénieur militaire qui publie un manuel (1589), *Architectura*, qui vulgarise pour la première fois en deçà des Alpes la science militaire italienne et améliore sur certains points la technique reçue : il est le premier à codifier le système du bastionnage à orillons. Le livre connaît trois éditions en vingt ans et trois autres de 1705 à 1736. Comme architecte de la ville de Strasbourg il entreprend une refonte des fortifications limitée à des aménagements partiels. Il réalise une carte de l'Alsace fondée sur une connaissance précise de la plaine d'Alsace et qui détermine la cartographie de l'Alsace jusqu'au milieu du XVIIIe siècle. Une autre réalisation est la seconde horloge astronomique de la cathédrale réalisée par Conrad Dasypodius de 1571 à 1574 avec les horlogers Habrecht, le mathématicien Wolkenstein et le peintre Tobias Stimmer. Haute de dix-huit mètres, elle constitue une véritable synthèse des connaissances astronomiques et mécaniques de la Renaissance. Dans le domaine médical sont publiés à Strasbourg après sa mort plusieurs opuscules de Paracelse entre 1549 et 1579, puis l'édition de l'ensemble de ses œuvres de 1603 à 1605. Paracelse a eu le mérite dans le domaine médical de s'appuyer sur l'expérience et la raison, et surtout de montrer le rôle de la chimie en pathologie, en thérapeutique et en pharmacopée, mais il n'a eu que peu de disciples en Alsace en raison de son anticonformisme et de son hostilité à l'établissement intellectuel de son temps et aux classiques de l'Antiquité.

L'apparition de bibliothèques privées

Le développement de la culture et de l'imprimerie entraîne une diffusion croissante du livre[57]. Malheureusement de nombreux inventaires d'intellectuels strasbourgeois qui ont légué leurs livres à la bibliothèque de la haute école ont disparu dans l'incendie de la bibliothèque municipale en 1870, comme ceux du diplomate Jacob Sturm et du théologien Johann Pappus. Parmi des exemples significatifs on peut citer celle du patricien Johann Schenckbecher, mort en 1590. Les 283 livres se répartissent entre le latin (52 %), le français

(22 %), l'allemand (20 %) et l'italien (6 %). L'histoire représente près du tiers (33 %) et concerne surtout les divers pays européens ; elle est suivie de la musique et du théâtre (14 %), aussi bien classique que les pièces bibliques populaires. La bibliothèque de Beatus Rhenanus [58] (mort en 1547), composée de 1 020 volumes, confirme l'intérêt de l'humaniste pour la culture gréco-latine et les humanistes italiens (124 volumes), français et allemands (94 volumes). Il possède de nombreux livres sur les mathématiques et la géographie, les œuvres complètes d'Aristote. Fidèle à l'Eglise romaine, il détient 20 livres de polémique antiprotestante, mais aussi 31 titres de partisans de la Réforme.

Les juristes, les enseignants et les pasteurs, soit les personnes qui ont bénéficié d'une formation universitaire, acquièrent souvent au moins plusieurs dizaines de livres dont la partie purement professionnelle dépasse toujours 30 % du total. Ils privilégient dans leurs achats les nécessités de leur profession avant d'acheter par la suite des titres correspondant à leurs préoccupations personnelles. De telles bibliothèques privées influencent la genèse d'élites professionnelles. Pour les autres professions seuls des inventaires de succession peuvent fournir des informations. Selon un sondage de Myriam Chrisman sur cent inventaires de bourgeois, quarante-quatre possèdent au moins un imprimé, soit une proportion élevée pour l'époque. Un quart est constitué d'artisans. La plupart ont entre deux et dix titres, en majorité des livres religieux : livres bibliques, sermonnaires, livres de prières et calendriers. Ceux qui possèdent plus de dix livres font en général partie de milieux plus aisés.

En fait au cours du siècle quatre marchés se différencient progressivement à Strasbourg selon Myriam Chrisman. Le marché pastoral, dont la part diminue nettement dans la seconde moitié du siècle, est composé de Bibles, commentaires bibliques, théologie, recueils de sermons, catéchismes, controverse anticatholique et antiréformée, politique ecclésiastique et calendriers liturgiques. Le marché scolaire comprend les classiques grecs et latins, des dictionnaires, des œuvres humanistes, des traités de pédagogie et de morale, des historiens antiques, médiévaux et contemporains en latin, des mathématiques, de la physique, de l'histoire naturelle et de la géographie, ainsi qu'une composante religieuse : Bibles et commentaires bibliques, théologie et patristique. De leur côté, médecins, juristes et administrateurs acquièrent, outre les auteurs classiques et les historiens achetés lors de leurs études, des livres de médecine, de botanique, de mathématiques, de physique, de géographie, d'histoire naturelle, des manuels techniques, de droit, ainsi que des livres bibliques et de théologie. Enfin, le marché de la bourgeoisie moyenne et petite s'intéresse aux classiques en version allemande, à l'histoire médiévale et contemporaine, aux romans médiévaux et de chevalerie, aux récits d'événements récents, aux almanachs et chants populaires. La dimension religieuse est constituée d'histoires saintes, de pièces bibliques et de recueils de cantiques. Le livre religieux commence aussi à se diffuser dans les campagnes protestantes. En 1606 un laboureur aisé de Nordheim détient déjà dix-neuf ouvrages religieux, des recueils de sermons, des livres d'édification (prières et cantiques) et de controverse anticatholique. En Haute-Alsace l'information demeure encore plus lacunaire, réduite à des cas ponctuels. La bibliothèque des seigneurs de Ribeaupierre (deux cent vingt-cinq titres)[59] se répartit entre théologie protestante (29 %), sciences (16 %), histoire (14 %), droit et politique (12 %), littérature populaire (12 %), alors que l'Antiquité classique et l'humanisme se limitent à 8 %. Celle du pasteur et régent Georg Federer, de Ribeauvillé, datant de 1560, comprend 46 % de livres religieux, principalement des réformateurs suisses, 23 % de livres classiques et humanistes et 11 % de livres de rhétorique et de grammaire pour les besoins scolaires.

L'art de la Renaissance[60]

L'introduction de la Réforme a profondément affecté l'histoire artistique alors en pleine vitalité en Alsace. La recherche de la simplicité et de la sobriété met fin à l'art religieux dans les domaines de la peinture et de la sculpture. Certains artistes changent de métier ou se reconvertissent. Les peintres s'orientent désormais vers le portrait et les sculpteurs vers la médaille ou la statuette allégorique. De manière générale l'art devient essentiellement profane et l'influence gothique ne recule que progressivement.

Dans l'architecture l'esthétique de la Renaissance ne pénètre que lentement après 1530, tant demeure forte dans tout le bassin rhénan l'emprise du style flamboyant. C'est avant tout une architecture bourgeoise : les municipalités urbaines, notamment celles situées dans le vignoble qui bénéficient d'importantes ressources grâce à la vente des vins, tiennent à développer le patrimoine monumental. De magnifiques hôtels de ville sont construits à Mulhouse, Ammerschwihr, Obernai et Bœrsch. Au centre de la façade principale un double escalier droit aboutit à un balcon couvert d'un clocheton, donnant accès au premier étage. Il s'y ajoute des halles aux grains (Obernai), des boucheries (Strasbourg, Molsheim) et des puits (Obernai, Rosheim, Riquewihr). La ville de Strasbourg fait construire un imposant hôtel de ville (Neue Bau) sur l'actuelle place Gutenberg, d'une grammaire ornementale Renaissance sans ostentation. C'est le seul édifice alsacien paré d'une ordonnance classique jusqu'au XVIIIe siècle. Les princes n'ont guère construit, hormis l'actuel hôtel de ville d'Ensisheim, d'une Renaissance encore gothisante, réalisé de 1535 à 1547.

Les nobles et le haut clergé suivent par contre le mouvement : construction de manoirs (Osthoffen, Birkenwald) et d'hôtels : ainsi à Sélestat celui de l'abbé d'Ebersmunster et celui des chevaliers de Saint-Jean avec leurs riches portraits et oriels. Les patriciens se font édifier de belles demeures d'une architecture originale avec des façades et oriels pittoresques, des tourelles, des balustrades et des portails à Colmar (maison Pfister, maison des Têtes), à Wissembourg (maison Vogelsberger), à Strasbourg (Kammerzell, maison Lauth rue de la Douane), à Riquewihr, à Rouffach et dans de nombreuses bourgades, situées le plus souvent le long du vignoble. Ces maisons, qui constituent aujourd'hui un élément important du patrimoine architectural, se caractérisent à l'extérieur par les demi-voûtes en réseau formant les consoles de leurs oriels, à l'intérieur par des escaliers en colimaçons. Dans le domaine religieux, une seule réalisation importante, l'église des jésuites de Molsheim (1615-1617) témoigne de la vigueur de la Réforme catholique : un impressionnant vaisseau de dix travées, de type encore très gothisant, mais d'ordonnance aérée, doté de vastes tribunes, d'un chœur et de chapelles.

Il existe alors à Strasbourg une véritable école d'architecture avec de nombreux architectes de valeur, notamment à l'atelier de la cathédrale qui a construit le buffet de bois peint de l'horloge et l'aile droite de l'Œuvre Notre-Dame. Cette école exerce une grande influence dans le centre et le nord de l'Europe grâce au succès de deux ouvrages théoriques, l'*Architectura* de Specklin et l'*Architectura* de Wendel Dietterlin qui propose une ornementation architecturale exubérante et maniériste dans la tradition du gothique flamboyant et de la Renaissance et qui devient pour des décennies le modèle des décorateurs et des ébénistes. Plusieurs Strasbourgeois, marqués par ces deux ouvrages, essaiment à travers toute l'Europe : Riedinger construit le château d'Aschaffenburg pour l'archevêque électeur de Mayence, tandis que Christler travaille à Stockholm et à Moscou.

En fait, les structures architecturales changent peu : elles s'agrémentent surtout d'ornements (colonnes, pilastres, volutes) empruntés à la grammaire décorative classique venue d'Italie, phénomène sensible également dans l'art du meuble[61]. L'élan classique s'est réfugié dans les peintures, les gravures et les meubles, dont les œuvres, plus discrètes, ne peuvent offusquer un Magistrat, traditionnaliste et réservé envers la Welsche Manier. C'est grâce à ce transfert que Strasbourg garde « sa renommée comme foyer d'une architecture du maniérisme tardif »[62]. La construction en colombage atteint dans la seconde moitié du XVIe siècle une remarquable richesse qui après 1650 essaime à la campagne. A Strasbourg subsistent plusieurs cours à deux étages de galeries et de nombreuses façades sur encorbellement dont celles de la maison Kammerzell. Les principaux caractères sont l'abondance du décor et la polychromie des façades.

La sculpture connaît un véritable effondrement au moment de la Réforme et oblige les artistes à une reconversion. Elle ne reprend une certaine vigueur que dans la seconde moitié du siècle, où elle produit une profusion d'œuvres, mais d'une importance moindre : têtes, médaillons, reliefs, motifs décoratifs et sculpture funéraire. Celle-ci bénéficie d'un grand essor après 1550, en privilégiant des architectures compliquées et ornementales. Un des plus beaux monuments est le tombeau de Lazare de Schwendi dans l'église de Kientzheim. A la fin du siècle Colmar connaît une véritable floraison de sculpture décorative. A Strasbourg sont exécutées les sculptures de bois peint de l'horloge astronomique de la cathédrale qui participent de cette expressivité alsacienne tendant à la fois au bonheur charnel et à la Mort entreprenante et besogneuse. Une dernière spécificité est l'art de la médaille, où se distinguent Hans Weiditz et Friedrich Hagenauer, un des médailleurs les plus productifs.

La peinture est dominée par deux artistes. Hans Baldung Grien est d'abord un peintre religieux, de la Vierge, de la Nativité et de la douleur du Christ. Il est également un humaniste : dans ses représentations de la femme, jeune fille, matrone ou sorcière, l'érotisme se conjugue avec la mélancolie et l'appréhension de la mort. Dans les scènes mythologiques et historiques apparaît l'idée du destin final de l'homme.

Portraitiste des princes, des seigneurs et des notables, il nous a transmis avec une rare précision les visages de ses contemporains. Tobias Stimmer (1539-1584) apporte à l'Alsace une notion de la Renaissance plus italianisante et franchement maniériste ; si les emprunts à l'antique sont nombreux, l'inspiration est profondément étrangère au classicisme. Les gravures du *Traité de la vénerie* paru en 1590 frappent par le réalisme scientifique des bêtes, la vitalité des détails familiers. Le *Tir de Strasbourg* (1576) est un chef-d'œuvre de composition paysagiste. Il a également été un grand coloriste dans la réalisation de certains panneaux de l'horloge astronomique : il y peint des allégories, les quatre Saisons, les quatre Ages de la vie, les Apôtres et les Parques, soit un mélange de mythologie, de sujets bibliques et d'évocations macabres du Moyen Age finissant. Ses portraits sont les meilleurs de la seconde moitié du siècle dans l'Empire. Il est le témoin de la solidité bourgeoise de son époque.

Les autres artistes s'adonnent principalement à l'ornement à la suite de Wendel Dietterlin qui a décoré l'aile Renaissance de la maison de l'Œuvre Notre-Dame, et du *Kunstbüchlein* de Vogtherr (1538), qui constitue une somme des formes de la génération précédente. Plusieurs collaborent avec les imprimeurs comme illustrateurs, en particulier Hans Weiditz qui illustre la Bible de Luther parue à Strasbourg en 1524 et le *Kraüterbuch* d'Otto Brunfels : il rend avec une exactitude scientifique les plantes. Ces graveurs ont de la fraîcheur, de la spontanéité et du réalisme.

L'art de la Renaissance se manifeste par des œuvres prestigieuses dans les arts décoratifs. Strasbourg constitue un des grands centres européens de l'orfèvrerie, qui a réalisé des chefs-d'œuvre remarquables (gobelets, coupes). Les pièces maîtresses sont des hanaps : les plus beaux sont ceux fabriqués pour les Ribeaupierre. Le métier d'horloger a constitué également un des titres de gloire. La famille Habrecht fabrique des horloges astronomiques, des horloges de tour, des globes, des sphères armillaires et des montres pendentifs. La fonderie d'étain donne aussi lieu à de remarquables objets d'art, d'une grande richesse d'ornementation à Strasbourg, mais aussi à Obernai, Ribeauvillé, Colmar et Mulhouse. Au cours du siècle se développe le genre du petit vitrail de cabinet qui comprend généralement des armoiries, des figures allégoriques et des scènes liées au métier du destinataire. La tapisserie conserve sa qualité avec en particulier une verve narratrice et des références à l'Antiquité. La spécificité de cette floraison artistique alsacienne est le réalisme, la connaissance du monde, le goût de la vie et des plaisirs, mais aussi le sens de la tempérance face aux excès et la conscience de la vanité face à la mort.

Dans le domaine musical la Réforme a joué un rôle capital et provoqué une dualité religieuse pour des siècles. Parmi les compositeurs de chansons spirituelles, sur le plan protestant germanique, figurent trois Strasbourgeois, Mathias Greiter, Wolfgang Dachstein et Conrad Hubert. Strasbourg devient un important centre d'édition de recueils de cantiques, mais aussi de belles tablatures de luth et d'orgue imprimées par Bernard Jobin. L'orgue connaît une large diffusion dans les églises, ainsi que la musique polyphonique dans les villes. Le luth est l'instrument de musique domestique par excellence au XVIe siècle. Au cours du siècle se mettent en place, à l'instar de villes allemandes, des sociétés de maîtres chanteurs. Celle de Colmar est fondée en 1546 par Jörg Wickram, celle de Strasbourg est reconnue en 1598. Elles se réunissent dans les poêles respectifs et constituent d'importants lieux de sociabilité. Un recueil strasbourgeois de leur répertoire (*Meistersaengerlieder*) datant de 1591 est conservé à Munich. Les maîtres chanteurs donnent, outre un concours annuel de chant, des représentations théâtrales.

L'Alsace et le monde francophone

Au lendemain de l'introduction de la Réforme, Strasbourg devient durant près de deux décennies un des centres de propagande protestante vers l'espace francophone, par la traduction et l'impression de cantiques et d'ouvrages de réformateurs allemands et strasbourgeois. Pour les années 1524-1590, Rodolphe Peter [63] a repéré cinquante-trois impressions à Strasbourg. Mais la censure municipale se montre plus méfiante après 1550 par crainte de complications diplomatiques. Lors de l'incursion de Henri II en Alsace (1552), la ville a pris des mesures défensives incitant le roi de France à faire demi-tour. Elle a mal reçu l'envoyé du roi sollicitant l'entrée de son maître à l'image de Metz : les membres du Magistrat « le rembarerent de grand colère... ceux qui ne parlent que allemand, ne se veulent laisser tromper par des Franchimants » [64].

A partir des années 1530 la ville accueille de nombreux réfugiés, parmi lesquels les Français dominent. Ils constituent leur propre paroisse en 1538, supprimée en 1564 [65]. Le théologien le plus célèbre d'entre eux est Calvin, installé à Strasbourg de 1538 à 1541. Mais la solidarité confessionnelle est troublée par un problème dogmatique (les différences d'ordre théologique sont fortement ressenties après 1555) et culturel : les Français sont perçus comme des welches, concept à connotation péjorative, dont le Magistrat s'efforce de contrôler l'immigration. Un mandement de 1557 interdit aux welches d'acquérir le droit de bourgeoisie et aux veuves et filles de bourgeois d'épouser un welche sans l'autorisation expresse du Magistrat. Ces mesures sont justifiées en 1566 par le souci de conserver à la ville son caractère allemand (damit man eyn teutsch stadt behalte), une préoccupation qui revient à diverses reprises. En 1577, après l'afflux de réfugiés au lendemain de la Saint-Barthélemy (1572), le Magistrat devient de plus en plus méfiant et souhaite se défaire des welches :

pour l'année 1575 les auberges ont hébergé un total de 15 398 welches. Cette politique restrictive n'empêche pas la publication à Strasbourg d'écrits favorables aux huguenots, au point que pendant les guerres de Religion, la métropole rhénane apparaît comme un centre de propagande calviniste, en particulier à l'instigation de Fischart.

Sur le plan économique, Strasbourg développe des relations commerciales avec Lyon, où s'installent plusieurs négociants, avec les foires de Saint-Nicolas-du-Port et avec la Lorraine, d'où l'arrivée et l'installation à Strasbourg de nombreux marchands, dont Dominique Didier, fondateur de la famille Dietrich. Ces contacts et le rayonnement croissant de la culture française suscitent un besoin d'apprendre le français, surtout dans le milieu des négociants. En 1603 le professeur de médecine Johann Ludwig Hawenreuter écrit que « celui qui l'ignore devra ou bien se taire, ou se résigner à passer pour un barbare ». L'apprentissage, qui connaît une forte impulsion vers la fin du siècle, se fait soit par un séjour pour les futurs négociants à Metz, soit par un échange de séjour linguistique avec une famille de Montbéliard (luthérien), soit par un maître de langue, un précepteur ou une école privée : celles-ci prennent une importance croissante après 1600 et attirent de nombreux étrangers selon le professeur Cluten qui déclare en 1613 que les jeunes seigneurs étrangers et leurs précepteurs s'arrêtent à Strasbourg principalement pour arriver à la connaissance du français [66].

Celle-ci devient une nécessité pour une partie croissante du milieu négociant. Les tribunaux recrutent de préférence des candidats connaissant le français. Le secrétaire de la chambre des XV (chargée des affaires économiques de la ville) doit nécessairement savoir le français. Josias Glaser, recruté en 1603 à cette fonction, était chargé en particulier de la « translation » des documents français [67]. L'usage du français caractérisait un milieu politique et intellectuel étroit de la noblesse et de la bourgeoisie. Le Magistrat plaçait souvent des interprètes aux portes de la ville. On confiait aussi certaines fonctions de courtiers ou d'employés à la halle à ceux qui parlaient le français. Des candidats à certaines fonctions font valoir leur connaissance du français. Mais en dépit d'une progression à la fin du siècle, ceux qui le pratiquent demeurent peu nombreux : en 1559 aucun pasteur de Strasbourg ne comprend le français. La frontière linguistique demeure stable. On peut tout au plus évoquer une romanisation de la haute vallée de la Bruche liée en partie à une exploitation minière (fer) et en sens inverse une germanisation de la vallée de la Lièpvre par des mineurs germanophones, en même temps que s'y installent des mineurs francophones et des huguenots lorrains, ce qui entraîne l'apparition de deux paroisses réformées, l'une de langue allemande, l'autre de langue française, et d'une paroisse luthérienne allemande.

L'affirmation de l'allemand

L'alsacien tend à devenir un parler oral. Au cours du siècle les diphtongues remplacent les anciennes voyelles chez les écrivains et à la chancellerie de la ville de Strasbourg. Ce sont les imprimeurs strasbourgeois qui contribuent à l'unité de l'orthographe allemande, brisant ainsi l'unité entre langue écrite et parlée, celle-ci étant peu à peu ramenée au rang d'un outil de second ordre, indigne des grandes occasions que sont la prédication et l'école. L'humanisme alsacien a réalisé de nombreuses traductions, souvent avec le souci de purifier la langue maternelle. Johann Fischart s'est montré hostile à l'usage de prénoms latins. L'allemand bénéficie d'un usage croissant, lié aux besoins pratiques de la vie quotidienne. Il est régulièrement utilisé par les écrivains, le théâtre et certains scientifiques comme le cosmographe Sebastian Munster. La Réforme a renforcé ce courant avec la liturgie, la prédication et les cantiques. En purifiant l'allemand elle parachève l'œuvre de l'imprimerie, mais contribue aussi à la stagnation de la langue vernaculaire.

Face au latin, langue des savants et des diplomates, l'allemand n'affirme que peu à peu son importance. Dans les écoles latines (gymnases et collèges), le latin conserve son hégémonie. De nombreux règlements scolaires prévoient de punir l'usage de l'allemand comme une contravention à la règle scolaire, autant au collège d'Ensisheim qu'au gymnase de Strasbourg. En 1578 le chef de l'Eglise luthérienne de Strasbourg, Johann Marbach, désapprouve les parents qui donnent à leurs enfants des lectures allemandes. La langue est en effet un des principaux facteurs culturels de l'époque. L'usage du latin suscite une nette division entre les érudits et le reste de la société. Certaines idées philosophiques, théologiques et scientifiques ne circulent qu'à l'intérieur de la communauté des lettrés.

La conscience alsacienne

L'identité alsacienne se forge au XVIe siècle contre la France. A partir de 1510 les mesures de défense sont presque exclusivement dirigées vers l'ouest. Au niveau du discours, le XVIe siècle voit la naissance d'une conscience germanique très affirmée. Les bourgeois de Kaysersberg revendiquent l'honneur d'être « la clé de l'Allemagne tout entière »[68]. L'hostilité contre les welches prend une tournure obsessionnelle, au point qu'en 1580 un traité conclu entre plusieurs seigneurs et villes de Haute-Alsace proscrit rigoureusement les mariages entre les deux communautés, aux veuves et filles de bourgeois d'épouser un welche, « particulièrement les Français, les Savoyards et les Lorrains » qui se voient aussi refuser le droit de bourgeoisie, compte tenu du danger militaire et des risques d'invasion des Français[69]. Dans l'imaginaire collectif, le mythe français se rapproche du mythe ottoman, renforcé par l'alliance entre les deux puissances. En Haute-Alsace se développe le loyalisme envers l'Autriche. A Ensisheim en 1524, tout le monde proclame que l'on est bien ici « sur le sol et sur la terre de l'Autriche »[70]. L'Alsace autrichienne est désormais une réalité jusqu'en 1648.

Cette conscience de l'identité, liée à son image de richesse qui attire de nombreux immigrants, favorise l'assimilation rapide de ceux-ci, comme le confirme Sebastian Munster : on trouve des personnes de divers pays, de Souabe, les plus nombreux, de Bavière, de Bourgogne et de Lorraine. Seule une infime minorité accepte de repartir alors que les autres participent aux activités économiques[71]. Par contre, le Rhin, qui relie d'est en ouest les mêmes territoires et qui constitue à partir de Strasbourg une grande artère commerciale, commence à apparaître comme une barrière intérieure : le Brisgau et la Forêt-Noire sont perçus « comme étant une région mieux protégée et par conséquent mieux intégrée à l'Empire ». C'est un isolement qui constitue un danger pour l'avenir, d'autant que la dernière visite de l'empereur date de 1562, en contraste avec les nombreuses visites de Maximilien Ier. Cette conscience est renforcée par les réunions des états, communes aux deux landgraviats de Basse et de Haute-Alsace et par la quête d'une origine noble du concept. Le chroniqueur Bernard Hertzog parle de Edelsass devenu Elsass, soit la volonté d'une ascendance nobiliaire. Cette vitalité culturelle qui fait de l'Alsace une des régions phares de l'Empire, consolidée par une remarquable prospérité économique, est balayée après 1618 par la guerre de Trente Ans.

CHAPITRE IV

L'effondrement intellectuel au XVIIe siècle

L'apogée culturel et artistique est suivi au XVIIe siècle par un véritable effondrement, lié aux ravages suscités par la guerre de Trente Ans, qui a entraîné la disparition de près de la moitié de la population en Alsace. De plus, après 1648, la reconstruction est entravée par les guerres de Louis XIV, durant lesquelles l'Alsace subit de nouvelles destructions et une importante présence militaire. Cet effondrement se traduit par la disparition des écrivains, hormis de rares exceptions, des universitaires de qualité, des intellectuels et des artistes. Dans les dictionnaires biographiques alsaciens [72], le XVIIe siècle est réduit à la portion congrue : aucun autre siècle allant du XVe au XXe n'a produit si peu de personnalités.

Recul des écoles et des deux universités

Dans les campagnes et la plupart des villes, les écoles tant paroissiales que secondaires cessent plus ou moins de fonctionner, jusque dans les années 1650. On mesure les conséquences à l'image du collège jésuite d'Ensisheim [73] qui est au début des années 1620 devenu un foyer de culture humaniste, grâce à la sollicitude des protecteurs habsbourgeois. Il dispose en 1624 d'une remarquable bibliothèque de deux mille titres avec de nombreux incunables et éditions du XVIe siècle, répartis entre sciences profanes (45 %) – en particulier de l'histoire, de la philosophie et de la rhétorique, qui n'occupent qu'une place mineure dans l'enseignement –, sciences ecclesiastiques (30 %) – composées de livres bibliques, de patristique, de scolastique, de controverse et de droit canon –, et littérature d'édification (21 %). A Strasbourg le gymnase perd quelques-unes des caractéristiques du XVIe siècle. La *sapiens et eloquens pietas* est peu à peu remplacée par un apprentissage plus ou moins mécanique, purement grammairien et théorique de la langue latine. Après 1621 le gymnase perd 20 % de ses effectifs (ramenés de cinq cents à quatre cents) en raison de la guerre, mais aussi d'une baisse du niveau des études, au point qu'on peut parler d'une véritable décadence de l'institution scolaire. Une réforme est entreprise en 1634 qui restreint la pure mémorisation au profit des exercices d'application, mais elle ne parvient pas à enrayer le déclin du gymnase, dû aussi à l'indiscipline des élèves.

Après la création de l'université de Molsheim, le Magistrat de Strasbourg obtient en 1621 l'érection d'une université pour une raison politique. Il négocie avec l'empereur Ferdinand II le retrait de Strasbourg de l'Union évangélique (une alliance des Etats protestants, qui soutient l'électeur palatin Frédéric V, adversaire de l'empereur), moyennant l'obtention d'une université de plein exercice avec quatre facultés et un recteur, c'est l'université protestante qui subsiste jusqu'en 1793. Sa création s'accompagne de deux innovations : la création d'un jardin botanique et d'un « théâtre anatomique » pour des travaux pratiques de dissection. Dans les décennies suivantes, l'université, préservée, à l'image de la ville, de toute vicissitude militaire, ne compte que peu de professeurs de haut niveau, mis à part Mathias Bernegger (1582-1640). Professeur d'histoire et d'éloquence, il publie de nombreuses œuvres d'histoire, d'éloquence, de mathématiques et de sciences politiques, en particulier un *Panégyrique de Louis XIII* et une *Oraison funèbre* pour le roi de Suède Gustave-Adolphe. Il a fortement imprégné l'enseignement dispensé au gymnase en participant à la réforme de 1634 ; il a obtenu une réduction et une révision des manuels de rhétorique de Jean Sturm et une extension de l'enseignement des mathématiques à toutes les classes. Il a une conception originale de l'histoire et de la science politique, en particulier le désir de mettre les travaux universitaires au service de la pratique administrative et politique [74]. De son côté l'université de Molsheim, après un brillant démarrage en 1618, subit une phase plus terne, au point de connaître une véritable interruption de 1632 à 1654.

Deux grands auteurs isolés : Balde et Moscherosch

Dans le désert littéraire seuls apparaissent deux auteurs, qui ont longtemps été ignorés par l'histoire culturelle. Jacob Balde (1604-1668) [75], un jésuite originaire d'Ensisheim, a quitté l'Alsace dès 1622 pour se fixer en Bavière où il exerce les fonctions de professeur de rhétorique, puis de prédicateur de la cour des Wittelsbach et d'historiographe, avant de pouvoir se consacrer entièrement à la littérature après 1648. Brillant dramaturge, surnommé le Horace allemand, auteur satirique et tempérament lyrique exceptionnel, Balde est un des tout premiers poètes de l'Allemagne du XVIIe siècle. Son œuvre marque l'apogée germanique de la littérature néo-latine inspirée de l'Antiquité par sa virtuosité et sa haute valeur spirituelle. Balde célèbre l'idéal jésuite du militantisme confessionnel et du culte marial. L'Alsace n'est pas absente dans son œuvre : il a composé plusieurs odes à l'Alsace d'inspiration à la fois patriotique, morale et mystique. Son ode sur la chute de Brisach (1639) est digne d'une lamentation biblique.

Le second auteur est Johann Michel Moscherosch (1601-1669) [76], né à Willstätt, possession des comtes de Hanau-Lichtenberg sur la rive droite du Rhin, mais qui a exercé les fonctions de secrétaire fiscal au service de la ville de Strasbourg. Lors d'un séjour à Paris il est impressionné par les nombreuses curiosités et richesses culturelles, mais il revient plein de préjugés et d'antipathie contre le « pays des welches ». A son avis le rayonnement culturel de la France constitue le prologue d'une domination politique. Animé d'une farouche francophobie, il reproche aux Allemands d'imiter les Français cultivés et de manquer de virilité, de courage et de fierté. *A la mode Kehrauss* est une protestation violente contre l'invasion des modes et de l'esprit français en Allemagne. Excellent diplomate et polyglotte, il maîtrise sept langues (latin, grec, français, italien, espagnol, anglais et néerlandais). Son œuvre maîtresse est un roman, *Wunderbarliche und Wahrhaftige Geschichte Philanders von Sittenwald*, paru en 1642. L'auteur y stigmatise l'impiété des nobles, la manie des combats singuliers, la rage des aventures, la folie des voyages, l'athéisme et plusieurs valeurs négatives comme la vantardise, l'hypocrisie et l'absence d'intégrité. Il reproche aussi le snobisme linguistique et culturel, dû au rayonnement de la civilisation française, et la manie de délaisser sa propre langue et tradition à force d'admirer le voisin français et de vouloir être à la mode dans les manières et dans la façon de s'habiller et de s'exprimer. Il reproche à ceux qui parlent le français de trahir leur petite patrie. Nourri de Tacite il rêve d'un retour au monde des ancêtres par la pureté morale. Il oppose la vertu germanique au vice welche. Sa satire pleine d'humour rappelle Brant, d'autant qu'il a traduit et édité deux ouvrages de Wimpheling. Il a laissé une œuvre volumineuse et polyvalente : des poésies, des épigrammes, des traductions, des adaptations et un dictionnaire allemand-français.

La pénétration de la culture française

Durant la guerre de Trente Ans la pénétration de la culture française, favorisée par l'installation de garnisons dans plusieurs villes et la politique de protection royale, s'accentue. A Strasbourg fonctionnent quatre à cinq écoles françaises, dont chacune assure l'enseignement à une cinquantaine de jeunes gens, en général de milieux aisés. Parmi les maîtres, le plus connu est Daniel Martin, originaire de Sedan, qui transcrit phonétiquement les mots, fait connaître les auteurs français contemporains et publie des ouvrages de grammaire et de vocabulaire, un recueil de proverbes français, des *Colloques français et allemands*, un *Acheminement à la langue allemande contenant des règles faciles de prononciation* pour les troupes royales en Alsace, enfin le *Parlement nouveau* (1627), un dictionnaire qui est aussi une véritable encyclopédie et une description de la vie quotidienne à Strasbourg.

Dès 1611 est publié à Strasbourg un catéchisme français pour les « ministres, maîtres d'eschole, pères de famille, jeunes et enfants de Strasbourg ». La préface souligne que la connaissance des deux langues est utile et nécessaire à cause des rapports fréquents avec les contrées voisines, la correspondance et les contrats d'affaires [77]. Durant le premier tiers du siècle le nombre de grammaires et de manuels de conversation publiés à Strasbourg est considérable, au point qu'en 1625 Bernegger note que « dans cette ville à demi française on trouvait partout des occasions commodes d'apprendre cette langue ». D'ailleurs dès cette époque des Allemands recrutent de jeunes précepteurs strasbourgeois, forts en latin et surtout sachant bien le français.

Lorsque à partir de 1633 on assiste à la mise en place d'une administration française, rendue définitive en 1648, le terrain est déjà préparé sur le plan culturel. Installée dans les anciennes possessions des Habsbourg d'abord, puis au moment des « réunions » (1680-1682) dans la nouvelle province d'Alsace, elle est confrontée au problème linguistique. En fait celui-ci n'a pas une grande acuité, dans la mesure où dans la majeure partie du royaume les administrateurs se trouvent face à des dialectes et des langues locales. Dans certains cas, comme dans les rapports avec les villes de la Décapole, les contacts se font en latin. L'installation de l'intendant d'Alsace à Strasbourg (1681) entraîne la mise en place d'un noyau de fonctionnaires français. Le maintien de la hiérarchie administrative dans les diverses seigneuries qui subsistent jusqu'en 1789 assure la transmission des ordres après traduction par un greffier bilingue. On n'assiste pas à une rupture, d'autant que l'administration est très tolérante et applique deux préceptes à l'opposé du centralisme : ne pas toucher aux usages de l'Alsace et « suivre autant qu'il se pourra l'exemple des archiducs ».

Le français devient ainsi la langue officielle dans une province dont l'administration reconnaît le caractère allemand. Les administrateurs, hormis l'intendant Colbert de Croissy (1655-1663) qui a été le seul haut fonctionnaire d'autorité jusqu'au préfet Claude Guizard (1986-1991) à apprendre l'allemand, ignorent presque tous cette langue, car le français est alors perçu comme une langue de prestige des élites sociales européennes, ce qui rend, dans l'optique du temps, l'idée d'utiliser l'allemand saugrenue. La langue du roy est limitée à l'administration et à la justice. Le Conseil souverain de Colmar (ancêtre de la cour d'appel) exige de ses membres une connaissance du français, mais il entretient six secrétaires interprètes en langue latine, française et allemande. L'édit de création du Conseil souverain reconnaît que les habitants sont « de nation allemande ». Cette politique de tolérance linguistique ne subit qu'un seul accroc : en 1685 le Conseil d'Etat prend un arrêt ordonnant à l'administration en Alsace de n'utiliser que le français pour la rédaction des documents officiels de caractère juridique à peine de nullité desdits actes et de cinq cents livres tournois d'amende.

La réaction du Magistrat de Strasbourg à cet arrêt est révélatrice de l'état d'esprit en Alsace, tout comme les annotations marginales d'Ulrich Obrecht, préteur royal nommé par le roi comme son représentant auprès du Magistrat. Le roi a promis lors de la capitulation de la ville de lui conserver tous ses privilèges, statuts et droits, or l'usage de la langue est un droit, que le préteur tente de limiter en notant que c'est un droit de souveraineté réservé au roi. Ensuite le Magistrat pose le problème très concret du personnel qu'on ne peut révoquer pour une simple incapacité linguistique : « La ville serait obligée de casser presque tous les notaires, procureurs, avocats et conseillers, comme aussi la plus grande partie du Magistrat, ce qui ne pourrait s'exécuter sans grand préjudice et tort à des honnêtes gens »[78]. Mais le préteur pose comme principe que l'usage d'une langue est lié à l'« affection » que l'on doit à Sa Majesté, c'est-à-dire que le bon citoyen manquerait à son devoir d'affection s'il n'utilisait pas la langue de son maître, en bref apprendre la langue du maître est un devoir civique. La langue devient le signe par excellence de l'attachement du sujet au roi et à l'Etat ; déjà apparaît en filigrane la doctrine de l'identification de la langue avec l'Etat. En fait cet arrêt s'est révélé inapplicable.

Néanmoins la présence française suscite un développement de la langue qui s'accélère avec la politique de réunions et la présence d'un nombre croissant de fonctionnaires militaires, civils et ecclésiastiques. A partir de 1686 tous les fonctionnaires doivent être catholiques et comprendre le français. A l'inverse tous les étrangers sont exclus des bénéfices en Alsace (Allemands et Suisses) par une déclaration de 1681. Il en résulte un afflux de francophones, en particulier des Lorrains, qui viennent peupler le Conseil souverain et les nombreux chapitres alsaciens. A partir de 1704 le siège épiscopal de Strasbourg est occupé par un membre de la famille bretonne des Rohan. En 1696 on rencontre de nombreux noms à consonance française parmi les baillis, les prévôts, les notaires, les receveurs et les bourgmestres en Alsace, dont très peu consentent à apprendre l'allemand.

Les facteurs favorables de la diffusion linguistique sont l'installation de garnisons, quelques îlots de diffusion dont Bischwiller qui, après l'arrivée en 1619 de la communauté huguenote de Phalsbourg, renforcée au cours du siècle par une immigration de Suisses romands, compte en 1696 cent vingt bourgeois de langue française et cent dix-neuf de langue allemande. Mais c'est surtout le souci de faire carrière ; selon le syndic royal Jean-Christophe Guntzer, tous les jeunes gradués qui savent les deux langues aspirent à une charge de bailli. Cette progression se traduit de plusieurs manières. De plus en plus de jeunes Alsaciens font un tour de France. Les protestants se rendent, mais seulement jusqu'en 1685 (révocation de l'édit de Nantes), dans des académies (Genève, Sedan) ou des villes comme Metz et Montbéliard, les catholiques à Metz, Nancy ou Besançon. Dans certains milieux ces départs sont assez nombreux : beaucoup de paroissiens de Saint-Nicolas envoient de bonne heure leurs fils en France pour y apprendre la langue française « si nécessaire à leurs métiers ou à l'industrie »[79]. Le français est introduit dans les offices religieux, catholiques à Sélestat (1649), protestants à Mulhouse (1661) et Strasbourg (1680). Le français apparaît aussi dans les administrations municipales urbaines : les registres sont rédigés en français à Ribeauvillé (1683), à Colmar (1688) et à Saverne les comptes de la ville sont bilingues en 1699. A Strasbourg la titulature des actes officiels du Magistrat ne devient bilingue qu'en 1701 avec le double titre « De par le Roy et MM. les Magistrats de la Ville de Strasbourg, Wir der Meister und der Rath der Königlichen Statt Strassburg ». Mais à Haguenau en 1685, malgré la présence d'une garnison française depuis cinquante ans, il n'y a qu'un seul membre du Magistrat à maîtriser cette langue. Cette extension provoque un enthousiasme excessif chez l'intendant Jacques La Grange, qui note en 1697 dans son mémoire : « La langue commune de la province est l'allemand ; cependant il ne s'y trouve guère de personnes un peu distinguées qui ne parlent assez le français pour se faire entendre, et tout le monde s'applique à le faire apprendre à ses enfants, en sorte que cette langue sera bientôt commune dans la province »[80].

En fait les résistances demeurent nombreuses. Au milieu du siècle, à la suite de Moscherosch, se développe une résistance de puristes, avec la Aufrichtige Tannengesellschaft de Strasbourg qui imite les Sprachgesellschaften allemandes. Mais les résultats demeurent modestes. Sur le plan psychologique subsiste l'attachement au dialecte traditionnel, plus commode et plus savoureux pour exprimer les réalités de la vie quotidienne. Sur le plan religieux l'allemand demeure la langue usuelle, en particulier chez les luthériens. Sur le plan économique la province d'Alsace, devenue « province à l'instar de l'étranger effectif », soit en dehors des barrières douanières du royaume, maintient ses anciennes relations commerciales avec la vallée rhénane et avec la Suisse alémanique.

Aussi l'objectif des administrateurs demeure modeste au début du XVIIIe siècle : il s'agit moins de faire parler le français que de le faire comprendre. Seuls comptent les notables, intermédiaires entre l'intendant et les administrés. La langue tend à devenir un facteur de discrimination sociale et de conservatisme politique.

La pénétration culturelle s'opère aussi par d'autres vecteurs comme le théâtre et la mode. Le premier joue un grand rôle. Les troupes populaires continuent à être constituées par les artisans des corporations et les membres des sociétés littéraires de langue allemande, qui donnent des pièces locales. Les troupes de comédiens de passage, françaises, anglaises, italiennes ou badoises, rivalisent au moment des foires ; les interprètes de la comédie française classique s'installent à Strasbourg[81] pour jouer les pièces du répertoire de Versailles. Ils sont protégés non par le Magistrat, ni par l'intendant, mais par le commandant de la place, soucieux d'assurer des spectacles à ses officiers. Dans les villes ayant un collège jésuite, le théâtre joue un grand rôle : il accorde une place croissante aux sujets antiques et mythologiques et contribue à resserrer les liens entre les membres de l'élite locale cultivée. En 1685, le ministre de la Guerre, Louvois, essaie de modifier l'habillement par une ordonnance du Magistrat de Strasbourg qui impose le remplacement progressif du costume alsacien par les manières de s'habiller à la française, chacun devant continuer à se vêtir selon son rang. Cette mesure est ensuite étendue aux bailliages ruraux, où l'on prie les hommes d'imiter la mode française et de se défaire des chapeaux pointus. Il ne semble pas que cette ordonnance ait été appliquée avec rigueur.

Les institutions culturelles catholiques (collèges et université) au service de la France

Durant la guerre de Trente Ans les collèges jésuites ont beaucoup souffert des passages de troupes, des crises de subsistances et des impositions royales. Après 1648 certains favorisent la diffusion de la culture française : celui d'Ensisheim est détaché de la province germanique du Rhin supérieur pour être confié à la province de Champagne, tout comme les deux créations de Strasbourg et de Colmar. L'information étant très inégale, on sait assez peu de chose sur celui de Haguenau. Celui de Sélestat bénéficie à la fin du siècle d'une excellente réputation, notamment pour le niveau en latin. En Haute-Alsace le collège d'Ensisheim est l'objet des soins de l'intendant Colbert de Croissy qui l'a richement doté, mais après 1698 la concurrence de celui de Colmar provoque une réduction des effectifs, qui tournent jusque-là autour de deux cents. Depuis 1682 le roi verse une aide annuelle de quatre cents livres pour un régent chargé d'enseigner le français.

L'installation du Conseil souverain à Colmar (1698) est suivie de la création d'un collège jésuite, financé, à la demande du pouvoir royal, partiellement par le Magistrat qui verse aussi cinq cents livres par an pour l'entretien d'un prédicateur de langue française. Grâce à ce collège la capitale de la Haute-Alsace devient peu à peu un centre de rayonnement de la langue et de l'influence françaises. Le collège de Molsheim [82] bénéficie d'un corps professoral de haute qualité dans la seconde moitié du XVIIe siècle, comparable à celui des grands collèges du sud-ouest de l'Empire. L'université, à la fois pontificale et impériale, participe au grand mouvement de la Réforme catholique qui renouvelle la vie religieuse dans les pays rhénans et en Allemagne du sud. Le passage des professeurs, des jésuites d'Allemagne du sud, avec très peu d'Alsaciens, est en général bref, mais beaucoup sont des érudits et des controversistes de qualité. Artisan de la formation du clergé alsacien, l'université bénéficie d'un large rayonnement. Mais à la fin du siècle l'établissement connaît un déclin : il est boudé par l'évêque, car la vanité royale s'accommode mal d'une fondation des Habsbourg composée surtout de jésuites allemands. Le nombre des étudiants oscille entre cent vingt et cent cinquante durant le siècle.

L'annexion de la ville de Strasbourg est suivie de la création d'un séminaire (1683), puis d'un collège, confiés aux jésuites de la province de Champagne. Ils bénéficient d'importantes fondations, accordées par l'évêque, aidé du roi qui entretient vingt boursiers. En tant que fondateur, le roi contrôle le recrutement missionnaire dans une grande ville en majorité luthérienne. Cette finalité apparaît même dans des disciplines techniques comme les langues vivantes et les mathématiques : selon le préteur royal Ulrich Obrecht, c'est un excellent moyen pour « s'acquérir l'estime et l'affection des luthériens qui n'auront point de répugnance de leur confier (aux jésuites) le soin d'instruire leurs enfants dans lesdites mathématiques et langues[83] ». Le modèle proposé est non le savant, mais le saint. Le collège crée en quelques années tout un réseau de relations au niveau de la province. A Strasbourg il organise des manifestations de prestige (discours solennels, représentations théâtrales) et pratique l'apostolat par l'intermédiaire de confréries.

Le collège bénéficie d'un corps professoral de haute qualité. Le recteur Jean Dez est un des jésuites les plus en vue : ancien confesseur du Grand Dauphin, c'est un administrateur et un homme de pensée, qui a publié un grand ouvrage de controverse, *La Réunion des protestants de Strasbourg à l'Eglise romaine*. Il est entouré de remarquables collaborateurs, comme L'Empereur, un des meilleurs prédicateurs de la province. Vers 1700 y enseignent Daubenton et Robinet, qui deviennent peu après confesseur et conseiller du roi d'Espagne, Philippe V. Grâce à eux le collège devient un grand centre intellectuel de la Compagnie de Jésus et une citadelle de l'orthodoxie romaine.

A côté des collèges jésuites on compte quelques établissements de moindre envergure et assez mal connus, comme les écoles latines de Thann et de Saverne, dirigées par des franciscains, et celles d'Obernai et de Dannemarie. En 1701 Louis XIV impose par une lettre patente le transfert de l'université de Molsheim à Strasbourg à l'insu de l'évêque. Elle devient très vite un lieu de brassage social pour les enfants des administrateurs locaux et des officiers royaux, les fils des nouveaux convertis et les jeunes étrangers. Elle bénéficie également de grands enseignants, à l'image de Flavet et de Dumesnil, des théologiens, de Laubrussel, spécialiste de la Bible et de la patristique, et de Baltus, à la fois helléniste, philologue et historien de l'Antiquité.

Les gymnases protestants : un maintien difficile

Le gymnase de Strasbourg connaît, à l'image de la ville, une période bien plus terne. Il a vu deux réformes. Celle de 1621 crée à côté du recteur un gymnasiarque, qui assure la coordination pédagogique. Mais l'enseignement devient peu à peu un apprentissage plus ou moins mécanique, purement grammairien et théorique de la langue latine. De plus, coupés de l'université, l'école et ses précepteurs sont ramenés à un rang inférieur dans la hiérarchie sociale. Comme peu d'auteurs sont étudiés, le profit culturel retiré du contact avec la littérature antique risque d'être médiocre. La réforme de 1634 consiste en un retour vers une pédagogie plus proche de celle de Jean Sturm, mais elle n'a pas enrayé le déclin de faveur du gymnase, dû à l'absence d'une direction efficace et dynamique, à des directeurs sans forte personnalité ni volonté, au changement semestriel de la composition des classes, ce qui oblige chaque professeur à reprendre le même enseignement tous les six mois, et à une certaine indiscipline des élèves.

L'annexion à la France et la création du collège jésuite ne provoquent guère d'améliorations pédagogiques, de sorte qu'au début du XVIIIe siècle le gymnase s'est enlisé dans la routine et le formalisme. Les effectifs ont connu une baisse, irrégulière, de 430 vers 1620, à moins de 400. L'annexion française n'a que faiblement accentué le recul, pour revenir à une moyenne annuelle de 380 à 400 élèves. Dès cette époque le gymnase est une école populaire, ouverte à toutes les couches de la société, grâce à un certain nombre de bourses.

Les autres écoles protestantes continuent à former les cadres locaux. Le gymnase de Colmar a formé beaucoup de gens instruits, grâce en partie à deux directeurs remarquables, Christophe Kirchner (1604-1627) et Joachim Klein (1642-1662), auteur des *Miscellanées colmariennes*. L'école latine de Riquewihr, en dépit de faibles effectifs, joue un rôle non négligeable, alors que celle de Wissembourg demeure insignifiante. Le gymnase de Bouxwiller, créé en 1612, devient par ses programmes, un frère cadet de celui de Strasbourg, et une pépinière de pasteurs pour toute l'Alsace protestante.

Une université luthérienne limitée à l'Alsace protestante

L'université comprend dix-neuf chaires (neuf en lettres, deux en médecine, quatre en théologie, quatre en droit). Elle est contrôlée par le Magistrat et installée dans les locaux du gymnase. Le nombre moyen des étudiants oscille entre cent trente et cent cinquante par an. A côté d'une majorité d'Alsaciens, on dénombre des étudiants originaires du Palatinat, du pays de Bade, du duché du Wurtemberg et de la Souabe.

Alors que la première génération de professeurs est venue d'ailleurs, par la suite le recrutement demeure local et favorise la constitution de véritables dynasties sur plusieurs générations comme les Sebiz et les Boecler. A la faculté des lettres on peut citer Jean-Henri Boecler (1611-1692), auteur de deux ouvrages historiques et qui a bénéficié de la faveur de trois monarques, la reine Christine de Suède, l'empereur Léopold Ier et Louis XIV. Mathias Bernegger (1582-1640), promoteur du caméralisme strasbourgeois, est un des très rares Alsaciens à être au contact des plus grands savants de son temps, français, hollandais et suisses, en particulier Johann Kepler, Hugo Grotius et Galilée dont il publie les œuvres. Le musicien Christophe-Thomas Walliser a composé de nombreuses œuvres, dont des chants sacrés de quatre à huit voix, et déployé une grande activité comme pédagogue et musicien d'église. Il est comparé aux plus grands musiciens de son temps comme Orlando de Lassus et Michael Praetorius. A la faculté de droit Jean Schilter (1632-1705), spécialiste de l'ancien droit allemand, entretient une correspondance avec des savants de toute l'Europe et rédige une codification du droit de Strasbourg. En médecine l'amphithéâtre anatomique permet un enseignement pratique avec de nombreuses dissections. La faculté de théologie a produit plusieurs grandes figures dont Jean Conrad Dannhauer, dont le style rappelle Geiler et Fischart, et Sébastien Schmidt, premier théologien luthérien qui a traduit toute la Bible en latin à partir de l'hébreu et du grec. C'est à Strasbourg aussi qu'a été formé Philippe-Jacques Spener, le fondateur du piétisme dans l'Allemagne protestante.

Lors de l'annexion à la France, le statut de l'université est confirmé, mais aussi frigidifié, ce qui empêche toute nouvelle création et tout enseignement nouveau. Durant quelques années et jusqu'à la mort de Louvois en particulier, les recrutements et les thèses sont surveillés. Ainsi en 1683 Louvois note dans un billet que dans une thèse l'auteur a manqué à la page 11 de respect à la religion du roi et menace d'une sanction en cas de récidive. En 1685 le préteur royal est nommé protecteur de l'université, alors que dans la pratique, en tant que catholique il a surtout le souci de freiner son extension face à l'université catholique. Les juristes continuent à être appelés comme conseillers auprès des cours princières et comme juges dans les tribunaux d'Empire. L'anatomiste Jean Scheid bénéficie d'une réputation européenne, tandis que Marcus Mappus commence une *Historia plantarum alsaticarum*. En dépit de quelques brillantes exceptions, la période 1681-1720 se caractérise par une décadence intellectuelle et une perte d'attractivité.

Une reprise lente de la scolarisation

Après 1648 la scolarisation ne reprend que lentement. Des écoles sont créées dans un nombre important de localités, protestantes et catholiques, y compris de très petites communes rurales du Sundgau. Les maîtres, qui à la campagne assurent le plus souvent l'enseignement dans une pièce de leur logement, exercent en général encore d'autres fonctions : chantre, sacristain, secrétaire ou greffier du bailli ou du receveur local ; parfois il s'agit d'artisans (bonnetier à Guémar en 1665, cordonnier à Goxwiller en 1663). Certains sont d'anciens militaires. Une partie non négligeable vient d'outre-Rhin. Le programme demeure bien modeste : on se borne à l'apprentissage de la lecture, de l'écriture, du comptage, alors que la dimension religieuse demeure très forte : catéchisme et récitation de cantiques. A Saverne vers 1700 le programme consiste dans l'apprentissage des bonnes mœurs, de la prière, de l'écriture, du calcul et en une heure de chant grégorien.

Les parents ne portent souvent qu'un intérêt très limité, voire nul, à la scolarisation, surtout dans les campagnes. Après l'inspection de la vingtaine de paroisses rurales de Strasbourg, le président de l'Eglise de Strasbourg se plaint que « les chevaux, les vaches et les veaux sont soignés avec plus de fidélité que le trésor précieux des âmes enfantines »[84]. Il n'est donc pas étonnant que partout l'absentéisme soit considérable : en général, dans la mesure où nous disposons de statistiques, seul le quart ou le tiers des enfants d'âge scolaire se rend en classe. A Strasbourg en 1683 pour l'ensemble des sept paroisses protestantes, ce taux varie entre le quart et la moitié. A la fin du siècle beaucoup de maires et de prévôts demeurent illettrés. Les évaluations chiffrées restent fragmentaires. Vers 1700 on peut estimer à Strasbourg le taux d'alphabétisation masculin entre 60 et 80 %, dans les bourgades catholiques entre 35 et 45 %, dans les villages catholiques entre 25 et 40 %.

Il s'agit partout, sauf sur les marges francophones, d'un enseignement en allemand, ce qui est confirmé par le concept de « deutsche Schulen ». L'enseignement du français demeure très localisé et conserve un caractère exotique avec la création, dans quelques bourgades et villes de garnison, d'une école de français (Cernay, Bischwiller, Sélestat, Obernai...).

L'enseignement féminin demeure très nettement en retrait. En dépit des pressions des autorités religieuses, les filles sont souvent ensemble avec les garçons pour des raisons de commodité. Dans les régions catholiques apparaissent les premières écoles installées dans les locaux de congrégations. Le taux d'alphabétisation est nettement plus faible, de l'ordre de 40 % à Strasbourg, mais seulement de 5 à 15 % dans les bourgades et campagnes catholiques. Les milieux catholiques aisés placent les jeunes filles dans des maisons religieuses spécialisées dans la formation comme la congrégation de Notre-Dame et les visitandines à Strasbourg ou les « demoiselles anglaises » de Haute-Alsace.

La faiblesse de la vie intellectuelle

La guerre de Trente Ans a suscité un tel effondrement de la vie intellectuelle et littéraire que celle-ci ne parvient pas à redémarrer de concert avec la reconstruction. Aussi la seconde moitié du siècle constitue-t-elle un grand creux dans la création littéraire et scientifique, d'autant que la censure renforce son poids. On peut mentionner toutefois l'ouverture du premier observatoire à Strasbourg en 1673. Il s'agit, dans les villes, d'une censure municipale et religieuse à caractère moral et politique, qui est parfois aggravée. Ainsi à Strasbourg un arrêté de 1658 prévoit la peine de mort pour tous ceux qui participent à la publication d'un pamphlet contre les dirigeants de la cité, une mesure appliquée en 1673 à l'avocat Georges Obrecht, décapité pour avoir composé des pamphlets. Dans les autres villes une réglementation prévoit la surveillance par un censeur municipal de l'ensemble de la production et de la circulation littéraires. La royauté reprend et accentue cette tradition par l'adjonction d'une troisième composante. Désormais la censure est à la fois monarchique, municipale et religieuse, ce qui va subsister jusqu'en 1789. Louvois en particulier joue les grands inquisiteurs notamment à l'égard des thèses.

L'imprimerie a perdu son éclat du siècle précédent. Bien que le nombre des entreprises à Strasbourg ait progressé de six en 1600 à dix en 1621, la qualité a régressé : des imprimés sans goût sur du mauvais papier avec des illustrations sur bois grossier à demi usé, soit une certaine décadence de l'art typographique. En 1681 le nombre des officines est tombé à huit. La législation française, qui interdit toute impression sans privilège préalable, constitue une sérieuse entrave pour les imprimeurs. La présence de l'université a suscité de 1617 à 1685 une activité éditoriale à Molsheim, avec la présence de cinq imprimeurs qui ont édité au moins une centaine de titres.

Durant le dernier quart du siècle plusieurs imprimeurs sont l'objet des faveurs du pouvoir royal. Jean-Henri I Decker, installé à Colmar en 1698, imprimeur royal du Conseil souverain d'Alsace, sort de ses presses des livres de prières, des recueils de chants et surtout le célèbre *Hinkende Bote*. A

Strasbourg, Frédéric-Guillaume Schmuck, installé en 1676, fondateur de l'entreprise Berger-Levrault, bénéficie en raison de sa religion catholique de privilèges royaux en 1681. Devenu aussi imprimeur officiel du prince-évêque, il asseoit sa réputation sur les multiples éditions de *Trachtenbüchlein*. Il obtient de nombreuses commandes royales, imprime des publications religieuses catholiques, des brochures et des libelles politiques, ainsi que des dictionnaires bilingues, des grammaires françaises et allemandes. Le nombre des publications demeure élevé. Il s'agit de calendriers, de livres de prières et de cantiques, de manuels, de quelques ouvrages de médecine, d'histoire, de controverse, de sermons, de poésies, ainsi que de traductions d'auteurs italiens et français. Mais le marché se restreint avec la perte progressive d'une partie de la clientèle allemande traditionnelle.

Si *Les Messagers boiteux* rapportent le plus, il est intéressant de noter le maintien d'anciennes coutumes : ainsi en 1702 les almanachs bâlois et autrichiens continuent à être largement diffusés en Haute-Alsace, dont les bourgeois et les paysans demeurent, plus de cinquante ans après leur annexion à la France, fidèles à leurs calendriers d'autrefois. Mais l'interdiction par le Conseil souverain, à la demande de l'imprimeur Decker, se révèle inefficace. Le succès des almanachs dans les campagnes, indice d'une alphabétisation relative, s'explique par le contenu : prévisions météorologiques, vitales pour les paysans, contes populaires et calculs astrologiques. Au début du siècle l'imprimeur Carolus a créé en 1609 le premier journal hebdomadaire du Saint-Empire, *Relation*, poursuivi par ses héritiers vraisemblablement jusqu'en 1651 [85]. Par la suite disparaît la presse périodique.

La présence française n'entraîne pas un afflux de livres imprimés dans le royaume. Mais en 1710 le pouvoir politique français s'efforce de modifier cet état de fait. Un arrêt du Conseil d'Etat interdit l'entrée dans le royaume de livres imprimés à l'étranger, hormis quelques titres dont la liste est arrêtée chaque année. Dans leur opposition les libraires font valoir plusieurs arguments : la cherté plus grande d'un tiers ou de moitié des livres français par rapport aux éditions hollandaises et allemandes et le risque d'achats clandestins dans les villes proches de la frontière – leurs confrères parisiens ne sont pas intéressés par la production strasbourgeoise qu'ils échangent contre des ouvrages allemands et hollandais, l'arrêt de cette forme de compensation entraînerait leur ruine – enfin dans les catalogues ne figure aucun titre qui soit contraire aux bonnes mœurs et aux privilèges du roi. Cette argumentation a permis d'obtenir l'annulation de cet arrêt pour l'Alsace. Strasbourg demeure à la fin du siècle le point d'arrivée de nombreux libelles allemands, en particulier politiques et religieux, notamment piétistes. Mais ce n'est qu'après 1697 que certains prennent un ton violent et agressif contre la politique royale.

La production littéraire demeure très modeste. Les créations poétiques disparaissent. Seule subsiste une littérature de complaintes, de chansons et de calendriers populaires. Cette vie littéraire n'est aucunement stimulée par les éphémères associations demeurées méconnues, à l'image de la Aufrichtige Tannengesellschaft (1633) et la Trifolium poeticum, composée de juristes, de médecins et de professeurs. Cette faiblesse explique que le seul ouvrage consacré à l'Alsace au cours du XVIIe siècle est l'œuvre d'un étranger, l'imprimeur bâlois Matthaeus Merian, qui a publié une *Topographia Alsatiae*, qui contient la vue de vingt-quatre châteaux et villes alsaciennes et qui a connu deux éditions (1644 et 1663). A l'image d'autres centres, Strasbourg a participé au mouvement de la poésie néo-latine avec Samuel Gloner, un poète fécond et capable d'un certain souffle, Jean-Paul Crusius et Caspar Brulow dont les drames connaissent un grand succès.

Le maintien d'une certaine activité artistique[86]

En raison de la misère économique et des guerres, l'art n'a pas connu le lustre des siècles antérieurs. Néanmoins il révèle sur certains plans « des sensibilités profondes et des ouvertures passionnantes sur l'Europe de ce temps »[87]. En architecture il s'agit surtout d'agrandissements et de reconstructions partielles. Molsheim bénéficie de la construction de l'église Saint-Georges (1615-1617). Ailleurs on assiste après 1650 à de nombreuses édifications d'églises, presque uniquement catholiques, le plus souvent en style gothique. Il s'y ajoute des aménagements de tribunes, de stalles, des chaires et une activité assez soutenue pour les ordres monastiques (abbatiale d'Andlau). Hôtels de ville (Kaysersberg, Barr), bâtiments publics divers, et de nombreuses demeures bourgeoises – en particulier à Colmar, à Riquewihr, à Turckheim et à Ribeauvillé – continuent à être édifiées dans le style Renaissance.

La nouvelle donne politique et militaire entraîne la démolition systématique des châteaux du massif vosgien et la construction à l'instigation de Vauban et de son disciple Jacques Tarade (1640-1722), le long du Rhin, de villes fortifiées : Fort-Louis, citadelle de Strasbourg, Huningue, Belfort et Neuf-Brisach, modèle par excellence du système Vauban, avec ses rues en quadrilatères, ses remparts, ses glacis et ses portes monumentales[88].

Bien que la sculpture subisse une désaffection, la peinture, principalement civile, est abondante et de qualité. Il s'agit de portraits, de paysages, de natures mortes et de miniatures. De nombreux bourgeois ont constitué une collection de peintures. Le plus important des peintres est Sébastien Stoskopf, spécialisé dans les natures mortes d'une grande rigueur, atténuée par une atmosphère de clair-obscur et dont le chef-d'œuvre est *La Grande Vanité*. Frédéric Brentel excelle dans l'art de la miniature et éternise la pompe funèbre du duc Charles III de Lorraine, Jacob Van der Heyden se spécialise dans les portraits, Jacques Walter dans les fleurs et les oiseaux, et Léonard Baldner (1612-1674), auteur d'une belle vue de Strasbourg (*Gänselspiel*) est le père des naturalistes alsaciens par un manuscrit illustré, *Vogel, Fisch und Tierbuch*. Le vitrail se limite à des compositions minuscules, peintes avec précision à l'image des deux cents petits panneaux pour la collégiale de Molsheim passés par la suite à la chartreuse de cette ville. L'orfèvrerie connaît un certain épanouissement avec un décor nouveau bien réussi, de grandes fleurs repoussées et ciselées sur les panses des hanaps et des gobelets. C'est l'époque aussi des gobelets de magistrats frappés aux armes des villes, au décor gravé, ciselé, d'argent. La poterie d'étain bénéficie d'une grande qualité artistique dans plusieurs villes, d'un vaste marché urbain friand de vaisselle d'étain aux objets multiples et divers. Le grand artiste en est Isaac Faust.

A la différence de la vie culturelle, la vie artistique parvient à maintenir dans plusieurs domaines un niveau honorable tout comme la musique. Durant le siècle du baroque cette dernière occupe une grande place dans les deux confessions chrétiennes. Dans les paroisses protestantes la polyphonie vocale et l'orgue tiennent une place croissante, en particulier à Strasbourg sous l'impulsion de Christophe-Thomas Walliser et de la famille Boeddecker. Les évêques de Strasbourg ont suscité une vie musicale active à Saverne et à Molsheim, dont les jésuites ont diffusé dans l'Eglise d'Alsace un riche répertoire musical et un livre de chant diocésain (*Catholische auserlesene Alt und Neue Gesäng*). Après 1681, ils installent un maître de chapelle de qualité à la cathédrale, dont le plus connu, Sébastien de Brossard (1694-1700), a composé de nombreux motets et cantates et fondé une académie de musique. La musique instrumentale s'affirme par l'orgue, instrument roi dans les églises des deux confessions et illustré par plusieurs organistes de renom, le luth pour les divertissements princiers et bourgeois, et par l'apparition des premiers ensembles instrumentaux de musique de chambre. Elle est avant tout pratiquée par les musiciens municipaux dans les salles des corporations [89].

Une Alsace réservée face à l'annexion française

Sur le plan politique et culturel, le XVIIe siècle marque une césure profonde dans l'histoire de l'Alsace avec le passage de l'Empire germanique à la couronne française. Ce changement imposé par le nouveau contexte politique et militaire, apparaissait difficile à éviter, d'autant que la dernière visite d'un empereur en Alsace, Ferdinand Ier, remonte à 1562, et que l'Alsace tendait à être un peu livrée à elle-même. Pendant la guerre de Trente Ans, après l'intermède suédois, certains seigneurs et Magistrats urbains ont fait appel à des troupes françaises. Mais l'ambiguïté des clauses du traité de Westphalie fait craindre aux villes de la Décapole pour leurs libertés. Aussi affirment-elles avec vigueur leur fidélité à l'empereur, et la ville de Colmar frappe en 1666 des thalers portant les armoiries de l'aigle impériale et la masse d'armes, emblème de la cité, et surnommés trutzthalers pour bien affirmer le caractère de ville impériale. Le roi de France est perçu comme une puissance étrangère et dominatrice à l'égard des cités et des pouvoirs locaux.

En 1673 les villes de la Décapole sont occupées militairement, leur enceinte en partie détruite, car elles seraient, selon Condé, « presque ennemyes » [90]. En 1677 les villes de Haguenau et de Wissembourg sont rasées. En 1679 elles doivent toutes se soumettre et sont placées sous le contrôle d'un préteur royal. Par les réunions l'ensemble de l'Alsace est intégré au royaume de France (1680-1682), ainsi que Strasbourg qui devient la capitale de la nouvelle province d'Alsace. La présence française prend dans les années 1680 une tonalité catholique agressive à l'égard des protestants, qui se voient exclus de toutes les fonctions administratives (bailli, greffier, prévôt) et judiciaires monarchiques.

La réaction face à ces coups de force est la résignation, et parfois l'émigration en Allemagne ; celle-ci concerne pour la ville de Strasbourg environ trois cents familles, soit plus d'un millier de personnes, après le traité de Ryswick (1697) qui reconnaît l'annexion de la ville sur le plan international. Il est piquant de noter que parmi les opposants à la France, le peintre Walter écrit dans sa *Chronique strasbourgeoise* une prose allemande farcie de gallicismes. Durant plusieurs décennies une partie de la population conserve une sympathie secrète pour les Allemands, qui se manifeste surtout lorsque le sort des armes cesse d'être favorable à la France comme en 1694[91], car l'occupation française est vécue comme oppressive et frustrante.

Désormais le Rhin constitue la frontière politique entre l'Alsace et la France d'une part, l'Empire germanique de l'autre, matérialisée par la construction de plusieurs forteresses (Fort-Louis, citadelle de Strasbourg, Neuf-Brisach et Huningue). L'axe politique ouest-est s'oppose à celui géographique et économique naturel nord-sud. Le premier a réussi à mettre fin aux liens avec l'Empire dans le triple domaine politique, judiciaire et financier. Sous Louis XIV, le Rhin tend à devenir un rempart pendant les guerres, une borne pendant les périodes de paix. Mais l'axe nord-sud subsiste dans le domaine seigneurial et territorial (l'évêque de Strasbourg conserve la partie du diocèse située sur la rive droite, des princes possessionnés de la rive badoise conservent leurs territoires en Alsace, moyennant la reconnaissance de l'autorité du roi de France), économique (l'Alsace a le statut de « province à l'instar de l'étranger effectif », ce qui lui permet de poursuivre librement les activités commerciales dans l'espace rhénan) et culturel par la communauté linguistique. Cela explique que les Français ont la sensation d'être en terre étrangère et qu'ils parlent de « l'Alsace, une province d'Allemagne ». En 1674 l'arrière-ban de la noblesse française se plaint de « s'ennuyer en Allemagne ».

Dès la fin du siècle un secteur de la population répond aux offres de l'administration française par une collaboration croissante : la noblesse, qui s'engage dans le nouveau régiment d'Alsace, une fraction de la bourgeoisie, attirée par le ravitaillement des garnisons ou les offices, et l'Eglise catholique dont les cadres – évêché avec les Rohan, administration diocésaine et une partie des nouveaux membres de certains chapitres – sont pour une part non négligeable originaires du reste du royaume. Mais si une fraction des jeunes élites se met à apprendre le français, parmi les nombreux francophones venus dans le pays, seule une infime partie fait l'effort de s'initier à l'allemand.

CHAPITRE V

Le XVIIIe siècle, une grande période de rayonnement culturel

Le XVIIIe siècle constitue, grâce à la paix et aux débuts du développement économique, une grande période de la vie culturelle en Alsace. Bien intégrée désormais dans l'espace politique français, ce que plus personne ne conteste, l'Alsace demeure ouverte sur l'espace économique rhénan traditionnel et s'ouvre à la vie culturelle de l'Europe pour devenir un véritable centre européen dans le domaine universitaire et scientifique.

Une terre d'immigration

Alors que dans la seconde moitié du XVIIe siècle l'Alsace a surtout connu une importante immigration rurale, au XVIIIe il s'agit davantage d'une migration urbaine avec une transformation des aires de recrutement[92]. On assiste à un net recul des germanophones tant helvétiques qu'allemands, ces derniers tendant à se restreindre aux régions frontalières. Parmi eux on trouve à la fois des artisans de métiers traditionnels et des métiers spécialisés, notamment des artisans du Vorarlberg qui construisent des maisons et des clochers. Les compagnons demeurent assez nombreux, de l'ordre de deux cent cinquante à trois cents par an chez les tailleurs, métier le plus répandu, car jusqu'en 1790 Strasbourg continue à être une étape obligée du tour des compagnons allemands. Certains d'entre eux se fixent à Strasbourg en reprenant l'entreprise du maître. L'apport français, demeuré assez modeste avant 1715, s'amplifie au cours du siècle, ce qui est confirmé par un décret du Magistrat de Strasbourg (1742). Cela est dû à l'importance et au nombre des garnisons françaises en Alsace et, après 1750, à un afflux des Lorrains, attirés par Strasbourg et le vignoble, par le développement des relations commerciales et la présence de régents recrutés en Lorraine. A Strasbourg cet apport représente 20 % des étrangers. Il s'agit surtout de domestiques, de journaliers, de militaires qui s'installent et d'artisans spécialisés comme les perruquiers, les doreurs, les ciseleurs et les tapissiers. Certains métiers ne sont pas admis par les maîtres autochtones, qui leur reprochent un chef-d'œuvre au rabais et les qualifient de Pfuscher, ce qui provoque la création d'un corps de métier distinct et concurrent : menuisiers et selliers français et allemands.

L'intégration est plus facile pour les germanophones allemands et suisses que pour les autres, pour l'admission à la bourgeoisie, en particulier par mariage (un seul francophone sur trente-neuf en 1701, un seul encore en 1789). Les mariages entre Strasbourgeois et Allemands sont courants, à la différence de l'endogamie du XVIIe siècle, alors que les pères hésitent à accorder leur fille à un welche. En fait le cercle des relations des immigrés demeure assez restreint et se limite à des personnes de même langue, de même niveau culturel et souvent issues de la même région. Les Lorrains constituent un groupe compact et fermé. La population de Strasbourg est ainsi composée de groupements qui coexistent plus qu'ils ne s'interpénètrent. Le brassage entre francophones et germanophones demeure relativement superficiel. En fait les deux communautés ne connaissent pas les mêmes possibilités de promotion. Ainsi un écrit de 1772 reproche au Magistrat sa politique germanophile : le maintien de l'usage de l'allemand comme langue administrative empêche les sujets francophones de parvenir aux charges de la ville et lèse leurs intérêts juridiques (les procès ont lieu en allemand hormis au Conseil souverain).

Une forte poussée de la scolarisation

Après des progrès non négligeables au XVIIe siècle, l'école paroissiale bénéficie d'un solide essor au cours du siècle. Certes la demande scolaire demeure timorée en raison de l'insouciance des parents. On constate un divorce entre les deux Eglises, favorables à l'école, et l'indifférence des parents. L'interruption estivale gêne l'instruction. Comme la culture paysanne est orale, persiste le préjugé que l'école est onéreuse et réservée à des privilégiés, d'autant que le droit d'écolage demeure obligatoire. Au total, des écoles relativement nombreuses, mais peu fréquentées, par environ la moitié des enfants scolarisables. Désormais existe un maître d'école dans presque chaque village et on peut reconstituer les listes des maîtres, dont beaucoup ont été publiées ces dernières années. Malheureusement les informations demeurent rares sur leur origine. Ils sont choisis, pour un an, par le corps des échevins ou la communauté d'habitants, après avis du curé et du pasteur. Les critères sont une voix forte, une bonne calligraphie, la connaissance du catéchisme, un comportement marqué par la piété, l'austérité et l'exactitude, alors que le contenu de l'enseignement importe peu. Certains sont de jeunes théologiens en attente d'un poste pastoral, ou d'anciens étudiants marqués par l'échec, mais la plupart sont des artisans – en particulier tisserands, tailleurs et cordonniers –, ce qui suscite parfois le risque de privilégier les activités professionnelles aux dépens des élèves.

Le maître manque de prestige et il est au service du prêtre ou du pasteur comme appariteur de l'église, sacristain et animateur de la vie paroissiale. Il bénéficie de quelques avantages en nature (logement, quelques terres, exemption de la corvée), mais sa situation est précaire. Selon les localités, elle se situe entre une modeste aisance et les marges de la misère. La bibliothèque scolaire demeure squelettique : Bible, psautier, catéchisme et quelques manuels de spiritualité. La religion imprègne l'ensemble des activités scolaires. Le but de l'école consiste toujours avant tout à moraliser les enfants et à les instruire dans les préceptes religieux. L'enseignement se fait par niveaux : ceux qui apprennent l'alphabet, ceux qui apprennent à lire, enfin ceux qui s'initient à l'écriture et qui ne constituent qu'une petite minorité. Si tous les élèves ont reçu une formation religieuse et morale et savent lire, l'écriture et encore moins le calcul ne sont pas connus de tous.

Dans la seconde moitié du siècle on assiste à quelques changements d'attitude. Les Lumières se méfient du savoir populaire, alors que l'école tend à passer de l'autorité ecclésiastique aux communautés, tandis que l'intendant, représentant du roi, manifeste un intérêt croissant. Le cadre matériel est renouvelé par une vague de constructions scolaires vers 1760 avec de véritables plans standard. On assiste à l'apparition de dynasties de maîtres, bien que leur situation sociale demeure aléatoire et leur niveau scolaire assez modeste. Vers 1789 apparaissent les prémisses d'une école nouvelle : intérêt des pouvoirs publics, souci de former des bourgeois ou des citoyens. L'école, chargée de transmettre des valeurs fondamentales, évolue d'une succursale de la sacristie vers un temple du savoir.

En dépit d'une fréquentation irrégulière le taux d'alphabétisation connaît une forte progression au cours du siècle, puisqu'il double en gros chez les hommes de 34 à 80 % et quadruple chez les femmes de 10 à 40 %. Alors que vers 1700 moins du quart des conjoints savent signer de leur nom, vers 1789 ils sont plus de 60 % à pouvoir le faire. Le dimorphisme sexuel est encouragé tant par les parents (dans 80 % des écoles inspectées, le nombre des garçons l'emporte sur celui des filles) que par certaines autorités : le prince-évêque de Spire publie un décret, applicable à une partie de l'Alsace du nord, qui pose comme condition pour la publication des bans au fiancé de savoir lire et écrire, et à la fiancée de savoir filer et tricoter [92a]. Le taux d'alphabétisation semble en 1789 encore plus élevé dans les territoires protestants. Ainsi selon Ch. Pfister[93] cinq nouveaux mariés sur six signent le registre des mariages dans le comté de Horbourg et de Riquewihr vers 1789. Dans le comté de Hanau-Lichtenberg 80 à 90 % des hommes et 60 à 90 % des femmes savent signer[94]. L'Alsace se situe en 1789 dans le groupe de tête de la France, ce qui suscite une grande mutation des campagnes, en particulier en milieu catholique, où l'essor des confréries s'accompagne de l'usage obligatoire d'un livret de confrérie. L'Alsace fait partie de l'Europe septentrionale culturellement avancée. Dans les villes l'alphabétisation est encore plus forte. A Colmar le taux d'alphabétisation tiré des registres de mariages passe chez les hommes de 61 % (1730-1734) à 76 % (1780-1789) et chez les femmes de 32 % à 45 %[95]. A Strasbourg le Magistrat s'efforce d'introduire l'obligation scolaire dès 1768 jusqu'à l'âge de dix ans, et après 1750 un nombre croissant de testateurs prévoient un legs pour une école. Vers 1789 l'immense majorité des bourgeois sait signer, plus de 90 %, alors que chez les manants ce taux demeure plus faible (75 %).

La stabilité de l'enseignement secondaire

Parmi les écoles protestantes, le gymnase de Strasbourg demeure le plus important, malgré une légère érosion des effectifs stabilisés autour de trois cents à trois cent trente. Il subit une certaine sclérose dans les programmes et les méthodes, car il s'éloigne de la vie quotidienne. Le rapport de Jean-Jacques Schatz (1738) stigmatise l'abus de la mémorisation et le peu de souci de l'assimilation et préconise l'apprentissage de l'orthographe allemande et latine.

La réforme de 1751 introduit dans le cursus le français et l'allemand et se soucie d'assurer une formation pour des métiers divers non intellectuels. Il s'agit d'en faire l'école pour les enfants de tous les bourgeois. On procède à un important rééquilibrage en développant les mathématiques, les sciences de la nature et la géographie aux dépens des langues anciennes. On développe l'outil linguistique (allemand) surtout dans les classes supérieures et on s'ouvre aux innovations pédagogiques. De nombreux jeunes veulent se cultiver avant de reprendre le métier paternel. C'est une école populaire, ouverte à toutes les catégories sociales, car les droits scolaires ne sont pas un obstacle majeur en raison de nombreuses bourses et de legs faits par des testateurs généreux, à l'image du négociant Hebeisen qui lègue quarante-huit florins pour l'achat de livres pour les élèves pauvres et cent ouvrages de piété. Aussi s'y côtoient les fils de patriciens et de journaliers, ce qui en fait un lieu de brassage social et crée parmi les anciens une forte cohésion du corps protestant. Le gymnase demeure ainsi le vivier où la ville et l'Alsace protestante recrutent leurs cadres intellectuels. Environ 20 à 25 % des élèves poursuivent des études universitaires, ceux des milieux aisés, mais aussi les premiers de la classe terminale, issus d'un milieu plus modeste, grâce à des bourses, ce qui permet leur ascension sociale[96].

Le gymnase continue à servir de modèle à celui de Bouxwiller[97], qui constitue une véritable pépinière de fonctionnaires, de médecins et de théologiens. Il est financé par l'hôpital de Bouxwiller, les fabriques des églises du comté de Hanau-Lichtenberg et des subsides de la régence. Après un déclin dans le premier tiers du siècle, il connaît une rénovation. Les effectifs tournent autour de la centaine. Vers 1780 l'enseignement s'est nettement dégradé. Selon un rapport conservé, l'enseignement des langues se borne à la mémorisation, et la pédagogie à ingurgiter un ensemble de notions incohérentes rapidement oubliées. Selon l'autobiographie de Henri Ernst, la plupart de ses collègues se caractériseraient plus par leurs appétits stomacaux et financiers que par leur autorité naturelle ou leurs dons pédagogiques. Après dix ans d'enseignement de latin et de français, la plupart des élèves sont incapables de rédiger un texte en latin ou une lettre en français. En

1781 le programme est modernisé avec l'introduction de nouvelles disciplines (sciences naturelles, histoire, géographie), une initiation à la lecture de journaux politiques et à la rédaction de lettres, le français est étendu à toutes les classes et l'allemand devient une matière d'enseignement distincte. Le niveau se relève sensiblement et permet au gymnase de continuer à servir de pépinière de talents pour le comté de Hanau-Lichtenberg.

Le gymnase de Colmar, encore mal connu, bénéficie d'un excellent enseignement dans les langues anciennes. Le français y est enseigné à partir de 1765 seulement. Le gymnase conserve face au collège royal son rayonnement et continue à former les cadres protestants de Colmar. L'école latine de Mulhouse connaît un indéniable succès, au point d'ouvrir une quatrième classe en 1709. Les problèmes pédagogiques commencent à préoccuper les milieux cultivés qui réclament des réformes de structure sous l'influence de Pestalozzi.

Du côté catholique, le réseau des collèges jésuites subsiste jusqu'en 1765 : il s'agit de ceux d'Ensisheim, Rouffach, Colmar, Sélestat, Molsheim, Haguenau et Strasbourg. L'installation du Conseil souverain d'Alsace à Colmar (1698) s'accompagne de la création d'un collège destiné aux fils des magistrats de cette cour et qui a joué un rôle intellectuel considérable. Le collège de Strasbourg bénéficie durant la première moitié du siècle d'un prestige national, voire européen. Les effectifs tournent autour de trois cents pour le siècle. De 1700 à 1730 y passent tous les espoirs de la Compagnie qui exercent ensuite de hautes fonctions dans l'ordre, auprès de princes ou un rôle intellectuel. Ils contribuent à transformer le collège en citadelle de l'orthodoxie romaine contre les protestants, les jansénistes et les libres penseurs. Après 1730 le recrutement des maîtres devient plus régional : en 1743 les Alsaciens représentent les deux tiers du corps enseignant. Le collège de Molsheim conserve des cours de théologie et contribue à faire pénétrer en profondeur les principes de la

Réforme catholique, en particulier un attachement indéfectible à Rome et à la papauté, une originalité par rapport au gallicanisme majoritaire à l'ouest des Vosges.

Après l'expulsion de l'ordre du royaume (1765), une mesure contestée par la bourgeoisie catholique alsacienne, le nombre des collèges est ramené à trois « collèges royaux » en Alsace. A Sélestat le collège est repris par les récollets de 1769 à 1791. Celui de Colmar, le seul en Haute-Alsace, devient un centre de la culture française. Le collège de Strasbourg modernise ses programmes en valorisant le souci de l'utilité par une place aux auteurs modernes dans les lettres et la philosophie, afin de permettre aux jeunes catholiques l'accès aux fonctions de responsabilité. Celui de Molsheim bénéficie de vingt places de bourses d'internat pour les villes moyennes de la Basse-Alsace. Comme l'oligarchie municipale contrôle la sélection, elles sont réservées de fait aux seuls fils de notables – soit ceux qui en auraient le moins besoin – car la pension est élevée (trois cent soixante livres tournois). Une étude du budget alimentaire[98] fait apparaître un bilan calorifique suffisant qui s'approche des moyennes requises avec un équilibre entre les diverses catégories d'aliments. Il s'agit d'une nourriture de privilégiés avec le pain comme aliment de base et une forte part de viande. Sur le plan linguistique vers 1750 dans les collèges de Strasbourg, Ensisheim et Colmar, on enseigne également en français et en allemand, alors que dans ceux de Sélestat, Rouffach, Molsheim et Haguenau « les leçons sont données en langue allemande seulement », car ils sont toujours dirigés par les jésuites de la province du Rhin. Selon le lieutenant du roi à Sélestat, ils entretiennent en 1749 encore « l'inclination autrichienne » dans ces quatre collèges.

Les premières tentatives d'écoles professionnelles

Au cours du siècle on assiste aux premiers essais d'écoles professionnelles, à Mulhouse et à Colmar. A Mulhouse est fondée en 1781 une académie préparatoire au commerce, qui s'inscrit dans un mouvement européen. Le but est de former une élite commerciale uniquement protestante, de chefs d'entreprises de négoce. La formation – sur trois ans – est à la fois théorique (allemand, français, mathématiques, calligraphie et géographie économique), et pratique (tenue des comptes, conversions de monnaies et d'unités de mesures et de capacité). L'école constitue une affirmation de l'esprit novateur en vue d'une formation ouverte au monde et ayant une vision globale des problèmes économiques [99]. A Colmar Théophile Conrad Pfeffel ouvre en 1773 une académie militaire, destinée à former les jeunes nobles protestants. En vingt ans trois cents élèves venus de toute l'Europe ont fréquenté cet établissement, dont 40 % de nobles, en particulier de Suisse et d'Allemagne. Pfeffel s'est inspiré des principes pédagogiques de l'Allemand Basedow, un célèbre pédagogue de l'époque, et du Suisse Johann Heinrich Pestalozzi. On y enseigne les langues allemande et française, l'histoire, la géographie appliquée à l'art de la guerre, les mathématiques, les principes du droit des gens, selon une pédagogie qui vise à enseigner aux enfants l'art de se gouverner eux-mêmes [100]. Son rayonnement est tel que l'école a reçu plus de deux mille visiteurs de presque toute l'Europe.

L'université catholique de Strasbourg : centre culturel du diocèse de Strasbourg

Si elle porte depuis Louis XIV le titre honorifique d'université, elle ne constitue en fait qu'une académie, limitée à deux facultés (arts ou lettres et théologie), dont le nombre de chaires est variable, en général trois en arts et quatre en théologie (Écriture sainte, morale et deux en scolastique). En 1776 le cardinal de Rohan obtient, en dépit de vives protestations des luthériens, la création d'une chaire de droit canon pour éviter aux étudiants de suivre cet enseignement à la faculté de droit protestante, où il est marqué par l'Aufklärung. Les locaux sont reconstruits, le collège en 1756-1757, le Grand Séminaire de 1768 à 1772 avec une remarquable bibliothèque. Un catalogue de 1755 contient 13 746 titres, soit environ 25 000 volumes.

Au cours du siècle le corps professoral conserve en partie la qualité des fondateurs, avec en particulier Laguille, auteur d'une *Histoire de la province d'Alsace, depuis César jusqu'au mariage de Louis XV*, publiée en 1727 à Strasbourg, et Scheffmacher, premier recteur d'origine alsacienne et auteur d'un remarquable catéchisme de controverse. Lors de leur départ, les jésuites sont remplacés par certains de leurs élèves, des prêtres séculiers comme François-Philippe Louis, professeur de théologie scolastique et député du clergé aux États généraux en 1789, et Brendel, qui enseigne le droit canon.

Le nombre moyen annuel des étudiants immatriculés est de soixante-trois, soit la moitié des protestants. Après une stabilité autour de la vingtaine de 1710 à 1727, on assiste à une première poussée à partir de 1728, entre cinquante et soixante-dix, puis une seconde poussée de 1776 à 1788, où le nombre atteint la centaine. Les deux tiers des étudiants viennent du diocèse, plusieurs de la Haute-Alsace et les autres de Lorraine et des diocèses allemands rhénans. L'université – de culture et d'influence françaises – forme les cadres dans le loyalisme à la France. Elle constitue un centre intellectuel du renouveau catholique en Alsace et un défenseur des prérogatives du pape, ce qui explique l'opposition du corps professoral à la Révolution et à la prestation du serment[101].

Le rayonnement européen de l'université protestante

Au XVIIIe siècle le *statu quo* de 1681 empêche toute réforme profonde des structures et la création de chaires pour les nouvelles disciplines. En 1751 le statut, voire l'existence, de l'institution est menacé, quand le préteur royal fait pression pour confier la chaire de droit canon à un catholique et pour introduire, à l'image des instances municipales, l'alternative (la moitié des chaires à des catholiques). Durant plusieurs décennies l'historien Jean-Daniel Schoepflin apparaît de fait comme le premier personnage de l'université par son influence morale et ses contacts réguliers avec le chancelier à Versailles.

En 1736 le Magistrat accroît son influence sur le recrutement des professeurs pour contrecarrer un népotisme trop voyant : sur cent vingt-neuf professeurs titulaires de 1621 à 1793, cent cinq sont nés à Strasbourg et constituent souvent de véritables dynasties. Il est vrai que ce phénomène n'est pas spécifique à Strasbourg et se retrouve dans d'autres universités protestantes (Bâle, Giessen...). Face à la menace de l'alternative, Schoepflin fait jouer ses appuis à la cour, qui préfère une université protestante active à une université déchirée et risquant ainsi de tomber dans l'insignifiance, à l'image de celle de Heidelberg. Aussi Schoepflin parvient à obtenir gain de cause grâce à ses relations personnelles et à sa force de persuasion. Par contre les nouvelles disciplines ne sont enseignées que par des adjoints mal payés, voire bénévoles : en 1763 est créée une chaire honoraire d'anglais.

Après la période de survivance, l'université connaît après 1720 une nette reprise, dont l'apogée se situe entre 1750 et 1790. En 1763, *Le Journal des savants* de Paris estime que les thèses soutenues à Strasbourg sont de meilleure qualité que celles de Paris. Les travaux et les manuels publiés à Strasbourg sont recensés régulièrement et bénéficient d'une diffusion internationale ; plusieurs professeurs sont membres d'académies étrangères comme Schoepflin, le juriste Christophe-Guillaume Koch, les hellénistes Jérémie-Jacques Oberlin et Richard Brunck de Freundeck, le botaniste Jean Hermann et le chimiste Reinbold Spielmann. Oberlin est membre correspondant de l'Académie des inscriptions et belles-lettres et des sociétés savantes de Rouen, Palerme, Cortone, Nancy et Kassel.

Si le latin demeure la langue des cours publics, les universitaires utilisent dans les cours privés, payants, les langues modernes, soit l'allemand et le français. Quatre disciplines surtout sont actives. En premier lieu la médecine, qui se caractérise par la qualité et la variété des enseignements : anatomie, chirurgie, pathologie, botanique et chimie. La faculté bénéficie de la première école d'accouchement en Europe créée par Jean-Jacques Fried en 1728 et qui forme des sages-femmes dans un rayon assez vaste. Fried est considéré comme le « père de l'obstétrique moderne ». Jean-Jacques Sachs a su développer à l'hôpital un enseignement pratique de clinique médicale dont il est le véritable fondateur. Les principaux professeurs sont Jean-Frédéric Lobstein l'Aîné, créateur du Musée anatomique, qui a refusé une chaire à Göttingen, Jean Hermann, fondateur du musée d'Histoire naturelle, auteur d'une *Flora alsatica* et qui a constitué une bibliothèque de plusieurs milliers d'ouvrages, Reinbold Spielmann, chimiste et naturaliste qui a publié deux catalogues de la *Flore d'Alsace*, et Thomas Lauth en anatomie. Le Strasbourgeois Jean-Georges Roederer fonde à Göttingen la première clinique obstétricale d'Europe.

La faculté de droit voit le nombre des étudiants tripler. Le recrutement des étudiants se caractérise par la prépondérance de l'élément aristocratique (un quart) et patricien. Le diplôme est reconnu dans l'Empire et dans le royaume de France où il permet à partir de 1752 de devenir avocat au parlement de Paris. Il s'agit d'un enseignement de qualité qui présente un droit romain rajeuni et modernisé et intègre le droit germanique et le droit français sous la forme des ordonnances royales et de la jurisprudence du Conseil souverain d'Alsace. Les nombreuses thèses confirment que Strasbourg est acquis très tôt aux idées de l'Aufklärung ; elles portent sur des sujets variés tel que le droit rural, l'organisation des professions, l'assistance publique, la fiscalité, le statut des banques, la police, le droit de construction, la chasse et les forêts.

Portrait de Jean-Daniel Schoepflin (1694-1771), historien de l'Alsace et médiateur entre les cultures allemande et française.

L'histoire est illustrée par Jean-Daniel Schoepflin (1694-1771). C'est un historien novateur qui a enseigné durant un demi-siècle (1720-1771). Il associe l'histoire aux études juridiques et de science politique et l'oriente vers le monde contemporain. Il applique la méthode démonstrative utilisée par les mathématiques. Il a formé une école historique strasbourgeoise que seule la Révolution a dispersée avec Lamey, Pfeffel, Lorentz et Koch. Il a laissé une œuvre considérable : la première histoire d'ensemble de l'Alsace (*Alsatia illustrata*) et une histoire de la dynastie badoise. Il se concentre sur l'histoire régionale et participe activement à l'essor d'une nouvelle conception historiographique dans l'espace rhénan. Sa notoriété lui permet d'entrer dans la république des lettres qui regroupe écrivains et savants au niveau européen. Il entretient des correspondants dans tous les centres intellectuels de l'Europe pour l'histoire, le droit, les sciences naturelles et la médecine. Il est membre de nombreuses académies, dont la Royal Society, l'Académie des inscriptions et belles-lettres, celles de Göttingen, de Saint-Pétersbourg, de Besançon et de Mannheim, qu'il a contribuée à fonder. Homme européen il bénéficie de contacts politiques tant à Versailles qu'à Vienne. Représentant de l'Aufklärung, il a contribué à faire de Strasbourg une ville carrefour sur le plan historique et culturel. Schoepflin bénéficie d'une véritable dimension européenne par son rayonnement littéraire, et d'une correspondance avec de très grands savants : Voltaire, d'Alembert, Muratori et Sloane. Il a constitué une bibliothèque de douze mille volumes qui est devenue le premier noyau de la bibliothèque municipale de Strasbourg [102].

En 1752 Schoepflin crée l'école des diplomates et de droit public. Il y assure des cours privés, destinés à donner une formation complémentaire à des jeunes gens qui se destinent à une carrière diplomatique ou étatique. Le programme consiste dans le droit public, l'histoire des États modernes, les traités de paix, la statistique, l'art des fortifications, la géographie, mais aussi le fleuret, l'équitation et la danse. Plusieurs étudiants ont connu une carrière politique brillante par la suite, comme Metternich et Montgelas, Premier ministre de la Bavière après 1800. D'autres sont devenus des spécialistes du ministère des Affaires étrangères à Paris. Le véritable directeur en est Christophe-Guillaume Koch, auteur d'une *Histoire des révolutions politiques de l'Europe*. Dans le domaine de la philologie Jean-Georges Scherz (1678-1754) a composé un *Glossarium Germanicum medii aevi.* Richard Brunck (1729-1803) a publié de nombreux textes grecs, dont la qualité lui a valu d'être nommé membre de l'Académie des inscriptions et belles-lettres, tout comme Jérémie-Jacques Oberlin (1735-1806), archéologue et philologue qui a publié de nombreux textes latins.

L'université entretient des relations privilégiés avec Göttingen, la meilleure du continent européen. Pratiquement tous les intellectuels strasbourgeois y ont séjourné. Les grands professeurs strasbourgeois sont tous des émules des maîtres à penser de Göttingen et certains ont été sollicités pour y enseigner, mais tous ont refusé par fidélité à leur petite patrie. Le recrutement des étudiants est cosmopolite. La moyenne annuelle des immatriculations est de cent trente-deux. Les avantages de Strasbourg sont sa situation culturelle, les relations commerciales, l'abondance des denrées, la présence de trois confessions et la possibilité de s'initier aux sciences. Le recrutement est très diversifié. Les Alsaciens ne représentent que le quart (24 %). L'élément germanique constitue 48 %, soit la moitié, avant tout des régions proches (Bade, Souabe, Hesse, Rhénanie), le plus illustre étant Goethe (1770-1771). Les Suisses forment 15 % et les divers viennent surtout des pays protestants nordiques (Scandinavie) et britanniques. En 1765 la tsarine Catherine II attribue à Strasbourg des bourses Galitzin pour la formation d'étudiants en médecine. Ce choix provoque un afflux de jeunes Russes, en particulier des aristocrates comme sept princes Galitzin. Il est vrai que parmi les deux cent quatre « Russes » on recense cent quarante Baltes, issus de régions alors annexées à l'Empire tsariste. Par contre les francophones d'outre-Vosges ne constituent qu'un petit nombre, 3 %, surtout des Lorrains. L'université protestante bénéficie ainsi d'un véritable rayonnement européen, ce qui explique que l'ouverture intellectuelle s'accompagne de l'apparition d'une tolérance religieuse : si les professeurs continuent à être tous luthériens, les étudiants des autres confessions sont largement admis : catholiques, surtout alsaciens, en droit, puis orthodoxes, et en 1788 le premier juif. Trait d'union entre l'esprit français et l'esprit allemand, elle est plus proche de ses sœurs germaniques que des universités françaises en grande partie coupées de la recherche.

Une participation active à l'innovation

Durant ce siècle de paix et d'essor économique, l'Alsace a participé activement aux innovations. Plusieurs universitaires, grâce à leurs relations internationales et à leur qualité de membre de sociétés savantes et d'académies, ont réalisé d'intéressantes découvertes. En médecine Jean-Frédéric Lobstein a effectué de nombreuses recherches dans le domaine anatomique, en particulier pour la chirurgie des yeux – il est considéré comme un des plus grands ophtalmologues du siècle – et sur les nerfs, ce qui vaut à deux de ses disciples, Jean-Daniel Metzger et Philippe Frédéric Meckel, d'obtenir une chaire d'anatomie, l'un à Königsberg, le second à Halle. En physique Jean-Louis Schürer, l'émule de Lavoisier et de Hertenstein, est nommé membre de l'Académie des sciences de Berlin pour ses travaux. En 1787 l'Académie royale des sciences fait publier l'*Essai d'un art de fusion à l'aide de l'air du feu, ou air vital*, de Frédéric Louis Ehrmann, suivi des *Mémoires* de Lavoisier sur le même sujet, ce qui montre l'intérêt de cette recherche. Il a joué un rôle majeur dans l'invention des lampes à air inflammable et la fusion de l'acier

Goethe et Frédérique Brion, la fille du pasteur de Sessenheim avec qui il eut une liaison en 1770-1771.

à l'aide de l'oxygène. Toute cette activité explique la présence à Strasbourg d'artisans qui fabriquent des appareils scientifiques.

Louis François Arbogast, toujours cité dans les livres d'histoire des mathématiques anglo-saxons, professeur au collège royal de Colmar, obtient en 1784 un prix de l'Académie des sciences de Saint-Pétersbourg. Il a élaboré la théorie différentielle, la formule de dérivation et il est un des précurseurs du calcul opérationnel. Jean-Henri Lambert (1728-1777) est un des plus grands physiciens alsaciens. Spécialiste de l'étude de la lumière, il se passionne aussi pour les mathématiques et l'astronomie et expose un théorème sur l'orbite des comètes. Ses *Lettres cosmologiques* sont des réflexions sur l'infini de l'univers qui valent à ce prodige mulhousien de terminer sa carrière comme membre de l'Académie des sciences de Berlin. Dans le domaine mathématique son nom reste attaché à une projection cartographique encore utilisée de nos jours. Ses travaux sur la géométrie projective et la théorie des parallèles préparent le terrain aux géométries non euclidiennes. Son universalité lui vaut d'être appelé le « Leibniz alsacien »[103].

Dans le domaine des innovations, l'expérience de Montgolfier à Annonay (1783) suscite en l'espace de quatre ans trois expériences d'aérostats à Strasbourg, dont celle de l'aéronaute Blanchard qui effectue un trajet de plusieurs dizaines de kilomètres. Enfin Mulhouse joue un rôle pionnier dans le démarrage industriel, imitée par plusieurs centres de la Haute-Alsace. Les fabricants bénéficient durant la seconde moitié du siècle d'une avance technologique sur leurs concurrents d'une dizaine d'années et font preuve d'un remarquable dynamisme avec la multiplication des centres industriels à travers toute la Haute-Alsace. Certains sont reliés aux circuits financiers et commerciaux internationaux, à l'image de Senn, Bidermann et Cie, installé à Wesserling et présent à Genève, Paris, Bruxelles et dans les grands ports français. C'est en

Alsace qu'on assiste à la naissance de la germanistique. Jérémie-Jacques Oberlin s'est intéressé aux trésors de la langue allemande médiévale et a étudié tous les idiomes alsaciens. Il a en particulier publié une étude phonétique, morphologique et lexicale du dialecte du Ban de la Roche, ce qui en a fait un des pionniers de la dialectologie romane, ainsi qu'une édition augmentée du *Glossarium Germanicum medii aevi*, de Jean-Georges Scherz.

L'influence de l'Aufklärung et des Lumières

Cet esprit d'ouverture explique que les élites cultivées en Alsace se sont ouvertes aux deux grands courants du siècle, l'Aufklärung et l'esprit des Lumières. Ce dernier favorise le goût de la curiosité, le sens de l'humain et la recherche du bonheur, le premier une plus grande ouverture sur les faits religieux, le sens du devoir et de l'utile. Ensemble, ils cultivent l'esprit de la tolérance et de la démocratie. Leur influence sur les deux Eglises est très différente. Si l'Eglise catholique s'ouvre vers le milieu du siècle à une certaine rationalité, dont le principal représentant est l'abbé historien Grandidier, avec le dernier cardinal de Rohan on assiste au contraire à un repli sur l'orthodoxie proche d'un certain intégrisme. A l'inverse l'Eglise luthérienne de Strasbourg, avec ses ténors Jean-Laurent Blessig et Isaac Haffner, s'ouvre à l'Aufklärung, au point que cette tendance devient majoritaire dans le corps pastoral à la veille de la Révolution.

Si Voltaire et l'athéisme militant paraissent absents du débat, l'Aufklärung chrétienne est politiquement progressiste et très active, avec la notion de droits de l'homme. Elle est le fait de notables politiques, économiques et d'intellectuels, de tendance libérale et désireux d'opérer une réforme des mœurs et des institutions. A Colmar le séjour de Voltaire (1753-1754) coïncide avec un tournant du mouvement des idées. Il arrive comme un personnage officiel en sa double qualité d'académicien et d'historiographe du roi, mais repart comme un philosophe suspecté d'être un chef de file du mouvement antireligieux. Les jésuites ont joué un rôle majeur dans la réaction catholique antivoltairienne qui s'amorce[104]. Cette évolution est accompagnée d'une révolution de la sensibilité par les protagonistes du Sturm und Drang avec plusieurs Allemands, dont Goethe et Herder, le Livonien Jakob Michaël Reinhold Lenz, et quelques Strasbourgeois, dont Henri Leopold Wagner et l'actuaire Jean-Daniel Salzmann. Il s'agit de jeunes protestants qui s'insurgent surtout contre les modèles proposés par une certaine conception de la culture et de la civilisation française pour faire l'apologie du sentiment. Si cet épisode est resté limité à quelques années à Strasbourg, il a par contre puissamment contribué à la naissance du courant littéraire Sturm und Drang en Allemagne.

L'essor des sociétés littéraires en Alsace

Les nouveaux courants ont été diffusés surtout par les sociétés littéraires, le livre et la franc-maçonnerie. Dans la seconde moitié du siècle on assiste à une véritable floraison de sociétés dans les trois grandes villes alsaciennes. A Colmar, capitale de la Haute-Alsace et capitale judiciaire de l'Alsace, Théophile Conrad Pfeffel (1736-1809), une personnalité originale et féconde, joue un rôle majeur. Protestant de culture germanique, il veut être un trait d'union entre les deux cultures. Il cristallise une activité variée et un tissu de relations étendues à la majeure partie de l'Europe. En 1760 il fonde une société de lecture composée de douze membres protestants, afin de sortir l'élite protestante du ghetto dans lequel elle est confinée par le milieu judiciaire catholique en partie contrôlé par les jésuites. Dominée au départ par le pastorat, la société s'ouvre assez vite aux élites médicales, commerçantes et industrielles, d'où son intérêt pour l'histoire, la géographie et les sciences naturelles et sociales. La bibliothèque acquiert 539 ouvrages dont la moitié en français, avec les œuvres de Rousseau, de Voltaire (80 volumes), de Bayle et l'*Encyclopédie* (45 volumes). Elle acquiert aussi une dimension sociale : elle constitue le creuset où se rencontrent les familles de manufacturiers et de négociants, qui ont contribué à la création d'une école de dessin en 1783. Pour toucher un public plus vaste, Pfeffel crée en 1785 une Tabagie littéraire ouverte aux deux confessions et composée de 31 membres résidant à Colmar et de 31 membres correspondants à travers l'Alsace. Cette société rassemble des personnes issues du monde de l'administration, de la justice, de l'armée, de l'industrie et dont une partie se retrouve dans la loge maçonnique La Concorde.

Mulhouse connaît aussi, liée à l'essor industriel, une activité intellectuelle qui se traduit par la création en 1775 de la Société pour le bon goût et les belles-lettres. Souhaitant « s'ouvrir à l'esprit nouveau », la société s'abonne au *Journal encyclopédique*, au *Mercure de Hollande* et aux *Annonces savantes* de Göttingen. Les membres entendent la lecture d'études originales et discutent d'articles de périodiques. En 1780 la société se rebaptise Société patriotique en vue d'étudier l'histoire de la république de manière documentaire. Les membres sont surtout la jeune génération de lettrés de la ville, regroupés dans la tribu des vignerons. Ils sont bien au courant des nouveautés littéraires en France et chaque séance est clôturée par la lecture d'un article de l'*Encyclopédie*. Les débats portent principalement sur les questions éducatives, morales et sociales et sur la médecine et les sciences. Le médecin Jean Hofer (1720-1787) crée une collection renommée de minéraux visitée par de nombreux savants et le pharmacien Josué Risler un jardin botanique. Mais la société refuse d'être un simple organe de lecture : elle introduit un nouvel esprit et se veut au service de la chose publique en vue de stimuler l'évolution de la société par l'élaboration de projets pour le Magistrat. Elle est l'expression de l'effervescence de l'esprit et de la conversion aux Lumières françaises tout en demeurant, pour la majorité de ses membres, fidèle à la république[105].

A Strasbourg les essais de création ont été nombreux, mais aucune société n'a réussi à durer, à la différence des dizaines d'académies créées à travers le royaume[106]. Certes en 1769 une Académie royale a été créée par le préteur royal Baron d'Autigny pour susciter un centre intellectuel en dehors de l'université protestante. Bien que les statuts – qui prévoient des débats en latin ou en français par douze membres cooptés et résidant à Strasbourg – aient été conservés, aucun document relatif au fonctionnement n'a été retrouvé, de sorte que le projet semble resté mort-né.

Les autres sociétés sont dues à l'initiative privée et souvent en liaison avec l'université protestante. En 1743 le médecin Georges Behr crée une Deutsche Gesellschaft, composée de sept membres, mais qui a laissé peu de traces. Behr a été très actif sur le plan littéraire, puisqu'il a composé dix-huit dissertations académiques, quatorze poèmes, plusieurs pièces de théâtre et quelques romans. Pour toucher un public plus vaste, il préconise de remplacer le latin par l'allemand pour les livres de médecine. Le but de la société est d'éviter la disparition de l'allemand (« als man eben in der Besorgnis stund, es würde die deutsche Sprache sich ganz und gar daselbst verlieren und ins Vergessen gerathen »)[107], une crainte à l'époque encore prématurée. Après 1750 apparaissent plusieurs sociétés savantes, assez fermées, aux effectifs réduits et à la durée assez brève. Leurs adhérents et leurs objectifs sont souvent assez proches des loges et contribuent surtout à diffuser les idées de l'Aufklärung et à promouvoir le livre comme instrument de travail et de vulgarisation de la recherche. Deux surtout ont joué un rôle.

En 1775 Lenz crée la Deutsche Gesellschaft, à tendance antiwelche qui fait contrepoint aux salons littéraires, catholiques français. Il estime que le dialecte alsacien avec ses termes provinciaux et ses anciennes expressions « uralt » constitue un trésor qui permettra d'élaborer de nombreux termes pour la langue allemande à l'aide des expressions polies (« geschliffenen Ausdrücke und Redensarten ») des Français. Lenz voudrait éliminer le bilinguisme en usage et en faire une société littéraire purement allemande. Mais elle devient très vite une société bilingue. Ses trente-deux membres se recrutent surtout dans l'intelligentsia protestante de l'université et du gymnase. Mais la société n'a duré que deux ans en dépit de la qualité de ses membres et de leur rayonnement.

Durant son existence elle a publié un hebdomadaire, *Der Bürgerfreund*, qui a l'ambition d'améliorer le goût et de généraliser la pratique de la lecture. Les articles sont d'ordre historique, pédagogique (nouvelles méthodes d'éducation), économique et scientifique, ainsi que des œuvres poétiques et des articles qui ont l'ambition d'améliorer les mœurs. Les principaux auteurs sont Lenz, Jean-Laurent Blessig, l'actuaire Jean-Daniel Salzmann et le libraire Frédéric Rodolphe Salzmann. Mais la revue ne parvient pas à dépasser le nombre de quatre-vingts abonnés, d'où sa brièveté. Elle s'adresse vainement à la bourgeoisie commerçante et artisanale qui ignore ses auteurs, des intellectuels. Leur maigre public leur fait des reproches contradictoires : langage trop relevé pour les uns, vulgaire pour les autres, trop religieux ou trop athée. L'orientation religieuse est un luthéranisme proche du déisme, ce qui choque les luthériens orthodoxes et les catholiques.

En 1770, le libraire Frédéric Rodolphe Salzmann crée une société philanthropique, qui suscite plusieurs filiales en vieille France. Ses statuts revendiquent pour Strasbourg le titre de « métropole de la philanthropie » et contiennent pour la première fois le concept de droits de l'homme. Les réunions de cette société ont formé une bonne partie de l'élite strasbourgeoise du début du XIXe siècle. Les buts consistent dans une activité de formation de milieux populaires, une amélioration des techniques agricoles et l'assistance aux malades et aux indigents. La société comprend surtout des officiers et des juristes et diffuse les concepts d'égalité et de fraternité. Jean Georges Schlosser est l'auteur d'un *Catéchisme de morale pour les populations de la campagne*, qui bénéficie de nombreuses rééditions, et l'un des chefs de l'ordre secret des Illuminés, une secte persécutée en Allemagne à partir de 1784 [108].

Une production littéraire modeste

A la différence du XVIe siècle, la production littéraire du XVIIIe siècle demeure assez modeste. L'Alsace n'a produit que très peu d'écrivains, presque tous de langue allemande et dont les œuvres sont pour l'essentiel tombées dans l'oubli – hormis la baronne d'Oberkirch. La poésie est en pleine éclipse, à la fois dans la production et dans la pratique avec la disparition, faute de nouveaux membres, en 1780 des maîtres chanteurs de Strasbourg. Seule subsiste la chanson populaire qui a inspiré Goethe.

Parmi les auteurs, seuls trois sont à évoquer. Théophile Conrad Pfeffel laisse une production abondante de contes, d'épîtres, de nouvelles, de chansons, de satires et d'essais poétiques. Seules les fables lui ont valu une célébrité et une reconnaissance durables et populaires. Il a entrepris aussi des traductions d'écrits français en allemand et des tentatives pour faire connaître la littérature française en Allemagne. En 1764 il publie un manuel d'apprentissage de la langue française, le *Magasin historique pour l'esprit et le cœur*, une collection de trois cents anecdotes, empruntées à des auteurs français, qui connaît un grand succès. Henri Léopold Wagner (1747-1779), un promoteur actif du Sturm und Drang, ami de Goethe, est un dramaturge de qualité. Son œuvre la plus connue, *Die Kindesmörderin*, est un drame bourgeois d'un réalisme cru. Il a également traduit et adapté plusieurs œuvres françaises et *Macbeth*, de Shakespeare, et composé de nombreux contes et romances. Comme préromantique il aime représenter la vie et les hommes de manière simple et directe. Il opte pour le modèle exalté à l'époque, le style shakespearien. Louis-Henri de Nicolaï, un Strasbourgeois (1737-1820) qui fait carrière en Russie, a composé des contes, des fables, des épîtres et des élégies, se révèle un poète romantique au style gracieux. A Mulhouse plusieurs membres du Magistrat ont rédigé une chronique de valeur destinée à mieux faire connaître l'histoire de la cité. Josué Hofer, greffier syndic de 1748 à 1798, laisse un témoignage particulièrement complet de son rôle politique, alliant l'analyse historique à la description de la vie quotidienne.

Seuls de rares écrivains ont rédigé en français. La baronne d'Oberkirch (1754-1803), née Waldner de Freundstein, connaît quatre langues (allemand, français, latin, italien). Introduite dans la société aristocratique française, elle fréquente Beaumarchais et Diderot et fait de nombreux voyages en Allemagne. Ses *Mémoires*, éditées en 1853, se caractérisent par un style clair, élégant et noble. Un jeune avocat né à Strasbourg, Ramond de Carbonnières (1755-1827), participe au mouvement préromantique. En 1777 il publie *Les Dernières Aventures du jeune d'Olban*, où se retrouvent les mœurs alsaciennes, et en 1780 un drame en prose, *La Guerre d'Alsace pendant le grand schisme d'Occident*. Il devient par la suite l'ethnologue et le « découvreur » des Pyrénées. François Andrieux (1759-1833), futur membre de l'Académie française, publie *Le Meunier de Sans-Souci*, une évocation du prestige dont Frédéric II, roi de Prusse, jouit dans les milieux alsaciens et rhénans protestants.

A côté de cette production littéraire, il convient de citer des publications historiques. En dehors de Schoepflin, deux de ses disciples ont produit des œuvres de qualité. Jean-Michel Lorentz a publié – en latin – une *Histoire de l'Allemagne*, des *Annales d'histoire de la France sous les Carolingiens* et une *Brève Histoire de Strasbourg*. L'abbé Grandidier (1752-1787) fait paraître les deux premiers volumes de son *Histoire de l'Eglise et des princes-évêques de Strasbourg* (1776-1778) ainsi que ses *Essais historiques et topographiques sur l'église cathédrale de Strasbourg* (1782) et une *Histoire de la province d'Alsace* (1787), première histoire d'Alsace écrite par un Alsacien en français. Considéré par ses contemporains comme un jeune génie, il est l'historien le plus doué de l'Alsace au XVIIIe siècle et ses livres bénéficient d'une diffusion européenne. Il est membre de vingt-quatre académies et sociétés savantes en France, Allemagne, Italie, Suède et Suisse. Hors du milieu universitaire, deux alsatiques de qualité sont publiés. En 1710 François Robert II d'Ichtratzheim publie à Ratisbonne une *Ganz neue Elsässische Topographia*, une description de l'Alsace avec ses « qualités et les dons de Dieu » dont elle avait été gratifiée. A la veille de la Révolution le bailli Philippe Xavier Horrer (1745-1828) a entrepris un précieux *Dictionnaire géographique, historique et politique de l'Alsace*, dont seul le tome I a paru en 1787 (lettres A et B), un travail bien documenté.

Un rôle d'intermédiaire culturel

Si la création littéraire demeure modeste, par contre dans la seconde moitié du siècle plusieurs intellectuels ont pris conscience du rôle d'intermédiaire culturel que l'Alsace peut jouer, à savoir faire connaître à la France les productions littéraires et scientifiques de l'Allemagne, à celle-ci les idées et les œuvres de la France. L'animateur principal en est Blessig à travers la gazette *Strassburgische Gelehrte und Kunst-Nachrichten*. De son côté la librairie académique édite de 1785 à 1791 *L'Avant-Coureur* qui annonce les dernières publications françaises et le *Wöchentliche Verzeichnis* qui communique les nouveaux livres allemands. Cette volonté se traduit aussi par la traduction de nombreuses pièces de théâtre françaises en allemand et dont certaines sont présentées par des troupes allemandes au public strasbourgeois, ainsi que par le souci d'adapter les œuvres allemandes au goût français. Le Sturm und Drang strasbourgeois a influencé le préromantisme français, en particulier Ramond de Carbonnières a imité *Les Souffrances du jeune Werther* et *Götz von Berlichingen* de Goethe. En histoire [109] ce rôle est assuré en particulier par Schoepflin, Koch et Grandidier. Ils participent à la recherche historique française et allemande par une information bibliographique, la transmission de textes, la collaboration à des académies et à des revues savantes. Jérémie-Jacques Oberlin transmet des informations à plusieurs savants français.

Une imprimerie longtemps peu active

L'imprimerie demeure concentrée à Strasbourg, qui depuis le début du XVIIe siècle n'est plus qu'un centre secondaire. Des officines sont fondées à Haguenau, Sélestat et Belfort qui jouent un rôle régional, ainsi que les Decker à Colmar. Ceux-ci se réservent les titres d'imprimeur du roi et du Conseil souverain. A la mort de Jean-Henri I, sa veuve publie (1751) l'*Alsatia illustrata* de Schoepflin, puis les premiers volumes des *Annales de l'Empire* de Voltaire, ainsi que le premier journal paru à Colmar, *Wöchentliches Colmarer Blättlein*, un hebdomadaire devenu bilingue en 1765. Son petit-fils Jean-Henri III a le monopole pour les arrêts du Conseil souverain, publie des livres de prières pour le haut-clergé et conserve le privilège de l'édition française du *Messager boiteux de Colmar* [110].

Au XVIIIe siècle l'imprimerie strasbourgeoise, coupée de ses circuits intellectuels et économiques, subit une stagnation jusque vers 1770 [111] : la ville a perdu avec l'annexion son rôle de capitale intellectuelle et elle est en partie coupée de la province d'Alsace. Le monde de l'imprimerie se caractérise par une absence de dynamisme, une fermeture professionnelle, l'endogamie, la xénophobie, l'opposition à toute nouvelle création – en 1786 les imprimeurs réussissent à asphyxier un nouveau concurrent –, et le poids des traditions. Le nombre d'entreprises est réduit par une décision royale de 1739 à cinq (contre huit en 1701). La formation technique continue à être assurée dans les grands centres germaniques, car les échanges professionnels se poursuivent dans les circuits traditionnels de l'ancien cadre germanique. La main-d'œuvre reste allemande ou suisse. Il en résulte que le livre allemand n'évolue pas, à la différence des ouvrages français, dans la composition et les caractères, révélant une absence presque totale d'interpénétration. Le manque de capitaux explique la faiblesse des nouveautés techniques. De plus l'imprimerie est fortement handicapée par la concurrence de Kehl et une importante contrebande, et elle ne produit que peu de grands livres. Strasbourg est tombé au rang de centre régional, entre deux mondes fermés à ses productions.

Ce n'est que vers 1770 qu'on assiste à une véritable modernisation par la concentration des presses et du personnel au profit de deux imprimeurs, Levrault et Heitz. Cela se traduit par une typographie plus aérée, plus nette et un recul sensible des impressions administratives au profit des privées. Si on prend l'année 1751 comme indice 100, en 1781 les premières ont chuté de moitié, à 51, alors que les secondes atteignent l'indice 754. L'entreprise Schmuck est profondément remaniée par François Georges Levrault qui met en place un ensemble à concentration verticale : il est à la fois producteur de papier, imprimeur, éditeur et libraire. Jusque vers 1760 l'entreprise ne connaît guère d'expansion et les impressions officielles représentent 80 % de la production. Elle acquiert alors à la fois des caractères français (romans) et allemands (gothiques). La part de l'allemand tombe de 53 % en 1681 à 20 % en 1760 pour se stabiliser entre 15 et 20 %. L'allemand est employé surtout pour les petites plaquettes de diffusion locale et populaire, puis pour l'impression des ouvrages d'érudition, notamment en sciences, ainsi que pour des livres d'arts et de lettres. Le latin est utilisé pour les thèses et les ouvrages de piété catholique, dépassant les 50 % après

1765, alors que le français est surtout la langue du monde des Lumières, des sciences et des arts, pour les élites cultivées. De locale, l'entreprise atteint une dimension régionale, mais sans atteindre les courants européens.

La seconde entreprise est celle des Heitz, fondée en 1719 par Jean Henri I (1690-1771) qui concentre cinq des anciennes imprimeries strasbourgeoises. Il est devenu l'imprimeur attitré de l'université protestante, du gymnase et du convent ecclésiastique (institution qui regroupe l'ensemble des pasteurs de la ville). Il imprime des manuels scolaires, des livres de prières et de cantiques, des sermons, des oraisons funèbres, des thèses et des ouvrages d'universitaires. Grâce à ce succès, il peut développer l'édition d'œuvres classiques et scientifiques qui consolident sa réputation. Son fils Jean Henri II (1731-1801), ami de Blessig, ramène de son séjour parisien un intérêt marqué pour la pensée des Lumières et les études linguistiques et littéraires. Il se spécialise dans l'édition des ouvrages classiques gréco-latins, en particulier de l'helléniste Brunck dont il publie onze ouvrages, et dans des traductions dans les deux sens [112]. L'imprimerie Le Roux publie surtout des livres religieux courants, elle connaît un grand succès avec le *Rituale argentinense* et l'*Histoire sacrée et profane* de Dom Calmet, une des plus belles éditions strasbourgeoises du XVIIIe siècle. Parmi les agents de ce renouveau de l'édition alsacienne figure la librairie Treuttel et Wurtz. Elle participe financièrement aux éditions du grand helléniste Brunck et privilégie les ouvrages de géographie et les récits de voyage, en vogue à cette époque.

Le maintien de librairies germaniques

Le livre tient une grande place dans la vie culturelle et les mentalités, en particulier à Strasbourg. La librairie académique de Frédéric-Rodolphe Salzmann [113] constitue vers 1780 une grande entreprise de diffusion de la pensée. Son réseau commercial s'étend dans les années 1780 à l'Europe entière et fait partie d'un ensemble plus vaste avec trois périodiques, un comptoir de journaux et un salon de lecture. Ses correspondants sont dispersés de Londres jusqu'en Italie en passant par la Hollande et le monde germanique. Une analyse de son fonds de commerce (14 813 titres) est riche d'enseignements. La répartition par langues révèle la nette domination des titres allemands (66 %), contre 20 % en français et 13 % en latin. De 1750 à 1780 le latin recule au seul profit de l'allemand, alors que le français stagne. Cette évolution s'explique par le renouveau littéraire de l'Allemagne, en particulier le Sturm und Drang. Une géographie des lieux d'édition met en lumière la prépondérance de l'Europe germanique (75 %), alors que la France n'apparaît que pour 16,5 %, le reste venant surtout des cantons suisses (4,5 %) et des Provinces-Unies (2,1 %).

Sur le plan thématique cinq domaines majeurs se détachent. La religion (15 %) est présente surtout sous la forme de la théologie, de l'apologétique et des sciences religieuses, alors que la littérature d'édification ne tient qu'une faible place, car elle est diffusée surtout par des colporteurs. Les belles-lettres (25 %) dont la part ne cesse de progresser, consistent surtout en pièces de théâtre, poésie et œuvres du Sturm und Drang. Les auteurs contemporains sont fortement représentés avec Gotthold Ephraïm Lessing, Friedrich Gottlieb Klopstock, Christophe Martin Wieland, Johann Wolfgang Goethe, Johann Kaspar Lavater, et Emmanuel Kant. Les sciences (24 %) concernent des questions pratiques ou des aspects nouveaux comme l'économie. La politique et le droit (15 %) sont représentés surtout par des thèmes traités dans les universités de Leipzig et de Göttingen. Enfin l'histoire (12 %) doit sa place en partie à Schoepflin, à l'histoire contemporaine et à celle des Etats européens au XVIIIe siècle.

Il s'agit, comme pour d'autres librairies strasbourgeoises, d'une librairie générale allemande par la langue, l'organisation du réseau commercial et les goûts. Il en résulte une appartenance indéniable de Strasbourg à l'aire culturelle germanique. La librairie vise à élargir le public par la diffusion massive d'ouvrages de vulgarisation. Le nombre de librairies concurrencées à la fois par les villes rhénanes (Francfort) et Paris, chute de moitié (de dix à cinq) de 1755 à 1777 et le commerce du livre est entravé par les réglementations royales. Il consiste plus dans un rôle d'intermédiaire entre la France et certains Etats allemands que dans la vente locale. La clientèle, étriquée, est surtout composée par les élites sociales, car les milieux populaires ne sont touchés que par les colporteurs pour les almanachs et les livres de piété. La ville de Strasbourg exerce une censure à la fois religieuse, morale et politique, ce qui n'a pas empêché un important trafic de livres interdits et une lecture souterraine de libelles et de brochures, facilitée par un relâchement de la censure après 1750, malgré un perfectionnement de la police des livres.

Essor des bibliothèques privées et publiques

A la veille de la Révolution pratiquement tous les établissements religieux possèdent une bibliothèque, parfois assez riche, dont des inventaires, dressés lors de la fermeture, ont été conservés. La bibliothèque issue des fonds confisqués des établissements ecclésiastiques dans le Bas-Rhin et constituée après 1790 compte à peu près cinquante mille volumes et neuf cents manuscrits. Beaucoup d'établissements possèdent plusieurs milliers de volumes, dont une partie non négligeable acquise au cours du XVIIIe siècle. Sous la Révolution ils sont regroupés, mais avec des pertes et disparitions nombreuses, à Strasbourg où ils partent en fumée lors de l'incendie de 1870 et à Colmar dans l'actuelle bibliothèque municipale. Les premiers bibliophiles – dont les plus connus sont Jean Hermann, Schoepflin et Spielman – se limitent aux milieux universitaires et ecclésiastiques qui y consacrent parfois une pièce spéciale, un cabinet qui tend à devenir un vrai musée ou un lieu d'exposition de collections. Dans la noblesse, François-Louis Waldner de Freundstein constitue un cas original avec une bibliothèque estimée à 2 400 livres tournois. La bibliothèque demeure l'apanage des bourgeois, soit des strates sociales élevées soucieuses de la valeur marchande du livre et de la reliure, soit des intellectuels qui aménagent un cabinet de travail. Certains possèdent plusieurs milliers de livres, à l'image de Schoepflin (12 000), de Jean Hermann (10 000) et de Jérémie-Jacques Oberlin (3 607 titres). La composition thématique diffère peu de celle du reste du royaume : intérêt pour les belles-lettres, la théologie, les sciences et les arts, sauf sur deux points : importance des dictionnaires et une conception plus scientifique de l'histoire [114].

Parmi les politiques la seule bibliothèque connue est celle du greffier-syndic de Mulhouse, Josué Hofer [115], qui comporte 1 416 titres à sa mort (1798), répartis presque équitablement entre le français (41 %), l'allemand (29 %) et le latin (29 %). Les thèmes les plus importants sont l'histoire et la géographie (33 %), la littérature et la philosophie (25 %), le droit (16 %) et la religion (14 %). Dans la moyenne et la petite bourgeoisie le livre ne tient qu'une place modeste : il s'agit de la Bible, de livres de piété (de prières, de cantiques) et d'almanachs qui véhiculent des éléments de culture savante. Dans les campagnes, seul un foyer sur dix comprend au moins un livre (mais de 15 à 20 % dans les régions protestantes). La campagne demeure un désert bibliographique. Près de 70 % sont des livres religieux (instruction chrétienne, dévotion et récits merveilleux). Alors que les luthériens privilégient la Bible, les cantiques, les sermons et les recueils de prière, les catholiques préfèrent le livre de prières à coloration doloriste (Passion du Christ, souffrances de la Vierge douloureuse). Les ouvrages profanes, mal connus, sont constitués surtout par les almanachs, qui sont à la fois un calendrier et un trésor de sagesse populaire. Il s'agit de bibliothèques « centrées sur le savoir-faire, sur l'expérience et sur le religieux » [115a].

Au XVIIIe siècle la lecture demeure encore en partie un phénomène public. A Strasbourg des libraires prennent l'initiative de créer un salon de lecture, qui devient le centre de réunion des lettrés, milieux universitaires et bourgeoisie moyenne, mais leur succès demeure aléatoire. Dans la seconde moitié du siècle apparaissent aussi les premières bibliothèques municipales. Celle de Mulhouse, la plus ancienne en Alsace, date déjà de 1680, mais elle a été vendue aux enchères au moment du rattachement à la France. Celle de Strasbourg est créée à l'occasion de la cession par Schoepflin de sa bibliothèque à la ville. Dès 1782 elle contient environ 35 000 à 40 000 volumes.

La fragilité des journaux

Au cours du siècle Strasbourg a vu naître de nombreux journaux, qui durent rarement plus de deux ans. Parmi ceux qui ont duré plus longtemps figure le *Frag und Anzeig Nachrichten*, un journal d'annonces (1734) destiné aux Strasbourgeois moyens, qui met en lumière l'importance du livre religieux de polémique contre les piétistes, des ouvrages catholiques, des œuvres allemandes, des traductions anglaises et les philosophes français. Le journal sert à soutenir le commerce de la librairie. Les hebdomadaires parus entre 1760 et 1780 connaissent tous un échec. De 1780 à 1790 apparaissent une quinzaine de périodiques, ouverts aux questions littéraires et scientifiques. Parmi eux, *L'Avant-Coureur*, destiné en particulier à diffuser en Allemagne les productions de l'actualité littéraire française, mais la plupart portent un titre allemand comme le *Magazin für Frauenzimmer*, plus spécialisé, le seul à bénéficier d'un certain succès, *Strassburgische Gelehrte und Kunst Nachrichten* et l'*Oberrheinisches Magazin für Lektürfreunde*. Les informations contenues demeurent médiocres et sont des nouvelles conformistes.

Un théâtre essentiellement strasbourgeois

Le théâtre demeure méconnu hormis à Strasbourg. Il semble que dans le reste de la province il n'ait tenu qu'une place mineure excepté dans les villes qui comptent jusqu'en 1765 un collège jésuite. A Strasbourg deux troupes coexistent. Le théâtre allemand dispose d'une scène au poêle des drapiers depuis 1733 et attire des troupes allemandes de qualité, qui, si elles ne peuvent soutenir la comparaison avec les grandes cours de Mannheim et de Munich, se situent largement au niveau des grandes villes libres comme Francfort et Augsbourg et font presque toujours salle comble. Elles bénéficient d'une grande notoriété auprès du public strasbourgeois. Le répertoire contient à côté des pièces classiques un certain nombre de traductions de pièces françaises comme *Polyeucte* (1727), *Mithridate* (1736), *Zaïre* (1752) et *Mérope* (1758). En 1786 le Magistrat justifie face au gouverneur le théâtre allemand qui attire « la classe nombreuse des citoyens qui regardent la langue allemande comme leur langue maternelle » et « des étrangers de marque ». Ce théâtre introduit le drame bourgeois, de sorte que le répertoire populaire évolue vers des pièces plus modernes, parfois d'origine française. Ce théâtre a marqué Herder et Goethe en 1770.

Pour la garnison française le gouverneur militaire prend en charge un théâtre de langue française, installé en 1701 dans un nouveau bâtiment, l'Opéra, place Broglie. Comme il est boudé par la bourgeoisie locale, les officiers de la garnison doivent prendre un abonnement obligatoire pour lui assurer des revenus réguliers. De plus il bénéficie à partir de 1750 du quart des recettes des autres troupes étrangères de passage. Grâce à l'appui des gouverneurs il parvient même à obtenir le monopole des bals, très aimés des Strasbourgeois, et des jeux de marionnettes. C'est le produit d'une greffe extérieure. Les compagnies françaises, pensionnées, d'une vingtaine de personnes, sont installées à demeure alors que les troupes allemandes n'ont qu'une autorisation limitée dans le temps. Un véritable conflit oppose les deux théâtres à travers le siècle, la troupe française, forte du soutien de l'autorité militaire, se montrant la plus audacieuse. En 1750 elle essaie de s'opposer à l'introduction de la comédie italienne. Ces conflits s'expliquent en partie par les difficultés dues à un public restreint et l'absence de relations avec la population locale.

Le répertoire est abondant, varié et semblable à celui de Paris. Le théâtre français connaît son apogée entre 1750 et 1770 avec les productions les plus importantes du théâtre français depuis les classiques du XVIIe siècle jusqu'à l'actualité la plus immédiate. La vie théâtrale réunit à ce moment ce qui se fait de mieux à Paris et dans l'Empire. Strasbourg est alors une des meilleures scènes françaises, un lieu de passage privilégié de la culture française en Allemagne et un « lieu de création et d'invention où se constitue un groupe qui infléchit le théâtre allemand dans le sens d'une prise en compte plus grande des problèmes sociaux »[116]. Cette vitalité théâtrale a permis « l'émergence d'un public en partie commun aux deux théâtres » et favorisé la francisation du goût et de la vie culturelle.

Un remarquable essor musical

Le XVIIIe siècle bénéficie en Alsace d'un remarquable essor musical, à la seule exception des maîtres chanteurs de Strasbourg qui disparaissent en 1780. Dans la seconde moitié du siècle l'opéra de Strasbourg se place au premier rang des théâtres de province et soutient aisément la comparaison avec les meilleurs spectacles parisiens. Durant tout le siècle quatre générations de la famille Silbermann donnent un lustre extraordinaire à la facture d'orgue, qui constitue une synthèse entre les factures française et allemande. Une centaine d'orgues sont installées à travers l'Alsace, tant dans les églises catholiques que protestantes, urbaines et rurales, de nombreuses communautés ayant fait preuve d'une grande générosité *ad majorem gloriam Dei*. La perfection de ces instruments favorise aussi la présence de nombreux organistes de talent, compositeurs et maîtres de chapelle, en particulier à Strasbourg au Temple-Neuf et à la cathédrale. Dans le premier Jean-Christophe Frauenholz (1727-1754) dirige des chants spirituels, des cantates et oratorios. Son successeur, Jean-Frédéric Brueck (1754-1777), enrichit le répertoire par des oratorios et des passions. Jean-Philippe Schoenfeld (1777-1790) hausse les exécutions musicales à un très haut degré de perfection. Il est l'auteur de nombreux lieder, de chansons de francs-maçons, de cantates et d'autres compositions religieuses.

A la cathédrale la plupart des maîtres de chapelle sont d'origine française – le plus connu est Sébastien de Brossard qui compose de nombreux psaumes et motets – avant l'arrivée de François-Xavier Richter qui, venu de l'école de Mannheim, marque pendant vingt ans de sa personnalité la vie musicale de Strasbourg. Il apporte à l'Alsace le « vent nouveau du classicisme allemand, pénétrant la musique religieuse des conquêtes de la musique symphonique instrumentale »[117]. Il a composé de nombreuses et monumentales œuvres religieuses. Il fait célébrer de multiples services religieux en musique avec un ensemble de vingt-quatre chantres et quatre symphonistes, soit le plus important en France après Versailles et Paris. Lors de son bref passage à Strasbourg (1778), Wolfgang Amadeus Mozart a caressé un instant l'espoir de prendre sa succession.

De son côté la ville de Strasbourg entretient un orchestre d'une vingtaine de musiciens dont les prestations sont comparables à celles des orchestres parisiens. En 1730 est fondée une académie de musique qui donne une trentaine de concerts par an jusqu'en 1751. En 1781 Schoenfeld devient le directeur des concerts de la ville et bénéficie de la collaboration de l'Autrichien Ignace Pleyel qui compose des symphonies, des quatuors et des sonates pleines de fraîcheur. D'après *L'Almanach*

L'orgue de l'église Saint-Thomas de Strasbourg réalisé par Silbermann.

d'Alsace on recense en 1789 une vingtaine de musiciens pensionnés, une dizaine de maîtres de chant, une vingtaine de professeurs d'instruments et un journal de musique militaire.

Dans le reste de l'Alsace la vie musicale est également intense, ce qui a frappé en particulier Goethe, qui a collectionné des chansons populaires, et le prince-abbé de Sankt-Blasien qui estime en 1770 qu'il n'existe aucune autre région où l'on chante et pratique la musique autant qu'en Alsace. Les résidences seigneuriales et de nombreuses villes entretiennent quelques musiciens et une petite chorale, à l'image de Mulhouse qui bénéficie à la fois d'un Collegium Musicum et d'une société de chant sacré. Deux enfants de Sélestat, formés dans le goût français, ont laissé des compositions de qualité : Joseph Knab, auteur de chants d'église, et le bénédictin Célestin Harst (1698-1776), le plus grand claveciniste alsacien, auteur d'un très beau *Recueil de différentes pièces de clavecin*, d'une sentimentalité toute alémanique. A la campagne, toutefois, la musique demeure rare et semble réservée au ménétrier du village ou au musicien de passage.

Dans la seconde moitié du siècle, de nombreux musiciens alsaciens ont fait fortune à l'extérieur, à la célèbre école de Mannheim, en particulier le flûtiste Jean-Baptiste Wendling, à Londres et à Paris où ils constituent une colonie d'une douzaine de personnes, avec plusieurs pianistes et compositeurs. L'Alsace constitue ainsi un véritable creuset, qui accueille des musiciens français, allemands et italiens et envoie ses jeunes talents tant vers l'est que vers l'ouest.

Un foisonnement de loges maçonniques[118]

Cette dimension européenne est perceptible aussi dans la franc-maçonnerie, fortement implantée à Strasbourg. Une quinzaine de loges, qui ont touché plus d'un millier de personnes, ont été créées en trois vagues successives, de 1763 à 1765, de 1770 à 1773 et en 1781-1782. Strasbourg apparaît comme un carrefour européen, « l'un des orients les plus pittoresques et les plus vivants du XVIIIe siècle ». La ville est au carrefour de cinq courants maçonniques : Londres (caractère symbolique et rationaliste), Göttingen, Dresde (plus mystique et occulte, à recrutement aristocratique), Paris (Grand-Orient) et Lyon (orientation chrétienne). Plusieurs Strasbourgeois ont joué un rôle éminent à un niveau élevé de la maçonnerie. Les deux frères Jean et Bernard Frédéric de Turckheim ont fait partie de l'équipe dirigeante de la maçonnerie européenne, puis des Philantropes. Plusieurs juristes condisciples de Goethe à Strasbourg et leur professeur Koch ont assumé des responsabilités à l'échelle européenne des loges et certains dans l'ordre secret des Illuminés. Dans ce contexte philosophique, il faut évoquer aussi deux activités annexes. Le charlatan Cagliostro réussit à se faire adopter pendant trois ans (1780-1783) par la loge La Candeur et le cardinal de Rohan. Après 1778 de nombreux intellectuels, médecins et chirurgiens s'adonnent au magnétisme animal. Hors de Strasbourg la franc-maçonnerie a du mal à s'implanter, hormis peut-être dans les villes de garnison. La seule loge connue est La Concorde à Colmar, qui se recrute en majorité au sein du Conseil souverain, et où seul le français est admis.

Une remarquable vitalité artistique en partie d'inspiration française [119]

Le siècle de paix a favorisé une reprise de la vie artistique, stimulée par le souci de représentation des nouvelles autorités françaises et le rayonnement de l'art français en Europe et plus particulièrement dans l'espace rhénan. Les architectes peuvent être répartis en cinq catégories. Les autochtones restent attachés à la tradition tout en s'ouvrant aux nouvelles tendances. Les ingénieurs du roi sont les introducteurs du style ludovisien, monumental et sévère. Les architectes parisiens dont Joseph Massol, gravitent autour de Robert de

Cotte, avec le style Régence. Le baroque autrichien est dominé par Peter Thumb ; enfin plusieurs architectes allemands et italiens exercent également leur talent. L'architecture civile est surtout aristocratique (palais princiers, hôtels nobiliaires) et bourgeoise. La réalisation majeure est le palais Rohan de Strasbourg (1731-1742), résidence de prestige, caractéristique du style Régence, réalisée par l'architecte Joseph Massol selon les plans de Robert de Cotte et destinée à inscrire dans la pierre l'emprise du pouvoir spirituel. Par son architecture et son décor, le palais Rohan a exercé une influence durable en Alsace et hors des frontières, en Prusse et en Suède, alors que l'abbatiale de Schuttern (Bade) imite le grand portail d'honneur.

Strasbourg devient un véritable chantier avec l'édification de toute une floraison de palais et d'hôtels dans le style Louis XV comme l'hôtel du commandant militaire en chef de l'Alsace (hôtel de la police), l'hôtel du préteur royal (préfecture), l'hôtel d'Andlau (siège du Port autonome), qui associe un mélange de goût Régence, de préférences allemandes et de tradition alsacienne. La rue Brûlée devient un nouveau Faubourg-Saint-Germain avec l'hôtel des Deux-Ponts (gouverneur militaire) et l'hôtel de Hesse-Darmstadt (hôtel de ville). L'Eglise catholique réalise trois belles constructions : l'hôtel du grand doyenné (évêché), le collège jésuite (lycée Fustel de Coulanges) et le Grand Séminaire qui s'achemine vers le néo-classicisme. Au niveau de la bourgeoisie, de belles demeures patriciennes sont réalisées quai Saint-Thomas et il faut noter le poêle de la riche tribu du miroir (salle Mozart). Le projet Blondel, marqué par l'esprit du classicisme intellectuel, n'a débouché, en raison d'un coût déraisonnable, que sur la réalisation de l'Aubette. Le style Régence se diffuse de concert avec un baroque germanique.

Si Strasbourg a connu une véritable fièvre architecturale au point que plus d'un tiers des trois mille six cents maisons de la ville sont remaniées ou reconstruites au cours du siècle, les autres villes d'Alsace ont connu un nombre plus limité de réalisations, dont l'hôtel de Weber à Wissembourg ou l'hôtel de Loewenfels à Mulhouse. A Colmar l'hôpital (1735-1744) voisine avec de nombreux hôtels particuliers dont celui de l'abbaye de Pairis (hôtel de ville) et le bâtiment du Conseil souverain qui présente une riche décoration. De nombreuses demeures sont construites à Haguenau et Sélestat, où le style français du XVIIIe siècle apparaît surtout dans la transformation d'un certain nombre de portes (il en reste vingt-sept en 1992) et l'aménagement d'escaliers avec des rampes majestueuses. L'apogée se situe au deuxième tiers du siècle. A l'instar des grands dignitaires, la noblesse, les bourgeois, les commerçants et les entrepreneurs édifient leurs résidences et les abbayes leurs hôtels urbains, tandis que les municipalités s'efforcent de renouveler les hôtels de ville.

L'architecture religieuse compte trois édifices majeurs : l'abbatiale bénédictine d'Ebersmunster, principale réalisation de l'art baroque austro-bavarois en Alsace, qui s'inspire de Weingarten, la chapelle des jésuites de Colmar, la plus française des églises d'Alsace, enfin Notre-Dame de Guebwiller, d'inspiration classique, qui rivalise avec Saint-Vaast d'Arras et qui réunit toutes les formules à la mode. L'Alsace compte quelques témoins précieux d'architecture baroque d'Europe centrale, réalisés par Peter Thumb et des architectes du Vorarlberg, et de l'architecture monumentale classique, dans de nombreuses façades d'ordonnance lourde et majestueuses, à niches, frontons triangulaires ou colonnes. Les ingénieurs militaires construisent les églises des places fortes de Neuf-Brisach et de Belfort dans le style du baroque ludovicien. Dans le deuxième tiers du siècle s'ouvrent une centaine de chantiers, en grande partie dans un style néo-classique avec une nef unique charpentée et un chœur polygonal en retrait. A Haguenau le dôme de la chapelle de l'hôpital s'inscrit dans les programmes de l'architecture hospitalière française. Les deux dernières décennies (1770-1789) sont dominées par un classicisme inspiré de l'Antiquité et dont les principales réalisations sont la façade sur jardin du château de Saverne, l'église Saint-Etienne de Rosheim par Salins de Montfort et l'hôtel de ville de Thann par le futur général Jean-Baptiste Kléber.

La double influence française et allemande est particulièrement sensible dans la sculpture. Profane, elle est généralement d'inspiration française, parce que les commanditaires sont des commis d'Etat, des princes et des bourgeois épris de modernité. A l'inverse, la sculpture religieuse est d'inspiration allemande, parce que beaucoup d'édifices concernés relèvent d'établissements, dont la maison mère est installée à l'est du Rhin. La sculpture du palais Rohan est due à Robert le Lorrain (1666-1738). L'œuvre majeure en Alsace est le tombeau de Maurice de Saxe érigé par Jean-Baptiste Pigalle en 1777 dans l'abside de l'église Saint-Thomas. A Notre-Dame de Guebwiller la majorité des œuvres sculptées de la monumentale façade et le maître-autel sont réalisés par Fidèle Sporrer (1731-1811) de Weingarten.

Dans le domaine de la peinture, le portrait est le genre le plus apprécié, mais les artistes les plus doués s'expatrient à Paris ou dans les cours allemandes. Les plus actifs en Alsace, comme le Mulhousien Jean-Gaspard Heilmann (1718-1760), portraitiste et paysagiste, ou le Strasbourgeois Joseph Melling (1724-1796), portraitiste, ne connaissent qu'une notorité limitée. Loutherbourg (1749-1812), devenu académicien, se fixe en Angleterre où il compose des paysages et des décors de théâtre, Schall (1752-1825) peint à Paris des scènes galantes, alors que Drolling (1752-1817) est un grand portraitiste et peintre de genre installé à Paris. Rappelons que le plus beau portrait, *La Belle Strasbourgeoise*, a été peint par le Parisien Nicolas de Largillière (1703). Le dessinateur et graveur Jean-Martin Weiss (1711-1751) a réalisé un des plus beaux livres de fêtes royales du XVIIIe siècle en France, la *Représenta-*

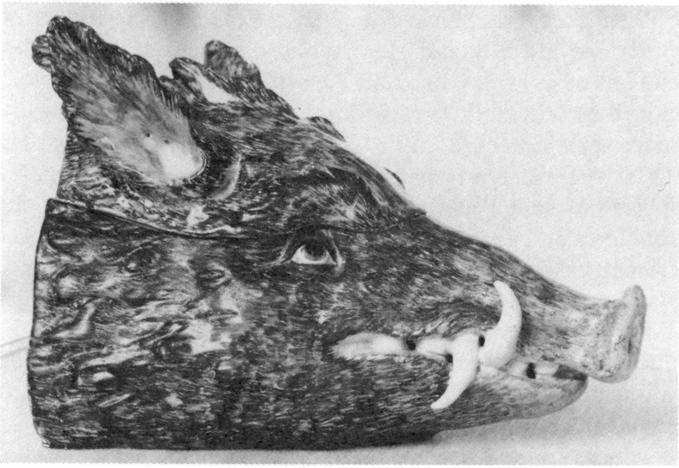

Statuette de chien et grande terrine en forme de hure de sanglier, par Paul Hannong, conservées au musée du Palais Rohan à Strasbourg.

tion des fêtes données par la ville de Strasbourg pour la convalescence du roi en 1744.

L'orfèvrerie conserve au XVIIIe siècle sa réputation. Si elle s'inspire des formes parisiennes, elle bénéficie toujours de la qualité incomparable de son vermeil, fabriquant surtout des gobelets, des services de tables et des écuelles à bouillon, ornées selon les modes de lambrequins Louis XIV, de motifs rocaille, de guirlandes ou de références antiques. Plusieurs dynasties assurent la renommée de cet art, à l'image des Imlin – Jean-Louis II a réalisé en particulier les services de table des cours de Hesse-Darmstadt et de Deux-Ponts – et des Kirstein. C'est à cette époque que Georges-Frédéric Strass invente à partir des cailloux du Rhin les faux diamants qui sont toujours appelés le strass. A côté de Strasbourg existent des orfèvres à Colmar, Sélestat, Ribeauvillé, Neuf-Brisach et Belfort. La ferronnerie strasbourgeoise a produit quelques remarquables chefs-d'œuvre dus surtout à trois dynasties. Les Falkenhauer, originaires de Silésie, ont réalisé les ferronneries de l'hôtel de Klinglin, les Agon, d'origine française, les balcons et les grilles du palais Rohan, et Jean-Baptiste Pertois la grille du chœur de la cathédrale. La poterie d'étain, concurrencée par la faïence, subit un recul. Elle est dominée par les deux dynasties des Isenheim et des Mosseder. Les principales spécialités sont l'écuelle à bouillon, le broc cylindrique, les soupières et les objets de culte. Une remarquable innovation est constituée par la céramique, réalisée à Strasbourg et à Haguenau par trois générations de Hannong de 1721 à 1781 [120]. Après Charles-François, le fondateur, son fils Paul introduit la polychromie, met au point le rouge pourpre de Cassius, puis avec l'aide de techniciens de Meissen (Saxe), il parvient pour la première fois en France à fabriquer de la porcelaine dure. Le succès est tel que les terrines seront imitées entre autres à Delft, Hoechst et Durlach. Les décors (animaux, légumes, fruits) constituent une véritable apothéose naturaliste. Joseph qui porte ses efforts sur la porcelaine est étranglé par les dettes et le monopole de la manufacture de Sèvres, d'où la fermeture de l'établissement en 1781.

Progrès du français, mais l'allemand demeure la langue usuelle

Après l'échec de la tentative de 1685 le pouvoir monarchique n'intervient plus de manière active pour promouvoir la langue française, qui progresse par capillarité à partir de l'administration, de l'évêché et des garnisons. Les autorités et en particulier les intendants font preuve d'une indifférence relative à l'image des autres régions de la France d'Ancien Régime, sauf exception comme d'Angervillers qui estime qu'« il n'est pas douteux que l'usage de la langue française ne soit fort important pour accoutumer les Alsaciens à nos mœurs, à nos sentiments et à nos principes »[121]. Par contre Louis XV est plein de sollicitude pour la conservation de l'allemand au collège de Bouquenom (le nom de Sarre-Union ne date que de 1793). L'alsacien demeure la langue usuelle orale et l'allemand la langue écrite. Il continue à être utilisé par l'immense majorité des écoles communales et paroissiales, tant protestantes que catholiques, qui sont appelées « écoles allemandes ». Après 1789 on s'aperçoit que seul un très petit nombre de régents maîtrise le français. L'allemand demeure la langue des registres paroissiaux protestants (les registres catholiques sont en latin), des procès-verbaux des délibérations des divers corps traditionnels, magistrats urbains, corporations, corps de métier, ainsi que de la très grande majorité des notaires et des juridictions inférieures. Lorsque dans les années 1780 le recours au français progresse, le bailliage de Ferrette se plaint que l'usage de la langue française dans les tribunaux de première instance multiplie les frais à cause des traductions.

L'allemand demeure la langue sacrée des luthériens, le véhicule de la liturgie et de la piété individuelle avec la Bible de Luther, les recueils de prières et de cantiques qui s'adressent au cœur et à la sensibilité de chaque fidèle. Un bon tiers des étudiants alsaciens en théologie fait un séjour dans une université allemande, ce qui maintient les liens avec le luthéranisme germanique et ses deux courants novateurs, le piétisme et l'Aufklärung, qui sont diffusés en Alsace par eux et par le livre. Par ailleurs les autorités françaises par peur du prosélytisme ont essayé d'empêcher les offices en français. Pour la paroisse réformée de Strasbourg à Wolfisheim seuls des pasteurs suisses ignorant le français sont tolérés et pour les luthériens un culte français à Saint-Nicolas n'est autorisé que vers 1730 et le projet d'une école paroissiale française est refusé par le préteur royal à Saint-Thomas (1716). Les curés et les paroisses catholiques demeurent fidèles à l'usage de l'allemand comme à Saverne, où le Magistrat réussit à deux reprises à maintenir le sermon allemand au service principal.

Le français est la langue monarchique, utilisée par l'intendant d'Alsace et ses services, et par le Conseil souverain de Colmar. Les évêques, tous membres de la famille des Rohan, sont entourés de nombreux dignitaires francophones venus d'outre-Vosges, tandis qu'une partie des chanoines du chapitre cathédral et de plusieurs collégiales sont issus de familles françaises, notamment lorraines. Dans les villes de garnison, si les régiments connaissent une rotation rapide, l'état-major et une partie des officiers constituent un noyau permanent qui rencontre les élites locales dans les salons et les cafés. Mais de manière générale, sauf de rares exceptions les francophones ne font aucun effort pour apprendre l'allemand.

La frontière linguistique, stable, devient pour la première fois un sujet d'attention pour les savants. En 1754 le géographe allemand Büsching procède à un relevé de la frontière. Le français progresse dans une partie de la vallée de la Bruche – au Ban de la Roche le parler roman est altéré par l'allemand, le genre de nombreux mots est celui d'un mot allemand correspondant. Dans la vallée de Sainte-Marie-aux-Mines se produit un phénomène inverse dû à l'immigration de Suisses alémaniques et de mineurs saxons. En 1739 le consistoire de l'Eglise réformée française exige que le français demeure la seule langue employée dans les relations entre membres de la paroisse et à l'école. Il préconise aussi de réprimander un enfant qui dans la rue s'adresse en allemand à un membre de la communauté, ceci pour éviter le passage à la paroisse allemande, devenue vers 1780 quatre fois plus nombreuse que la française. Concernant la situation linguistique, les témoignages sont très divergents, mais de manière générale la connaissance du français demeure limitée. D'après la baronne d'Oberkirch « les gens de basse classe savent généralement peu le français ».

On peut distinguer sur le plan géographique entre les grandes villes, mieux connues, et la campagne. A Strasbourg le bilinguisme demeure encore bien limité en 1789. Le préteur royal, Conrad Alexandre Gérard, déplore (1783) que des classes entières de citoyens, parmi les luthériens surtout, ont conservé « l'idiome allemand ». D'après une instruction royale (1788), « la langue allemande est à Strasbourg la seule que la plupart des gens du peuple parlent et entendent ». Certes le français devient la langue de conversation dans les salons et les réunions mondaines, mais ceux-ci ne sont fréquentés que par la noblesse et la grande bourgeoisie. Les classes moyennes, le milieu économique et intellectuel, demeurent passablement réfractaires à l'influence française. Goethe a noté dans son autobiographie qu'à Strasbourg on a « wenig französisch unter uns gesprochen » et évoqué l'attachement affectueux des vieux Strasbourgeois à leur parler local. Cela explique les difficultés pour pourvoir les deux postes pastoraux francophones du Ban de la Roche.

Certes l'enseignement du français progresse et les écoles privées prospèrent. En 1751 le français est introduit dans les programmes du gymnase protestant, avec cinq heures hebdomadaires, soit 17 % du total. Le français est justifié par son usage à toutes les cours européennes et la qualité des auteurs.

Il connaît un succès tel qu'il porte même ombrage aux autres enseignements. Pourtant les premiers manuels de Jean-Daniel Beyckert ne sont pas une réussite. D'après Jean-Frédéric Aufschlager, qui a suivi ces cours, ce n'est que « dans les classes supérieures qu'on nous régalait de temps en temps d'une fable de La Fontaine ou de quelques pages des aventures de Robinson Crusoé. Aucun élève ne savait parler français tant soit peu couramment en sortant du gymnase »[122].

Le bilan de la progression du français demeure inégal et varie selon les appréciations des contemporains. Les pessimistes comme Aufschlager estiment que la « majorité des bourgeois ignore absolument cette langue ». En fait la connaissance du français laisse à désirer. Le bourgeois moyen a du mal à comprendre le français, et même certains Strasbourgeois aisés sont incapables de traiter des affaires en français et doivent recourir à l'allemand pour la vie professionnelle, s'ils veulent parler d'autre chose que de comédies et de mondanités. Toutefois les progrès sont incontestables. Les cultes en français à Saint-Nicolas deviennent vers 1780 le rendez-vous des élites luthériennes de la ville, attirées aussi par les qualités d'orateur de Blessig. L'helléniste Jean Schweighaeuser tient son journal de voyage en français, tout comme sa correspondance avec ses enfants. Le directeur du gymnase, Jérémie-Jacques Oberlin, déclare en 1788 que « l'usage quotidien (du français) va de pair chez nous avec la langue des Allemands, si bien qu'elle peut être de plein droit qualifiée de seconde langue vernaculaire chez beaucoup de gens »[123]. Selon un critique strasbourgeois anonyme de 1781, « beaucoup d'Alsaciens ont honte d'être des Allemands... la littérature allemande des belles-lettres est peu connue et encore moins appréciée »[124]. Le français tend à apparaître vers 1789 comme la langue de l'avenir, alors que l'allemand prend une coloration passéiste.

La persistance de l'alsacien permet toutefois d'assimiler du moins en partie, les immigrés francophones, dont les descendants à la seconde et surtout à la troisième génération savent s'exprimer dans le dialecte et signent même parfois en caractères gothiques. Il est vrai que l'exemple vient de haut : le dernier des quatre évêques de Rohan a lui-même appris cette langue. De nombreux patronymes d'immigrés welches sont germanisés, surtout dans les campagnes au bout de quelques décennies.

Cet attachement à l'alsacien a un prix. La langue utilisée est, à l'image d'ailleurs de tout l'espace alémanique, critiquée par les voyageurs allemands frappés par son archaïsme et son accent qui semble avoir été longtemps plus accusé que de nos jours. Les intellectuels alsaciens, à l'image de Blessig, se sont fait railler pour leur accent tant en Saxe qu'à Paris. L'étude des livres imprimés confirme que la culture germanique à Strasbourg, isolée par une frontière politique de son arrière-pays, reste plus traditonnelle, tout comme le vocabulaire. On assiste à une « certaine marginalisation de l'Alsace par rapport au domaine germanique [124a] ». Le philologue Jérémie-Jacques Oberlin considère l'alsacien en 1791 [124b] comme un idiome essentiellement statique : « Le patois allemand de Strasbourg ne diffère guère du langage qu'on trouve dans des livres, des titres et des actes publiés au XVe siècle... Nous sommes ici à Strasbourg à peu près au centre. Plus on remonte vers la Suisse, plus le langage allemand devient gras et grossier, plus on descend vers le Palatinat, plus le patois même s'épure et s'amollit. »

A Colmar le Conseil souverain et les jésuites qui occupent un poste de prédicateur de langue française à la collégiale Saint-Martin depuis 1724 ont suscité la formation d'une élite sociale de culture française. Mais au niveau populaire l'enseignement continue à être dispensé en allemand, ce qui est attesté aussi par la grande majorité de signatures en caractères gothiques. L'allemand demeure la langue des affaires. Dans le gymnase protestant il faut attendre 1765 pour voir introduit le français, assuré désormais pendant dix-neuf heures de cours contre vingt-six en allemand. En 1789 encore une relation de voyage note que Colmar est une « ville toute allemande, le peuple n'y entend pas un mot de français »[125].

A Mulhouse – demeuré en dehors de l'espace politique français – le français est diffusé par les séjours linguistiques, en plein essor, et les relations commerciales, ce qui donne aux nouvelles générations une double identité culturelle. La maison de Jean-Jacques Feer est meublée dans un style français et bon nombre de mots de l'inventaire après-décès sont rédigés en français (« plumons, pendules, fauteuils »). En 1779 un voyageur allemand s'étonne et note que « la plupart des jeunes gens sont francisés ». Les éléments cultivés parlent couramment le français. Cet intérêt pour la culture française explique que la Société pour la propagation du bon goût, tout en utilisant l'allemand, suit le mouvement littéraire français par un abonnement au *Journal encyclopédique* et au *Mercure historique*. Vers 1770 le médecin Nicolas Willy est nommé membre de l'Académie royale de chirurgie de Paris. Le greffier-syndic Josué Hofer a été en correspondance avec le comte de Saint-Germain, ministre de Louis XVI, et possède dans sa bibliothèque de nombreux ouvrages français (41 % au total des titres). Après 1750 l'influence française a gagné progressivement les milieux intellectuels, industriels et commerciaux, au point qu'on peut se demander si la langue française n'est pas « destructrice du particularisme mulhousien »[126]. Cette dualité se traduit dans le fait que si les correspondances sont en général écrites en français, les productions littéraires sont en allemand.

Dans les villes moyennes et petites, le français connaît, surtout dans les villes de garnison, une progression incontestable, favorisée parfois par la présence d'une école (Sélestat, Lauterbourg, La Petite-Pierre). Mais la situation reste très hétérogène. Lorsqu'en 1781 sont lues devant l'ensemble des bourgeois de Bischwiller, dont des descendants d'immigrés francophones helvétiques, des lettres patentes du roi au duc de

Deux-Ponts, la grande majorité d'entre eux n'y comprend rien. Arrivant de Lorraine à Saverne Arthur Young note « je me trouvais selon toutes les apparences en Allemagne ». A la campagne le français demeure en général inconnu en 1789. D'ailleurs très peu de maîtres d'école connaissent cette langue et très peu de communautés en demandent un sachant le français, hormis de rares exceptions comme dans la région de Haguenau. Dans 90 % des communes, personne n'est en mesure de lire une lettre en français, et au moins les trois quarts des prévôts ignorent la langue nationale. Aussi est-il difficile en 1789 de trouver dans les villages un agent pour porter à la connaissance de la population les communications officielles dont la publication en français vient d'être prescrite. L'enseignement du français est considéré comme inutile. Mais après 1750 on assiste en Haute-Alsace à la création d'une école française dans plusieurs bourgades dont Masevaux, Cernay, Thann, Kaysersberg, Guebwiller et quelques villages autour de Colmar. Tous les almanachs continuent à être publiés en allemand sauf à partir de 1780 l'*Almanach de Strasbourg* (puis d'Alsace). La connaissance du français est souvent si médiocre, que l'intendant d'Alsace, confronté à des rapports de communautés rédigés dans un français incompréhensible, se voit contraint de recommander l'usage de l'allemand.

A la veille de la Révolution les classes aisées et instruites entrent, après la noblesse qui sert dans l'armée française, dans la voie du bilinguisme. De nombreux candidats à un poste vantent leur connaissance des deux langues. Certains savants comme le théologien Blessig, le juriste Koch, le mathématicien Arbogast et l'helléniste Schweighaeuser écrivent dans les deux langues, mais la très grande majorité de la population demeure attachée à sa langue maternelle à l'école, à l'église, par le livre et la vie quotidienne, soit tout son univers mental. L'Alsace devient ce que Goethe appelle « das elsässische Halbfrankreich ». Les interprètes jouent un rôle non négligeable, en particulier au Conseil souverain où ils jouissent d'une large considération. Mais leur qualification n'est pas toujours évidente : la médiocrité de la traduction de certains originaux empêche souvent des Alsaciens de faire appel auprès du conseil du roi. On peut évaluer ceux qui parlaient régulièrement et couramment le français en 1789 à quelques milliers, soit 1 % de la population, et ceux qui savaient à l'occasion passablement s'exprimer en français à quelques dizaines de milliers (entre 5 et 8 %). Le *Strassburger Wochenblatt*, après avoir débuté en allemand, paraît dans les deux langues dans la décennie 1780 et les textes officiels concernant la fiscalité et le recrutement sont imprimés dans les deux langues. Les inventaires après-décès montrent l'apparition d'habitudes françaises. Toute une série de dénominations s'infiltrent pendant la seconde moitié du siècle, pour le mobilier (Tabourette), la literie (Couverte), la batterie de cuisine (Casseroll, Salatier) et l'habillement (Juppon). De nouvelles cultures et bêtes sont qualifiées de welche (maïs – welschkorn, fèves – welschbohnen, dindes – welsche Hühner).

Identité alsacienne et ouverture européenne

Au cours du XVIIIe siècle, favorisée par la paix et une administration française plus ouverte que du temps de Louvois, l'Alsace est à nouveau perçue comme une entité, en dépit du maintien des anciennes seigneuries. La conscience régionale, stimulée par l'enseignement et les publications de Schoepflin et de Horrer, apparaît fortement chez les députés de l'assemblée provinciale d'Alsace (1787), en particulier pour la voirie qui se soucie tant des deux extrémités – outre-Forêt et Sundgau – que du Rhin et des vallées vosgiennes. Cette assemblée, puis la rédaction des cahiers de doléances suscitent une véritable prise de conscience de la région et un « réveil provincial » [127].

Les liens avec la France ne posent guère de problèmes et se

limitent à un aspect dynastique, fidélité au monarque (incluse dans les prières). Les événements importants donnent lieu à de grandes festivités (passage de Louis XV à Strasbourg en 1744 et de la dauphine Marie-Antoinette en 1770) ou manifestations (sonnerie du glas trois heures quotidiennes pendant six semaines lors de la mort du roi en 1774). Le centenaire de l'annexion de Strasbourg en 1781 connaît de nombreuses festivités, dont une prédication officielle par Jean-Laurent Blessig. Les cahiers de doléances (1789) font preuve d'une très grande déférence envers le roi (« personne sacrée », « bonté paternelle »). A la fin du siècle les élites sont bien informées de la situation dans d'autres provinces (comparaisons à l'assemblée provinciale). La plupart des familles nobles recherchent les grades militaires et une sécurité financière au service de la France. Les protestants, tenus à l'écart des fonctions monarchiques, se sentent enfin intégrés dans l'espace politique français par la grande cérémonie organisée à l'occasion des obsèques du maréchal de Saxe (1751), puis lors du centenaire de l'annexion de Strasbourg (1781).

Cette évolution n'exclut pas la persistance de contacts assidus avec le monde germanique, sur les plans culturels et économiques : Strasbourg continue d'attirer les compagnons allemands, pour beaucoup desquels elle constitue toujours une étape obligée de leur itinéraire. Comme l'Alsace conserve le statut de province « à l'instar de l'étranger effectif », le Rhin constitue l'artère économique essentielle pour les négociants strasbourgeois, plus tournés vers Bâle, Francfort, Cologne et Amsterdam que vers le reste du royaume. Sur le plan politique une quinzaine d'Alsaciens du monde économique et de l'administration sont anoblis par l'empereur, parfois après l'avoir été par le roi de France. Les Habsbourg attirent encore l'un ou l'autre Alsacien comme le juriste Jean-Christophe Bartenstein (1690-1767), devenu conseiller intime, vice-chancelier et anobli baron.

Dans certaines villes l'immigration welche pose parfois des

problèmes. A Strasbourg les artisans francophones essaient de briser le monopole des corporations qui résistent en refusant de reconnaître leurs chefs-d'œuvre qualifiés de moindre qualité technique et en les accusant d'exercice professionnel illégal. Les conflits débouchent sur la création d'un corps de métier parallèle, d'où l'existence de deux corps séparés par leur origine géographique : les boulangers, les selliers et les menuisiers français et allemands. Il est intéressant de noter qu'au XVIIIe siècle les Alsaciens trouvent normal d'être qualifiés d'allemands pour leur culture et leur langue et qu'à la différence des périodes ultérieures on ne distingue pas allemand et alsacien.

Les rapports entre membres des deux communautés linguistiques posent parfois des problèmes, en particulier avec les militaires. Jean-Frédéric Aufschlager, d'un naturel réservé il est vrai envers les francophones, note que les Strasbourgeois de souche détestent les welches. A l'en croire une fille aurait compromis sa réputation en parlant avec un officier ou un militaire français. Les relations sont parfois difficiles entre civils. La baronne d'Oberkirch évoque « l'antipathie entre les deux nations allemande et française (qui) existe encore parmi le peuple »[128]. Selon le sieur Durandon, un Colmarien d'origine parisienne, « un françois établi en Alsace, est un titre odieux dans la province »[128a], surtout quand la distance culturelle est aggravée par une différence sociale marquée. De même Voltaire, déçu de l'accueil de Colmar, se sent dépaysé et qualifie les habitants de « Hottentots » et la ville « moitié française, moitié allemande et tout à fait iroquoise »[129].

En dépit de structures politiques et économiques archaïques, l'Alsace bénéficie en 1789 d'une élite intellectuelle et économique ouverte sur la modernité et consciente de la richesse apportée par le contact entre deux cultures. En dépit d'une annexion datant de plus d'un siècle, les voyageurs français continuent à employer le mot Allemagne pour désigner l'Alsace, dont les habitants acceptent d'être qualifiés d'Allemands (école allemande, deutscher Praeceptor, métiers allemands), sans que cela ne provoque de susceptibilité, ni que le terme ne soit perçu comme ayant une connotation négative. Mais l'Alsace, en particulier les campagnes, tend à devenir un « conservatoire » de la culture germanique, où celle-ci subsiste sous des formes plus archaïsantes que dans les pays d'outre-Rhin ; la faiblesse de la création littéraire étant le prix à payer pour la double culture.

CHAPITRE VI

La césure de la Révolution : la culture régionale devient suspecte

La Révolution française marque un net tournant dans l'histoire culturelle de l'Alsace. A une certaine indifférence du monde politique français succède une volonté politique d'unification, symbolisée par les deux concepts nouveaux de « langue de la Nation » et de « francisation » et par la revendication affichée de la suppression de l'allemand comme des autres parlers régionaux qualifiés de contre-révolutionnaires. L'apparition d'une hiérarchie des langues – l'inscription dans les faits de l'universalisme passablement ethnocentrique des Lumières – en est le corollaire.

Une faible place dans les cahiers de doléances

Les cahiers de doléances sont rédigés en allemand au niveau des communautés locales, en français au niveau des districts. La préoccupation linguistique n'apparaît que dans un nombre infime de cahiers – une dizaine sur cinq cents –, ce qui tend à montrer qu'elle n'était pas perçue comme un véritable problème. Le seul motif de mécontentement concerne les frais liés à l'obligation de traduire certaines pièces judiciaires. Ainsi la commune de Pfetterhouse se plaint que dans le district les habitants doivent faire traduire à grands frais des pièces de procédure. Le cahier du tiers-état des districts de Colmar et de Sélestat se borne à souhaiter une traduction allemande du code civil et criminel qui sera envoyée en Alsace. D'autres demandent que l'allemand soit reconnu comme langue administrative, à égalité avec le français.

La tolérance sous la révolution légale

Durant les trois premières années le personnel politique manifeste une grande ouverture. Le respect des droits de l'homme proclamés en août 1789 s'applique aussi à l'expression linguistique, au point que vouloir imposer le français est considéré comme un acte d'oppression despotique qui encourage plutôt « l'esprit de province ». D'ailleurs le 14 janvier 1790 l'Assemblée nationale constituante décide la traduction de tous ses décrets dans les diverses langues minoritaires. L'idée de trait d'union entre les deux cultures subsiste. En 1792 le théologien Isaac Haffner souhaite que Strasbourg devienne « l'entrepôt des trésors littéraires des deux nations éclairées, le trait d'union entre l'érudition allemande et la science française ». Il rappelle aussi que l'allemand est la langue maternelle des Strasbourgeois protestants [130].

André Ulrich [131], secrétaire interprète de la ville de Strasbourg, a joué un rôle majeur. A la Société des amis de la Constitution de la ville, il propose le 6 juillet 1790 une cour de justice pour la partie germanophone du royaume, critique cette « espèce d'aristocratie » que le français exerce et affirme « que sur dix de nos concitoyens il y en a neuf qui demandent qu'on se serve des deux langues dans l'administration des affaires publiques dans les deux départements » (du Rhin) [132]. Cela explique à son avis la préférence des Alsaciens pour « des mariages et d'autres conventions avec des Allemands et des Suisses plutôt qu'avec des Français ». Il en va de même pour les « relations de commerce et d'industrie ». Il préconise à la fois le maintien de l'allemand et la diffusion du français qui serviront ensemble « l'esprit universel qui anime tous les Français ». Il est soutenu dans cette attitude par les universitaires Christophe Koch et Jérémie-Jacques Oberlin.

Gravure satirique strasbourgeoise illustrant une chanson contre les royalistes (1791). L'effervescence suscitée par la Révolution a entraîné l'apparition de nombreuses chansons et gravures engagées.

Un projet de bilinguisme administratif, présenté en 1790, demande que les « actes publics du plus grand nombre des citoyens soient rédigés dans la langue du pays qui est l'allemand », et donc que les « officiers publics » et les « juges » connaissent cette langue. L'auteur estime qu'il est préférable que les Français « puissent continuer à venir puiser en Alsace la littérature germanique et étrangère, plutôt que de l'aller chercher à "Goettingue" et ailleurs dans l'intérieur de l'Allemagne »[133]. Il rappelle enfin que le droit d'un peuple à l'usage de sa langue est un droit sacré.

Le bilinguisme est pratiqué dans les nouveaux organismes comme les conseils généraux et les Sociétés des amis de la Constitution. Le département du Bas-Rhin arrête le 13 juillet 1790 que « lesdites lettres patentes seront transcrites sur le registre particulier à ce destiné, imprimées dans les deux langues, lues, publiées, affichées partout où besoin sera ». La plupart des affiches sont exprimées dans les deux langues. Tout ce qui est destiné aux masses est exprimé de cette manière, dans les registres les plus divers comme l'instruction pastorale du cardinal de Rohan contre la constitution civile du clergé ou les recettes contre les maladies des animaux domestiques, ce qui entraîne le développement des interprètes, dont la qualification est loin d'être toujours à la hauteur. La mise en place des nouveaux organismes judiciaires donne lieu à des débats animés pour obtenir l'égalité des deux langues, « moyen le plus sûr et le plus légitime d'y (en Alsace) répandre l'usage de la langue française » selon le juriste Christophe Koch, qui affirme aussi qu'il est de l'intérêt de la nation que l'allemand y soit conservé. Les élites, fières de leurs traditions linguistiques, pratiquent un jeu d'équilibre favorable néanmoins à une diffusion du français : les dialectophones fréquentent les francophones et tentent au moins de les comprendre, car la Révolution s'exprime d'abord en français. Lors des débats suscités par la question scolaire, l'opinion demeure très vigilante comme l'écrit la *Geschichte der Gegenwärtigen Zeit*

PROCLAMATION

DES

Représentans du Peuple.

Les Citoyennes de Strasbourg sont invitées de quitter les modes allemandes puisque leurs coeurs sont français.

A Strasbourg le 25e Brumaire l'an second de la République une et indivisible.

Les Représentans du Peuple
près l'armée du Rhin.

Signés ST. JUST et LEBAS.

Proklamation

der

Volks-Repräsentanten.

Die Bürgerinnen Straßburgs sind eingeladen die teutsche Tracht abzulegen, da ihre Herzen fränkisch gesinnt sind.

Straßburg den 25ten Nebelmonat im zweiten Jahr der einen und unzertrennlichen Franken-Republik.

Die Volks-Repräsentanten
bei der Rheinarmee.

Unterschrieben St. Just u. Lebas.

Proclamation révolutionnaire qui illustre la volonté des jacobins d'éradiquer l'identité alsacienne.

le 16 septembre 1791 : « J'espère qu'on enseignera les règles élémentaires de la langue allemande dans les régions de l'Empire français où l'on parle allemand afin que nous apprenions à connaître d'abord l'esprit de notre langue maternelle avant de passer à l'étude d'une langue étrangère. » L'Alsace attire un certain nombre d'Allemands intéressés par ces changements, dont une centaine de prêtres constitutionnels qui remplacent les Alsaciens en grande majorité réfractaires.

L'intolérance des jacobins, 1793-1794

La radicalisation du régime, menacé à la fois à l'intérieur et à l'extérieur après la chute de la royauté, se répercute aussi sur le plan culturel. L'idée se fait jour que le français est la langue de la Raison, du progrès, des Lumières et de la Révolution, alors que toutes les autres langues se voient attribuer une connotation négative. L'unité linguistique devient chez une partie des jacobins un élément essentiel de l'unité politique. La langue devient un signe extérieur de nationalité. En Alsace cette conception est renforcée par la communauté linguistique entre la population et l'armée autrichienne qui pénètre en 1793 dans le pays. L'allemand est présenté comme le souvenir de la féodalité et de l'esclavage et le dialecte comme étranger à la patrie, un motif de suspicion pour pactiser avec l'étranger.

Cette politique nouvelle s'appuie sur deux textes fondateurs. L'abbé Grégoire présente à la Convention un *Rapport sur la nécessité et les moyens d'anéantir les patois et d'universaliser l'usage de la langue française* [134], à cause, d'après lui, de sa qualité intrinsèque, qui permet un déroulement facile de la pensée (16 prairial an II, 6 juin 1794).

Le second texte est le discours programme prononcé par le député Barère à la Convention le 8 pluviôse an II (27 janvier 1794). Il s'agit ici d'une véritable traduction politique de cette conception. Il débute par un éloge de la langue française qu'il associe aux idées qu'elle véhicule : « ... la plus belle langue de l'Europe, celle qui la première a consacré franchement les droits de l'homme et du citoyen, celle qui est chargée de transmettre au monde les plus sublimes pensées de liberté et les plus grandes spéculations de la politique. » A ses yeux les concepts majeurs de la Révolution (liberté, égalité, fraternité) ne sont concevables que sur la base d'un code linguistique commun. « La langue d'un peuple libre doit être une et la même pour tous. » La langue devient le signe du patriotisme et de l'appartenance nationale.

Puis ce francophone qui ignore les langues vivantes étrangères et régionales fait une véritable déclaration de guerre aux autres langues en usage en France : il les qualifie « d'allogènes », car elles sont liées à d'autres cultures qui lui semblent rétives à la Révolution (en fait la création d'un vocabulaire révolutionnaire considérable pose des problèmes insurmontables de traduction). Ces idiomes lui paraissent contraires à la propagation de l'esprit public, présenteraient des obstacles à la connaissance des lois et perpétueraient le règne du fanatisme et de la superstition. Enfin il s'en prend en des termes virulents à l'Alsace, une véritable agression contre sa culture. « Dans les départements du Haut et du Bas-Rhin, qui a donc appelé, de concert avec les traîtres, le Prussien et l'Autrichien sur nos frontières envahies ? L'habitant des campagnes qui parle la même langue que nos ennemis, et qui se voit aussi bien plus leur frère et leur concitoyen que le frère et le concitoyen des Français qui lui parlent une autre langue et ont d'autres habitudes », et il stigmatise l'émigration de plus de vingt mille ruraux du Bas-Rhin. « L'émigration et la haine de la République parlent allemand »[135]. Ce discours suscite un retentissement considérable en Alsace. L'allemand est abaissé au rang d'un « idiome esclave », terme largement repris. L'université est qualifiée de « spectacle étonnant de servilité et du germanisme dans un pays français et libre ». De plus l'allemand est « la langue de l'ennemi » et parler allemand c'est pactiser avec les ennemis de la patrie. Aussi faut-il, selon Rousseville, traiter « comme suspects, comme malveillants et contre-révolutionnaires ceux qui mettraient quelque négligence ou empêchement » à apprendre le français[136].

Les révolutionnaires francophones en Alsace : de l'incompréhension et la suspicion à l'hystérie antialsacienne

Dans ce contexte exacerbé les idiomes qui ferment les populations aux influences extérieures (et donc à celle de la Révolution) apparaissent comme un danger, aggravé en Alsace par le fait que la population parle la même langue que les troupes autrichiennes et prussiennes et par une active propagande contre-révolutionnaire en allemand. La conjonction de ces deux phénomènes établit une corrélation directe entre la passivité face à la révolution radicale et antireligieuse en Alsace et l'idiome, meilleur agent de l'ennemi.

Les agents de cette politique agressive sont les représentants en mission et les francophones dont le nombre s'est fortement accru par une importante immigration et l'armée. Les premiers ont du mal à admettre une spécificité régionale : ignorant l'allemand, constatant la passivité de l'opinion face à la Terreur et l'identité de langue avec les armées ennemies, ils se laissent séduire par cette chaîne de causalités. Le représentant Lacoste estime que « si la langue allemande n'est proscrite et des institutions établies pour apprendre celle de la République, on ne peut lui répondre de lui conserver ce principal boulevard ». Saint-Just et Lebas s'en prennent même à la mode en ordonnant aux citoyennes strasbourgeoises de quitter les modes allemandes « puisque leurs cœurs sont français », ordre qui donne lieu à une estampe de propagande célèbre, intitulée « Holocaustes des coiffures germaniques strasbourgeoises (Schneppenhauben) au temple sacré des prêtres jacobins ».

Ils sont relayés par un groupe de jacobins francophones,

constitués pour l'essentiel d'immigrés récents qui, dirigés par le Savoyard Monet, nommé maire, parviennent à prendre en mains pendant un an (1793-1794) la direction des affaires sur le plan strasbourgeois et des deux départements. Ils installent à Strasbourg des groupes de « propagande révolutionnaire » recrutés dans d'autres départements. Ils adoptent une politique agressive à l'égard de la langue. Elle devient un enjeu, car il s'agit pour les francophones d'accaparer toutes les fonctions en évinçant les autochtones qui maîtrisent mal ou pas du tout le français. Ignorant l'allemand, ils croient voir des ennemis de la République et des amis des Autrichiens dans tous ceux qui ne s'expriment pas en français. Ils font preuve d'une véritable psychose de la trahison.

Le 9 nivôse an II (29 décembre 1793) les représentants en mission décident la création d'une école française dans chaque commune du Bas-Rhin, décision confirmée par le décret du 8 pluviôse an II qui prévoit même l'obligation scolaire et la gratuité. Cette attitude tourne à une véritable hystérie anti-allemande par un acharnement contre l'usage de la langue allemande et les personnes qui s'en servent. Non content de supprimer les séances en alsacien des sociétés populaires, Monet veut se débarrasser de tous les jacobins qui se servent de la « langue des esclaves », en faisant arrêter à la fois les immigrés allemands et les chefs du groupe alsacien du club des jacobins. Pour toute la correspondance administrative, les registres et les actes notariés, l'usage exclusif du français est imposé. Les fonctionnaires qui ne l'appliqueraient pas sont passibles d'une peine de dix mois de prison et de la révocation. Mais la loi se révèle inapplicable. En 1794 le député alsacien Ruhl constate que dans cent quatre-vingt-dix communes sur deux cents du district de Wissembourg personne ne comprend le français.

En même temps toutes les enseignes des magasins, les inscriptions et les noms de rues sont francisés. Comme les traducteurs désignés manquent souvent à la fois de culture historique et de qualités d'écriture, les résultats sont parfois contestables : ainsi des noms de rues, à la gloire de familles illustres sont traduites par des noms communs (rue Brûlée, de l'Ail, des Veaux) à Strasbourg. Certains noms de communes qui rappellent l'Ancien Régime sont modifiés pour une durée assez brève (Kaysersberg – Mont-Libre, Saint-Louis – Bourg-Libre). L'université protestante est supprimée en raison de ses relations avec le monde germanique et qualifiée « d'hydre du germanisme » (1793). Cette politique despotique, dite de « francilisation », constitue une véritable « terreur linguistique », qui contribue, en même temps que la suppression de toutes les cérémonies religieuses, chrétiennes et juives, à détourner l'immense majorité de la population de la Révolution. Selon le publiciste André Ulrich la terreur linguistique est « la première et principale cause pour laquelle le Strasbourgeois et l'Alsacien montrent une si grande froideur et même de la haine contre les Français »[137]. Certains propos sont outranciers : Strasbourg « n'est pas fait pour la liberté, Strasbourg, par son idiome... tient à l'Empire ».

La surenchère donne même naissance à des projets inquiétants. A la séance des « jacobins épurés » du 5 frimaire an II (25 novembre 1793) plusieurs voix s'élèvent pour proposer la déportation ou l'exécution d'une partie des populations qui ignorent le français. Un représentant en mission suggère dans un rapport à la Convention du 4 frimaire an II (24 novembre 1793) « La seule mesure à prendre est de guillotiner le quart des habitants de cette contrée »[138]. Un ancien prêtre, Rousseville, reprend ces idées dans un pamphlet, *Dissertation sur la francilisation de la ci-devant Alsace*, adressé à la Convention. Celle-ci heureusement ne retient pas ce projet. Dans son *Discours sur la conjuration de l'étranger dans le Bas-Rhin*, le maire de Strasbourg, Monet, propose également une déportation massive d'Alsaciens à l'ouest des Vosges et l'installation de nombreux francophones en Alsace.

L'effondrement scolaire

La décennie révolutionnaire constitue une véritable catastrophe pour les institutions scolaires. La question du serment de fidélité à la Constitution divise le clergé catholique et entraîne la fermeture progressive des collèges et de l'université catholique en 1791-1792. Ensuite la politique antireligieuse et l'obligation d'enseigner en français sont à l'origine de la fermeture de la très grande majorité des écoles paroissiales et des gymnases protestants, ainsi que de l'université protestante. Ainsi disparaît un établissement original dans l'espace universitaire français, de haut niveau scientifique et de large rayonnement international, à cause du sectarisme d'une minorité d'immigrés dépourvus de toute sensibilité régionale : le conseil municipal prend cette décision le 10 prairial an II en partie « pour détruire l'hydre du germanisme ».

Dans l'enseignement primaire peu d'écoles françaises ont pu être mises en place autrement que de manière éphémère, faute d'instituteurs capables de maîtriser la langue. On assiste à une certaine régression de l'alphabétisation. Le comité d'instruction publique de Colmar parvient à peine à retenir une quarantaine de candidats pour les cent trente-deux communes du district de Colmar et dans le Bas-Rhin on trouve en tout et pour tout trente à quarante candidats pour plus de quatre cents communes. Selon Louis Spach il ne subsiste le 17 mai 1794, dans tout le Bas-Rhin que quatre cents écoles pourvues de leur maître [139]. Dans une lettre du 25 prairial an VII, les professeurs de l'école centrale de Colmar se plaignent du « manque total d'écoles primaires bien organisées ». Si le gymnase de Strasbourg réussit à survivre – difficilement –, on assiste en 1796 à la création d'une école centrale à Strasbourg et à Colmar : celle-ci a tenté de rénover les méthodes pédagogiques. Le programme d'enseignement qui se veut « analytique, expérimental, vraiment scientifique » privilégie le dessin, l'histoire naturelle, les mathématiques, la physique et la chimie aux dépens des belles-lettres et de la grammaire. Celle de Strasbourg organisée par Arbogast comprend parmi ses enseignants la plupart des professeurs de l'ancienne université protestante, dont sept sont nommés en 1795 membres du nouvel Institut national des sciences et arts.

Une remarquable effervescence intellectuelle

La fermentation révolutionnaire entraîne dès 1789 une quasi-disparition de la censure et inaugure une ère nouvelle pour le journalisme et la chanson. Comme dans le reste du royaume on assiste à une prolifération de journaux orientés vers les sujets politiques, soit la formation d'une culture politique, arrêtée par la Terreur et le sectarisme des jacobins qui n'admettent pas d'opinion différente de la leur qualifiée de seule conforme à leur idéologie qu'ils veulent propager par la presse. De 1795 à 1799 la presse, plus libre, est soumise à un régime de liberté contrôlée, mais elle demeure très fragile. On compte de 1789 à 1799 en tout quarante-neuf titres : dix-neuf quotidiens et trente périodiques plus fragiles. Les événements révolutionnaires font ressortir le besoin d'une meilleure diffusion des nouvelles en même temps que l'utilité de tribunes politiques. Strasbourg devient la capitale d'une presse régionale importante avec une quinzaine de titres, plus ou moins éphémères et au tirage modeste [140], ce qui n'exclut pas des publications dans d'autres villes (Haguenau, Wissembourg, Colmar et Mulhouse). On peut distinguer deux courants, un courant feuillant modéré, qui apporte son soutien au maire de Dietrich, et un courant plus radical, à l'origine des jacobins. Presque tous les journaux s'expriment en allemand (41 sur 49).

Parmi les journaux de la première période figurent les *Wöchentliche Nachrichten* de Strasbourg (1790-1791). Il s'agit d'un journal d'une haute tenue et bien présenté qui joue un triple rôle : informer l'opinion, développer des idées de réforme et intervenir au moment des élections. Les journaux proches des jacobins s'efforcent surtout de propager leurs idées pour former une opinion favorable comme la *Geschichte der Gegenwärtigen Zeit* (1790-1793), avide de répandre les vérités nouvelles et de servir la Révolution. A Colmar le *Wochenblatt dem Unterricht des Landvolks gewidmet durch eine Gesellschaft wahrer Freunde der Freyheit und Gleichheit* paraît en 1792 et 1793. Il se veut un bulletin officiel local, chargé de réfuter les thèses des contre-révolutionnaires et de convertir les ruraux à la Révolution. *Le Décadaire* (1794-1795), dont les rubriques régulières sont intitulées Instruction, Administration, Nouvelles, Décrets, est, par la variété et la richesse de son information, le premier journal du département. Les journaux, dont la plupart sont rédigés entièrement en allemand, ont connu le plus souvent une existence précaire. Tous consacrent une place considérable aux informations nationales, car leur rôle essentiel a été de mettre à la disposition des lecteurs des informations que leur ignorance du français ne leur permet pas de se procurer ailleurs. Les nouvelles locales passent au second plan. Le tirage demeure modeste, limité à quelques milliers d'exemplaires, ce qui explique que « les paysans ne lisaient pas... les feuilles allemandes qui ont paru en assez grand nombre de 1789 à 1799 »[141].

Les tensions politiques ont entraîné la publication de milliers de pamphlets – dont près de huit mille ont été collectionnés par Frédéric-Charles Heitz et déposés à la bibliothèque nationale et universitaire de Strasbourg. Un bon nombre venait d'outre-Rhin et la qualité des écrits contre-révolutionnaires dépasse largement celle des partisans de la Révolution[142]. Si la majorité des écrits est anonyme, les auteurs connus sont des hommes de loi, des prêtres constitutionnels ou défroqués et des administrateurs. Presque tous sont rédigés en allemand. Les thèmes les plus diffusés sont les questions fiscales, religieuses, politiques et particularistes : on oppose l'Ancien Régime à l'uniformisation en cours. Les pamphlétaires ont trouvé l'inspiration partout, des faits politiques aux petits travers des gens. Les grandes interrogations de l'élite alsacienne côtoient des préoccupations plus terre à terre. Le rôle du pamphlet est à la fois éducatif et psychologique. Il s'agit d'une production locale destinée quasi exclusivement à un public alsacien et adaptée à l'originalité de la région. Les pamphlets les plus percutants sont publiés sous l'aspect de poèmes et de chansons. Pour nombre d'illettrés la contre-révolution pénètre grâce aux colporteurs et aux chansons populaires remaniées. Par contre ceux en faveur de la Révolution ont une teneur beaucoup plus élaborée et s'adressent donc à un public plus cultivé. Par leur variété, dans la forme et les idées, ils témoignent de la diversité de la population. Ils deviennent un appel, un cri d'alarme poussé par une foule de personnes plus ou moins lettrées, soucieuses de contrebalancer le poids de la nouvelle administration. Durant ces dix années le pamphlet est devenu un véritable genre littéraire et le symbole de la liberté de la presse à une époque où elle était bâillonnée. Il représente un élément important dans l'histoire de la Révolution de l'Alsace en apportant une vision plus pragmatique des problèmes et des conséquences de 1789 sur la vie quotidienne des Alsaciens.

Strasbourg est aussi devenu un centre actif de propagande révolutionnaire vers l'Allemagne. Il s'agit d'abord de vanter les mérites de la révolution modérée, diffusés par le réseau des loges maçonniques grâce à des brochures et des journaux. Les nombreux émigrés allemands mènent une campagne active, notamment le journaliste Cotta, enfin les jacobins pratiquent une propagande soutenue avec *Le Courrier de Strasbourg*, journal le plus diffusé dans l'espace rhénan [143].

Toute cette activité a aussi favorisé l'activité des imprimeries, en particulier celle de Levrault, qui devient en 1790 l'imprimeur des nouvelles administrations qui produisent une masse considérable de textes réglementaires. Aussi l'activité économique quintuple-t-elle en cinq ans, passant de l'indice 100 (1789) à 542 en 1793[144]. Les agents de l'expansion sont les besoins nouveaux de l'armée et de l'administration. Mais après 1795 ce marché se rétrécit, tout comme le poids de la littérature politique, ce qui incite Levrault à se reconvertir vers le marché national.

Les achats des particuliers sous la Révolution concernent surtout les œuvres complètes de Boileau et de Fénelon, le théâtre de Molière et de Racine et les philosophes du XVIIIe siècle, en particulier Voltaire et Rousseau. Dans les garnisons en Alsace sont recherchés surtout les textes mineurs du XVIIIe siècle, alors que dans le Strasbourg révolutionnaire les goûts littéraires restent très classiques, les plus gros succès commerciaux demeurent *Paul et Virginie* de Bernardin de Saint-Pierre et les œuvres de Florian. Les secteurs les plus appréciés en 1793-1794 sont la littérature générale (37 %), les textes juridiques (26 %), les sciences (21 %) et l'histoire-géographie (12 %), tandis que l'intérêt pour le secteur religieux (3 %) s'effondre tout comme les ouvrages en latin[145], alors que l'impression de titres allemands connaît une forte poussée dans tous les types de livres. Toutefois tout ce qui tient « en général aux connaissances élevées se fait, se dit, se traite et s'enseigne en français ; les librairies, les bibliothèques sont meublées de préférence de livres en cette langue »[146].

Par contre cette période de fermentation et d'utopie, qui a jeté à bas toutes les structures d'Ancien Régime, n'a guère connu d'innovations sur le plan régional, hormis le mathématicien Louis Arbogast qui, en tant que rapporteur du Comité d'instruction publique, fait adopter le 1er avril 1793 une loi qui introduit le système métrique dans toute l'étendue de la République. Son adoption progressive ne semble pas avoir suscité de résistances violentes : grâce à des tables de conversion les nouvelles unités de mesure pénètrent peu à peu dans la vie quotidienne. Il contribue également avec Lakanal à faire adopter le télégraphe optique Chappe. De même l'uniformisation administrative introduite dans l'enthousiasme des réformes de 1789-1790 ne provoque que peu de regrets, hormis les barrières douanières qui mettent fin au commerce de transit, et la disparition des corporations, dont le maintien avait été réclamé par les cahiers de doléances, et qui a entraîné la perte de nombreux objets d'art accumulés au cours des siècles par les poêles.

Maintien du théâtre et essor de la musique

Le théâtre connaît bien des vicissitudes et subit une censure contraignante. A Strasbourg le répertoire est très peu révolutionnaire. Presque tout Molière est interdit et la majorité des grands classiques fait l'objet d'une épuration. Le public est composé essentiellement de militaires. Le théâtre affiche des spectacles tous les soirs et alterne représentations théâtrales, ballets et productions lyriques. Mais ce lieu de rencontre est aussi un lieu d'agitation – phénomène général à l'époque où l'on s'insulte sur toutes les grandes scènes françaises. Il a une fonction éducative de propagation des idées révolutionnaires. La scène allemande bénéficie d'une programmation de meilleure qualité : on y donne *La Flûte enchantée* et les grands opéras de Georg Friedrich Händel et de Joseph Haydn. Mais il suscite la jalousie de son homologue français, dont le directeur prend prétexte de la guerre pour faire fermer la salle[147]. Néanmoins la Révolution a donné une impulsion déterminante à la culture théâtrale. Malgré un financement difficile le théâtre est devenu une partie intégrante de la vie musicale strasbourgeoise.

Dans le domaine de la musique la Révolution n'a pas provoqué de grands dégâts. Les maîtrises de la cathédrale et du Temple-Neuf continuent à subsister moyennant quelques adaptations sous la forme d'œuvres de musique patriotique. Des changements qui marqueront durablement l'histoire musicale apparaissent avec la naissance du concert moderne. En 1789 Ignace Pleyel fonde le concert des amateurs qui donne seize concerts par saison et qui fonctionne sur le principe d'une souscription, ancêtre de l'abonnement. Ces concerts bénéficient d'un grand succès. La musique devient aussi l'instrument d'une propagande : elle est indissociable des cérémonies organisées par les révolutionnaires strasbourgeois.

La Révolution a connu enfin une véritable explosion de chansons [148], un moyen simple de diffuser les idées de la Révolution, et dont l'exemple le plus connu est la création de *La Marseillaise*, composée par le capitaine Rouget de Lisle, chantée pour la première fois dans les salons du maire Frédéric de Dietrich le 25 avril 1792, et entrée très rapidement dans l'inconscient collectif à partir d'un chant rhénan très connu. Composés selon les auteurs en français ou en allemand, il s'agit d'hymnes patriotiques, de chansons antireligieuses ou contre-révolutionnaires. Les principaux poètes de langue française sont Rouget de Lisle et le pasteur Matthias Engel. Ceux de langue allemande, surtout des protestants, exaltent le culte de la patrie et de la liberté sur un ton moralisateur et même religieux, en particulier le pasteur Gottfried Schaller (1762-1831) qui publie *Gesaenge auf alle Dekaden-und Volksfeste der Franken*. Auguste Lamey publie en 1794 quarante-trois hymnes dont les mélodies sont empruntées à la liturgie protestante ou aux chansons populaires (*Dekadische Lieder für die Franken am Rhein*). Théophile Conrad Pfeffel, partisan de la Révolution à ses débuts, a composé de nombreux chants et poésies politiques, dont une remarquable *Alsa ein patriotisches Lied*. La plupart, éditées en feuilles séparées, sont répandues par les colporteurs et les ménestrels ambulants, et entonnées au cabaret, dans les réunions privées et les clubs. Un des thèmes favoris est la conquête de la liberté et l'avènement d'un monde meilleur. Beaucoup font partie du patrimoine historique alsacien et constituent un témoignage intéressant du développement de la langue française durant la Révolution.

Le vandalisme

Les troubles révolutionnaires n'ont pu donner naissance à des réalisations architecturales ni à des créations artistiques, hormis lors de quelques fêtes patriotiques. Par contre l'Alsace a subi une perte considérable de son patrimoine architectural, artistique et livresque. La fermeture, puis la vente d'une centaine de monastères, de dizaines de chapelles, d'églises et de châteaux, a entraîné soit, dans le meilleur des cas, leur transformation en bâtiments industriels, soit leur démolition, leur abandon et leur effondrement progressif. La rage antireligieuse et antinobiliaire a provoqué de nombreuses destructions d'armoiries, de sarcophages et surtout de statues des portails de nombreuses églises, dont la cathédrale. Celle-ci a même failli perdre la magnifique flèche, considérée par certains terroristes exaltés comme une atteinte à l'égalité. Les représentants en mission Saint-Just et Lebas ordonnent d'enlever en huit jours (24 novembre 1793) toutes les statues de la cathédrale, soit une perte de près de deux cents œuvres. Après la fermeture des monastères, puis en novembre 1793 de tous les édifices cultuels, la grande majorité des objets liturgiques, souvent de véritables chefs-d'œuvre, ont été fondus ou volés et perdus ainsi à tout jamais. Une grande partie des trésors accumulés dans les monastères, manuscrits, incunables et livres anciens ont été détériorés ou volés pendant la mise des scellés et les fréquents transports, avant le regroupement au chef-lieu du département, où seuls ont été rassemblés entre le quart et la moitié de ces ouvrages. De nombreux dépôts littéraires ont connu une situation déplorable due à l'inadaptation des locaux, parfois en proie aux intempéries, aux rongeurs et même à la malveillance publique. Dans l'ensemble du Bas-Rhin le total des livres provenant des saisies révolutionnaires est estimé entre quatre-vingt et cent mille volumes. Contrairement à certaines directives parisiennes, « la préservation et la conservation d'un maximum d'ouvrages a été le mot d'ordre constant des bibliothécaires locaux, conscients de la richesse culturelle et intellectuelle » des livres confiés à leur garde. La qualité de leur catalogage a surpris les Parisiens par rapport à d'autres départements. A Strasbourg la bibliothèque, après de nombreuses années d'errements et d'hésitations dus à la situation locale, est installée en 1796 à l'école centrale, puis en 1803 dans le chœur du Temple-Neuf : elle comprend entre cent trente et cent cinquante mille volumes dont les trois quarts proviennent des confiscations [149].

Les progrès du français et l'identité alsacienne

Durant cette décennie le français a connu de remarquables progrès, dus en partie à l'apparition du vocabulaire révolutionnaire dont la traduction n'est pas toujours possible. Ainsi on constate la diffusion de termes français dans les procès-verbaux des délibérations des diverses assemblées et conseils municipaux. Mais il demeure encore minoritaire en 1795. Il s'agit de deux groupes distincts. D'abord le vocabulaire révolutionnaire (fédération, gardes nationales, pique, nation, décret, citoyens...), puis des mots divers comme arrêté, répartition, proclamation, en général écrits de manière phonétique [150]. Le français est diffusé aussi par la présence de nombreuses troupes révolutionnaires en Alsace et par l'incorporation de dizaines de milliers d'Alsaciens dans les armées révolutionnaires, où ils apprennent au moins un minimum de français, sans compter aussi une importante mobilité favorable aux contacts linguistiques et les clubs des années 1790-1794, où une bonne partie des débats a lieu en français, ce qui permet à Barère de les qualifier d'« écoles primaires pour la langue ».

La Révolution, par la volonté de faire table rase du passé et de supprimer les spécificités régionales, met fin à tous les particularismes locaux et régionaux. Divisée en deux départements, l'Alsace n'apparaît plus en tant que telle nulle part.

Dans un premier temps, ces sacrifices ne suscitent que peu de résistances. Les princes possessionnés dépouillés de tous leurs droits ne soulèvent que peu de compassion hormis à Bouxwiller et chez une partie des pasteurs : celui de Geudertheim, Georges Frédéric Hoeffel, se déclare en 1790 Hochfürstlich Hessen-Hanau-Lichtenbergischer Pfarrer, et en janvier 1792 le pasteur Louis Lange prie encore pour le retour des landgraves de Hesse en Alsace[151]. Durant trois ans la majorité des Alsaciens est touchée par la fierté de la liberté et l'enthousiasme pour la Révolution, symbolisés par la pancarte plantée au bord du Rhin : « Ici commence le pays de la liberté ». De plus le fédéralisme provincial est hautement apprécié. Les Alsaciens se désignent non comme Franzose, traditionnel, mais Franke, un mot qui revient à la mode en 1789. La soixantaine de clubs et les gardes nationales favorisent la collaboration entre autochtones et immigrés. Par contre à partir de 1792 la majorité des Alsaciens se sent blessée lorsqu'on porte atteinte à leur identité et à leur manière d'être, soit la langue, l'habillement et surtout la religion. La question du serment des prêtres à la Constitution entraîne un refus d'une majorité de catholiques, encouragés par leur évêque, de sorte que les deux départements alsaciens sont ceux où le pourcentage des prêtres jureurs est le plus faible : 24 % dans le Haut-Rhin, 8 % dans le Bas-Rhin. Durant un an on peut parler d'une véritable tension franco-alsacienne qui dépasse les clivages confessionnels et sociaux.

Sous le Directoire surgit une certaine lassitude qui se traduit par un effondrement de la participation électorale, entre 8 et 15 % selon les cantons, ce qui n'exclut pas un attachement au nouveau régime des bénéficiaires de la Révolution – les protestants, les milieux économiques, hommes d'affaires, industriels, fournisseurs des armées et acquéreurs de biens nationaux dont une fraction non négligeable de la paysannerie – qui constituent une nouvelle bourgeoisie désormais favorable à la France. Le recours aux traductions dont la qualité est souvent médiocre s'étend. Les journaux en allemand se multiplient, une imprimerie pour les traductions s'installe à Folgensbourg dans le canton de Huningue. Désormais s'impose un large bilinguisme administratif. Dans les registres d'état civil, confiés aux municipalités en 1792, il faut attendre les années 1803 à 1810 pour voir utiliser régulièrement le français. Il prend cependant possession de l'enseignement public secondaire et supérieur (écoles centrales, école de santé). Les établissements privés organisent, pour rehausser la qualité et la réputation de leurs programmes, des cours de français, à l'image du gymnase protestant de Strasbourg.

Si le bilan de la progression du français demeure partagé, les révolutionnaires forgent des arguments et des principes qui jouent un rôle considérable après 1850 dans l'affaiblissement de l'alsacien comme des autres parlers régionaux. L'usage de la langue nationale comme manifestation d'attachement à la République et à la Révolution, l'unité de langue associée au principe des nationalités et la politique scolaire forment une panoplie de références idéologiques particulièrement efficace en Alsace après 1918. Désormais l'usage du français est considéré comme le signe extérieur par excellence du patriotisme français. Durant cette décennie l'Alsace s'est agrandie à deux reprises. Au nord-ouest le comté de Nassau-Sarrewerden est annexé à la suite d'une agitation révolutionnaire et devient l'Alsace bossue. Mais une partie des habitants, qui se sentent Allemands, n'acceptent qu'avec réticence de devenir des Français (1793). La ville de Mulhouse sous la double influence de l'étouffement douanier imposé davantage par le département du Haut-Rhin que par Paris et de l'attrait des idées révolutionnaires sur la jeune génération mulhousienne, vote à une très large majorité son rattachement (1798) à la France.

Le bilan de la Révolution, en dépit de sa complexité, consiste en une intégration à l'ensemble national grâce aux nouvelles valeurs véhiculées, à savoir la liberté, l'égalité et les droits de l'homme qui ont, face au danger extérieur, suscité dans cette région frontière un patriotisme vigoureux et la conscience que son destin est désormais lié à celui de la France. On se sent citoyen français de langue allemande. Le Rhin constitue désormais une frontière militaire et économique, réduisant sensiblement les anciennes relations commerciales et culturelles et les flux démographiques. La conscience de la différence avec les habitants de la rive droite s'accentue, mais sans pour autant provoquer un sentiment d'hostilité. D'après les nombreux pamphlets, le seul ennemi est l'Angleterre, beaucoup plus lointaine. La Révolution a constitué une rupture bien plus accusée en Alsace que l'année 1648. Mais les apports, reconnus, ont provoqué une véritable coupure avec une partie de la population catholique et affaibli l'identité alsacienne, ce qui représente un prix élevé payé pour l'intégration politique et psychologique dans l'espace politique français. Beaucoup d'Alsaciens sont désormais tracassés par le dilemme : l'assimilation de la « langue de la nation » à fin d'insertion au sein de l'ensemble français ou la conservation de leur propre idiome qualifié sous la Terreur de « langue de l'ennemi » afin de sauvegarder leur propre identité. Cet antagonisme est à l'origine du « complexe alsacien » qui connaît son paroxysme entre 1870 et 1945.

CHAPITRE VII

1800-1870 : deux cultures concurrentes, française et allemande, savante et populaire

La période 1800-1870 se caractérise en Alsace par plusieurs aspects : un renforcement du pouvoir central sous les cinq régimes politiques successifs par l'intermédiaire des préfets et des recteurs, une généralisation de la scolarisation, un essor de l'industrie, plus sensible dans le Haut-Rhin, et un exode rural qui allège des campagnes surpeuplées et aux revenus médiocres [152].

Le rôle des préfets et des recteurs

A partir de 1800 tous les préfets ont tenté de favoriser le français comme Louis-Antoine de Malouet qui proclame en 1823 que « le devoir était de parler français ». Mais leur retenue relative peut s'expliquer en partie par l'attitude tolérante de Napoléon Ier qui déclara au sujet du dialecte alsacien : « Laissez-les parler leur jargon pourvu qu'ils sabrent à la française. » Plusieurs ont joué un rôle culturel actif, mieux connu dans le Bas-Rhin. Paul-Adrien Lezay-Marnésia a créé en 1810 l'école normale d'instituteurs en vue de « répandre la connaissance de la langue française dans toutes les classes de la société ». En 1827 le préfet Claude Esmangart classe les conscrits qui ne savent lire et écrire qu'en allemand parmi les analphabètes (!), soit un taux d'illettrisme supérieur à 90 %. Vingt ans plus tard Augustin Choppin d'Arnouville déclare dans une circulaire préfectorale sur la propagation du français, « l'un des premiers besoins du pays et l'un des devoirs principaux des hommes qui sont chargés de l'administrer »[152a]. Le préfet Louis Sers intervient activement dans le même sens auprès des autorités académiques et du conseil général. Les préfets du Second Empire jouent un rôle actif en faveur de la francisation, en particulier Jean-Baptiste Migneret, qui a participé à la création de sociétés savantes orientées dans un sens bonapartiste.

Parmi les recteurs, le plus actif est Laurent Delcasso (1855-1866), qui impose le français comme langue d'enseignement à l'école primaire. Il adopte une attitude très raide, à la limite de l'intolérance. En 1857 il s'inquiète de la création d'une Société de musique religieuse et de chant protestante qui pourrait « entraver mes efforts pour franciser le pays ». En 1860 il déclare qu'il « ne doit y avoir chez nous qu'une loi, un gouvernement, une administration... et une langue ». Selon lui les Alsaciens ne seront de vrais Français que le « jour où la langue de Bossuet et de Racine sera devenue pour eux... la langue des pensées, des affections et de la prière ». Enfin il estime que l'idiome des paysans les « condamne à vivre en étrangers au sein de leur patrie »[153]. Toute sa politique est inspirée par une double logique : la propagation du français est un devoir national, car pour lui l'assimilation intégrale de l'Alsace ne sera possible qu'après l'assimilation linguistique, ce qui retire tout argument à l'étranger envieux, et une nécessité pédagogique.

L'essor de la scolarisation, 1800-1848

Dans cette politique scolaire on peut distinguer trois périodes. De 1800 à 1833 l'enseignement est laissé aux communes et aux Eglises ; avec la loi Guizot (1833) se met en place une administration scolaire qui donne un nouvel essor à la scolarisation ; enfin le Second Empire parachève l'œuvre scolaire avec vigueur et méthode. Durant toute la période les départements alsaciens sont parmi les plus avancés en France et la politique locale précède en général les initiatives nationales.

Sous le Premier Empire l'enseignement élémentaire demeure en dehors des nouvelles structures académiques. Le conseil général et le préfet s'efforcent du moins de recruter un instituteur par commune. La fréquentation scolaire et l'alphabétisation sont l'objet de nombreux témoignages pessimistes. Dans la plupart des communes rurales les écoles ne sont fréquentées que de la Saint-Martin à Pâques. Selon le maire d'Altkirch, en 1802 les édiles sont en général satisfaits de la conduite des instituteurs, mais plusieurs n'ont pas encore assimilé l'usage du calcul décimal. Un cas particulier est celui du Ban de la Roche, où le pasteur Jean-Frédéric Oberlin (1740-1826) réussit à faire construire une école dans chacun des cinq villages de sa paroisse et à mettre au point une éducation populaire fondée sur l'éveil à la nature et sur l'acquisition de connaissances techniques. Ses écrits ont un impact européen et leur écho se retrouve dans certains romans de Balzac.

Sous la Restauration les Eglises recouvrent une large part de leur influence d'avant 1789 sur les écoles. Une ordonnance du 29 février 1816 demande pour la première fois à toutes les communes d'assurer l'instruction des enfants et crée des comités cantonaux, formés de notables, qui jouent souvent un rôle actif. Une ordonnance de 1824 confie à l'évêque le droit de décerner l'autorisation d'enseigner pour le personnel catholique. Durant les années 1820 se manifeste un engouement passager, encouragé surtout par les protestants, pour l'enseignement mutuel. Pendant ces quinze ans les progrès scolaires sont réels. Certes en 1816 le recteur Bernard de Montbrison incrimine l'insouciance des parents, surtout dans les régions catholiques. Mais le nombre des écoles est en nette augmentation. En 1817 on recense 1 172 écoles primaires dans l'académie qui regroupe les deux départements. En 1822 le seul département du Bas-Rhin comprend 440 écoles catholiques,

250 luthériennes, 23 réformées et 69 judaïques[154], alors qu'en 1830 on compte dans le Haut-Rhin 449 écoles catholiques, 65 protestantes et 5 judaïques. En 1830 il ne reste que 65 communes sur un total de 1 045 dans l'académie qui soient privées d'une école. L'académie de Strasbourg passe d'ailleurs pour celle où l'instruction est la plus répandue et la plus complète dans le royaume avec celles de Metz et de Besançon. En 1830 le recteur estime que le Haut-Rhin est probablement un des départements « où les moyens d'instruction sont le plus à la portée des habitants et dont les écoles sont le plus généralement fréquentées ». L'inspecteur Budan de Boislaurent évoque « l'état florissant des écoles primaires en Alsace »[155]. Le taux de scolarisation de l'Alsace la place au tout premier rang dans le nord-est français précocement alphabétisé. En 1821 90 % des communes alsaciennes disposent d'une école. Le taux de fréquentation varie selon les structures sociales. Dans les milieux ruraux la fréquentation demeure toujours faible, voire nulle en été, où les élèves oublient ce qu'ils ont appris en hiver. Les écoles protestantes sont en général meilleures que les catholiques, ce que le même inspecteur attribue au fait que les instituteurs sont mieux rémunérés et plus instruits.

Cet essor connaît quelques zones d'ombre. Les programmes demeurent mal définis et la qualité des écoles est tributaire du manque de formation des maîtres et de locaux peu adaptés. Selon le sous-préfet d'Altkirch (1821), sur 140 maîtres d'école, à peine 10 ou 12 savent le français, alors que l'arithmétique et l'écriture se réduisent à peu de chose[156]. Dans plusieurs communes du canton de Neuf-Brisach une seule pièce contient le lit de l'instituteur et les bancs des élèves.

La loi Guizot (1833) devient la charte de l'instruction publique. Elle impose à toutes les communes de plus de cinq cents habitants de construire une école. Les comités cantonaux sont remplacés par des comités locaux et d'arrondissement. Mais surtout la loi met en place une administration

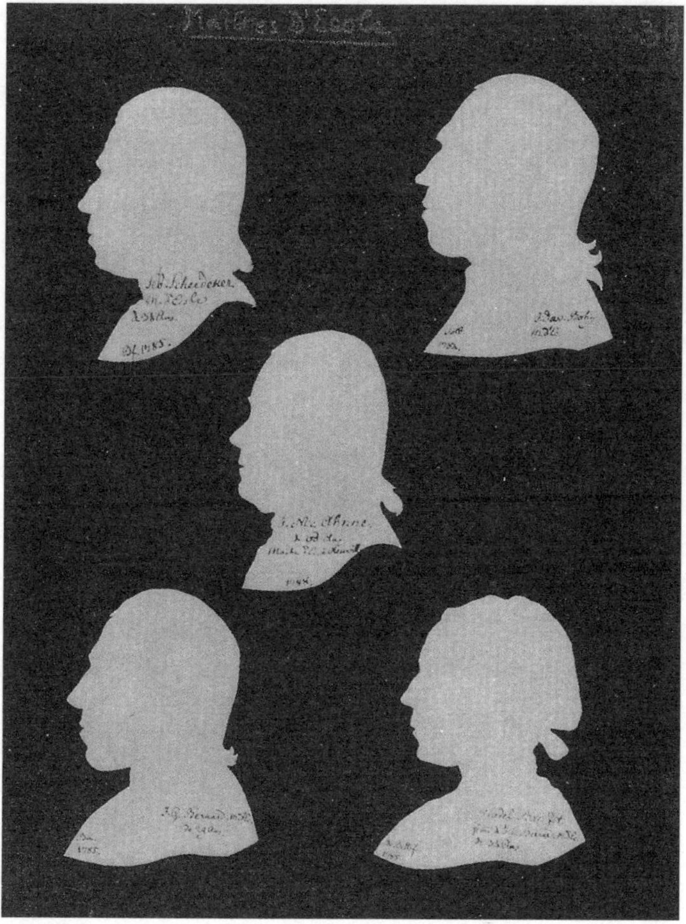

Planche de silhouettes découpées et collées sur fond noir. Ici Oberlin a représenté la silhouette du maître d'école.

scolaire avec un inspecteur d'académie, assisté de sous-inspecteurs, les futurs inspecteurs primaires. Désormais les instituteurs deviennent des fonctionnaires publics avec un salaire codifié. Cette loi provoque une forte impulsion de la scolarisation grâce à Joseph Willm, inspecteur d'académie et auteur de nombreux manuels et d'un traité manifeste intitulé *L'Education du peuple*. Les deux conseils généraux encouragent fortement cette action. De 1830 à 1848 ils jouent un rôle de chef de file des communes par des subventions à la construction ou à l'entretien de maisons d'école, à l'achat de mobilier scolaire et aux fournitures scolaires aux élèves indigents.

Vers un enseignement gratuit et obligatoire sous le Second Empire[157]

Après le vote en 1850 de la loi Falloux, dont certaines clauses demeurent aujourd'hui encore valables en Alsace-Moselle – elle rend l'enseignement religieux obligatoire et sépare les écoles par confession –, on assiste à une nette progression de la scolarisation, encouragée par les autorités administratives et académiques, les Eglises et les conseils généraux : celui du Bas-Rhin double ses crédits pour l'enseignement primaire, qui passent de 70 000 à 161 000 francs. L'infrastructure scolaire est alors en train d'être achevée en Alsace avec une forte vague de constructions. Dans le Haut-Rhin les bâtiments scolaires en place en 1867 ont été construits pour plus de la moitié (54 %) entre 1833 et 1850, 10 % avant 1800, 10 % entre 1800 et 1832 et 25 % après 1850. De 1833 à 1867 plus de cinq millions de francs ont été engagés dans ce département pour les constructions scolaires. L'essentiel de l'effort budgétaire a été consenti par les communes, 94 % du total, et 70 % des édifices ont été réalisés uniquement par elles. L'Etat a limité son effort à 2,2 % et le département à 1,5 % mais parfois sous la forme d'une aide ponctuelle appréciable. Dans certaines communes les dons ont été élevés : plus de 18 % de la dépense dans dix localités, le record étant détenu par Hombourg où l'école est financée entièrement par des dons en 1850. Il s'agit en général de belles bâtisses avec parfois une surenchère dans le décor extérieur par esprit de clocher, de sorte qu'on peut souvent les qualifier d'« ornement du village ». Le plus souvent c'est la maison commune, comportant la mairie, un entrepôt pour les pompes à incendie, le corps de garde, l'école et le logement de l'instituteur, soit à la fois « l'autorité, la sécurité et la culture »[158].

Dans le Bas-Rhin le nombre des écoles publiques passe de 1 012 en 1853 à 1 415 et celui des maîtres de 1 334 à 1 531 pour 544 communes, mais il s'agit plus d'un dédoublement des écoles mixtes existantes que d'une implantation plus serrée. Le recteur Delcasso estime que « la séparation des sexes importe plus que celle des cultes ». En 1854 le ministre de l'Instruction publique se félicite de l'excellente situation de l'enseignement primaire dans le Bas-Rhin, où en 1870 chaque commune a au moins une école. Dans le Haut-Rhin les quatorze très petites municipalités qui n'en ont pas encore en 1866 en sont pourvues en 1870. A Mulhouse l'école publique fondée en 1829 est complétée par des écoles de quartier : en 1867 on compte 3 530 élèves des deux sexes, répartis en 34 classes de garçons et 20 de filles[159]. Le Bas-Rhin possède une nette avance : en 1861 on y compte une école pour 492 habitants contre 603 dans le Haut-Rhin qui bénéficie en 1869 de 421 maîtres catholiques, 270 protestants et 45 juifs.

Dans la décennie 1860 on assiste à d'importants débats sur la gratuité et l'obligation scolaires. Le conseil général du Bas-Rhin, encouragé par les préfets, refuse la gratuité et promeut l'obligation. Néanmoins la gratuité progresse fortement, grâce à la générosité des municipalités envers les familles modestes, ce qui permet en 1858 à environ 40 % des élèves du Bas-Rhin et 58 % de ceux du Haut-Rhin de bénéficier de la gratuité. Bien que jusqu'en 1864 elle soit freinée par les autorités (préfets et responsables académiques), le ministre Victor Duruy encourage les communes à l'inscrire dans les faits par la loi de 1867, ce qui entraîne un revirement de l'opinion en Alsace. Les communes sont en marche vers la gratuité totale des écoles. Dans le Haut-Rhin on recense déjà soixante-douze communes et 65 % des élèves qui en bénéficient en 1867. L'année suivante l'inspecteur primaire Jost de Wissembourg propose que les maires refusent tout secours aux familles pauvres qui ne peuvent justifier l'assiduité scolaire de leurs enfants.

L'idée d'obligation, lancée en 1861 par plusieurs instituteurs, est diffusée de 1868 à 1870 par des pétitions lancées par la Ligue de l'enseignement de Jean Macé avec l'appui du quotidien *Le Courrier du Bas-Rhin*, et encouragée par le conseil général du Bas-Rhin qui s'inspire de la politique pratiquée dans les Etats allemands voisins. Dans les paroisses protestantes, une circulaire du directoire de l'Eglise de la Confession d'Augsbourg, appliquée dans la plupart des inspections, stipule que ne peuvent être admis à la confirmation que des catéchumènes ayant suivi assidûment l'enseignement religieux à l'école. Une des finalités sociales de l'enseignement primaire aux yeux des paysans de l'époque consiste d'ailleurs à assurer une bonne préparation à la première communion ou à la confirmation. Les programmes ne sont uniformisés que par le règlement académique sur l'emploi du temps dans les écoles primaires publiques. Une loi de 1867 rend obligatoire l'enseignement de l'histoire et de la géographie de la France. Le ministre Victor Duruy recommande aussi l'introduction d'un cours d'agriculture, d'où la multiplication des potagers à côté des écoles. Le chant, bien que facultatif, tient une grande place en Alsace. Le recteur Delcasso compose lui-même un recueil de textes français pour diffuser l'usage du français à côté des chants populaires allemands. L'Alsace est une des premières régions à créer des salles d'asile (écoles maternelles) pour les enfants de trois à sept ans, selon une loi de 1837, mais en fait une collaboratrice d'Oberlin, Louise Scheppler, a créé le modèle au Ban de la Roche dès la fin du XVIIIe siècle. Les deux départements sont ceux où la fréquentation est la plus élevée. Les salles d'asile sont encouragées par les préfets et les inspecteurs qui y voient un moyen privilégié de diffuser le français. En 1869 on en dénombre 223 avec 25 930 enfants dans le Bas-Rhin et 151 avec 19 990 enfants dans le Haut-Rhin. Elles entraînent des progrès incontestables du français, variables selon les lieux et le personnel.

La condition des maîtres demeure modeste en dépit d'une amélioration incontestable

Durant cette période l'essor scolaire entraîne une relative valorisation du personnel enseignant. On passe du maître d'école (Schulmeister) à l'instituteur et les autorités leur décernent de belles formules, « le plus beau métier du monde ». Victor Duruy en s'adressant à la délégation haut-rhinoise invitée à l'Exposition universelle de 1867 leur dit : « Vous êtes les pontonniers de l'instruction du peuple ». Mais la réalité, malgré des nuances locales importantes, demeure dans l'ensemble très terne. Sous le Premier Empire le niveau des maîtres est souvent faible. Selon le sous-préfet d'Altkirch en l'an XII, « la majorité ignore non seulement la langue française, mais l'allemande même ». En 1812 le préfet Lezay-Marnésia estime que sur 700 instituteurs moins de 150 sont en état de donner des leçons de lecture et d'écriture en français et moins de 50 sont capables de l'enseigner avec fruit.

Par la suite leur statut demeure médiocre d'où un faible attrait auprès des jeunes. Leur rémunération dépend du bon vouloir des communes qui font en général preuve de pingrerie. Selon le conseil d'arrondissement de Wissembourg, « la plupart touchent moins de salaires que le dernier des journaliers » (1829)[160]. A Mulhouse l'instituteur est perçu comme un fonctionnaire communal pour lequel le bourgeois fait preuve de dédain et de morgue : son salaire correspond à celui des domestiques. Cette attitude explique l'engagement politique de beaucoup d'entre eux dans la révolution de 1848. Mais sous le Second Empire ils redeviennent apolitiques. Leur situation financière s'améliore, ce qui se traduit par un recrutement plus facile. Toutefois leur revenu ne dépasse que de peu celui d'un ouvrier en 1870, ce qui explique que de nombreux maîtres rompent leur contrat dont vingt pour la seule année 1846 dans le Haut-Rhin, pour s'engager en particulier dans les chemins de fer. Ils font office de propagateurs des idées nouvelles sur l'agriculture et se montrent en général respectueux des autorités. En 1870 ils occupent une place acceptable malgré une situation matérielle peu satisfaisante.

Leur indigence explique le sentiment de dépendance qu'éprouvent nombre d'instituteurs ruraux. Esprit de soumission et absence de personnalité due au manque de sécurité les caractérisent. Assez souvent le maître d'école a le comportement d'un « pauvre homme vivant dans un pauvre village » [161], mais l'image tend à s'améliorer au moins dans certaines régions. En 1852 les instituteurs de l'arrondissement de Colmar se voient qualifier d'« instruits, exacts et zélés ». Ils continuent à exercer des activités annexes : si les métiers secondaires d'artisan disparaissent après 1830, ils font toujours office de sacristain et d'organiste. Mais surtout ils deviennent à la campagne secrétaires de mairie. Quand le maire est peu qualifié, il n'est pas rare qu'il tombe « totalement sous la dépendance du maître d'école ».

Leur formation est assurée pour une partie croissante dans les écoles normales d'instituteurs. Celle de Strasbourg (1810) est la première créée en France sur le modèle des séminaires installés dans le dernier tiers du XVIIIe siècle dans les territoires rhénans. Elle forme chaque année une vingtaine de maîtres catholiques, une dizaine de protestants et un à deux juifs. Sous la Restauration elle est dirigée par des ecclésiastiques et comprend un professeur de français, un d'allemand et quatre maîtres d'arpentage, d'écriture, de clavecin et de chant, ainsi que deux aumôniers.

En 1832 est ouverte celle de Colmar, qui se situe dans le cadre de la première vague nationale de créations. Sa bibliothèque comprend les œuvres des grands pédagogues allemands. Les conditions d'entrée consistent dans un contrôle de la lecture et de l'écriture, des premières notions de grammaire française et de calcul, et surtout on insiste sur une « connaissance suffisante de la religion qu'il professe ». La place réservée à l'allemand est limitée à une heure par jour, ce qui paraît encore excessif à l'auteur du rapport de 1835-1836, pour qui ce ne « peut être qu'une langue de relation entre le maître et les jeunes élèves, (elle) ne doit pas être une étude littéraire »[162]. Cette école forme une vingtaine de maîtres par an, issus pour la plupart d'un village de la région colmarienne, d'une famille paysanne modeste ou fils d'instituteur. L'internat se caractérise par une atmosphère d'austérité, de discipline et de frugalité, en vue de faire acquérir aux élèves maîtres des « habitudes d'ordre et de soumission, de modestie et de simplicité »[163]. Ces jeunes normaliens contribuent à améliorer le niveau culturel et pédagogique d'un corps enseignant devenu plus professionnalisé. Dans le Bas-Rhin l'école normale a formé 1 079 instituteurs de 1810 à 1869. Dans le Haut-Rhin ils ne représentent, avec 280 personnes, que 37 % du corps enseignant en 1850.

L'essor de l'enseignement féminin

La scolarisation des filles demeure longtemps en retard à cause d'un désintérêt relatif des parents qui préfèrent limiter l'écolage aux seuls fils ou qui n'y voient guère d'intérêt. Ainsi à Alteckendorf les paysans luthériens estiment (1858) que «les filles n'ont besoin de savoir autre chose que filer, soigner le bétail, faire du fourrage et la cuisine, et aller aux champs ». Dans beaucoup de villages les filles sont mises dès l'âge de onze ans « en service en qualité de bonnes d'enfants »[164]. La législation encourage leur scolarisation. Une ordonnance de 1836 jette les fondements d'un enseignement féminin. La loi Falloux impose à toutes les communes de plus de huit cents habitants une école publique de filles, chiffre ramené à cinq cents par une loi de 1867 qui prévoit pour la première fois les mêmes programmes que pour les garçons. En réalité l'enseignement contient depuis longtemps les mêmes programmes que celui donné aux garçons. Ainsi à l'école communale de Mulhouse les disciplines ménagères inculquées aux filles s'ajoutent aux autres enseignements en vue de les former à leur tâche de future éducatrice. Le préfet du Bas-Rhin mène une politique énergique grâce à des subventions fréquentes du conseil général, car préfets et recteurs voient dans l'enseignement féminin le meilleur moyen de propager le français.

Les progrès sont très sensibles. Dans le Bas-Rhin il existe, en 1869, 393 écoles de filles (272 catholiques, 113 protestantes et 8 judaïques), 143 écoles mixtes dirigées par un instituteur et pourvues d'un ouvroir. Dans le Haut-Rhin le tableau ci-dessous met en lumière les progrès incontestables pour l'ensemble des écoles publiques du département[165].

PROGRÈS DE L'ENSEIGNEMENT FÉMININ DANS LE HAUT-RHIN

	Nombre d'écoles	Nombre d'institutrices laïques	congréganistes	Nombre d'élèves
1852	254	67	419	26 446
1869	318	97	531	32 806
	(+ 25 %)	(+ 44 %)	(+ 26 %)	(+ 24 %)

En milieu catholique l'éducation est assurée surtout par les membres des congrégations enseignantes, en général très appréciées par la population, soit les sœurs de la Divine Providence de Ribeauvillé, qui dans les années 1860 ont du mal à répondre à la demande et qui constituent un vecteur de la diffusion du français, et les sœurs de Saint-Jean-de-Bassel, de Portieux, de la Doctrine chrétienne et de Notre-Dame. Chez les protestants au contraire les candidatures sont peu nombreuses, d'où la création en 1846 par un certain nombre de personnalités, à l'initiative de l'inspecteur d'académie Joseph Willm, d'une école normale d'institutrices à Strasbourg[166], financée par une souscription et une aide des deux départements alsaciens et de l'Etat. En 1870 si parmi les maîtres les laïcs représentent 91 %, parmi les maîtresses les religieuses constituent 91 % dans le Haut-Rhin.

Vers une alphabétisation quasi générale

L'alphabétisation peut être cernée à partir des registres de conscription, existant depuis 1832, et des registres de mariage de l'état civil. Les études demeurent encore peu nombreuses. L'Alsace continue à se situer parmi les départements les plus favorisés sur le plan national avec l'ensemble du nord-est. Certes sous le Premier Empire la situation est inégale et assez médiocre par endroits. D'après une enquête de 1807[167], 47 % des habitants du Bas-Rhin et 46 % de ceux de l'arrondissement d'Altkirch savent lire et écrire. Les régions défavorisées sont le massif vosgien, la bordure rhénane et les cantons de Hirsingue et de Ferrette – en 1848 encore un inspecteur le qualifie du « plus arriéré » –, où le taux se situe entre 10 et 30 %, notamment dans les petits villages, dont plusieurs n'atteignent pas la barre de 10 %. A l'inverse les régions les plus alphabétisées sont le Kochersberg et le vignoble. Les villes sont nettement privilégiées, de 60 à 80 %, sauf les bourgades situées dans le massif vosgien ou en bordure du Rhin, ainsi que les protestants. Certains témoignages confirment ces chiffres. Ainsi le maire d'Eguisheim se plaint (1807) de ce que les élèves qui quittent l'école à quatorze ans savent un peu lire, à peine écrire « ou du moins n'ont ni style ni orthographe », et « ne savent pas faire une simple lettre, une quittance ou pareilles ». La diversité demeure la règle. Dans l'arrondissement d'Altkirch, si 75 % des adultes savent lire et écrire dans douze villages, à l'inverse dans huit villages, seuls 2 à 5,3 % des personnes se trouvent dans ce cas.

Après 1815 l'alphabétisme progresse partout de manière incontestable. Les taux d'alphabétisation des conscrits sont nettement supérieurs à la moyenne nationale. Ils atteignent, dès 1827-1831, 82 % dans le Bas-Rhin et 77 % dans le Haut-Rhin pour une moyenne nationale de 46,7 %. Le Bas-Rhin se situe toujours à un niveau plus élevé, comme l'illustre ce tableau pour l'année 1832.

L'ALPHABÉTISATION EN 1832

	Sait lire et écrire	Sait lire seulement	Ne sait ni lire ni écrire
Bas-Rhin	89,3 %	0,2 %	10,5 %
Haut-Rhin	76,5 %	0,7 %	22,8 %

Dans le Haut-Rhin on peut distinguer trois phases. De 1832 à 1840 l'illettrisme recule de 22 à 10 %, soit ceux qui sont scolarisés entre 1815 et 1835. Puis on assiste à un blocage de 1841 à 1856 qui s'explique par une forte poussée démographique. De 1857 à 1868 l'analphabétisme se marginalise, en raison de l'amélioration de la conjoncture économique et des effets de la loi Villermé (1841) qui limite le travail des enfants à l'usine.

Au cours de la période les disparités cantonales s'atténuent progressivement. Dès 1845 plus de 90 % des conscrits du vignoble et de la plaine sont alphabétisés. Dans l'arrondissement d'Altkirch le taux d'illettrisme chute de 36 % (1827) à 8 % (1845). Dans le canton de Thann en 1850 à peine 28 sur 215 conscrits sont illettrés. Les cantons montagnards nettement en retard en 1836, comblent le fossé en une trentaine d'années. En 1848 subsistent des poches d'analphabétisme dans cinq cantons situés dans les Vosges. De même l'avantage initial des cantons à majorité protestante (Andolsheim, Munster) est progressivement dilué. Les régions industrielles connaissent un certain retard, en particulier Guebwiller et Mulhouse où 38 % des enfants d'âge scolaire sont illettrés en 1868. Vers 1850 l'analphabétisme paraît être devenu un phénomène marginal parmi les moins de trente ans, limité aux enfants de la couche la plus pauvre et à une partie travaillant dans les manufactures.

En 1869 le nombre des conscrits illettrés, un des plus faibles en France, 4 % dans le Haut-Rhin et 2 % dans le Bas-Rhin, est en voie de marginalisation. Néanmoins les résultats demeurent inégaux. En 1868 sur onze mille élèves qui quittent l'école seulement trois mille écrivent d'une manière plus ou moins correcte, mais seul 1 % ne sait que lire et 0,5 % demeurent illettrés.

Chez les femmes le niveau culturel est aussi relativement élevé. Il peut être cerné à partir des signatures des actes de mariages recensées pour l'année 1866[168].

POURCENTAGE DES MARIÉS NE SACHANT PAS SIGNER

	Les deux sexes	Hommes	Femmes
Bas-Rhin	1,44 %	0,83 %	2,06 %
Haut-Rhin	4,23 %	2,36 %	6,10 %

(0 % dans le canton de Dannemarie).

Ce tableau confirme les affirmations de la presse régionale, selon lesquelles le développement de l'instruction des filles est presque égal à celui des garçons. Le Bas-Rhin vient au premier rang des départements pour le nombre de conjoints et de conscrits sachant lire et écrire et le Haut-Rhin au huitième rang. En 1866 le procureur général de Colmar note que « l'état de l'instruction primaire en Alsace, bien qu'inférieur à celui d'outre-Rhin, est incontestablement supérieur à celui de la plupart des provinces de France », une comparaison qui revient fréquemment dans la presse[169], ce qui explique que la situation scolaire de l'Alsace ait été appréciée par Victor Duruy lors de l'Exposition universelle de 1867.

Un enseignement secondaire élitiste

Sous le Premier Empire se remet en place un enseignement secondaire, désormais public, mais à la charge des communes. Il perd progressivement son autonomie pédagogique et financière face à l'emprise croissante des nouvelles autorités académiques, elles-mêmes contrôlées par le ministère de l'Instruction publique. Le personnel enseignant est en général de valeur ; composé d'une majorité de laïcs et de quelques clercs, il connaît parfois des problèmes de coexistence entre catholiques et protestants. En 1813 on dénombre à côté du lycée impérial de Strasbourg, qui succède en 1803 à l'école centrale, six collèges communaux dans le Bas-Rhin et huit dans le Haut-Rhin, d'importance très inégale. Il s'y ajoutent plusieurs établissements privés, soit pour les catholiques à La Chapelle (1818), à Colmar (Saint-Martin en 1852), à Zillisheim (1866) et à Strasbourg (collège de Saint-Louis transféré en 1861 à Saint-Etienne). De son côté le gymnase protestant de Strasbourg devient un laboratoire d'innovations pédagogiques. Il bénéficie toujours d'un grand rayonnement dans l'Alsace protestante par la qualité de sa formation. L'incendie des bâtiments en 1860 suscite un élan de générosité de la part de nombreuses paroisses rurales. Sous le Second Empire on dénombre dans le Bas-Rhin six collèges municipaux (Haguenau, Sélestat, Bouxwiller, Obernai, Wissembourg et Saverne), le lycée de Strasbourg, le collège Saint-Etienne et le gymnase protestant, alors que le Haut-Rhin compte en 1854 un lycée (Colmar), six collèges classiques et deux collèges spécialisés.

La diversité est considérable. Le collège de Bouxwiller conserve sa spécificité protestante et ressemble sous la Restauration encore « plus à un gymnase allemand qu'à un collège français »[170]. En 1823 le français devient langue d'enseignement, mais l'utilisation de nombreux textes allemands demeure, de sorte que les anciens élèves conservent de nombreux germanismes. Par la suite la situation évolue au point qu'en 1868 le professeur Daniel Scherdlin demande qu'on enseigne l'allemand dans des livres allemands et non à l'aide de grammaires écrites en français[171]. En 1820 le collège de Colmar est « le plus beau de tous les établissements de l'académie et l'enseignement y est très satisfaisant » selon un rapport d'inspection. Peu après le collège innove avec la création d'une chaire de physique, de chimie et d'histoire naturelle. En 1854 il devient lycée impérial. Le collège de Mulhouse, tourné vers un enseignement concret et moderne, est considéré après 1830 comme un modèle dans plusieurs villes françaises dont Cherbourg et Toulouse. Il a la particularité d'accorder la prééminence aux matières scientifiques, aux mathématiques et aux langues vivantes. La bourgeoisie industrielle accorde peu d'intérêt à la culture gréco-latine. L'enseignement classique ne s'aligne que vers 1848 sur les autres collèges de l'académie, car très longtemps on estime que ces études font perdre leur temps aux élèves.

A côté des humanités, la présence de l'allemand est générale, alors que le français, langue d'enseignement, est encouragé par les autorités « pour que toute cette portion de Français sache enfin le français »[172]. Le niveau semble souvent médiocre, à en juger par le taux élevé d'échecs au bac (66 % en 1852) malgré une indulgence croissante du jury. Les effectifs demeurent modiques et ne progressent qu'à Strasbourg. Ils atteignent un millier pour l'académie à la fin du Premier Empire. Ils ne font que doubler jusqu'en 1870 (889 en 1868 dans les six collèges bas-rhinois, soit une élite très restreinte dont la moitié suit un enseignement spécial professionnel), sauf à Strasbourg. Ici le total des élèves du lycée et des deux établissements confessionnels atteint 1 800 en 1869.

Le nombre total des élèves du secondaire atteint alors 2 905 dans le Bas-Rhin, contre 1 530 en 1851, soit un élève pour 202 habitants, et 2 002 dans le Haut-Rhin. Un bon tiers suit en fait un enseignement spécialisé professionnel. Il s'agit surtout de fils de la bourgeoisie économique, des professions libérales, des fonctionnaires et de la nouvelle bourgeoisie catholique.

Une université active, mais peu fréquentée et mal équipée[173]

La fondation de l'Université impériale qui dispose du monopole universitaire (1808) entraîne la mise en place de cinq facultés (lettres, sciences, droit, médecine, théologie protestante) qui demeurent isolées sous la présidence d'un recteur et qui s'installent dans l'ancien hospice des enfants trouvés à la Krutenau, hormis la théologie protestante qui s'établit au quai Saint-Thomas. L'activité scientifique n'est pas négligeable, grâce au rayonnement de diverses personnalités. A la faculté des lettres il s'agit de Henri Weil, une des gloires de la littérature française, de Frédéric Bergmann, auteur de nombreux travaux d'archéologie, de linguistique et de philosophie, et de Fustel de Coulanges qui attire des centaines d'auditeurs à ses cours publics et qui élabore à Strasbourg la célèbre *Cité antique* (1864). A la faculté de droit Jean-Georges Arnold crée l'école historique de droit dont cette faculté demeure le porte-parole français jusqu'en 1870.

La faculté de médecine conserve sa tradition de recherche grâce à quelques sommités. Charles-Henri Ehrmann fait du Musée anatomique un des premiers en Europe. Président de la Société de médecine, il est correspondant de l'Académie des sciences et de nombreuses institutions savantes étrangères. François Fodéré, créateur de la médecine légale, est un précurseur des lois sociales. Emile Küss a réalisé, à côté de ses activités politiques, d'importants travaux en physiologie et en histologie qui lui permettent de s'opposer aux maîtres parisiens. Son *Cours de physiologie* est un manuel apprécié qui connaît de nombreuses rééditions. Enfin Frédéric Kirschleger publie une *Flore d'Alsace* célèbre. En 1856 la notoriété de la faculté permet l'installation à Strasbourg de l'Ecole du service de santé militaire.

La faculté des sciences est illustrée par Louis Pasteur qui ne reste que cinq ans à Strasbourg (1849-1854), son successeur Charles Gerhardt et le géologue Auguste Daubrée. Georges-Louis Duvernoy crée après 1830 un enseignement d'anatomie comparée, encore très peu répandu à l'époque. Celui-ci a marqué l'évolution des conceptions scientifiques de son temps. Enfin Wilhelm Schimper, membre de plusieurs académies étrangères, laisse une œuvre considérable en botanique (mousses) et en géologie sur la flore fossile. La faculté de théologie protestante s'illustre après 1830 par d'importants travaux historiques sur la Réforme, l'édition des œuvres de Calvin par Edouard Reuss, Jean-Guillaume Baum et Auguste Cunitz, et la fondation de la *Revue de Strasbourg* par Timothée Colani qui bénéficie d'une diffusion européenne de 1850 à 1869. Mais les facultés souffrent d'un équipement modeste, notamment pour les laboratoires, et de locaux mal adaptés, hormis la faculté de médecine qui bénéficie de la construction d'un beau bâtiment (1867) en face de l'entrée de l'hôpital. Les effectifs demeurent médiocres, passant d'une centaine en 1852 pour l'ensemble des facultés à trois cents en 1869 dont seulement quatorze en lettres et dix en sciences. Néanmoins Strasbourg demeure jusqu'en 1870 la ville qui bénéficie, après Paris, du meilleur équipement universitaire.

Un rôle pionnier dans la formation professionnelle[174]

L'essor industriel nécessite le recrutement et la formation d'une main-d'œuvre compétente. Au départ les industriels ont fait appel à des techniciens étrangers : mécaniciens anglais, graveurs, imprimeurs et maîtres tisserands suisses, spécialistes de la quincaillerie de Solingen et Remscheid (Prusse rhénane). A Mulhouse le patronat attache une grande importance au contenu de l'enseignement dispensé dans le collège : lors de la création en 1812 il obtient un enseignement de statistique commerciale et de chimie élémentaire appliquée aux arts et veille toujours à la nomination d'excellents professeurs de mathématiques et de sciences. En 1831 la ville de Mulhouse crée une école industrielle à forte orientation scientifique qui fait concurrence au collège classique. Par la suite de nombreux collèges ouvrent des classes annexes, qui donnent un enseignement général court qui s'inspire de cette école. Dans plusieurs villes les programmes des classes annexes des collèges sont orientés vers les débouchés offerts par l'économie locale : industrie à Thann et à Guebwiller, cours d'agronomie et de comptabilité à Sélestat, Haguenau et Obernai.

Au gymnase protestant de Strasbourg une section pratique ou industrielle est créée à partir de 1829 qui bénéficie d'un enseignement de calcul, de géométrie pratique, d'histoire naturelle dans ses applications à la technologie, dessin et exercices de correspondance commerciale française, qui connaît un vif succès. De son côté la ville de Strasbourg a créé un cours de chimie technique et une école gratuite de dessin, puis en 1832 une école industrielle devenue école préparatoire aux arts et métiers.

Certains établissements assurent un enseignement purement professionnel : l'école israélite d'arts et métiers de Strasbourg, qui s'inspire de l'école professionnelle, forme aux métiers de l'artisanat, l'institut agricole de Willerhof, tenu par les frères de la Doctrine chrétienne. Quelques entrepreneurs (Illkirch-Graffenstaden, Bischwiller) ouvrent des cours professionnels. Néanmoins le Bas-Rhin reste en retard sur le Haut-Rhin. Au total vers 1860 « plus de deux mille élèves reçoivent une formation professionnelle dans trente-six établissements d'enseignement »[175], à quoi il convient d'ajouter plusieurs centaines de cours du soir. Cette avance de l'Alsace en matière de formation professionnelle se maintient par la suite. Ce sont les industriels mulhousiens qui ont imposé l'usage de l'expression « enseignement technique » qui s'est maintenue par la suite. Pour les ingénieurs, cadres et techniciens supérieurs apparaît assez vite la nécessité de créer des établissements spécialisés. En 1822 deux industriels, Nicolas Koechlin et Jean Dollfus, obtiennent la création d'une chaire de chimie appliquée à l'industrie textile, à l'origine de l'école de chimie (1866). En 1829 apparaît l'école de dessin, industriel et technique, qui permet à Mulhouse de détenir pendant plusieurs décennies un véritable monopole et à des ateliers d'exporter des dessins dans le monde entier. Puis sont créées l'école de tissage mécanique (1861), l'école de filature (1864) et l'école de commerce (1866) qui associe l'enseignement des langues, la géographie économique et l'apprentissage des techniques commerciales.

Une véritable politique de recherche est mise en place avec la création de la Société industrielle de Mulhouse (1826) qui devient « à la fois l'instrument d'une coopération dans le domaine de la recherche-développement, par la sélection d'objectifs communs ou la comparaison des expériences individuelles, et un foyer de diffusion de l'information scientifique et technique »[176]. Les programmes de recherches engagés dans ce cadre sont très étendus. Ainsi en 1830 vingt-cinq thèmes sont proposés qui recevront presque tous une solution dans les dix à vingt années suivantes, dont plusieurs inventions majeures. La société procède aussi à des expériences dans les entreprises conçues sur un modèle commun. Enfin elle permet une diffusion rapide de certaines inventions par une correspondance avec des industriels et chercheurs du monde entier, des missions d'étude, un bulletin régulier et sa bibliothèque, à nette dominante technique et française. Sur les 726 titres acquis jusqu'en 1840, seuls 10 % sont en allemand (*catalogue* publié en 1840).

La culture scientifique des industriels

Les premiers industriels de Mulhouse ont reçu souvent leur formation dans des instituts protestants helvétiques tenus par de grands pédagogues. Trente-neuf élèves mulhousiens ont fréquenté l'institut de Pestalozzi à Yverdon, vingt-deux ont été chez Fellenberg à Hofwyl et quarante-quatre chez Lippe à Lenzbourg, dans la première moitié du siècle, avant de la compléter sur le plan scientifique. D'autres sont formés au gymnase protestant de Strasbourg. A partir du début du XIXe siècle, la fréquentation des cours des savants chimistes parisiens devient systématique pour les futurs indienneurs. Les futurs maîtres de forges comme Albert et Eugène de Dietrich associent souvent des études à Heidelberg et à l'école des mines de Saint-Etienne. Ceux qui se lancent dans la filature mécanique passent volontiers par le Conservatoire national des arts et métiers ou l'école des arts et métiers de Châlons-sur-Marne. Après 1830 les études d'ingénieur sont souvent incluses dans la formation des entrepreneurs, soit l'école de chimie de Mulhouse et une école d'ingénieurs, surtout l'école centrale de Paris. Sous le Second Empire une bonne moitié des patrons a fait des études supérieures, contre 12 % seulement en Normandie. Près d'un tiers sont passés par des écoles d'ingénieurs, les autres ont fait des études de chimie.

La curiosité scientifique déborde largement le seul créneau professionnel. La Société industrielle de Mulhouse évoque tout au long du XIXe siècle toutes les grandes controverses scientifiques de l'époque et crée un comité d'histoire naturelle. Plusieurs industriels créent diverses collections (coléoptères, minéraux, papillons, herbiers), tandis que Daniel Dollfus-Ausset consacre la fin de sa vie à l'étude des glaciers. Entre 1850 et 1870 un tiers des patrons manifeste une curiosité débouchant sur une pratique, notamment par des publications, dans un domaine extérieur à leur activité professionnelle principale : histoire, beaux-arts, théologie, économie

Le chemin de fer, outil du développement industriel et culturel. La gare de Thann, construite en 1839, est une des premières en Alsace. Chromolithographie d'Engelmann.

politique, pédagogie, sans compter parfois une bibliothèque assez conséquente (4 000 pour Frédéric Engel-Dollfus)[176a].

L'Alsace, un foyer de découvertes industrielles[177]

L'expansion industrielle et la remarquable culture scientifique suscitent un savoir-faire propice aux inventions : l'Alsace constitue alors un des grands foyers européens d'innovation technologique, ce qui permet à ses industriels de devancer leurs concurrents, dans de nombreux secteurs. L'indiennerie bénéficie d'une remarquable avance technique grâce à la multiplication des découvertes et inventions des chimistes entre 1780 et 1810. Les fabricants disposent de quinze ans d'avance sur leurs concurrents britanniques. Sur trente et une inventions mentionnées dans l'indiennerie pour la période 1780-1830, vingt-sept sont dues à des Alsaciens. Entre 1830 et 1870, ils créent trente-neuf procédés nouveaux sur un total de soixante-dix. L'indiennerie est en particulier une des premières à utiliser les colorants artificiels. Le blanchiment des tissus, fruit de connaissances chimiques de pointe, assure une avance technique durant tout le XIXe siècle. En 1837 les industriels réalisent une percée technique en mettant au point une méthode rationnelle qui s'inspire des théories de Chevreul sur les corps gras et qui est appliquée durant un bon demi-siècle dans le monde entier. La mécanisation de l'industrie textile, en particulier la filature – où l'Alsace est en avance sur les autres centres industriels français et continentaux – et le tissage, permet et la baisse des prix des tissus et l'augmentation des salaires ouvriers. De son côté l'entreprise de Dietrich demeure durant tout le siècle à l'avant-garde du progrès technologique dans le domaine de la transformation de fonte brute en fer, puis en acier. Son principal succès est celui des bandages de roues de wagon pour lesquels cinq techniques différentes se succèdent. Charles Hirn (1810-1879) invente dans les années 1850 les câbles télédynamiques qui rendent d'éminents services aux établissements industriels pour la transmission à grande distance des forces motrices. Cette invention qui fait rapidement ses preuves dans toute l'Europe vaut à son auteur un des grands prix de l'Exposition universelle de Paris de 1867. Durant le troisième quart du siècle, une pléiade de brillants ingénieurs développe la thermodynamique et accroît l'avance de l'industrie alsacienne. Parmi ces innovations, on peut encore citer la découverte de l'acide paratartrique par Charles Kestner, l'invention de la peigneuse mécanique par Josué Heilmann et la tuile mécanique par Xavier Gilardoni. Cette série d'exemples non exhaustive montre que les spécialisations les plus durables de la grande industrie reposent largement sur les percées techniques effectuées dans quelques secteurs.

De multiples innovations scientifiques et autres

Mais l'industrie n'est pas le seul domaine de l'innovation en Alsace. Dans le domaine économique elle est pionnière aussi pour la construction d'un réseau ferroviaire et la création d'un réseau de caisses d'épargne dans toutes les villes moyennes entre 1834 et 1840. Malgré un équipement insuffisant, de nombreux scientifiques ont fait de l'Alsace une terre de découvertes au point de déranger bien des certitudes. Ainsi Charles Gerhardt crée à Paris (1851) le premier institut de chimie en France à titre privé et énonce la première formulation claire des notions d'atome et de molécule, des idées novatrices qui hérissent les aînés. Il est l'inventeur de l'aspirine et a forgé les clés qui donnent accès à de nombreux médicaments.

Louis Pasteur, durant son séjour strasbourgeois, a opéré des recherches sur les tartrates et l'acide racémique. Il est un précurseur dans le domaine des molécules. Auguste Daubrée a réalisé la première carte géologique au 1/80 000 des deux départements et dressé le premier inventaire complet dans le domaine géologique et minéralogique. Son collègue Dominique-Auguste Lereboullet crée un enseignement d'histologie qui attire à Strasbourg de nombreux étudiants français et étrangers. Le caractère innovant de ses recherches lui cause de graves ennuis de la part des tenants de la science officielle. Enfin les *Annales* de Joseph Diez Gergonne ont été à la fois un lien entre tous les mathématiciens de Strasbourg et un stimulant pour la découverte d'idées et de méthodes nouvelles[178]. En dehors de l'université, Frédéric Reech (1805-1884), devenu officier de marine, a mis au point un théorème dans le domaine de la thermodynamique et énoncé la loi de similitude des corps flottants en mécanique des fluides. Gustave Adolphe Hirn, industriel et physicien, un des grands savants du XIXe siècle, a mesuré le coefficient d'équivalence chaleur-travail. Ses travaux ont permis d'accroître le rendement des machines à vapeur. Il est un des premiers à avoir établi un lien entre une science, la thermodynamique, et une technique, celle de la machine à vapeur. Il a mis au point des procédés d'épuration et de raffinage qui en ont fait un pionnier des techniques du pétrole. Il était en relations avec des savants du monde entier et affilié à des académies d'une dizaine de pays[179].

L'avance de l'Alsace en matière de réalisations sociales sur l'ensemble de l'Europe continentale jusqu'à la fin du XIXe siècle a frappé les observateurs contemporains. Les initiatives des industriels se multiplient à partir des années 1820 : gratuité des actes médicaux, vente à prix réduit des denrées de première nécessité, couverture du risque maladie et retraites, création de caisses d'épargne, de clubs de gymnastique et de chorales. L'œuvre qui a le plus frappé est la construction de la première cité ouvrière par Jean Dollfus, de 1853 à 1869, imitée dans plusieurs centres industriels dès avant 1870 (Guebwiller, Colmar, Wesserling, Rothau et Monswiller). L'ouverture à l'innovation s'étend aussi au domaine religieux. Le pasteur Jean-Frédéric Oberlin (1740-1826) réalise une remarquable œuvre pédagogique au Ban de la Roche qui s'inspire des grands pédagogues Jan Amos Comenius, Johann Bernhard Basedow et Jean-Jacques Rousseau, et crée un matériel pédagogique pour les « poêles à tricoter » des petits et les « écoles à tricoter » pour les grands, où il applique déjà les principes d'une pédagogie de l'éveil. Sur le plan économique et social il est un remarquable vulgarisateur et réalise un christianisme social qui suscite une lignée d'héritiers spirituels dont Daniel Legrand [180]. Les protestants ont créé de nombreuses œuvres, en particulier le courant piétiste sous l'impulsion de François Haerter qui fonde la Société évangélique (1834) qui anime une foule d'entreprises charitables, publie des traités édifiants et organise le colportage à la campagne. En 1842 est créé l'établissement des Diaconesses, le troisième dans l'Europe protestante, qui se consacre à des activités scolaires, sociales, de gardes-malades, crèches et soupes populaires. La diaconie tient aussi une grande place en milieu catholique avec la société de Saint-Vincent-de-Paul, fondée en 1833 à Paris et implantée en Alsace en 1840, la fondation d'orphelinats et les sœurs de la Croix qui se vouent aux plus déshérités. Une autre innovation commune est l'ouverture aux missions. Grâce en particulier aux spiritains, des centaines d'Alsaciens, plus de trois mille jusqu'en 1939, partent aux quatre coins de la terre, alors que du côté protestant se crée l'usage de quêtes régulières pour les missions.

L'essor des sociétés savantes [181]

Une partie des innovations ont été suscitées et encouragées par les sociétés savantes, un phénomène nouveau dont le succès est réel, limité cependant aux deux villes de préfecture. A Strasbourg la plus ancienne remonte à la fin du Directoire : en l'an VII (1799) est fondée la Société libre des sciences, arts et belles-lettres de Strasbourg, devenue en 1802 Société des sciences, agriculture et arts. Elle bénéficie d'une grande activité au XIXe siècle, où elle devient une société officielle avec la présence du préfet et du recteur. Parmi ses membres on compte des professeurs d'université, de lycée et de collège, des médecins, des ingénieurs, des propriétaires et des hommes d'affaires. Dès 1803 elle comprend cent quarante membres et quatre-vingt-quatre correspondants. Après 1830 elle devient une société essentiellement agricole qui publie beaucoup. Elle demeure aujourd'hui la doyenne des sociétés en Alsace.

Dans le domaine de l'art est créé en 1832 la Société des amis des arts, présidée par le doyen Jean-Frédéric Bruch et composée de près de cinq cents membres. Elle constitue un bastion de la société protestante et demeure jusqu'en 1870 la plus influente des sociétés strasbourgeoises par son impact social et la richesse de ses collections. Préoccupée d'ouverture européenne, elle crée en 1837 avec six Kunstgesellschaften une Association rhénane pour l'encouragement des beaux-arts, qui organise tous les ans, à tour de rôle dans chacune des villes membres, une exposition commune, interrompue en 1866. Depuis des années déjà les artistes français boudent ces tournées rhénanes, car ils y trouvent fort peu de clients pour leurs œuvres. Aussi la société accroît à partir de 1864 le nombre de manifestations artistiques pour les seuls artistes français.

Sur le plan scientifique apparaissent la Société d'histoire naturelle (1829) et la Société de médecine (1842) qui publient chacune des mémoires. Celle-ci acquiert une notoriété scientifique internationale. En 1864 elle compte cent vingt-neuf membres correspondants dont vingt-trois en Alsace, soixante-neuf dans le reste de la France et trente-sept à l'étranger, dont dix-huit Allemands. Apparaît également toute une floraison d'associations à caractère littéraire avec le Casino littéraire (1838) et le cercle Broglie (1862).

Sous le Second Empire le préfet Jean-Baptiste Migneret encourage la création de deux sociétés par son directeur de cabinet, l'archiviste Louis Spach, pour en faire des vecteurs de la politique bonapartiste. La Société pour la conservation des monuments historiques (1855), composée de quatre cent quatre-vingts membres, dresse un inventaire complet des monuments des deux départements et publie dans un annuaire des mémoires archéologiques et historiques de ses membres. La Société littéraire (1861) s'assigne comme but de « cultiver et encourager les fortes et saines études littéraires » et de « servir de lien intellectuel entre les deux rives du Rhin ». Elle publie trois volumes comportant des mémoires littéraires, philologiques et philosophiques. Ses quarante membres sont en majorité des universitaires. De son côté le botaniste Frédéric Kirschleger crée en 1862 l'Association philomatique d'Alsace et de Lorraine qui organise des réunions et des excursions sur le terrain.

Colmar connaît la création de plusieurs sociétés fort actives. En 1801 le préfet Noël crée la Société d'émulation (société des sciences, des belles-lettres et des arts), forte de trente-six membres statutaires et qui accueille une partie des membres de la Société littéraire de Théophile-Conrad Pfeffel. Elle se propose de diffuser les procédés et méthodes nouvelles qui « favorisent l'industrie, les manufactures, l'économie rurale et domestique », sans oublier les lettres et la philosophie. En 1839 l'archiviste Louis Hugot crée une Société littéraire qui regroupe les notables colmariens, et dont les soirées de lecture stimulent la vie intellectuelle de la cité, alors que les scientifiques se retrouvent dans la Société départementale d'agriculture du Haut-Rhin (1842). En 1859 apparaît la Société d'histoire naturelle, qui atteint trois cent quarante-cinq membres en 1870 et qui publie un bulletin de haut niveau scientifique. Il convient d'y ajouter une Société d'horticulture et un cercle de commerce, de l'industrie et de l'agriculture, plus connu sous le nom de cercle des Pommes de terre au café Taron.

Une presse limitée par la censure [182]

Durant presque toute la période, la censure freine considérablement la presse qui ne dispose d'une liberté réelle que sous la IIe République et à la fin du Second Empire. Sous le Premier Empire seules paraissent quelques feuilles locales dont trois à Strasbourg. La meilleure est *Le Courrier du Bas-Rhin*, caractérisé par son ouverture européenne, et qui est l'objet de plusieurs suspensions et avertissements.

Après 1815 la presse joue en dépit de la censure un rôle croissant, surtout grâce à l'opiniâtreté de l'opposition politique. *Le Courrier du Bas-Rhin* devient un grand journal d'opinion, bilingue, à la fois national et régional, expression de la bourgeoisie protestante libérale, nourrie de la moelle française, mais conservant un contact constant avec l'Allemagne et partisan d'une décentralisation. Plusieurs journaux n'ont qu'une existence éphémère. Le seul concurrent sérieux à Strasbourg est le *Journal du Haut et Bas-Rhin* (1832-1839), conservateur et ministériel, remplacé par *L'Alsace* en 1839, conservateur, mais plus réfléchi et plus vigoureux, puis en 1843 par *L'Impartial du Rhin*, ultraconservateur et ultra clérical, qui bénéficient d'une large diffusion dans les bourgades et campagnes catholiques. A Colmar paraît le *Journal du Haut-Rhin*, bilingue de 1817 à 1824, et à Mulhouse *L'Industriel Alsacien* (1833-1877) est un des journaux les plus importants du siècle. Dans les cabinets de lecture et les casinos, la bourgeoisie peut lire aussi la presse parisienne et la presse étrangère, quelques titres allemands (*Allgemeine Zeitung*) et suisses (*Neue Zürcher Zeitung*).

En 1848 les journalistes alsaciens se caractérisent par un niveau culturel élevé, lié à la maîtrise de deux langues. Les protestants, souvent formés au gymnase, dominent largement le milieu de la presse. De 1848 à 1851 la presse connaît une remarquable vitalité avec l'essor du *Courrier du Bas-Rhin*, organe des républicains modérés avec Charles Boersch, *L'Al-*

sacien, organe des catholiques et des réactionnaires, et *Le Démocrate du Rhin*, qui diffuse les idées républicaines avancées dans les campagnes grâce au talent d'Emile Küss.

Le rétablissement de la censure en 1852 étouffe cette presse, limitée à trois titres. *Le Courrier du Bas-Rhin* organe des protestants libéraux, louvoie avec d'infinies précautions dans les méandres des interdictions et des menaces de suspension – son tirage triple de mille à trois mille exemplaires. Le principal rédacteur en est Charles Boersch, le plus grand journaliste alsacien du XIXe siècle, partisan du progrès économique et scientifique et de la libre pensée, qui en fait un journal bien rédigé et informé. Le journal « très populaire », « très répandu », est lu en Alsace « dans tous les lieux publics, dans tous les ateliers et dans tous les villages »[183]. *L'Alsacien*, catholique ultramontain, se rallie à l'Empire, mais connaît des difficultés lors de l'expédition d'Italie (1859) pour devenir en 1863 le journal de l'opposition cléricale. Il disparaît en 1866. Il est diffusé surtout dans les villages catholiques des arrondissements de Strasbourg et de Sélestat.

Les préfets créent un journal d'opinion officielle qui connaît des difficultés, ce qui explique la succession de trois titres, *L'Indicateur* (1860), *Le Moniteur du Bas-Rhin* (1864) et *L'Impartial du Rhin* (1866). En 1868 la presse alsacienne comprend dix-neuf publications dont sept journaux politiques et dix journaux d'annonces, hebdomadaires. Une nouvelle loi, plus libérale, en 1868, suscite plusieurs organes, dont le *Volksbote*, un hebdomadaire catholique, et le *Elsässisches Volksblatt*, en allemand, tous deux à Mulhouse, *Le Journal de Colmar*, libéral, ainsi que quatre autres titres à Rixheim, à Guebwiller et à Belfort et *L'Echo du Rhin*, catholique ultramontain, à Strasbourg. Le clérical *Volksfreund*, hebdomadaire fondé en 1857 devient le journal bas-rhinois au plus grand tirage (autour de dix mille). Sous le Second Empire la presse parisienne, en particulier les journaux démocrates et religieux, rencontre un remarquable succès en Alsace.

Un mouvement culturel actif, mais des revues souvent peu durables

Après 1800 Théophile-Conrad Pfeffel et Christophe Koch s'engagent activement dans la reconstitution d'un consensus intellectuel en Alsace qui tient compte des nouvelles données politiques, tout en prenant en charge l'héritage culturel propre à l'Alsace. L'Empire, par l'intermédiaire de préfets habiles, a su rallier les grandes figures intellectuelles de l'Alsace, contribuant ainsi à inscrire le mouvement culturel alsacien dans une dynamique politique nationale française. La première revue, brève, est l'*Almanach alsacien*, Alsatisches Taschenbuch (1807-1808). Ainsi s'esquisse l'affirmation d'une identité culturelle propre à l'Alsace. De 1815 à 1848 on assiste à la floraison d'un grand nombre de revues, dont les titres sont parfois très suggestifs. Les unes sont en français comme la *Revue germanique* (1826-1829), la *Nouvelle Revue germanique* (1829-1834), la *Revue d'Alsace* (1834-1839) et l'*Album alsacien* (1838-1839). En allemand paraissent *Alsa* (1817), d'Ehrenfried Stöber, *Elsaessische Neujahrsblaetter* (1843-1849), *Protestantisches Kirchen- und Schulblatt* (1834-1848), *Katholisches Kirchen- und Schulblatt* (1840-1857). Ces nombreuses créations tentent de résoudre le problème linguistique, mais leur échec témoigne de la difficulté à entretenir une vie culturelle indépendante.

A l'époque le problème linguistique est parfois mal vécu par certains intellectuels, déchirés entre deux langues dont ils ne maîtrisent guère l'expression littéraire. Il est incontestable que ce malaise grève les rares et pénibles essais de poésie et de roman français. Louis Spach, tout en préconisant l'emploi du français, se voit réduit à écrire en vers allemands. Il est un des rares à exprimer ce déchirement. A Paris il a souffert de l'hésitation et de l'écartèlement entre les deux idiomes, ce qui disperse les forces et enlève les repères à la création littéraire [184]. De son côté le philosophe Jean-Christian Barthol-

En 1849 Théophile Schuler, marqué par le romantisme, illustre le «Pfingstmontag» d'Arnold (1816).

mess (1815-1856) s'impose une discipline très rude, en renonçant le plus possible aux contacts avec la « Germanie » : « Ces privations-là portent des fruits très doux... Notre position à nous autres Alsaciens exige de semblables sacrifices »[185].

Un large débat se développe vers 1840 dans ces revues autour de la question linguistique. Son ambition est de créer une littérature alsacienne, de contribuer à une meilleure connaissance de son passé et de construire un trait d'union entre la France et l'Allemagne, soit un socle de références communes. Ainsi *Elsa* se donne comme but « d'avoir amplement égard à son histoire, ses antiquités, ses légendes, ses régions pittoresques ». Les frères Stöber dans le prospectus qui annonce *Erwinia* justifient ainsi leur revue : la poésie et la littérature allemandes sont orphelines en Alsace, privées de tout média. Les jeunes talents doivent s'expatrier et se faire publier à l'étranger. L'Alsace a le droit de posséder un média propre pour sa langue allemande venue du fond des âges[186]. L'*Album alsacien* dans l'éditorial de son premier numéro précise son objectif de rappeler « l'histoire de l'Alsace, les souffrances et les hauts faits de nos pères, le rôle qu'ils ont joué dans l'histoire des Français et des Allemands, à laquelle la leur propre est intimement liée ». Cette affirmation d'une tradition culturelle alsacienne s'élargit à la revendication d'un rôle de médiateur entre les deux grands voisins. Un consensus analogue s'esquisse sur la revendication d'une décentralisation littéraire.

Sous le Second Empire, le mouvement culturel se développe et se structure : le nombre des périodiques augmente en même temps que celui de leurs collaborateurs et de leurs abonnés. Auguste Stöber publie son recueil d'histoire et de folklore *Alsatia* à Mulhouse (1850-1885). Les deux théologiens Timothée Colani et Henri Scherer font paraître la *Revue de Strasbourg* (1850-1869). Charles Boersch fonde le *Bulletin académique du Haut et du Bas-Rhin* (1851). Louis Spach entreprend (1856) la publication du *Bulletin de la Société des monuments historiques d'Alsace*. En 1859 débute la *Revue catholique d'Alsace*. Les années soixante voient encore la naissance du *Bulletin de la Société littéraire de Strasbourg* (1862), du *Bibliographe alsacien* (1861) et de la *Bibliographie alsacienne* (1869).

La Révolution de 1848 a renforcé les clivages politiques qui se manifestent aussi entre certaines sociétés. La « définition d'une culture alsacienne de référence devient un enjeu dans les luttes politiques ». La *Revue d'Alsace* devient l'organe des libéraux et des anciens républicains de 1848, alors que la *Revue catholique d'Alsace* devient celui des cléricaux. Les deux périodiques dirigés par Spach par contre sont l'expression du bonapartisme au pouvoir et attirent davantage les fonctionnaires et les personnes désireuses de faire carrière [187]. A partir de 1850 le public lettré est donc assez nombreux pour faire vivre des revues du terroir en français.

Une production littéraire abondante et inégale dans les trois langues [188]

De 1800 à 1870 la production littéraire est très abondante avec cent trente auteurs dont beaucoup de poètes, parmi toutes les couches sociales et avec une prépondérance des pasteurs qui en représentent à eux seuls près du quart (trente). La grande majorité s'exprime en allemand, plus adapté pour le sentiment et l'émotivité, alors que seule une minorité s'exprime en français et que l'alsacien apparaît et se développe dans les domaines de la poésie et du théâtre. Hormis les Stöber il s'agit surtout de braves épigones du classicisme et du romantisme allemands. La littérature de langue allemande est dominée par les trois Stöber. Le père Daniel Ehrenfried Stöber (1779-1835). En 1797 il a fondé la *Litterarische Gesellschaft alsatischer Freunde*, qui manifeste un patriotisme alsacien très attaché à la France. Selon le recteur Louis Magloire Cottard, « un cœur tout français battait chez la muse allemande de Stöber »[188a]. Esprit libéral et ouvert il correspond à la fois avec des hommes de lettres allemands, dont les frères Grimm, Uhland et Hebel, et des libéraux français. Ses poèmes lyriques, regroupés en *Sämmtliche Gedichte und kleine prosaische Schriften* (1834-1836), chantent les charmes de l'Alsace ancienne, des hommes célèbres et les joies de l'amitié. Il est longtemps le mentor d'une jeune génération de poètes qui se réclament presque tous de l'appartenance à la nation française, une attitude qualifiée à l'époque de *Deutschfranzosentum*.

Son fils aîné, Auguste Stöber (1808-1884), professeur d'allemand à Mulhouse, où il fonde une société littéraire, Concordia (1853-1870), est à la fois poète, philologue, archéologue et folkloriste. Il publie successivement *Erwinia* (1838), *Elsässische Neujahrsblätter* (1843-1848) avec vingt-huit auteurs alsaciens et trente-neuf écrivains allemands et suisses, enfin *Alsatia* (1850-1885) qui contient surtout des chansons populaires, des contes et légendes. Il demeure le collecteur des légendes, publiées en 1852, *Die Sagen des Elsasses*, demeuré l'ouvrage fondamental pour les traditions orales en Alsace. Le frère cadet, Adolphe (1810-1892), pasteur, a composé des poèmes, dont le célèbre *Hans im Schnokeloch*, devenu la chanson alsacienne par excellence et l'emblème du tempérament régional, et des biographies de réformateurs. Il est le meilleur poète alsacien de sa génération. Ses poésies lyriques, dans une langue classique, sont remarquablement composées. Avec son père, il est le premier à avoir publié des poèmes en dialecte. Il a composé une œuvre à la fois dramatique, lyrique et épique. Les deux frères sont fortement influencés par le romantisme de l'Allemagne du sud au caractère savant et historique, ce qui explique que dans l'œuvre d'Auguste les travaux historiques et linguistiques priment la production purement littéraire.

Au début du siècle le magistrat Auguste Lamey (1773-1861) est une figure de proue. Ses *Gedichte* ont connu un large succès grâce à son style naturel et populaire. Le pasteur Johann Jacob Jaegle (1763-1837) a composé des poèmes sur des thèmes moralisateurs et hébergé le poète allemand Georg Büchner.

De nombreux Alsaciens ont chanté, dans un patriotisme sincère et enflammé, Napoléon et ses généraux, contribuant ainsi à la diffusion de la légende napoléonienne. Parmi eux figure le pasteur Théophile Schaller, qui développe de réels talents poétiques, publiant en particulier une épopée comique, *Die Stutziade oder der Perrueckenkrieg*. Beaucoup d'autres pasteurs ont également composé des œuvres littéraires de qualité, en particulier de nombreux cantiques. Le meilleur de ces poètes est un épicier de Niederbronn, Frédéric Weyermüller, dont les cantiques, devenus très populaires, ont été édités à Halle (1854) : *Lutherische Lieder*, un événement exceptionnel. Vers le milieu du siècle émerge Charles-Frédéric Hartmann (1788-1864), expéditeur, qui compose de nombreux poèmes (*Alsatische Saitenklänge*, 1840 et 1843) à la gloire de Napoléon et de la France, en tant que patriote engagé, ainsi que des contes et des essais historiques. L'expression la plus réussie nous semble être « Ein Frankenherz und deutsche Sprach sind dem Alsaten keine Schmach Wie's auch der Fremde deute. »

Le Haut-Rhinois Jean Bresch (1816-1900) célèbre le bicentenaire de l'annexion à la France et le vœu d'un rapprochement entre les deux pays séparés par le Rhin. Il publie des *Vogesenklänge*, un recueil poétique de légendes, de souvenirs historiques et de traditions populaires. Parmi ces poètes, trois ont adopté une attitude politique pro-allemande : Charles-Auguste Candidus (1817-1872), son beau-frère Gustave Muehl (1819-1880) et Charles Hackenschmidt (1839-1915), mais leur œuvre demeure assez quelconque.

Dans les autres genres littéraires on peut se borner à évoquer le genre dramatique et l'épopée, dont *Rappoltstein* de Gottfried Duerrbach. Les meilleurs prosateurs sont Louis

Spach, l'archiviste, et Alexandre Weill, journaliste et ami de Heinrich Heine. En 1843 il publie à Stuttgart *Sittengemälde aus dem elsässischen Volksleben*, devenant le premier prosateur à traiter les histoires villageoises. Quelques femmes ont aussi illustré la littérature. Marguerite Spoerlin (1800-1882) a publié une série de contes et nouvelles dont les *Elsässische Lebensbilder*, où elle fait « revivre avec un talent poétique très personnel des scènes et coutumes de l'ancienne Alsace populaire et du vieux Mulhouse »[189]. Carole Gass (1808-1869) compose après la perte totale de sa vue des poésies pathétiques et émouvantes, *Aus dem Seelenleben einer Blinden*.

Presque tous ces poètes et écrivains, hormis Weill, sont protestants et souvent liés à un presbytère. Une élite littéraire catholique n'apparaît en fait qu'après 1870, et le hasard veut que les plus importants soient des prêtres. Charles Braun (1820-1877) célèbre sa vallée natale avec les *Légendes du Florival* et un recueil de chants et de poésies à la gloire de Dieu et des paysages de sa vallée, *Das Boelchengloeckchen Gebweiler*. André Hemmerlin (1816-1890), émigré en Algérie, publie des poèmes qui célèbrent Dieu, la nature et l'Alsace, ou qui critiquent les libres penseurs dont Ernest Renan et Victor Hugo. Après 1850 cette littérature est en nette régression.

L'allemand demeure la langue de l'immense majorité des auteurs, seule une infime minorité s'exprime en français : il s'agit en particulier de personnes touchées par une blessure (psychologique), parfois restées de vieux garçons qui se détournent de la vie comme Paul Ristelhuber et Louis Spach, dont le roman, *Henri Farel*, apprécié par la critique littéraire parisienne, provoque un scandale, suivi d'un oubli rapide.

L'élément nouveau est l'apparition d'une littérature en alsacien, dont l'origine remonte à des dialogues satiriques en vers, les Frau-Basengespraeche (commérages). L'œuvre fondatrice est une comédie en cinq actes et en vers publiée en 1816 par le juriste Georges-Daniel Arnold, *Der Pfingstmontag*. L'éloge de Goethe assure une consécration officielle à ce chef-d'œuvre de la littérature dialectale. C'est un tableau des mœurs strasbourgeoises qui exalte le vieux Strasbourg d'avant 1789. Il pointe toutefois la difficulté de compréhension, de la part du peuple, du francophone d'outre-Vosges et du voyageur allemand de passage. Ce « lexique idiomatique vivant » (Goethe) a connu quatorze éditions entre 1816 et 1941. Il se caractérise par une grande richesse de vocabulaire, dont de nombreux mots alsaciens dérivés directement du français.

Arnold suscite toute une vague d'auteurs qui chantent l'Alsace, notamment les Stöber qui composent les deux hymnes, mythes fondateurs de la culture des cent cinquante dernières années. Ehrenfried compose l'éloge de l'Alsace :

Und's Elsass, unser Laendel,
Es isch meineidi schoen

qui est fredonné par des générations entières d'élèves et qui demeure en 1993 encore une référence de la culture régionale. Plusieurs autres poèmes se réfèrent à l'Alsace (*Lob des Elsasses*) ou à Strasbourg (*Lob Strassburgs*). Son fils Adolphe a créé le personnage qui incarne le mieux l'Alsacien, velléitaire, hésitant, qui ne sait pas ce qu'il veut, *D'r Hans im Schnokeloch*. Ces exemples illustres nourrissent de nombreuses vocations dans les milieux populaires, artisans et commerçants. Leurs œuvres décrivent les joies et peines de la vie bourgeoise, les paysans, les légendes, et manient parfois la satire. Le tourneur Georges-Daniel Hirtz (1804-1894) est un poète fécond, chantre de Napoléon, mais son œuvre est de qualité très inégale. Le pâtissier colmarien Jean-Georges Mangold (1816-1888) a composé des comédies et des opérettes qui furent souvent jouées par des sociétés colmariennes, et ses poésies, *Colmererditschi Gedichtler*, sont écrites dans un langage très pur.

L'importance des traductions

A côté de la production littéraire, nombre d'Alsaciens assurent une réelle médiation culturelle par une importante activité de traduction. Ainsi Ehrenfried Stoeber traduit des œuvres de Rousseau et de Chateaubriand en allemand, tandis que Charles Auguste Schneegans fait découvrir Goethe et Heine aux lecteurs français. Paul Ristelhuber traduit surtout des œuvres d'Uhland et de Heine. Dans l'ensemble, les traductions des poèmes demeurent descriptives, écrites dans une langue conventionnelle, abstraite et livresque. Théodore Braun, président de l'Eglise de la Confession d'Augsbourg, consacre vingt ans à la traduction de l'œuvre dramatique de Friedrich Schiller en vers : le langage exprime un monde tragique bien plus proche de Corneille et de la scène française du XVIIe siècle [190].

Le rôle de traduction ne se limite pas aux lettres, mais concerne aussi d'autres domaines de la pensée. Plusieurs savants font connaître en France des approches nouvelles de la pensée allemande. Le juriste Georges-Daniel Arnold introduit à Strasbourg l'histoire du droit avec une méthode et des arguments en usage à Göttingen. Cette méthode d'enseignement du droit s'étend au cours du XIXe siècle à l'ensemble des facultés de droit en France. Ses collègues Charles Aubry et Frédéric-Charles Rau publient le cours de droit civil de Zachariae, un pionnier, en poste à Heidelberg. Joseph Willm fait connaître la philosophie allemande en France avec l'*Histoire de la philosophie allemande depuis Kant jusqu'à nos jours*, en quatre volumes, et il envoie à Victor Cousin, professeur à la Sorbonne, des traductions d'auteurs allemands. La *Revue de Strasbourg* (1850-1869) fait connaître les travaux de l'exégèse allemande en France. Enfin Frédéric Lichtenberger publie une *Histoire des idées religieuses en Allemagne depuis le milieu du XVIIIe siècle jusqu'à nos jours*. Après 1850 la plupart des lettrés alsaciens assurent des traductions dans de nombreux domaines dans le sens allemand-français : auteurs classiques et contemporains, histoire, théologie et science pures : Charles-Frédéric Gerhardt (1816-1856) et Adolphe Würtz (1817-1884) font connaître par leurs traductions l'état de la chimie en Allemagne et en France. Le futur évêque André Raess, professeur au séminaire de Mayence de 1816 à 1830, publie en quelques années de nombreuses traductions allemandes de livres de piété, de sermons et de pamphlets. Il introduit ainsi en Allemagne les doctrines religieuses et politiques de Joseph de Maistre et de Lamennais.

Une production intellectuelle sensible

Les nombreuses traductions n'ont pas empêché la création d'une production intellectuelle abondante, en particulier dans le domaine historique, à Colmar et à Strasbourg surtout. La première détrône d'ailleurs Strasbourg à cette époque dans le domaine de la recherche historique régionale. La curiosité des magistrats et avocats se tourne vers l'art et la gastronomie (Charles Gérard est l'auteur de *L'Ancienne Alsace à table* en 1862 et des *Artistes en Alsace au Moyen Age* en 1872), l'archéologie (Marie-Philippe-Aimé Golbéry publie les *Antiquités de l'Alsace* avec Jean-Geoffroy Schweighaeuser en 1828, une description du patrimoine architectural alsacien, châteaux, églises...) et les anciennes institutions avec Armand-Antoine Véron-Reville (*Essai sur les anciennes juridictions d'Alsace*), attaché à la fois à l'école historique allemande et aux acquis de la Révolution française. En 1850 Colmar devient avec Joseph Liblin le centre de la *Revue d'Alsace*, d'inspiration libérale, et qui compte parmi ses collaborateurs tous les grands noms de l'Alsace culturelle. De 1850 à 1870 elle bénéficie d'une centaine de collaborateurs, principalement des juristes, des professeurs du secondaire, des fonctionnaires et des archivistes, en majorité colmariens et haut-rhinois [191].

A Strasbourg apparaît une véritable école historique au

service de l'Alsace et de Strasbourg, dont le passé est présenté avec une grande sympathie, mais plus sous forme de documents que de synthèse – la seule est l'œuvre d'Adam-Walter Strobel avec sa *Vaterländische Geschichte des Elsasses* en six volumes (1841-1849). Parmi ces recueils figure celui de l'ancien maire Jean-Frédéric Hermann, *Notices historiques, statistiques et littéraires sur la ville de Strasbourg* (1817 et 1819), qui apparaît comme l'affirmation d'une identité culturelle de l'Alsace. *Le Code diplomatique* (1843) qui contient les plus importantes chroniques de l'histoire de Strasbourg, est voulu par la municipalité comme « un monument historique à notre cité » et l'affirmation de la conscience municipale. Certains auteurs « transmettent le romantisme en érudition dans leur redécouverte du Moyen Age », à l'image de Christian Engelhardt, qui publie *Herrad von Landsperg, Aebtissin zu Hohenburg und ihr Werk Hortus Deliciarum* (1818) et *Der Ritter von Stauffenberg, ein altdeutsches Gedicht* (1823). Cette tradition historique se maintient aussi à Mulhouse. Le négociant Mathieu Mieg publie *Der Stadt Mülhausen Geschichte bis zum Jahr 1816*, une description un brin nostalgique de la république urbaine avec un souci explicatif louable. Le pasteur Mathias Graf publie une histoire de Mulhouse en quatre volumes (1819-1827). Tous deux privilégient une vision globale des événements, plus objective, et incarnent une nouvelle approche de la vision du passé.

Après 1850 apparaît une double école historique. Du côté protestant se met en place à la faculté de théologie une école qui crée une tradition durable dans l'historiographie de la Réforme avec Timothée Roehrich, André Jung et Charles Schmidt. Jung est qualifié par le recteur Delcasso d'« homme le plus savant de la contrée ». Il s'y ajoute Spach qui a publié des dizaines de notices historiques et biographiques. Le juriste Paul Lehr (1835-1919) a publié un ouvrage de généalogie *L'Alsace noble*, suivie du *Livre d'or de Strasbourg* (1870), qui fait toujours autorité. Du côté catholique se met également en place une tradition historiographique. Il s'agit à la fois d'éditions (*Œuvres historiques* de l'abbé Grandidier par Joseph Ahlfeld) et de recherches archéologiques (monuments religieux par Joseph Straub). Le maître incontesté en 1870 est l'abbé Hanauer avec les *Paysans de l'Alsace au Moyen Age*. Dans d'autres secteurs aussi la production intellectuelle n'est pas négligeable, notamment dans les domaines médical et géographique. Deux ouvrages précieux sont à signaler, l'un de Jean-Pierre Graffenauer, *Topographie médicale de la ville de Strasbourg*, l'autre de Charles Boersch, *Essai sur la mortalité à Strasbourg*. En géographie, outre Golbery et Schweighaeuser cités plus haut, Jean-Frédéric Aufschlager, *Alsace, nouvelle description historique et topographique des deux départements du Rhin (1824-1826)*, à quoi on peut ajouter deux précieux guides de Strasbourg, *Description de la ville de Strasbourg* par Fargès Méricourt (1825), et *Notice sur la ville de Strasbourg* par Charles Schmidt (1842).

Une culture populaire alimentée par les almanachs et l'imagerie

A côté d'une importante production destinée surtout à un public lettré, la généralisation de l'alphabétisation suscite la diffusion dans les milieux populaires citadins et ruraux d'une production plus massive d'almanachs et d'images. Pour les almanachs[192] cinq imprimeries strasbourgeoises produisent un total de 275 000 exemplaires dont l'essentiel est diffusé en Alsace. Le major en est la maison Le Roux qui imprime le *Grand Messager boiteux* à 100 000 exemplaires sous le Second Empire, diffusés dans « toute la France », alors que l'édition allemande, qui a un tirage analogue, est diffusée surtout en Alsace, en Lorraine allemande, dans le grand-duché de Bade, en Algérie et en Amérique. Berger-Levrault produit l'*Almanach des familles*, au tirage plus modeste de 10 000 exemplaires expédiés « dans les principales parties de la France où se trouvent des communautés protestantes ». Les autres éditions de Strasbourg sont Silbermann (*Der Hinkende Bote am Rhein*, 20 000 ex.), Heitz (*Der grosse hinkende Bote an der Ill und am Rhein*) et Christophe (*Elsässer Stadt- und Landbote*, 25 000 ex.). Certains colporteurs distribuent un répertoire assez vaste allant d'une dizaine à une vingtaine de titres. Le contenu est analogue. Tous les almanachs contiennent des indications sur les travaux des champs et le jardinage, des anecdotes, des nouvelles d'aventure, la liste des foires et des marchés et les tables de multiplication. Ils sont illustrés à l'aide de gravures sur bois. Dans certains villages c'est le seul livre acheté annuellement.

Cette période constitue aussi l'apogée de l'imagerie populaire, un élément important du patrimoine alsacien concernant à la fois l'art, les traditions populaires, les pratiques religieuses et la vie quotidienne : il s'agit en particulier des lettres de baptême, produites en grand nombre par Brossmann et Wentzel de Wissembourg, souvenirs de communion dont les éditeurs sont dispersés à travers toute l'Alsace après 1830, souvenirs de confirmation, décorés à la main ou imprimés, textes de mariage décorés, textes funéraires décorés, images juives (suites sur l'Histoire Sainte), ex-voto peints à la main, souvenirs de conscription et peinture sous verre. Toute cette production est réalisée par des centaines d'imagiers peintres, mais concurrencés progressivement par la lithographie perfectionnée par Godefroy Engelmann à partir de 1814 et par l'imprimeur Jean-Frédéric Wentzel (1807-1869), un des rares à dépasser les frontières régionales[193]. Le premier trouve le lavis appliqué à la lithographie (1813) et invente (1837) la chromolithographie. Il a produit dans ses ateliers de nombreuses estampes devenues célèbres pour leur qualité dont *Les Antiquités d'Alsace* (1828). Grâce à eux l'Alsace tient une part importante dans le lancement de la lithographie, qui irrigue l'industrie, l'art et l'imagerie populaire.

Les thèmes peuvent être regroupés en quatre. Le thème religieux, en dépit d'une certaine érosion, demeure nettement

L'imprimeur Wentzel (1807-1869) de Wissembourg a été le plus important producteur de lithographies en Alsace et il a fortement influencé l'imagerie populaire du XIXe siècle.

majoritaire. Liée aux images de dévotion au Sacré-Cœur ou à la Mater Dolorosa, l'imagerie religieuse catholique exprime le monde écrasé du XIXe siècle. Le thème de l'enfant (jeu, enseignement) progresse. Le thème patriotique et militaire gagne sous le Second Empire, tout comme la vie quotidienne. Malgré la poussée de l'industrialisation, l'imagerie reste fidèle au monde rural et à l'artisanat, mais elle diffuse très peu de planches concernant l'Alsace. La production de Wentzel est commercialisée dans une large partie de l'Europe, catholique (France, Autriche, Italie du nord) et protestante (Angleterre, Allemagne) par un réseau de libraires et de relieurs, alors que l'Alsace rurale est touchée par des centaines de colporteurs. Dans le Bas-Rhin de 1857 à 1869 cent quatre-vingt mille images ont été colportées en moyenne par an pour cinq cent quatre-vingt mille habitants, soit une image pour trois habitants par an. Sa fonction est double : ornementation (image encadrée ou collée au mur) et intégration morale et politique ou norme sociale.

Une mutation de l'imprimerie dominée par Berger-Levrault [194]

Sous le Premier Empire, une censure contraignante réduit fortement la vie intellectuelle et ramène le nombre des imprimeries à cinq à Strasbourg, à quoi on peut ajouter trois pour le reste du Bas-Rhin, alors que dans le Haut-Rhin ne survit qu'un nombre infime. Le nombre total remonte par la suite et en 1866 on en recense neuf dans le Bas-Rhin et treize dans le Haut-Rhin. Après 1815 certaines de ces entreprises, dont le nombre atteint à nouveau la dizaine, connaissent une profonde mutation et contribuent à la diffusion de la lecture dans les milieux populaires désormais alphabétisés.

Heitz, imprimeur officiel des milieux protestants, s'identifie à la pérennité de la culture alsacienne. Il privilégie l'édition régionale, en particulier historique, des manuels scolaires pour l'enseignement en allemand et en français comme les livres de Jean-Frédéric Aufschlager et les *Principes de grammaire française à l'usage des Allemands*, crée le *Evangelisches Kirchen- und Schulblatt* et privilégie toujours les titres en allemand. L'entreprise Silbermann bénéficie d'une renommée internationale, due à ses innovations techniques : l'impression typographique en couleurs et la chromolithographie. C'est principalement un éditeur régional, publiant des œuvres littéraires (Erckmann-Chatrian) et surtout historiques. Les tirages en allemand (moyenne de mille cent trente exemplaires) sont nettement supérieurs à ceux en français (deux cent quatre-vingt-dix en moyenne). Parmi les entreprises de taille moyenne Dannbach, orientée vers l'édition allemande, s'est tournée vers les impressions administratives ; Le Roux domine l'édition strasbourgeoise des almanachs, produit des travaux de circonstance pour les autorités ecclésiastiques catholiques et la presse d'inspiration catholique, tandis que Simon se spécialise dans les estampes et les séries lithographiques.

L'éditeur dominant la période demeure, comme avant 1789, Levrault qui possède la moitié des presses de Strasbourg et dispose d'un vaste réseau de distribution. Sa prospérité repose sur les commandes administratives, dont celles de la préfecture (*Annuaire du Bas-Rhin, Manuel des maires*), celles des autorités militaires, concernant même toute la France sous Napoléon III. La nomination de François-Xavier comme recteur (1818) entraîne l'entrée sur le marché porteur de l'édition scolaire : manuels de l'enseignement secondaire dont beaucoup en allemand et ouvrages de pédagogie élémentaire qui ont connu de nombreuses rééditions comme le *Manuel de l'instituteur primaire* et *L'Ami des écoliers, livre de lecture à l'usage des écoles primaires* d'Adam Maeder. Il s'y ajoute des ouvrages d'érudition en médecine et en sciences naturelles, des livres religieux et des livres de cantiques pour les protestants. A la différence des autres maisons, Levrault privilégie nettement le français (70 % des titres contre 20 % en allemand). La firme contrôle ainsi un secteur dynamique du marché (administration, école, armée) et bénéficie d'une large exclusivité dans un créneau particulier (érudition régionale, avec en particulier plusieurs dizaines de livres de l'historien Louis Spach), sans oublier une production massive de manuels, d'almanachs et d'illustrés. L'assise régionale est suffisamment forte pour permettre d'atteindre un stade national de développement. Dans cette production correspondent à chaque langue des livres spécifiques. Le livre en allemand, outre les almanachs, est constitué surtout par les ouvrages religieux et les belles-lettres, en général de quelques dizaines de pages et de petit format. Le français au contraire domine dans les domaines des sciences, des arts, de l'histoire et de la géographie, soit la grande édition et un livre plus technique qui s'adresse à un public plus restreint.

La diffusion du livre et la multiplication des librairies

La diffusion est assurée en partie à l'étranger. Les deux Strasbourgeois Jean-Georges Treuttel et Jean-Godefroy Würtz constituent un des premiers exemples français de grande librairie internationale, capable de fournir à ses clients la plupart des ouvrages parus en France, en Allemagne et dans le monde anglo-saxon. Bien implantés à Londres, ils font aussi partie de la librairie allemande : grâce à trois intermédiaires ils sont en relations commerciales avec l'ensemble des libraires allemands et une partie importante des libraires suisses et autrichiens [195]. Le réseau des libraires se densifie nettement en Alsace à cette époque. En 1811 déjà on recense à Strasbourg vingt-deux librairies, douze bouquinistes, trente-trois relieurs ; dans le reste du Bas-Rhin on compte alors quatorze librairies réparties entre dix villes et dix-neuf dans le Haut-Rhin. Le seuil de population rassemblée pour pouvoir faire vivre un professionnel du livre paraît être de l'ordre de trois mille contre sept cent soixante à Strasbourg. Dans ces villes on ne vend que les livres les plus usuels, abécédaires, almanachs et livres religieux.

Pour 1848 A. Heit[196] a analysé les publicités des libraires strasbourgeois dans *Le Courrier du Bas-Rhin*. La librairie Schmidt et Grucker privilégie quatre thèmes : le politique (en français le plus souvent), le scientifique surtout pour un public populaire, composé uniquement d'importations allemandes, des livres professionnels tous importés d'Allemagne, belles-lettres, édification et littérature populaire triviale, principalement d'origine allemande. Elle dispose du monopole à Strasbourg des importations allemandes et suisses, qu'elle partage avec Treuttel et Würtz, qui vend beaucoup de livres scolaires. Les autres librairies n'apparaissent qu'au compte-gouttes dans la publicité.

C'est surtout sous le Second Empire qu'on assiste à un net développement par l'apparition de points nouveaux et l'accroissement dans les villes déjà pourvues. Aussi vers 1869 il existe cinquante-cinq libraires dans trente-deux localités du Bas-Rhin, plus trente-six à Strasbourg, tous installés dans le centre historique. A cette époque les Strasbourgeois manifestent déjà une passion pour les livres, notamment les alsatiques. Ainsi au printemps 1870 le tout Strasbourg cultivé s'est précipité sur le quatrième tome des *Œuvres choisies* de Spach, consacré à la poésie et à la littérature allemandes. Cette passion se manifeste aussi par le succès des ventes publiques de bibliothèques privées. L'imprimé pénètre de plus en plus dans la vie quotidienne des citadins et dans leur espace avec l'installation de multiples kiosques à journaux et les nouvelles « bibliothèques de gare » ouvertes par la maison Hachette qui tendent à uniformiser les lectures populaires.

L'autre moyen de diffusion est le colportage, dont l'apogée est atteint sous le Second Empire. Il est assuré par plusieurs dizaines de professionnels qui semblent éviter la montagne vosgienne. L'Alsace se situe en dehors des circuits traditionnels français. La typologie des livres diffusés, connus à partir des registres des autorisations, fait apparaître la domination écrasante des almanachs (75 % du total), le reste étant constitué de livres de piété catholique et protestante, gravures et estampes provenant surtout de Wentzel (Wissembourg) et Pellerin (la célèbre imagerie d'Epinal), littérature générale le plus souvent de second ordre, livres d'utilisation courante (alphabets, manuels, guides) et livres ou périodiques proches du politique et à ce titre très surveillés. La brochure, la lettre et la caricature incisives sont alors un fait littéraire et politique, caractéristique et révélateur d'une mentalité et d'un état d'esprit, répandu par la diffusion de l'instruction.

Essor des bibliothèques municipales, scolaires et paroissiales

La remarquable expansion du livre a incité de nombreuses personnes à se constituer une bibliothèque. Malheureusement les inventaires de succession demeurent en général très approximatifs, de sorte que les collections privées sont rarement accessibles à l'historien qui ne peut cerner que des cas individuels comme le théologien protestant Isaac Haffner qui laisse une bibliothèque de 30 000 volumes ou l'imprimeur Frédéric Charles Heitz qui rassemble 27 500 ouvrages (aujourd'hui à la BNU de Strasbourg), ou un colonel retraité à Haguenau, Jean Beaulieu, qui possède de nombreux livres d'histoire et des atlas, ou l'avocat Ignace Chauffour qui lègue en 1880 à la bibliothèque de Colmar 25 000 volumes dont 4 500 alsatiques et un ensemble unique de manuscrits relatifs à l'histoire de l'Alsace.

A la suite des confiscations de la Révolution, on assiste au développement de deux grandes bibliothèques. Celle de Colmar, créée en 1803, est constituée à l'origine par la réunion des bibliothèques monastiques du Haut-Rhin, soit 40 000 volumes dont 3 000 incunables. La bibliothèque municipale de Strasbourg, fondée en 1765 par le don fait à la ville par l'historien Jean-Daniel Schoepflin de sa bibliothèque privée, se voit confier en 1803 l'ensemble des bibliothèques ecclésiastiques et conventuelles confisquées par la Révolution. Elle est installée dans le chœur du Temple-Neuf cédé à la ville. Elle comprend alors environ 150 000 livres dont les trois quarts proviennent des confiscations. Elle est dirigée de 1843 à 1864 par un bibliothécaire de grande valeur, André Jung [197].

Dans les campagnes certaines personnalités ont joué un rôle considérable en faveur de la culture à l'image de Jean-Frédéric Oberlin. Le pasteur du Ban de la Roche s'abonne à des journaux politiques, scientifiques et artistiques qu'il fait circuler parmi ses paroissiens, et développe une bibliothèque de prêt de cinq cents volumes. C'est la plus ancienne connue des bibliothèques populaires. Grâce à lui, le Ban de la Roche est devenu un lieu de convergence de réseaux d'échanges, vecteurs de son rayonnement européen.

C'est sous le Second Empire que se produit une remarquable expansion des bibliothèques, tant communales que paroissiales. Pour les premières on assiste à l'instigation de Jean Macé à la création dans chacun des deux départements d'une Société des bibliothèques, communales dans le Haut-Rhin (1863), communales et populaires dans le Bas-Rhin (1866), auxquelles s'ajoute une Société alsacienne pour l'amélioration et la propagation des publications populaires françaises et allemandes (1864), d'inspiration cléricale. La première fonde une centaine de bibliothèques. Les conseils généraux manifestent un grand intérêt pour les bibliothèques scolaires qu'elles subventionnent, même si l'éventail demeure réduit. Ainsi en 1868 une telle bibliothèque existe dans 498 communes du Bas-Rhin, soit 90 %, avec un total de 10 000 ouvrages, soit une moyenne d'une vingtaine, mais qui totalisent 30 000 prêts annuels [198]. Les thèmes des lectures populaires recoupent ceux de l'imagerie : piété, batailles, héros de l'histoire et aventures (récits d'évasion ou de violence). Dans les établissements secondaires apparaissent des bibliothèques pour deux publics : une pour les professeurs, dont la majorité semble en

1870 originaire d'outre-Vosges – présente avec une moyenne appréciable de 660 titres dans huit établissements sur douze – et une pour les élèves, bien plus modeste avec une moyenne de 75 titres, dans la moitié seulement des lycées et collèges.

Le directoire de l'Eglise de la Confession d'Augsbourg a encouragé la création de bibliothèques paroissiales, qui existent en 1870 dans la très grande majorité des paroisses protestantes. Elles comptent en général de 200 à 300 volumes. Certes l'éventail demeure assez restreint : livres d'édification, recueils de sermons, histoires morales et religieuses, histoires et recueils de missions.

Le résultat semble assez remarquable. En 1870 toutes les communes de l'arrondissement de Wissembourg possèdent une bibliothèque. Sur 1 123 écoles publiques, 992 disposent d'un total de 120 000 volumes dont des chefs-d'œuvre de vulgarisation scientifique comme *Histoire d'une bouchée de pain* (1861) de Jean Macé et le *Magasin d'éducation et de récréation* de Pierre Hetzel (1861). La bibliothèque populaire de Strasbourg comprend en 1868 surtout des ouvrages de littérature et d'éducation (75 %), d'histoire, de géographie et de voyages (18 %) et de sciences (6 %). Deux tiers des titres sont en français et un tiers en allemand[199]. Par contre nous ignorons tout du pourcentage de lecteurs qui selon certains témoignages demeure faible, surtout à la campagne. Un inspecteur primaire se plaint que dans beaucoup de maisons on ne trouve aucun livre et bien des pasteurs de l'inspection de Colmar déplorent l'absence d'intérêt des fidèles pour la lecture, alors que certains Colmariens se bornent à « la lecture frivole et mondaine »[200].

A la suite du XVIIIe siècle le phénomène de lecture publique et des cabinets de lecture bénéficie d'un grand essor dans la première moitié du siècle, bien que limité à un milieu social aisé et souvent lettré. En 1812 Strasbourg possède cinq cabinets de lecture, auxquels s'ajoutent deux à Haguenau et un à Sélestat. En 1818 est fondé le Cabinet littéraire de

M. Alexandre, dont l'activité principale porte sur les abonnements de périodiques (journaux de Paris, allemands, suisses, belges, néerlandais, britanniques, espagnols, portugais et italiens) et des productions littéraires. Sous la monarchie de Juillet apparaissent le Casino littéraire de Colmar et celui de Strasbourg. Après 1850 sont créés à Strasbourg le cercle Broglie et le Cabinet littéraire qui assure les abonnements sans frais à tous les journaux, transmet les insertions d'assurance et de publicité et contrôle un véritable réseau de vente.

Vitalité du théâtre populaire[201]

A la fin du XVIIIe siècle apparaissent les Fraubasengespräche, des pièces en vers (alexandrins) qui mettent en scène des femmes du peuple bavardant de sujets divers. Ce genre littéraire est florissant à Strasbourg de 1775 à 1819. Dans cette tradition l'œuvre fondatrice est le *Pfingstmontag* de Georges-Daniel Arnold (1816) qui a pour but de « donner une caractéristique vivante des divers dialectes alsaciens » et de peindre le vieux Strasbourg d'avant 1789. Malgré son contenu populaire c'est une œuvre savante. C'est aussi un monument essentiel de la linguistique en Alsace, qui est à la base de la philologie alsacienne moderne.

Quelques années plus tard, Ehrenfried Stöber élabore une comédie musicale (Singspiel) en abandonnant le vers classique pour une prose systématiquement entrecoupée de chansons, avec *Daniel oder der Strassburger auf der Probe* (1823), qui exprime un patriotisme alsacien. Le notaire Charles Muller de Bœrsch écrit quatre comédies, les *Kunkelstuben*, qui s'inspirent de la tradition des Fraubasengespräche. Son grand mérite est d'avoir su évoquer, dans une langue sobre et facile à lire, la réalité paysanne de son temps, avec ses mutations économiques, sociales et dans le domaine des mœurs, alors que trop souvent les thèmes demeurent limités à la seule ville de Strasbourg. Le théâtre populaire en Alsace est essentiellement le produit d'un milieu urbain : l'atmosphère est celle de la ville avec des personnages des classes moyennes ou populaires, où la haute bourgeoisie demeure absente. A l'inverse la campagne est en général représentée de manière factice, sauf chez Muller.

Dans les années 1860 apparaît le théâtre chanté, lié à l'essor des chorales. Désormais les pièces sont écrites dans le but d'être représentées. Au même moment la production littéraire qui avait été jusque-là de trois à un au profit de la Basse-Alsace se renverse en sa défaveur. A l'origine de cette mutation se trouve le pâtissier colmarien Jean Mangold (1816-1888) qui compose des comédies musicales pour la société de musique l'Orphéon en dialecte colmarien. De son côté Auguste Stöber compose une comédie *E Firobe im e Sundgauer Wirthshus*, une scène populaire écrite en dialecte sundgauvien qui rend à merveille l'atmosphère d'auberge des longues veillées. Le comptable Jean-Georges Gäyelin compose à Guebwiller plusieurs comédies musicales de qualité. Le thème essentiel du théâtre populaire est celui du mariage contrarié, suivi des relations maîtres-domestiques. Le milieu représenté est en général celui de la famille. Les auteurs, presque tous protestants, se caractérisent par leur enracinement. Engagés dans la vie active ils ne s'adonnent à l'écriture que vers la quarantaine. C'est la peinture d'un milieu précis, le théâtre de la vie quotidienne.

L'élite cultivée bénéficie de spectacles de qualité dans les trois grandes villes, surtout à Strasbourg avec l'inauguration de la nouvelle salle de spectacle du Broglie en 1821 (la précédente a été victime d'un incendie en 1800). Mais le système du contrat privilégié de la ville avec un directeur de spectacle n'est pas satisfaisant et décourage les artistes de qualité, d'où une certaine carence. Dans la décennie 1850 la ville municipalise le théâtre, ce qui lui permet d'assurer des spectacles de qualité par un orchestre et une troupe permanents qui attirent un public nouveau. Concernant le répertoire on constate sous le Premier Empire une plus grande variété et un renouveau : succès de Molière et des grands tragiques du XVIIe siècle, maintien des œuvres du XVIIIe siècle, mélodrame et comédie de mœurs de l'Empire. Sous la Restauration on assiste à un net recul des classiques des XVIIe et XVIIIe siècles au profit du mélodrame, des opéras-comiques, des vaudevilles et de certaines comédies romanesques de l'Empire, en particulier les compositions de Boieldieu : *La Dame blanche, Le Petit Chaperon rouge*, qui resteront populaires à Strasbourg jusqu'en 1870. De 1830 à 1870, le théâtre devient une affaire d'Etat : le préfet privilégie ce bastion de la langue française pour promouvoir celle-ci, au point de faire expulser une troupe allemande en 1832 malgré l'intervention du maire. Le spectacle français est suivi avant 1830 surtout par la garnison, les étudiants, les fonctionnaires et la haute bourgeoisie. En raison de la censure le répertoire officiel est analogue à celui des autres grandes villes, la seule originalité est l'importance de l'opéra. Mais la politique de prestige débouche sur une série de faillites.

A partir de 1810 s'introduit l'usage de faire venir des troupes allemandes pour la saison d'été, qui paient une redevance du quart des recettes au directeur français. Ces troupes ont en général un grand succès, en particulier les opéras. A Mulhouse existe à la fois le « Nouveau Théâtre » (1867) et un théâtre allemand dans une brasserie en plein air où se donnaient « d'assez bonnes représentations » en allemand comme *Orphée aux Enfers* d'Offenbach, alors que dans le premier « on jouait des opéras, opérettes et comédies très bien exécutées ». Après 1850 les scènes de Strasbourg, Colmar et Mulhouse ne jouent que les nouveautés venues de Paris ou le répertoire classique, alors que l'intérêt pour le théâtre allemand se réduit à des conférences et des traductions de pièces. C'est vers 1840 que les classes moyennes se détournent du théâtre allemand. Les troupes allemandes cessent de s'arrêter à Strasbourg faute de spectateurs. A mesure que le théâtre allemand dépérit, le théâtre français gagne en qualité, ce qui constitue un élément important dans la dégermanisation de Strasbourg. Selon le maire, Charles-Louis Coulaux (1853), le théâtre est un moyen « d'éducation populaire » pour « amener la fusion des deux nationalités qui se partagent encore le territoire de l'ancienne Alsace[201a] ».

Une vie musicale active à travers toute l'Alsace[202]

Après la Révolution l'activité musicale a connu un moment de déclin, au point que celle-ci était plus active dans des villes moyennes comme Mulhouse, Guebwiller, Munster ou Colmar qu'à Strasbourg. Il est vrai que les meilleurs musiciens alsaciens de l'époque se sont expatriés en particulier à Paris. Louis Adam, auteur de symphonies, enseigne le piano au Conservatoire, son fils Adolphe est l'auteur du *Postillon de Longjumeau* et du ballet *Gisèle* ; Jacques Wiederkehr (1759-1823), professeur au Conservatoire, est un créateur fécond ; Charles-François Dumonchau (1775-1820), professeur de piano et compositeur mène carrière à Paris, Lyon et Strasbourg ; Sébastien Erard (1752-1831) est un illustre facteur de pianos et inventeur de la harpe à pédales doubles.

Après 1815 l'Alsace accueille à nouveau des artistes venus d'outre-Rhin qui contribuent à la qualité de la vie musicale et à la formation des musiciens alsaciens qui transmettent ensuite ces influences. En effet après 1830 une nouvelle génération d'Alsaciens fait une brillante carrière à l'ouest des Vosges. Parmi eux Isaac Strauss (1806-1888) devenu chef d'orchestre des bals de l'Opéra et compositeur de plusieurs centaines de valses, à Paris, Jean-Georges Kastner (1810-1867) qui introduit les chorales d'hommes en vieille France, y redore la musique militaire et est connu surtout comme pédagogue de la musique, Jean-Baptiste Weckerlin (1821-1910) qui fait une brillante carrière au Conservatoire de Paris, et surtout Emile Waldteufel (1837-1915), compositeur de nombreuses valses célèbres (*Estudiantina, Les Patineurs*), sur des airs proches des opérettes allemandes, pianiste de l'impératrice Eugénie, directeur des bals de la cour impériale, puis chef d'orchestre à l'Opéra de Paris, sans oublier de nombreux organistes, pianistes et chefs d'orchestre.

La vie musicale a attiré un certain nombre de grands musiciens qui ont fait un séjour plus ou moins long en Alsace. Franz Liszt passe à Strasbourg en 1823 et en 1845 où il est ovationné, ainsi qu'à Mulhouse, Thann et Colmar. Le violoniste Niccolo Paganini donne deux concerts en 1831. Charles Gounod a assisté en 1860 à une représentation de *Faust* qui obtient un remarquable succès. Trois ans plus tard Hector Berlioz dirige *L'Enfance du Christ* qui suscite un véritable triomphe lors du festival de chant [203].

Hors de Strasbourg les principaux centres sont Mulhouse et Guebwiller. A Mulhouse, lieu de naissance de Daniel Jelensperger (1795-1831), compositeur et professeur au Conservatoire de Paris, la vie musicale a été animée par l'organiste et compositeur de chœurs Charles-Théophile Jungnickel (1813-1881) et le flûtiste et violoniste Jean Wiernsberger (1833-1890). A Guebwiller l'Autrichien Charles Kientzl (1797-1874) crée à la fois un important chœur mixte, un orchestre, une musique d'harmonie et une école de musique qui permettent des exécutions de très haut niveau. Il est aussi l'auteur de remarquables œuvres religieuses.

Sur le plan régional la vie musicale a été marquée surtout par la diffusion de la musique vocale et des fanfares. Les premières associations chorales et écoles de chant apparaissent dans les années 1820 et sont liées aux écoles normales où le chant, le piano, le violon et l'orgue sont l'objet d'un enseignement. Ce sont donc les instituteurs qui diffusent le chant choral dans les bourgades et les campagnes. A l'exemple de l'Allemagne du sud et de la Suisse se créent dans les années 1850 des chœurs d'hommes, à partir de Strasbourg et de Mulhouse, ensembles souvent confessionnels avec notamment les chorales Sainte-Cécile qui rayonnent, surtout après 1870, à travers toute l'Alsace catholique. En 1856 le premier festival de chant à Strasbourg réunit quarante-deux chorales et aboutit à la création de l'Association des sociétés chorales d'Alsace qui organise par la suite des festivals et des concours de chant dans de nombreuses villes d'Alsace. Le festival de 1863 réunit trois mille membres de quatre-vingt-treize sociétés chorales et de vingt-deux harmonies et fanfares. A travers ces manifestations, Joseph Heyberger (1831-1892), compositeur d'opérettes et d'œuvres vocales et directeur de chœurs, fait connaître les chœurs de Wolfgang Amadeus Mozart, Franz Schubert, Robert Schumann et Félix Mendelssohn-Bartholdi. A Strasbourg Emile Strohl (1814-1894), fondateur de la Société chorale (1841), joue un rôle important dans la vie musicale et compose de nombreux chœurs d'hommes de valeur. Cet intérêt pour le chant choral entraîne l'apparition et l'essor du théâtre chanté. En 1869 l'association de chant choral d'Alsace rassemble soixante-huit sociétés de chant choral.

Le chant sacré conserve ses deux hauts lieux du XVIIIe siècle à Strasbourg. Le Temple-Neuf bénéficie du talentueux organiste Théodore Stern (1803-1886) qui crée la Société de chant sacré. Celle-ci exécute de nombreux oratorios, dont plusieurs fois la *Création* de Joseph Haydn et *Der Münsterbau* de l'Alsacien Victor Elbel (1817-1894) qui a laissé de nombreuses valses, quadrilles, polkas, mazurkas et œuvres pour des chœurs d'hommes et mixtes. A la cathédrale, Joseph Wackenthaler (1795-1869), organiste et maître de chapelle, est l'auteur de nombreuses compositions religieuses et d'ouvrages didactiques sur le plain-chant. Parmi les autres compositeurs on peut citer l'organiste Martin Vogt à Saint-Martin de Colmar (messes à plusieurs voix) et Louis Meyer (1807-1869), auteur également d'un manuel pratique de l'organiste. Après les destructions opérées par la Révolution, le XIXe siècle connaît un véritable foisonnement de constructions d'orgues, à la grande surprise des voyageurs français en Alsace. L'opinion générale partage l'avis du conseil municipal de Grendelbruch selon lequel (1828) « une église sans orgue est un corps sans âme ». Le marché alsacien est partagé entre trois grands ateliers, les Callinet de Rouffach, qui s'inspirent de l'orgue parisien avec un joli buffet à trois tourelles élégant et sobre, les Stiehr à Seltz, qui introduisent quelques jeux allemands, et Valentin Rinckenbach à Ammerschwihr. Une cinquantaine d'orgues sont construites entre 1840 et 1870, et beaucoup de paroisses rivalisent pour la beauté de l'orgue. Le succès de l'orchestre militaire bavarois de Landau en 1827 est à l'origine de la formation de nombreuses fanfares, puis d'ensembles de musique d'harmonie comprenant des cuivres et des bois dans de petites villes et regroupés dès 1830 dans un Elsässischer Musikverein. Les ensembles les plus connus sont ceux de Strasbourg, Harmonie militaire (1846), Société philharmonique (1860), Orphéon philharmonique (1864), mais surtout la fanfare de la garde nationale (1848). De nombreux Alsaciens se sont distingués comme chefs de musique militaire dans bien des villes de garnison.

Essor de la musique classique à Strasbourg

L'opéra bénéficie d'un grand succès, ce qui favorise aussi un certain nombre de créations sur des textes allemands (Jean-Georges Kastner), français (Victor Nessler) ou même alsaciens (Jean-Baptiste Weckerlin et Joseph Heyberger). Victor Nessler, beau-frère d'Edouard Schuré, acquiert un renom grâce à ses chansons populaires et ses opéras avant de connaître la gloire avec *Der Trompeter von Säckingen* (1884). Le gros du répertoire habituel présenté par les troupes allemandes ou françaises était sensiblement le même, sauf que d'un côté on privilégie les opéras à succès parisiens (Gioacchino Rossini, Giacomo Meyerbeer...), de l'autre le répertoire classique et romantique allemand (Wolfgang Amadeus Mozart, Ludwig van Beethoven, Carl Maria von Weber...)

L'absence d'un orchestre municipal permanent empêche l'organisation de concerts réguliers. Ceux-ci sont organisés par des entreprises privées comme la Société de la réunion des arts. En 1826 Charles-Auguste Kern crée une académie de chant qui exécute un oratorio chaque vendredi saint au Temple-Neuf. En 1830 débute un festival alsacien de musique qui comprend un oratorio et un concert symphonique, à l'image des manifestations en Allemagne et en Suisse, et qui rassemble de très nombreux mélomanes.

Seule la création du conservatoire en 1855, qui forme deux cents musiciens en 1869, permet de stabiliser la vie musicale classique et d'alimenter en instrumentistes les musiques militaires et les orchestres d'harmonie. La Société des concerts du conservatoire de Strasbourg (1866) donne chaque hiver six concerts exceptionnels. Si les programmes privilégient les œuvres de grands compositeurs allemands, les françaises n'en sont pas absentes. De son côté la Société de musique de chambre fait venir de nombreux instrumentistes virtuoses dont plusieurs artistes alsaciens comme le pianiste Edmond Weber (1838-1885), le harpiste François Stockhausen (1792-1868), originaire de Cologne, père d'une importante dynastie de musiciens alsaciens, et le contrebassiste Philippe Hoerter (1795-1863).

Une architecture à dominante néo-classique et néo-gothique[204]

La Révolution entraîne une césure importante d'une dizaine d'années pendant lesquelles l'activité architecturale est très réduite. Sous l'Empire s'esquisse une reprise timide qui s'amplifie sous la Restauration. Sur le plan stylistique on peut distinguer deux périodes. Le premier tiers du siècle se caractérise par un style monumental toujours inspiré par le néo-classique. En architecture civile le bilan est loin d'être négligeable. A Strasbourg sont alors construits le pavillon Joséphine à l'Orangerie par Pierre-Valentin Boudhors (1804), le théâtre municipal par Jean Villot (1821) et le château de la Meinau pour l'espion Schulmeister, dont il ne subsiste que deux petits pavillons des communs. A Mulhouse est réalisée une grande opération d'urbanisme, le Nouveau Quartier (1826). A Colmar le tribunal d'instance (1843) rompt avec le néo-classicisme majestueux. Dans le même style sont réalisés plusieurs hôtels de ville dont ceux d'Ingwiller (1824), de Molsheim (1831) et de Sainte-Marie-aux-Mines avec son rez-de-chaussée d'arcades ouvertes (1835). Les châteaux et manoirs sont d'une grande simplicité (Bonnefontaine, Blaesheim et Oberkirch à Obernai). L'architecture industrielle a su tirer parti de l'esthétique néo-classique, moins dans le décor que dans l'agencement des masses, à l'image de la filature Naegely à Mulhouse.

Vers 1845 le néo-classicisme est remplacé par trois formes de l'éclectisme : l'imitation servile des styles anciens, la déformation de ceux-ci ou leur mélange. La Renaissance et le XVIIIe siècle se surimposent souvent aux structures néo-classiques. Parmi les réalisations figurent l'ancienne gare (détruite), l'ancienne Banque de France, le rectorat et les actuelles archives municipales de Strasbourg. Le néo-classique rénové inspire les théâtres de Haguenau, de Colmar et de Mulhouse. En 1870 on peut distinguer deux mouvements bien caractérisés, un néo-classicisme plus ou moins mitigé qui se maintient dans l'architecture officielle et un néo-XVIIIe siècle mâtiné de néo-Renaissance qui a la faveur de la bourgeoisie.

L'architecture religieuse tient une grande place au XIXe siècle avec la construction de trois cents églises catholiques et de plusieurs dizaines d'églises protestantes. Durant la première moitié du siècle le plan diffère peu de ceux de la fin du XVIIIe siècle, de style néo-classique : parmi les œuvres les plus significatives on peut citer les églises de Grendelbruch (1826), de Saint-Louis (1842), où l'horizontale règne en maître absolu, et de Sainte-Marie-aux-Mines (1851) qui se caractérise par une conception assez stricte avec sa façade scandée par des pilastres jumelés. Les synagogues suivent d'abord l'évolution stylistique générale à Haguenau (1821) et Colmar (1842), puis elles adoptent un langage particulier avec des velléités néo-byzantines.

Sous le Second Empire se développe le néo-gothique romantique qui inspire la grande majorité des deux cents églises construites entre 1845 et 1870. On les trouve dans les vallées vosgiennes qui s'industrialisent, dans les villes à croissance rapide (Mulhouse), dans les communes riches ou ambitieuses. Les congrégations religieuses et les pèlerinages (Marienthal) jouent également un rôle de premier plan. Le prêtre Victor Guerber fait l'apologie en 1859 des styles roman et ogival dans la *Revue catholique d'Alsace*. Par rapport au gothique alsacien médiéval, le néo-gothique est enrichi par l'utilisation plus fréquente du triforium, par l'introduction des tribunes et par l'adoption du chevet à déambulatoire et chapelles rayonnantes.

On peut distinguer trois grandes catégories d'églises. Le petit programme comporte un clocher de façade, une nef unique non voûtée et un chœur polygonal généralement voûté (Holtzheim 1867, église protestante de Gerstheim 1868). Le moyen programme comprend le clocher de façade, une nef voûtée flanquée de collatéraux et un chœur polygonal en retrait (Urmatt 1863, Bernardswiller 1867 et Mackenheim 1866). Le grand programme ajoute un transept, aligné ou débordant, à l'image de Schirmeck (1846), d'Ensisheim (1863), de Still (1865) et de Heiligenberg (1865), un des sommets du néo-gothique alsacien. A ces trois groupes s'ajoutent des plans exceptionnels comme les deux églises Saint-Etienne de Mulhouse, dues à Schacre, et quelques chapelles comme la chapelle Herzog à Logelbach et celle de la Toussaint à Strasbourg. En même temps se développe un néo-roman qui produit quelques sanctuaires de grande qualité à Kingersheim, Zillisheim et l'église protestante de Munster.

Une sculpture dominée par trois grands artistes

La sculpture est dominée par trois grands artistes. Landolin Ohmacht (1760-1834), né au Wurtemberg, a réalisé plusieurs bustes (Lezay-Marnésia, Koch et Oberlin) et les six Muses qui couronnent le péristyle du théâtre municipal de Strasbourg. Philippe Grass (1804-1876) est l'auteur de deux grands monuments : Kléber et Lezay-Marnésia. Il a consacré quarante ans à remplacer les statues de la cathédrale détruites pendant la Révolution selon les règles de la beauté académique. Le troisième artiste est Auguste Bartholdi (1834-1904) qui réalise avant 1870 trois grandes œuvres pour sa ville natale : les statues du général Rapp et de Martin Schongauer et la fontaine de l'amiral Bruat. Il convient de rappeler aussi que c'est David d'Angers qui a réalisé la statue de Gutenberg dont l'inauguration en 1840 a donné lieu à de grandes festivités d'inspiration libérale.

La richesse de la lithographie et de la peinture

Au début du siècle l'Alsace bénéficie de toute une pléiade de dessinateurs et de peintres. Benjamin Zix (1772-1811), dessinateur reporter des campagnes de Napoléon Ier, contribue largement à l'éclosion du souvenir napoléonien en Alsace. Jean-Jacques Karpff de Colmar (1770-1829) est un remarquable dessinateur et portraitiste. Jean Urbain Guérin (1761-1836) devint un des miniaturistes les plus célèbres de son époque, dont les portraits se distinguent par un coloris délicat. Son neveu Gabriel (1790-1846) est également portraitiste et peintre de genre, conservateur du musée de peinture. La lithographie, introduite en Alsace par Godefroy Engelmann, fournit un remarquable support aux annotations fidèles des milieux, des faits et des sites. Une sorte d'« inventaire des richesses artistiques de l'Alsace » avant la lettre s'établit avec la publication d'une dizaine de volumes dont voici quelques-uns des plus suggestifs : Nicolas Chapuy, *Vues pittoresques de la cathédrale de Strasbourg* (1827) ; François-Joseph Sandmann, *Vues des villes et bourgs les plus pittoresques de l'Alsace* (1836) ; Jean-Jacques Rothmuller, *Vues pittoresques des châteaux, monuments et sites* (1839) ; Frédéric Piton, *Strasbourg illustré* (1855) ; Jean-Jacques Rothmuller, *Musée pittoresque et histoire de l'Alsace* (1863). Toute cette production contribue à faire de l'Alsace le berceau d'une iconographie narcissique.

Entre 1825 et 1870, c'est un véritable genre de livre, puisque le nombre total des ouvrages lithographiques atteint au moins soixante-seize, illustrés par une riche pléiade de peintres marqués par le romantisme. Ils ont su rendre la réalité poétique des paysages alsaciens et porter un attachement sentimental aux souvenirs du passé et aux ruines [205]. Parmi ces artistes on peut citer plusieurs Strasbourgeois : Victor Adam (1801-1860) ; François-Joseph Sandmann (1805-1856) ; Jean-Nicolas Karth (1795-1878) ; Louis Schneegans (1812-1853) ; Charles-Alfred Touchemolin (1829-1905) et Frédéric-Emile Simon (1801-1850), et les Colmariens Laurent Atthalin (1818-1893), Jean-Jacques Karpff (1770-1829) et Jean-Jacques Rothmuller (1804-1862).

Après 1840 deux centres de peinture existent en Alsace. A Colmar Henri Lebert (1794-1862) est collaborateur de la fabrique d'indiennes Hartmann à Munster, Pierre Meister (1814-1844) est un peintre de fleurs, David Ortlieb (1797-1875) paysagiste, Michel Hertrich (1811-1880) miniaturiste et Alfred Pabst (1828-1898) se spécialise dans le folklore. A Strasbourg l'école alsacienne de peinture qui se caractérise par une dimension authentique est dominée par quatre grands artistes. Eugène Beyer (1817-1893), un romantique marqué par Delacroix, a laissé une œuvre majeure, *Le Supplice des juifs à Strasbourg en 1349*. Théophile Schuler (1822-1878)

Illustration de Schuler pour l'«Histoire d'un paysan». De 1865 à 1876, Schuler dessine pour Erckmann-Chatrian les scènes de treize romans.

peint la vie quotidienne et le folklore des habitants et les paysages, illustrant de nombreux ouvrages de Victor Hugo, de Jules Verne et les romans d'Erckmann-Chatrian. Il est le seul artiste alsacien à ne pas se laisser tenter par une carrière parisienne. Gustave Doré (1832-1883), d'une imagination prodigieuse et exubérante, est un des plus grands dessinateurs du siècle, un illustrateur de génie, qui a illustré d'une foule de dessins de grandes œuvres comme les *Contes drolatiques* de Balzac. Avec lui « le romantisme alsacien atteint son apogée » (Robert Heitz). Gustave Brion (1824-1877) se fixe à Paris où il fait connaître l'Alsace : scènes d'intérieur, costumes, tableaux de genre, et illustre de nombreux livres de Victor Hugo.

Il convient de citer encore Gustave Jundt (1830-1884), caricaturiste et spécialiste des paysages, Frédéric Lix (1830-1897), illustrateur de scènes populaires et collaborateur de nombreuses revues parisiennes. Charles Marchal (1826-1877) a réalisé de charmants tableaux de genre empreints de poésie du pays de Hanau dont *La Foire aux servantes* et *Le Chant de jeunes filles le soir*. Plusieurs de ces peintres se partagent entre l'Alsace et Paris où ils jouent un rôle actif dans l'illustration de nombreux livres populaires et pour la jeunesse. L'éditeur Pierre Hetzel qui publie Jules Verne, Victor Hugo et Erckmann-Chatrian multiplie grâce à eux les planches d'inspiration alsacienne où le fantastique rejoint le folklore le plus authentique, dans le célèbre *Magasin d'éducation et de récréation*. Ainsi est diffusée en France l'image d'une Alsace qui privilégie les valeurs du travail, de la famille, de la religion, de l'effort et de la fidélité. A part se situe Jean-Jacques Henner (1829-1905), peintre issu du Sundgau et le plus célèbre sans doute en France. Auteur d'une *Fabiola en voile rouge* devenue très populaire, il s'adonne à l'art des paysages crépusculaires, du portrait et de la nature morte avec un art admirable de la couleur.

La faïence, l'orfèvrerie et Schwilgué

La vitalité artistique s'affirme aussi dans d'autres domaines. Le faïencier Théodore Deck (1823-1891) de Guebwiller parvient à créer de belles colorations de faïences avec un éclat remarquable, surtout en bleu de turquoise. Sa renommée lui vaut d'être qualifié de premier céramiste mondial et de finir sa carrière comme directeur de la manufacture de Sèvres. Dans le domaine de l'orfèvrerie, Jean-Frédéric Kirstein (1765-1838), héritier d'une célèbre dynastie, acquiert une réputation européenne par ses médaillons. Il y crée des paysages avec forêts et châteaux forts, des batailles et des chasses. Son fils, Joachim Frédéric Kirstein (1805-1860), est un remarquable ciseleur de broches, de bracelets, de tabatières et de médailles. La fonte de l'étain, une autre spécialité strasbourgeoise, est illustrée par les deux dynasties des Borst et des Bergmann. Jean-Baptiste Schwilgué (1776-1856) renouvelle par un travail dur et tenace de plusieurs années la mécanique de l'horloge astronomique de la cathédrale achevée en 1842. Par la suite son atelier fournit des horloges monumentales dans le monde entier, ainsi que des appareils de précision, de levage et des pompes.

Le développement des musées

C'est au début du XIXe siècle qu'apparaissent en Alsace les premiers musées, en particulier des beaux-arts. Un musée de peinture est créé en 1802 à Strasbourg par arrêté de Bonaparte, installé à l'hôtel de ville, puis en 1850 au palais Rohan. En 1868 s'y ajoutent les collections particulières constituées par la Société des amis des arts fondée en 1832 qui contribue à encourager les artistes et l'art à Strasbourg par son activité, notamment des expositions. Son succès incite l'archiviste colmarien Louis Hugot à fonder en 1841 la Société Schongauer qui regroupe les notables du monde de l'enseignement, de la magistrature, de l'industrie et du commerce. Elle joue un rôle majeur dans la naissance du musée Unterlinden qui obtient une impressionnante collection de peintures séquestrées sous la Révolution. D'autres musées sont aussi fondés. A Strasbourg la ville a acquis le cabinet de Jean Hermann, devenu musée d'histoire naturelle rattaché à la faculté des sciences, alors que celle de médecine gère une riche collection anatomique. A Mulhouse la Société industrielle crée en 1838 un musée d'histoire naturelle, et en 1864 la ville fonde un musée de peinture, cédé plus tard à la Société industrielle.

Les relations culturelles avec les pays allemands

Strasbourg demeure une des premières villes pour le commerce des livres avec l'Allemagne. Celui-ci s'adresse à deux types de public. Le public populaire à dominante rurale est intéressé par des livres de piété à bas prix, de loin les plus nombreux, à la fois catholiques et protestants, des livres d'enfant et des réimpressions populaires à bon marché de romans historiques et de poésies. Un second marché est constitué par un public bilingue lettré dans les villes grandes et moyennes, mais aussi dans bon nombre de chefs-lieux de canton qui rassemblent une population d'enseignants, d'élèves, d'ecclésiastiques, de fonctionnaires, de membres de professions libérales et d'érudits locaux : ceux-ci sont attirés par les classiques de la littérature allemande, l'histoire, la philologie et les sciences. Enfin les colporteurs distribuent dans les campagnes, outre le livre religieux, des livres utilitaires et des almanachs imprimés en Allemagne et en Suisse.

Cette dimension internationale a été affirmée aussi lors du congrès scientifique de 1842 qui a suivi deux directions complémentaires : affirmer le rôle spécifique de l'Alsace dans l'ensemble national français et souligner son rôle international, un pôle européen d'union et de rassemblement des hommes, des consciences et des esprits. Selon le juriste Georges-Philippe Hepp, Strasbourg a confirmé sa « puissante vitalité intellectuelle... (et) repris sa position d'intermédiaire intelligent entre deux grandes civilisations ». Après 1815 des liens culturels personnels subsistent avec le monde germanique. De nombreux étudiants alsaciens achèvent leurs études par un séjour en Allemagne puis à Paris. La révolution de 1848 marque une nette rupture : alors qu'on continue de se rendre à Paris, les déplacements en Allemagne se raréfient, tout en subsistant même pour des esprits très francophiles comme Charles Gerold et Rodolphe Reuss. Certains intellectuels publient leurs œuvres en Allemagne comme le prêtre Sébastien Haas qui publie une brochure antiprotestante à Spire (1834) et le théologien Jean-Guillaume Baum une biographie de Théodore de Bèze à Leipzig (1843 et 1851).

En fait les deux confessions conservent des liens importants avec leurs coreligionnaires allemands. En 1851 le président de l'Eglise de la Confession d'Augsbourg, Théodore Braun, rappelle que « les sources des sciences théologiques protestantes se situent en Allemagne ». Les liens des protestants demeurent actifs par les étudiants, des livres et des relations personnelles de poètes et de savants qui se réduisent lentement après 1848. Les paroisses accordent des dons à des œuvres situées dans l'espace français, mais ignorent l'Allemagne hormis parfois la Mission de Hermannsburg. Cela n'empêche pas qu'au début de l'empire autoritaire plusieurs rapports officiels leur reprochent leur absence de patriotisme et leur attirance pour tout ce qui est allemand en raison de l'appartenance de beaucoup d'entre eux à l'opposition orléaniste ou républicaine. Après 1866 le sous-préfet de Saverne suspecte aussi les protestants de l'Alsace bossue de germanophilie. Les catholiques leur reprochent leurs sympathies prussiennes, en particulier au début de la guerre en juillet 1870, à la suite de Mgr André Raess qui dans un rapport de 1858 écrit que « le clergé et le peuple protestant ont des sympathies prussiennes »[206].

En milieu catholique, Mgr Raess (1842-1887) conserve de

nombreux contacts et diffuse en Alsace certaines revues catholiques allemandes. Mais rares sont les jeunes prêtres qui fréquentent une université allemande. Malgré de bons rapports avec les voisins badois, l'archiprêtre François Spitz se voit refuser le poste de coadjuteur à Fribourg-en-Brisgau, dont l'évêque estime qu'un Français (alsacien) n'aurait pas l'autorité suffisante pour s'imposer dans le diocèse. L'image de l'Allemand demeure en général bonne. Dans le théâtre alsacien un thème fréquent est celui du prétendant d'outre-Rhin. Il ne s'est pas posé du point de vue national. L'Allemand est certes senti comme étranger, mais au même titre que tout autre individu non autochtone. Il apparaît le plus souvent lesté de défauts divers, mais aucune hostilité n'apparaît.

Une solidarité nationale et un patriotisme quasi unanime lors des crises franco-allemandes de 1840 à 1870

L'intégration psychologique à la France sous la Révolution et l'Empire constitue un fait irréversible, de sorte que la tentative des troupes alliées en 1815, soutenue par une campagne de presse appuyée par de larges couches de la population allemande, de fomenter en Alsace un mouvement en faveur du retour à l'Allemagne se heurte à une inertie totale. Ehrenfried Stöber répond dans une brochure que ses compatriotes n'ont ni haine ni préjugé vis-à-vis des Allemands, mais qu'ils n'entendent pas mêler la langue à la nationalité. Chacune des diverses crises diplomatiques entre la France et la Confédération germanique de 1840 à 1870 engendre de l'autre côté du Rhin une campagne de presse en faveur d'un retour de l'Alsace. A partir de 1840 l'idée de la langue comme symbole de nationalité prend une ampleur considérable, accompagnée d'une multiplication des études sur la limite des langues. Après 1865 les publications se succèdent à jet continu sur la frontière linguistique et le caractère allemand de l'Alsace : ce sont à la fois des études scientifiques et des pamphlets politiques.

En juin 1840 l'inauguration d'un monument à Gutenberg est l'occasion d'affirmer, outre la fraternité des peuples, l'appartenance française de l'Alsace. Lors de la crise internationale d'octobre 1840 le journal *L'Alsace* devient une tribune de l'Alsace française. Durant plusieurs mois il ne cesse de ridiculiser les prétentions allemandes et de se gausser des thèses selon lesquelles les classes populaires éprouveraient de la nostalgie à l'égard de la patrie allemande. Le 15 novembre 1840 un collaborateur anonyme écrit que toute puissance allemande ne trouverait en Alsace « que des sujets désaffectionnés, rebelles ». L'année suivante le conseiller municipal de Strasbourg et rédacteur du *Courrier du Bas-Rhin*, Charles Boersch, affirme le patriotisme des Alsaciens en cas de menace allemande. D'ailleurs l'historien allemand Ludwig Haeusser – né en 1818 à Cleebourg – admet volontiers que les Alsaciens préfèrent la France avec ses institutions libérales. Néanmoins quelques proches d'Edouard Reuss paraissent au préfet Louis Sers en 1841 suspects. Quelques professeurs rêvent « dans un avenir plus ou moins rapproché le retour de l'Alsace à un Empire germanique ». Il est vrai que Charles Graf, disciple de Reuss, qui fait carrière en Saxe, déclare se sentir allemand et considère les Français comme un peuple étranger [207]. Lors des fêtes commémoratives du bicentenaire du rattachement de l'Alsace à la France en octobre 1848, les autorités municipales de Strasbourg et de Colmar soulignent l'appartenance française. Pour le maire, Edouard Kratz, « l'Alsace est aussi française que la Bretagne, la Flandre et le pays des Basques et elle veut le rester ». De son côté l'avocat Ignace Chauffour considère clos le contentieux franco-allemand. Lors du toast prononcé à Mulhouse est émis le vœu de voir l'Alsace devenir « une terre de réconciliation ».

Ensuite la crise franco-allemande de 1859-1860 constitue une étape importante dans l'évolution du problème avec l'entrée en lice de plusieurs organes de la presse quotidienne. Mais cette idée a en partie une valeur nostalgique, car la plupart des observateurs allemands ne doutent pas de l'hostilité des Alsaciens et se convainquent du peu de chances de modifier leur attitude.

Les relations entre les deux rives du Rhin demeurent fréquentes et – apparemment – empreintes de cordialité, en dépit du développement d'un courant annexionniste dans le grand-duché de Bade. Plusieurs chorales allemandes participent aux festivals musicaux de Strasbourg. En 1861 le pont ferroviaire sur le Rhin est inauguré. Les pasteurs luthériens des deux rives se rencontrent fréquemment et Mgr Raess conserve de nombreuses amitiés à Mayence. Après Sadowa (1866) les transformations politiques en Allemagne soulèvent un immense intérêt en Alsace. La presse locale devient fort chatouilleuse sur les problèmes de nationalité et affiche un patriotisme souvent exacerbé. A la veille de la guerre l'opinion est unanime face à la Prusse comme le confirme le commissaire central dans une lettre au préfet, citée par *Le Courrier du Bas-Rhin* du 13 juillet 1870 : « Le sentiment national et guerrier était de plus en plus développé à Strasbourg et c'était avec orgueil qu'on parlait d'une revanche à prendre sur la Prusse ».

Intensification des relations avec Paris et la France d'outre-Vosges

Jusqu'en 1852 ce sont surtout des intellectuels, étudiants et hommes du milieu économique, qui traversent les Vosges, et vont en général à Paris où ils se fixent à titre temporaire ou définitif. En milieu protestant, à partir du Premier Empire, de nombreux jeunes théologiens se rendent dans la capitale, souvent après un séjour en Allemagne, ce qui assure un équilibre linguistique et culturel propre à développer la double culture. Une première vague s'y rend après 1821 pour un séjour prolongé comme Jacques Matter, qui travaille chez l'archéologue Millin, ou Joseph Willm. Certains y font carrière, ce qui renforce les liens avec le protestantisme parisien, d'autres y exercent à titre temporaire la fonction de précepteur ou de vicaire. A leur retour en Alsace une partie donne la priorité au français, notamment ceux issus de milieux ruraux comme l'historien Matter et le philosophe Willm. En 1837 André Jung devient membre correspondant du ministère de l'Instruction publique, ce qui lui permet de développer de fructueuses relations épistolaires parisiennes. Après 1830 la majeure partie des jeunes nobles sont désormais formés à Paris, en particulier au collège Sainte-Barbe, ce qui leur assure une intégration culturelle dans les élites sociales françaises, notamment les cadres de l'armée.

L'année 1852 marque une accélération de ces relations avec Paris grâce à la mise en service de la voie ferrée Strasbourg-Paris. Désormais Paris attire de nombreux candidats au départ en raison de ses multiples possibilités d'emplois. Certains y font une brillante carrière comme le journaliste Auguste Nefftzer et de nombreux artistes alsaciens. Cette insertion nationale est sensible en particulier à la faculté de théologie protestante, qui attire un nombre croissant d'étudiants du reste de la France et dans bon nombre de paroisses qui font des dons à des paroisses et à des œuvres situées à l'ouest des Vosges.

Le débat linguistique

Avant 1830 la bourgeoisie défendait en majorité l'enseignement de l'allemand. Après 1800 les universitaires réclament un enseignement dans les deux langues. Le baron Guillaume de Turckheim estime en 1827 que seule une bonne instruction en allemand permet d'obtenir une véritable culture intellectuelle du peuple et de maintenir le rôle de pont culturel. Mais après 1830 l'intensification de la diffusion de la culture française place la question linguistique au centre des débats du mouvement culturel alsacien, dominés par trois personnages. En 1838 le théologien Edouard Reuss publie un article devenu célèbre dans la revue *Erwinia*, « Wir reden deutsch »[208]. Il y affirme à la fois le patriotisme et la spécificité des Alsaciens. Pour lui l'Alsace est « la branche allemande greffée sur le tronc français et tirant sa nourriture des mêmes racines ; politiquement parlant les Alsaciens sont des Français et (ils veulent) le rester. Vivre dans un Etat allemand ne (leur) dirait maintenant plus rien ». Les souvenirs de guerre et les droits acquis en 1789 « rattachent l'Alsace à la France et il serait impossible de l'en séparer ». Il est donc nécessaire que chaque Alsacien sache ou comprenne la langue de son pays. Mais en même temps il plaide vigoureusement en faveur de sa culture dans un texte qu'on peut considérer comme un des meilleurs jamais écrits sur ce sujet. Il ne faut pas avoir honte de ses traditions, de sa langue, de ses mœurs qui sont germaniques. L'Alsacien doit les respecter et leur demeurer fidèle. « Une fable circule dans ce pays suivant laquelle l'époque approche où le vieil esprit allemand de notre Alsace et avec lui sa langue cédera devant la puissance victorieuse de la culture française qui, depuis cinquante ans, pénètre lentement mais inexorablement par-dessus les Vosges... C'est en allemand que nous devons prêcher et chanter, écrire et parler, prier et faire de la poésie... Si vous nous prenez notre langue, vous vous préparez un peuple d'esclaves, dans lequel vous-mêmes ne pourrez plus avoir confiance. » La culture du peuple est « sa foi, sa religion, ses habitudes, ses mœurs, ses fêtes, ses chants, sa science et son histoire ».

De son côté Auguste Stöber écrit : « Un peuple qui oublie ses chants, ses légendes, son histoire, fait peu de cas de sa langue, commet un suicide spirituel. » Il ajoute qu'aucun gouvernement ne peut demander à une population de sacrifier sa langue maternelle. A son avis, « notre nature d'Alsaciens se gâte au plus profond et au plus noble de son être, dès qu'elle veut renier le génie allemand qui est en elle... l'esprit et la formation allemande du cœur... doivent être comme un legs sacré[209] ». En face l'historien Louis Spach a été très marqué dans sa jeunesse par cette double culture sur le plan psychologique, « ce tiraillement entre deux nationalités, entre deux idiomes et deux séries d'affections » en ont fait un « être amphibie... qui n'arrivait point à se faire pardonner son double développement par des puristes exclusifs d'en deçà et d'au-delà des Vosges ». Torturé par ce problème il prend le parti, comme beaucoup de ses émules, d'une assimilation rapide. La langue française doit devenir la langue privilégiée d'expression de la vie culturelle en Alsace. Il ne voit d'avenir littéraire pour l'Alsace que dans la fusion absolue de l'Alsace et de la France, allant jusqu'à écrire au sujet des *Alsa Bilder* des frères Stöber : « Brisez vos harpes allemandes ! »

Dans le camp des partisans de l'assimilation se rangent plusieurs étudiants protestants marqués par leur séjour à l'ouest des Vosges. Ainsi Joseph Willm (1792-1853) prend en 1815, à vingt-trois ans, lors d'un séjour à Lyon où il enseigne dans un pensionnat, la résolution « de s'exprimer désormais en français, et de ne se servir de l'allemand qu'en cas de nécessité ». Devenu inspecteur d'académie en 1836, il publie une série de livres destinés à faciliter aux Alsaciens l'acquisition du français, mais il n'a jamais été partisan de supprimer l'enseignement de l'allemand. S'il estime que l'Alsace est « française par le cœur, par les institutions et les habitudes », par contre la suppression de l'allemand serait perçue « comme une marque de défiance, comme une mesure de despotisme et de conquête », d'autant que « par leur position géographique et leur histoire, les Alsaciens sont destinés à être un peuple à deux langues »[210]. Son collègue Jacques Matter a imposé le français comme langue d'enseignement au gymnase pour toutes les disciplines. Il a le souci de ne pas dresser de barrière linguistique pour éviter de renforcer les clivages sociaux : « Il n'est pas permis de faire des castes, de donner l'enseignement au peuple dans une langue, aux gens comme il faut dans une autre. » Achille Penot, professeur originaire de Nîmes et installé à Mulhouse, s'il estime indispensable la connaissance de l'allemand en Alsace, adpote une attitude jacobine : « Beaucoup de personnes regardent en Alsace l'allemand comme la langue maternelle, c'est une erreur : la langue maternelle est celle de la patrie. »[211] De manière générale les Français installés en Alsace ne s'adaptent pas au milieu et prônent l'assimilation surtout par paresse intellectuelle.

Le français à l'école : modération et tolérance avant 1848

Dans la première moitié du siècle l'allemand demeure presque l'unique langue d'enseignement à l'école, d'autant que la plupart des instituteurs ne maîtrisent pas le français. Ainsi en 1824 dans l'arrondissement de Wissembourg à peine un cinquième du corps enseignant parle le français et en 1833 trente-neuf écoles sur cent deux dans cet arrondissement n'ont aucun enseignement du français. Même à Haguenau seuls 40 % des élèves l'apprennent. L'inspecteur primaire Heinrich dans ses souvenirs note que « le français était alors (vers 1830) une langue à peu près étrangère, et celui qui le savait passait pour un phénomène ; à peine trouvait-on quelques instituteurs dans les villes qui le parlaient »[212]. Les autorités académiques s'efforcent de favoriser la diffusion du français. Le recteur François-Xavier Levrault est particulièrement actif. En 1819 il fait paraître un *Plan d'enseignement élémentaire dans les deux langues pour les écoles primaires d'Alsace*, qui préconise des tableaux de lecture allemande, sur le modèle de ceux de Demeter, futur archevêque de Fribourg-en-Brisgau, adoptés dans les écoles badoises, de prononciation française, de grammaire dans les deux langues, ainsi qu'un livret de nomenclature franco-allemande et des modèles d'écriture des deux langues. Tous ces efforts sont appuyés financièrement par le conseil général du Bas-Rhin qui alloue en 1832 quatre mille francs « à l'achat de livres élémentaires uniformes pour la propagation de la langue française ». De son côté le conseil d'arrondissement de Sélestat demande dès la fin de l'Empire des « sœurs de Charité capables d'enseigner la langue française ».

La diffusion du français est assurée principalement dans les écoles catholiques de filles par les sœurs membres de congrégations enseignantes, et ailleurs de manière ponctuelle : ainsi en 1829 le pasteur de Wissembourg y introduit une classe française. Elle est souvent perçue comme une sorte de classe privilégiée avec une rétribution plus élevée, le signe d'un clivage social. Si les progrès du français sont lents, ils n'en sont pas moins réels. Ainsi l'*Annuaire du Bas-Rhin* de 1847 se félicite de ce que « les progrès de l'enseignement du français dans les écoles du Bas-Rhin fussent toujours sensibles ». La pensée officielle des années 1840 est exprimée par l'inspecteur général Matter : « Il ne s'agissait pas de bannir l'allemand, il n'était question que d'admettre le français »[213], en particulier à travers les salles d'asile fortement encouragées par les autorités administratives et universitaires régionales convaincues que c'est le meilleur moyen de « franciser l'Alsace ». Dans l'arrondissement de Colmar il n'y a que trente-quatre écoles, dont seulement douze rurales où l'enseignement du français n'est pas une fiction en 1836.

Les résistances proviennent parfois du clergé des deux confessions et surtout des parents. Selon un rapport d'inspection du Haut-Rhin (1836), dans beaucoup de communes « les parents regardent cette étude comme inutile ; ils se croient encore Allemands et leur langue... est pour eux une nationalité qu'ils craignent de perdre... Ils s'opposent fortement à ce que le français soit enseigné à leurs enfants ». Le recteur reconnaît de son côté que dans le Haut-Rhin les masses repoussent le français « au moins comme inutilité, si ce n'est comme un danger ». Cette résistance demeure largement répandue et débouche même sur quelques voies de fait : à Offwiller en 1842 les livres et tableaux de français introduits par un nouveau maître d'école ont été détruits lors d'une expédition nocturne. Le conseil municipal de Zittersheim interdit à l'instituteur d'enseigner le français, un cas qui ne semble pas unique. Certains maîtres demeurent ainsi assez réservés. Un rapport sur le Haut-Rhin (1834) affirme que dans huit cantons les maîtres ont parfois « horreur du français » considéré comme « marchandise prohibée ».

Après 1848 le français à l'école devient un problème national

L'année 1848 marque dans cette évolution une rupture. La révolution dans le pays de Bade incite le pouvoir politique, surtout à partir de l'Empire autoritaire, à relâcher les liens avec la rive droite par peur d'une contagion. En 1849 le préfet François Chanal dans un rapport au ministre de l'Intérieur écrit : « C'est de l'Allemagne que nous viennent toutes les rêveries communistes ou socialistes. Franciser l'Alsace c'est le premier de tous les remèdes à apporter au mal présent. »[214] Il s'y ajoute le désir de mettre fin au courant d'opinion qui s'élargit en Allemagne revendiquant l'Alsace au nom de la communauté linguistique. Désormais les préfets et les recteurs, soutenus dans un premier temps par les deux conseils généraux, ne cessent de promouvoir la place du français à l'école. Cette politique s'effectue en quatre étapes. En 1853 le règlement du département du Bas-Rhin impose le français comme « langue usuelle de l'école », mais l'allemand demeure enseigné. En 1854 l'inspecteur d'académie du Haut-Rhin impose l'usage exclusif du français dans toutes les écoles élémentaires. En 1858 le recteur Delcasso obtient que la « langue usuelle de l'école sera la langue française ». La mesure décisive est le règlement de 1860 qui impose le français dans toutes les écoles de l'Alsace et réduit l'allemand à la portion congrue : limité à quarante-cinq minutes par jour, nécessairement placées l'après-midi, considéré comme moins favorable sur le plan pédagogique.

Il défend avec vigueur cette mesure auprès du ministre de l'Instruction publique. Il se plaint que « seule une caste de lettrés et de clercs s'obstine à vouloir les ramener à reculons du côté de l'Allemagne » et se plaint des clercs, qu'il accuse d'opinions « antifrançaises », qui sont entretenus par leurs relations avec les Eglises d'outre-Rhin dans « des sentiments peu favorables à la France, à sa langue, à son esprit, à son gouvernement », enfin il évoque le « teutonisme opiniâtre ». Dans un rapport au ministre en 1862 il se plaint de « la vieille conspiration teutonique qui, depuis deux siècles, retarde l'assimilation de l'Alsace à la France ». Il assimile toute résistance à une « guerre à la langue française ». Il est encouragé dans cette attitude par l'inspecteur d'académie Duval-Jouve qui réclame en 1856 la suppression du bilinguisme pour les actes administratifs. Face aux demandes d'aménagement du règlement, le recteur répond que toute tactique qui aurait pour objet de confisquer au profit de l'allemand les deux premières heures d'une école française est « antinationale ». Par la suite il adopte une attitude plus conciliante, mais certains de ses subordonnés, par des empiétements successifs, s'efforcent de rejeter l'allemand de l'enseignement. C'est dans ce contexte qu'en 1861 la conférence pastorale se voit interdire de continuer à inviter des frères de Bade. Le règlement se heurte à un certain nombre d'oppositions, en particulier de la conférence pastorale, de plusieurs consistoires protestants et de certains pasteurs qui craignent un recul de l'efficacité de la catéchèse si l'enseignement religieux n'est plus assuré en allemand et si la maîtrise de la langue de Luther est en recul : la lecture et la religion sont très étroitement imbriquées. Il provoque aussi des démissions de délégués cantonaux et des articles hostiles de la presse confessionnelle. Beaucoup de pasteurs se plaignent d'une baisse des connaissances religieuses.

Dans la pratique toutefois le français ne devient pas partout langue d'enseignement. Selon une statistique par l'inspecteur d'académie pour le Bas-Rhin (1863), dans 513 écoles sur un total de 1 172, l'enseignement est assuré dans les deux langues et dans 45 écoles de l'arrondissement de Strasbourg uniquement en allemand. Dans le Haut-Rhin 216 écoles sur 901 sont absolument françaises[215]. Mais sur 73 877 élèves, 12 804 ne savent pas encore parler le français et 11 752 savent le parler sans pouvoir l'écrire. De manière générale après 1860 les autorités académiques et les deux conseils généraux présentent toujours un tableau plus ou moins dithyrambique sur les progrès de l'enseignement et de la pratique du français. Ce bilan très inégal est dû à de multiples obstacles : opposition tantôt sourde, tantôt ouverte du clergé, indifférence des familles, insuffisance de beaucoup de maîtres, irrégularité dans la fréquentation scolaire. Si dans les bonnes classes les enfants parviennent à maîtriser les deux langues, dans les autres ils n'apprennent aucune des deux et l'abbé Louis Cazeaux estime leur pourcentage aux deux tiers de ceux qui quittent l'école en 1867. Toute cette population se trouve dans un « état de demi-connaissance et demi-ignorance des deux langues ». La méthode de la sanction utilisée par les jésuites, réapparaît : le futur recteur Christian Pfister scolarisé à Beblenheim relate que « si nous étions surpris dans les rues et aux champs à deviser en allemand, nous étions condamnés à payer un sou d'amende »[216].

A partir de 1866 on assiste à une prise de conscience de la richesse du bilinguisme. Désormais une large opinion défend l'enseignement de l'allemand à l'image du conseil général du Bas-Rhin qui change d'attitude, suivi par des ecclésiastiques et de nombreux délégués cantonaux qui se plaignent de la négligence de certains maîtres pour assurer l'enseignement de l'allemand. En 1867 le *Volksfreund* publie un roman feuilleton en douze épisodes, *Der Dorfschulmeister*, qui souligne l'intérêt des deux langues à l'école et du chant choral (chants d'Eglise et chants populaires allemands). De nombreux journaux s'engagent alors en faveur du maintien de l'allemand. L'emploi de l'allemand dans l'administration est revendiqué de plus en plus fort.

Le conseil général du Bas-Rhin, après avoir fortement encouragé le français – en 1858 il estime que comme « c'est en France que les enfants de l'Alsace doivent suivre les différentes carrières... la connaissance de notre langue est impérieuse » –, désavoue en 1866 le rapporteur de la commission de l'instruction. Il demande la liberté pour les ministres des deux cultes d'enseigner dans la langue de leur choix et le développement de l'enseignement du français « sans négliger la langue allemande, dont la connaissance et la pratique sont indispensables dans les relations internationales de notre département frontière[217]. L'ardeur des autorités universitaires se calme, en raison d'une prise de conscience du problème, encouragée par la déclaration de Napoléon III à Strasbourg à un groupe d'instituteurs : « Le français est la langue nationale mais l'Alsacien ne doit pas non plus oublier l'allemand. »[218]

Le ministre de l'Instruction publique, Victor Duruy, en réponse au député du Bas-Rhin, Léonce Hallez-Claparède, qui demande un renforcement de la politique d'assimilation linguistique, prend position en faveur de la langue parlée en Alsace, car elle permet de communiquer dans une langue de civilisation (9 mars 1867). C'est dans ce contexte que se situe la publication par l'abbé Cazeaux, un francophone pourtant, de l'*Essai sur la conservation de la langue allemande en Alsace* (1867), qui bénéficie d'une large audience, et qu'on peut considérer comme représentatif de la grande majorité du clergé catholique alsacien. Il déplore le sort de la majorité des jeunes qui « ont oublié ou désappris le langage maternel sans avoir appris le langage national », ce qui aura à son avis comme « résultat la décadence progressive du sentiment religieux et des principes moraux dans le peuple »[219]. Il estime que l'éducation religieuse de la jeunesse nécessite l'étude de l'allemand et craint que les deux tiers des élèves qui sortent des écoles ne maîtrisent ni le français ni l'allemand, d'où un recul de la lecture et de la moralité.

Un certain nombre d'ecclésiastiques ont pris position dans ce débat. Du côté catholique beaucoup de prêtres voient dans la langue française le véhicule de toutes les idées antireligieuses. L'enseignement du catéchisme aux enfants en allemand est l'une des revendications essentielles du clergé des deux confessions qui estime que ce n'est qu'à travers la langue maternelle qu'il peut toucher les cœurs des enfants. La conférence pastorale de Strasbourg se plaint en 1859 que les inspecteurs primaires aient imposé en partie l'enseignement religieux en français. Edouard Reuss s'offusque d'avoir été l'objet « d'attaques infâmes » pour avoir osé protester contre cette mesure. Mais certains de ses collègues sont plus opportunistes. Le cas extrême est celui de Charles Schillinger, dont le grand-père est originaire du Wurtemberg. Il estime qu'il « faut sacrifier une génération et franciser à tout prix le plus vite possible, sinon, nous, prédicateurs protestants, nous resterons en arrière dans le désert »[220]. Grâce à cette résistance l'instruction religieuse en langue allemande demeure encore largement répandue, alors que le français est devenu la langue unique du reste de l'enseignement. En fait le conflit entre l'autorité académique et les deux clergés prend les proportions d'une lutte d'influence dont l'enjeu est l'âme de l'enfant. Les ecclésiastiques sont les porte-parole, fils et frères d'une minorité régionale, alors que les universitaires, la plupart étrangers à la région, se déclarent les défenseurs de l'intérêt général de la France.

La presse : maintien de la prédominance de l'allemand

En raison de la spécificité culturelle, les quotidiens sont soit bilingues soit en allemand, à la seule exception de *L'Industriel alsacien* publié à Mulhouse. *Le Courrier du Bas-Rhin* renferme dans ses colonnes l'article en français et sa traduction, ce qui heurte souvent les visiteurs venus des autres régions françaises et représente d'importants frais. Mais dans ses quatre mille cinq cents annonces publiées en 1848, 82 % sont en français, 11 % en allemand et le reste bilingue[221]. Lorsqu'en 1848 la rédaction du *Démocrate du Rhin* a lancé par patriotisme un journal rédigé entièrement en français, elle s'est vu contrainte au bout de plusieurs mois de le rendre bilingue. Quand plus tard *L'Impartial* tente d'insérer davantage de textes français, il est lui aussi contraint de revenir en arrière. Sous la IIe République plusieurs journaux sont entièrement publiés en allemand, tout comme le *Volksblatt* en 1869, qui connaît, en partie pour ce motif, un vif succès dans les milieux populaires. Si en 1850 le préfet du Bas-Rhin peut encore prétendre que « dans le Bas-Rhin, la presse parisienne est presque sans action »[222], après 1852 le nombre des abonnés aux journaux parisiens atteint souvent celui des journaux strasbourgeois, mais essentiellement en ville.

Le choix des langues chez les savants et dans les associations

Dans le milieu des enseignants et des universitaires qui assurent depuis 1793 leur enseignement presque exclusivement en français, hormis à la faculté de théologie protestante, on assiste à une nette évolution. On peut distinguer trois périodes pour le choix linguistique. Dans le premier tiers du siècle les savants publient dans les deux langues avec une préférence pour l'allemand, alors que la génération suivante, en fait de 1833 à 1850, se caractérise par un équilibre, tandis qu'après 1850 le français est nettement privilégié. L'allemand cesse d'être utilisé dans la vie professionnelle, à de rares exceptions près comme Rodolphe Reuss qui présente sa thèse de doctorat à Göttingen en 1864. Désormais les publications exclusivement françaises se multiplient.

Une étude linguistique des titres met en lumière que tous les ouvrages à caractère scientifique marqué (histoire, géographie, statistique ou économie) sont uniquement en français. Par contre ce qui est poésie et théâtre est entièrement en allemand ou en dialecte. De manière générale, « les poètes, dramaturges, publicistes, romantiques ou les auteurs théologiens qui font appel à l'imagination, au sentiment, au sens de la nature ou à l'esprit religieux, usent tout naturellement de l'allemand » même pour affirmer leur patriotisme français [223]. Cette distorsion entre la raison et le sentiment apparaît chez de nombreuses personnes à l'image des membres de la famille Schweighaeuser qui recourent au français dans les relations officielles et scientifiques, mais ne composent des vers qu'en allemand. Les nombreuses revues qui paraissent sous le Second Empire, destinées à un public cultivé, sont presque toutes rédigées en français.

Les actes notariés sont obligatoirement rédigés en français depuis 1803, tout comme les débats des tribunaux, ce qui favorise les accusés, car le jury maîtrisant parfois mal le français n'est que rarement convaincu de leur culpabilité. Par contre une enquête reste à faire sur la chronologie du passage en français dans les procès-verbaux des conseils municipaux (seuls ceux des grandes villes sont en français dès 1800), des conseils de fabrique, des consistoires et conseils presbytéraux, des caisses d'épargne. Dans les villes moyennes où quelques bourgeois maîtrisent le français, celui-ci s'impose : à Bouxwiller c'est le cas des procès-verbaux du conseil municipal, du bureau de bienfaisance (1811) et de la commission administrative de l'hôpital (1804). Dans certains organes dirigeants comme l'évêché, le directoire de l'Eglise de la Confession d'Augsbourg, les chambres de commerce et la Société industrielle de Mulhouse, le français constitue la langue usuelle. En 1816 le directoire s'excuse auprès du préfet d'employer encore l'allemand par « la nécessité d'être bien compris » des pasteurs et des paroissiens. Les inspecteurs ecclésiastiques se servent dans leur correspondance tant vers le directoire qu'avec les pasteurs du français, alors que les pasteurs ont tendance à correspondre entre eux en allemand. A partir de 1843 tous les candidats en théologie doivent faire au moins une prédication en français. Dans les quatre consistoires de l'inspection de Colmar les registres sont tenus en allemand jusqu'en 1858. Le français progresse dans les lectures. A la bibliothèque populaire de Mulhouse la répartition des prêts par langue en 1865 est de deux tiers en allemand contre un tiers en français. Dans cette ville les femmes de la bourgeoisie ne lisent que des livres français. Dans les bibliothèques des bourgs les ouvrages français apparaissent à la fin de la période, par exemple 129, soit 18 %, sur un total de 690 à Ingwiller. A Sélestat la bibliothèque de prêt, après avoir acquis les œuvres complètes de nombreux écrivains français, comprend, en 1870, 335 volumes allemands et 1 200 français[224].

Les progrès de la connaissance du français

Avant 1830 les témoignages sont nombreux sur la faiblesse de la connaissance du français. En 1825 le préfet du Bas-Rhin estime que les neuf dixièmes de la population ne comprennent pas le français à Strasbourg, que le peuple des villes le parle très peu, et pas du tout celui de la campagne. En 1816 le sous-préfet de Belfort se lamente de ce que « l'ignorance du français chez les maires est flagrante ». Les préfets ont de ce fait tendance à privilégier les anciens militaires lors des nominations de maires. Cette situation est confirmée aussi par le maintien du bilinguisme administratif, en dépit d'un ordre ministériel. Selon le préfet du Bas-Rhin en 1819 à peine un conseiller municipal sur six parle le français, et seule la moitié d'entre eux est capable de tenir une conversation en français. Dans l'arrondissement d'Altkirch 97 % des conscrits de l'année 1829 pratiquent uniquement la langue allemande. En 1832 on estime de 10 à 14 % le nombre d'enfants strasbourgeois capables de parler « plus ou moins » la langue nationale, mais en dehors de Colmar, cette proportion s'abaisse de 5 à 7 % dans les villes, à moins de 1 % dans les campagnes. Il est vrai qu'après l'école « cette notion imparfaite du français se dissipait rapidement »[225].

Les années 1848-1850 marquent un tournant. Désormais le français est en nette progression comme l'attestent de multiples témoignages. Les diaconesses de Strasbourg sont formées, comme les sœurs enseignantes catholiques, dans les deux langues. Comme le français a solidement pris pied aux séminaires, la nouvelle génération de prêtres le manie avec aisance, ce qui ne l'empêche pas de maintenir la langue maternelle au catéchisme. Dans le centre industriel de Sainte-Marie-aux-Mines, les voyages d'affaires à Paris et la venue d'acheteurs parisiens entraînent un abandon progressif de la langue et de certaines coutumes allemandes. Mulhouse apparaît vers 1870 comme la ville la plus francisée d'Alsace, au point qu'un courant d'opposition à l'écriture en caractères gothiques y apparaît. En 1864, 22 % des conscrits du Haut-Rhin savent parler correctement le français, mais 60 % continuent à l'ignorer. Parmi les citadins le taux est plus élevé : 55 % des conscrits colmariens le parlent, contre seulement 23 % dans le canton voisin d'Ensisheim et 18 % dans celui de Saint-Amarin. En 1866 la moitié des conscrits du Bas-Rhin ne comprend pas un mot de français. De même la compréhension de certaines circulaires administratives ou des questionnaires relatifs aux recensements pose parfois problème, ainsi le terme de crétin interprété dans une commune comme chrétien. De telles anecdotes sont fréquentes. En 1860 encore, préfets et sous-préfets ont bien du mal à s'entretenir avec certains maires. Au même moment le recteur Delcasso se plaint que lors des inspections, « on lit couramment les textes allemands, on ânonne et on bégaie sur les textes français... trop souvent le français n'est la langue de l'école que le jour où nous la visitons »[226]. Mais il n'existe aucune statistique sur la répartition linguistique en Alsace.

La situation de la faculté de théologie illustre bien cette évolution. Selon le témoignage de Paul Lobstein[227], alors étudiant âgé de vingt ans, la faculté évolue d'un mouvement de plus en plus rapide vers l'absorption de la culture et de la langue allemandes par leurs concurrentes françaises. Le nombre de cours en allemand ne cesse de reculer. En 1869 le doyen Jean-Frédéric Bruch se voit contraint d'abandonner un cours d'exégèse qui n'attire qu'un à deux étudiants, alors que son cours de dogmatique en français bénéficie d'un grand succès. En ce qui concerne Edouard Reuss, si seule une dizaine d'élèves suit son cours d'exégèse en allemand, son cours d'histoire de la littérature de l'Ancien Testament remplit entièrement le grand auditoire de Saint-Thomas. Hormis Jean-Guillaume Baum, tous ses autres collègues assurent tous leurs enseignements en français.

En 1870 le français est en avance partout. Dans la haute bourgeoisie le français tend à devenir la langue exclusive. Selon un voyageur allemand du nom de Stricker, la plupart des dames « distinguées » savaient à peine encore le dialecte alsacien[228]. Dans la bourgeoisie moyenne (professions libérales), si la préparation professionnelle se fait en français, l'exercice de la profession se fait dans les deux langues. Dans les milieux populaires le français se diffuse chez les jeunes par l'école, le service militaire et les déplacements outre-Vosges. Le nombre des bilingues est appréciable et en accroissement rapide, d'où la sensibilisation nouvelle à la richesse de l'allemand dont de plus en plus de responsables souhaitent le maintien. Il est utilisé surtout par les Eglises (les casuels en français demeurent exceptionnels en dehors de Strasbourg), et dans le catéchisme et la littérature populaire. L'allemand demeure la langue du peuple, du foyer, des Eglises et du sentiment.

Un déclassement de l'alsacien et un appauvrissement de l'allemand

Avec la diffusion croissante du français dans les couches moyennes et les milieux populaires grâce à l'appui des autorités politiques, éducatives et intellectuelles, le risque d'une vision négative de l'allemand devient peu à peu une réalité. Certains responsables académiques – ignorant la langue – en donnent une image caricaturale ; en 1864 le recteur Delcasso écrit : « Notre patois alsacien rude et guttural correspond aux mœurs grossières des campagnards, obstacle vivace à la langue et à la civilisation françaises »[229].

La différenciation sociale se double, surtout après 1850, d'un clivage linguistique entre ceux qui connaissent le français et les autres. C'est un phénomène qui a beaucoup marqué la mentalité alsacienne au XIXe siècle et jusque dans les années 1950, tout en ne laissant que peu de traces écrites. Cela explique pourquoi le personnel politique alsacien de 1789 à 1870 (parlementaires, conseillers généraux et d'arrondissement) est composé surtout de citadins et de quelques notables ruraux, parce qu'ils sont les seuls à maîtriser le français. Un des rares à avoir pris conscience de ce divorce est l'inspecteur général Matter qui évoque en 1847 le risque de castes, « les gens comme il faut » auxquels on aurait donné toutes les bases d'une éducation française, et le « peuple » que l'on se résignerait à laisser germanisé. En 1843 l'inspecteur primaire du Haut-Rhin, Perney, se plaint que les parents hostiles au français disent que « les pauvres, les journaliers, les laboureurs ou les vignerons n'ont pas besoin de savoir le français qui est la langue des riches »[230].

Après 1850 les lettres françaises connaissent une aura croissante dans les milieux cultivés qui s'adonnent avec plaisir à la lecture des grands romanciers Alexandre Dumas, Honoré de Balzac, Eugène Sue et George Sand... La bourgeoisie citadine, qui prend conscience de son rôle de classe dirigeante dans la nation, se démarque du peuple aussi sur le plan linguistique. Elle adopte peu à peu le français et reproche au dialecte sa trivialité. Les auteurs de pièces de théâtre alsacien procèdent à une certaine épuration du dialecte, ce qui lui enlève une partie de sa saveur et de son naturel, avant de s'en détourner par peur de moqueries. Ainsi l'artiste peintre Charles Spindler rapporte que son grand-père se cachait de ses filles pour s'adonner à l'écriture. « L'emploi du dialecte les offusquait. Elles ne le trouvaient pas de bon ton »[231]. Parler l'alsacien en 1870 est perçu comme un manque d'instruction. L'affaiblissement s'accompagne dans les années 1860 de l'infiltration de vocables français dans certains pamphlets ou tracts rédigés et distribués à la campagne. Selon un rapport d'inspection de 1856 on parle dans l'arrondissement de Colmar un « patois mélangé de mots celtiques, latins, germaniques et français... Une phrase commencée en français se termine le plus souvent en allemand »[232].

L'allemand perd son enracinement et son maniement va décroissant. Le langage des journaux tend à se dégrader, davantage dans les traductions que dans les écrits originaux, qui demeurent une prose de qualité tout à fait convenable. La presse en allemand étant destinée aux milieux populaires soigne moins le style que les écrits confessionnels destinés davantage à des clercs. De même la langue en usage à l'église est restée celle de Luther. Vieillie et sclérosée, dissociée de l'allemand quotidien en usage outre-Rhin, elle est qualifiée par les germanistes de pfarrerdeitsch ou langue de Canaan. Il est vrai que la littérature allemande a perdu le contact avec la population, à l'image du cercle littéraire Concordia à Mulhouse, qui autour des frères Stöber regroupe des poètes de langue allemande ignorés de la population. Si la chanson populaire demeure vivace, grâce en partie à la transmission soit orale, soit scolaire, elle ne connaît plus de créations au XIXe siècle. Les créations poétiques baissent en qualité après 1850 pour ne plus être que de la prose rimée insignifiante et le recrutement se tarit. Le botaniste Frédéric Kirschleger se plaint (1862) de voir des Alsaciens avoir honte de l'allemand.

Une double vision de l'Alsace

La persistance de la double culture étonne certains voyageurs français. Si les uns sont simplement surpris comme Victor Hugo, d'autres, marqués par le jacobinisme, se montrent irrités. Ainsi Alphonse Daudet rédige lors de son séjour strasbourgeois quelques lignes très dures : « Sommes-nous en France ou en Huronie !... Pourquoi l'Alsace s'est-elle réunie à la France alors ?... Le pays est allemand, très allemand, abominablement allemand par sa sauer-craut, par sa beer, ses ja. [233] » Cette hostilité ne l'empêche pas six ans plus tard de publier *La Dernière Classe* qui contribue à former une image mythique de l'Alsace perdue, demeurée patriote, en vieille France. En mars 1853 le procureur général est frappé par l'aspect « étranger » de la population : « costume, langage, habitudes, tout en elle est allemand ». De son côté le président de la cour d'appel, François de Bigorie de Laschamps, note que les « hommes même méritants ont quelque chose d'un peu lourd et germanique » [234]. L'hostilité apparaît aussi chez une partie des inspecteurs : Joly dans le Haut-Rhin le qualifie de « patois grossier ». A Paris se constitue un imaginaire de valeur militaire et d'un accent lourd. En 1864 une circulaire du ministre au recteur se plaint de l'accent « vicieux » et des difficultés d'expression des lycéens alsaciens.

De leur côté Emile Erckmann et Alexandre Chatrian, originaires de Phalsbourg, publient une série de romans régionaux dont *Madame Thérèse, L'Ami Fritz, L'Invasion* et *Histoire d'un paysan*. Ils présentent des personnages alsaciens et vosgiens de condition modeste, dans un esprit didactique, patriote et républicain. Après 1870 ces romans deviennent des « romans nationaux » largement diffusés. Avec le développement du nationalisme et des barrières douanières mises en place à partir de 1815, le rôle de frontière du Rhin s'accentue, de sorte que l'axe politique ouest-est voit son rôle s'accroître au détriment de l'axe géographique naturel nord-sud, d'autant que le grand-duché de Bade tend à accaparer les relations commerciales nord-sud. Seules subsistent des relations locales entre riverains du Rhin – ainsi, le curé de Blodelsheim, Joseph Philippi, est devenu « l'apôtre de Bade » (1842-1854) – et une immigration badoise à Strasbourg, qui a perdu par rapport à 1789 sa double fonction commerciale de transit et universitaire envers les autres pays rhénans.

Vitalité et signification de l'identité

La conscience de l'identité régionale, en dépit du découpage administratif en deux départements, demeure très vive. On est frappé par le grand nombre de titres d'ouvrages et de revues (*Revue d'Alsace, Revue catholique d'Alsace*) qui font référence à l'Alsace. Après 1815 le concept d'Elsass reprend sa place traditionnelle au lieu d'Alsa et Alsatier mis en avant sous la Révolution. Il en est de même de nombreux ouvrages d'histoire, des publications de sources, des recueils de lithographies marqués par le romantisme, qui apparaissent comme une défense et une illustration du passé de la région. Adolphe Stoeber évoque en 1838 « l'âme nationale alsacienne ».

L'identité est donc d'abord une meilleure connaissance du passé, présenté de manière souvent enjolivée. Le mythe de l'âge d'or – celui des républiques urbaines d'avant 1789 plus que des campagnes dominées alors par les seigneurs – y transparaît indicible, ineffable. C'est ensuite un esprit très vif du particularisme. La défense des libertés locales[235] est son leitmotiv. Selon le baron Massias le personnel politique y a en horreur le mot centralisation et se montre sensible sur la question du recrutement local des fonctionnaires. En 1862 le recteur Delcasso se plaint de « l'antipathie qu'éprouve la population de langue allemande contre toute initiative parisienne ». Effectivement certaines personnes ont le souci de garder leur distance envers Paris, comme le rédacteur du *Courrier du Bas-Rhin*, qui manifeste de l'antipathie envers tout ce qui est parisien, au point de ne nouer aucune relation avec un écrivain ou un politique de la capitale.

En 1816 le conseil général du Haut-Rhin se plaint de la préférence « injuste et impolitique » accordée à des « étrangers » pour les meilleures places. Son homologue du Bas-Rhin déplore en 1825 le parti pris d'« exclure les Alsaciens de tous les emplois administratifs où cependant la connaissance de deux langues est si souvent nécessaire ». En 1831 le procureur général Victor Rossée souhaite une magistrature autochtone et estime que l'Alsace ne doit pas « abdiquer tout à fait sa propre nationalité ». Jusqu'en 1870 la magistrature demeure en très grande majorité autochtone grâce à la politique des premiers présidents Victor Rossée et Charles-Sylvestre Rieff. Les deux conseils généraux sont aussi sensibles à certains avantages des pays riverains (Bade et Palatinat), ce qui les amène à contester certains aspects du droit français en matière forestière.

L'identité est constituée par une histoire spécifique, un cadre géographique qui privilégie moins ses composantes physiques (hormis les Vosges) que son patrimoine architectural, en particulier les églises (cathédrale) et les châteaux, soit un pittoresque monumental et un coup d'œil romantique sur une histoire locale comportant de multiples ruines. Ce sont ensuite les valeurs, classiques, héritées du passé et marquées par la religion : famille, ardeur au travail, droiture, fidélité à la parole donnée, sobriété, respect des autorités et piété. Elles sont parfois l'objet des discours officiels comme de Louis-Napoléon Bonaparte lors de sa visite en août 1850 : « terre des souvenirs historiques et des sentiments patriotiques ». Le maire de Strasbourg, Georges-Frédéric Schutzenberger, affirme en 1838 : « Fidèles à la France, nous ne renoncerons jamais à notre manière d'être alsacienne »[236]. La vision de l'Alsace demeure une Alsace du passé qui regrette les privilèges perdus en 1789, de l'artisanat et des campagnes. Hormis les événements de 1848 à 1851, on ne prend guère conscience des mutations industrielles en cours.

Le point fort demeure la culture germanique. Comme au XVIIIe siècle le concept d'allemand continue à être accepté. Edouard Reuss évoque la « France allemande », le curé de Riedseltz déclare « nous sommes fiers d'être allemands » et son collègue de Rixheim dit que les enfants sont « nés allemands ». De même la Lorraine germanophone continue à être désignée par l'expression de « Lorraine allemande ». Beaucoup de familles bourgeoises pratiquent le français dans leurs relations sociales, mais continuent à se servir de l'alsacien dans la vie privée et le cercle familial. Le magistrat Armand-Antoine Véron-Reville estime que la conscience alsacienne bourgeoise est « intellectuellement germanique, politiquement française ».

Le patriotisme français, encouragé par le service militaire et l'imagerie relative au tirage au sort, est quasi unanime, comme a su l'exprimer avec une grande sensibilité Ehrenfried Stöber :

Meine Leier ist deutsch, sie klingt von deutschen Gesängen ;
Liebend den gallischen Hahn, treu ist französisch mein
[Schwert
Mag es über den Rhein und über den Wasgau ertönen ;
Elsass heisset mein Land, Elsass dir pochet mein Herz.
(Ma lyre est allemande, elle résonne de chants allemands ;
Quant à mon épée, elle aime le coq gaulois, elle est fidèle à la
[France ;
Puisse ce cri passer le Rhin et les Vosges ;
L'Alsace est mon pays, Alsace mon cœur est à Toi.)

De manière plus prosaïque le président du Comptoir d'escompte de Mulhouse évoque les « Alsaciens, arrière-neveux de l'Allemagne, et fils dévoués de la jeune République ». Le patriotisme est développé par la fierté d'appartenir à une grande nation civilisée et le goût de la gloire militaire, favorisé par le souvenir napoléonien. L'Allemagne en revanche est perçue comme un voisin dont on est nettement différent et séparé depuis deux siècles. La distinction est renforcée par la mémoire orale du vécu de la Révolution, des libertés et des guerres napoléoniennes, sans compter une tradition administrative différente.

Le passé germanique et la situation frontalière encouragent la conscience d'être un pont entre les deux nations, en particulier dans les milieux cultivés. Il en est ainsi chez les dirigeants du gymnase protestant et les responsables de la *Revue germanique* qui veulent faire connaître à leurs lecteurs le mouvement intellectuel d'outre-Rhin. Cette volonté explique aussi l'importance des traductions et des éditions bilingues. Cette conception est partagée à l'extérieur. Ainsi le nonce apostolique de Munich considère Mgr Raess « comme l'anneau de la chaîne qui devra unir l'Allemagne catholique à la France catholique ». Plusieurs universitaires publient en français des travaux sur l'Allemagne, comme Matter (*L'Etat moral, politique et littéraire de l'Allemagne*) et Jean-Christian Bartholmess (*Histoire de l'Académie de Berlin*). Willm est un intermédiaire entre la pédagogie française et allemande.

Certains intellectuels entretiennent des relations des deux côtés du Rhin, et obtenir des distinctions de chaque côté n'a rien de déshonorant, mais au contraire de valorisant. L'inspecteur général Jacques Matter (1791-1864) est à la fois officier de la Légion d'honneur et chevalier de l'ordre de l'Aigle rouge de Prusse. Charles Ehrmann est à la fois, comme au XVIIIe siècle, correspondant des Académies de médecine et de sciences françaises, et membre d'une société savante de Breslau et de la Société impériale des médecins de Vienne. Louis Spach est également membre de sociétés savantes en France et en Allemagne. Auguste Stöber collabore aux *Deutschen Mundarten* et au *Deutsches Wörterbuch* des frères Grimm. Quelques universitaires d'outre-Vosges ont été marqués par la culture allemande lors de leur séjour en Alsace (Georges Ozaneaux) et sont devenus « le symbole personnifié de l'alliance littéraire de la France et de l'Allemagne sur les confins des deux pays ». A l'inverse certains auteurs allemands recherchent le contact avec des Alsaciens : Jacob Grimm est en relations avec Georges-Daniel Arnold et Auguste Stöber. D'autres séjournent assez longtemps en Alsace, à l'image de Joseph von Görres et de Georg Buchner.

La double culture a permis à de nombreux Alsaciens de faire une belle carrière dans les départements allemands de la rive gauche du Rhin de 1800 à 1813, dont Joseph-Louis Colmar et Marc-Antoine Berdolet, devenus évêques de Mayence et d'Aix-la-Chapelle. Mais être à cheval sur deux langues a aussi un prix, c'est celui de l'accent, qui peut susciter des ironies des deux côtés du Rhin, comme déjà du temps de Jean-Laurent Blessig. Au XIXe siècle beaucoup de Français raillent la prononciation alsacienne et voient dans un Alsacien un homme qui pour dire « jalousie » parle de deux animaux (chat, loup) et d'un outil (scie) [237]. Le cas le plus connu est celui de Jean-Georges Humann, ministre des Finances sous Louis-Philippe, qui, après le rejet par la Chambre d'un de ses projets de loi, ayant voulu dire « mes projets sont détruits », a été compris par l'auditoire amusé : « mes brochets sont des truites ».

La conscience très forte d'une identité n'exclut pas une certaine diversité, en dépit de l'unification administrative réalisée par la Révolution et Napoléon. A côté des diverses régions, les contemporains ont surtout été sensibles à deux clivages. Les frontières confessionnelles demeurent très marquées : polémiques périodiques, tensions locales liées au simultaneum et faible nombre de mariages mixtes. Les Alsace catholique et protestante demeurent deux réalités économiques, sociales et culturelles différentes. D'autre part, villes et campagnes restent deux mondes distincts – en particulier sur le plan des mentalités (complexe de supériorité du citadin) et de la culture – affectés par une séparation linguistique en cours. A la veille de la guerre franco-prussienne, l'Alsace, consciente de son identité, connaît d'importantes mutations avec l'essor industriel, un réseau ferroviaire qui favorise une plus grande mobilité, les progrès rapides de la langue française, une large diffusion du livre et de la lecture. Mais très intégrée dans l'espace français elle s'inquiète des ambitions prussiennes.

CHAPITRE VIII

L'annexion à l'Allemagne (1870-1918)

La guerre de 1870, suivie de l'annexion de l'Alsace au Reich allemand, marque un véritable traumatisme pour l'immense majorité de la population, entraînée dans une turbulence nationaliste. Jusqu'en 1945 l'Alsace devient l'enjeu des nationalismes allemand et français. Une partie des habitants ont du mal à se situer, surtout ceux qui, nés avant 1870 et encore en vie en 1945, ont connu quatre changements de régime politique et national, une vicissitude qu'aucune autre région de l'Europe n'a éprouvée durant cette période.

La rupture de 1871 et l'option

L'annexion à l'Empire par le traité de Francfort (10 mai 1871), fortement contestée par l'ensemble des parlementaires alsaciens (protestation de Bordeaux le 17 février 1871 contre les préliminaires de paix, puis à la Diète de l'Empire le 18 février 1874), a posé à la très grande majorité de la population un problème de conscience : rester, ce qui signifie se voir imposer la nationalité allemande, ou partir, ce qui implique l'exil, une séparation définitive d'avec la famille et les proches demeurés au pays natal, et un avenir personnel incertain, car beaucoup d'optants auront du mal à réussir leur insertion en vieille France.

Parmi les nombreux témoignages sur les troubles de chaque individu, confronté à ce choix tragique, je me limiterai aux deux suivants. Le professeur Frédéric Lichtenberger, futur doyen de la faculté de théologie protestante de Paris, a prononcé, le 26 novembre 1871 à l'église Saint-Nicolas, un sermon intitulé *L'Alsace en deuil*, vendu « au profit des victimes de la guerre », et qui a connu au moins dix éditions. Il y compare la tristesse des riverains du Rhin avec celle du psalmiste : « Assis sur les bords des fleuves de Babylone nous pleurions en nous souvenant de Sion » (Ps. CXXXVII, 1). Un an après le siège de Strasbourg qui a traumatisé la population et durant lequel l'église du Temple-Neuf et le chœur qui abritait la bibliothèque municipale ont été incendiés – ce qui représente une perte de milliers de manuscrits, d'œuvres d'art rarissimes et de trois cent mille volumes, dont beaucoup d'exemplaires uniques comme le *Hortus deliciarum* de Herrade de Landsberg, pertes irréparables du patrimoine culturel alsacien –, le pasteur note que « cet attachement à la patrie a été une véritable révélation ». Puis il évoque le choix personnel auquel chacun est confronté. « Une même question, poignante et inéluctable, nous préoccupe tous : partir ou rester ? Et l'un et l'autre nous paraît également impossible... Partir ? C'est l'exil véritable avec son long cortège de renoncements et de regrets ; c'est la rupture avec les liens, les habitudes, les souvenirs du passé ; c'est, pour le plus grand nombre, la perspective d'une carrière brisée et d'une vie à recommencer, c'est l'adieu dit aux lieux où ont été nos berceaux et où sont les tombes de ceux qui nous sont chers ; ce n'est pas le départ seulement, c'est le déracinement. Rester ? C'est mesurer chaque jour les vides qui se font et la manière dont ils se comblent, voir toutes choses autour de nous changer de physionomie, nous sentir dépaysés au sein du pays natal. »[238]

D'autres, habitués aux chants luthériens en allemand, sont perturbés en sens inverse. Le pasteur Charles Klein de Froeschwiller qui a joué un rôle d'aumônier pendant la bataille auprès des troupes françaises, se sent troublé le soir en entendant les militaires allemands victorieux chanter les grands chorals *Bis hierher hat mich Gott gebracht, Nun danket alle Gott*. Il note dans sa chronique : « Mais ce sont nos chants, les mélodies de la Heimat auxquelles nos cœurs sont demeurés attachés »[239].

Les départs, avant la date du 1er octobre 1872, concernent, hormis les cadres francophones et les Français résidents et nés hors d'Alsace qui sont quelques milliers, plus de cinquante mille Alsaciens, constitués principalement de cadres, d'intellectuels, de professions libérales, de personnes résidant près de la nouvelle frontière et de jeunes gens désireux d'échapper au service militaire prussien (selon un avocat allemand, Heinrich Ruland, les Alsaciens sont amollis en comparaison des jeunes paysans de la partie orientale du royaume de Prusse[240]). Cet exode se poursuit encore par la suite, notamment pour les jeunes recrues dont plus de cinquante pour cent traversent les Vosges dans les années suivantes.

Il s'agit d'une perte de substance qui a gravement affecté l'économie (ingénieurs, capitaux et technologie) de bon nombre d'entreprises, surtout haut-rhinoises, et la vie culturelle : disparition de l'université française et départ de la grande majorité de ses membres, exode de cent trente-cinq prêtres et séminaristes, de la plupart des écrivains, intellectuels et artistes, au point que jusque vers 1890 l'Alsace subit une sorte de vide littéraire et artistique. Les optants ont constitué un apport considérable pour la France, en particulier des universitaires, dont beaucoup de germanistes, de scientifiques, des industriels (Belfort et département des Vosges) et surtout des militaires dont beaucoup ont fait une brillante carrière.

Seule une petite minorité s'est empressée de se rallier aux nouvelles autorités, en particulier le pasteur Charles Hackenschmidt qui dès 1871 publie un recueil de poésies patriotiques (*Vaterlandslieder eines Elsässers*) et Louis Spach, grand patriote français pourtant en 1870, qui publie en 1873 un bilan culturel et une histoire de l'Alsace à tendance germanophile (*Moderne Kulturzustände des Elsasses*), peut-être pour justifier d'avoir été le premier Alsacien en 1871 à collectionner les distinctions d'une bonne dizaine d'Etats allemands. Le théologien Jean-Frédéric Bruch est devenu le premier recteur de l'université impériale et a été décoré de l'ordre de la Couronne prussienne.

Si certains ont fait un choix clair assez rapidement, plusieurs intellectuels ont hésité durant des années avant de se décider, en raison d'un profond désarroi et parfois d'une véritable errance. Auguste Nefftzer, bien qu'établi à Paris où il est bien intégré, hésite longtemps avant d'opter et se fixe finalement à Bâle. Le directeur de la *Revue d'Alsace*, Joseph Liblin, se déplace entre Colmar, Lyon et la Bourgogne. Le publiciste Auguste Schneegans se fixe d'abord en Suisse, puis à Lyon, avant de revenir en Alsace en 1873 pour devenir un des chefs de file des autonomistes. Auguste Stöber, champion de la culture allemande avant 1870, publie désormais l'essentiel de ses travaux en français. D'autres sont restés, mais en refusant toute collaboration d'ordre politique, comme l'ancien conseiller général Albert de Dietrich ou Théodore Braun, qui quitte ses fonctions de président de l'Eglise de la Confession d'Augsbourg.

Une politique de germanisation

Les départs vers la France sont compensés par une importante immigration allemande qui représente en 1910, enfants compris, un sixième de la population résidant en Alsace. Elle se fixe principalement dans les villes (40 % de la population strasbourgeoise). L'annexion a été justifiée par des considérations stratégiques (les Vosges constituent une solide barrière) et culturelles (l'Alsace étant de parler alémanique, elle doit selon une certaine presse depuis 1840, réintégrer l'espace politique allemand). La contestation la plus connue et la plus brillante de ce principe est celle de Fustel de Coulanges dans une lettre à son collègue Theodor Mommsen : « L'histoire vous dit peut-être que l'Alsace est un pays allemand, mais le présent vous prouve qu'elle est un pays français ! La langue c'est de l'histoire, c'est le reste et le signe d'un passé lointain. » La politique des autorités fortement encouragée par les immigrés, appelés Vieux-Allemands (altdeutsch), consiste à germaniser les Alsaciens et à les intégrer dans l'espace culturel allemand en essayant de les « défranciser », une politique qui se heurte à de vives résistances. Les deux piliers de cette politique sont constitués par les questions linguistiques et scolaires.

La politique linguistique

Durant toute la période les Allemands considèrent la langue comme l'auxiliaire et le reflet d'une action politique, d'où une confusion du politique et de la langue, qui entrave sensiblement cette politique. Assez souvent ce sont des considérations d'ordre linguistique qui influencent la politique générale des hauts fonctionnaires allemands. Dans leur attitude hostile à l'égard de la langue française et dans leur zèle pour la propagation de l'allemand les autorités allemandes obéissent aux inspirations politiques les plus disparates : « rétablissement de la langue allemande dans son droit » selon le président du district de Haute-Alsace, retour « définitif » à l'Allemagne et « ramener (la population) à des sentiments allemands ». Mais bien souvent l'administration sacrifie au principe d'éviter les problèmes, d'où un certain flottement dans l'attitude des autorités comme dans certains conseils d'arrondissement où les débats en français sont autorisés jusqu'en 1914, soit un mélange curieux de sévérité et de mansuétude.

Après 1900 la question linguistique ne cesse de demeurer le point central de la question d'Alsace-Lorraine. Le dialecte et le français tendent à devenir un moyen d'opposition. Aussi le gouvernement poursuit sans relâche l'extension de l'allemand comme langue officielle au moyen de circulaires pour faire remplacer coiffeur par friseur ou faire interdire le mot pharmacie à côté de l'inscription Apotheke. Cette politique était fortement encouragée par la quasi-totalité des milieux immigrés, dont quelques-uns allaient jusqu'à reprocher à des Alsaciens de parler français sur une terre qualifiée de foncièrement allemande (urdeutsch). On développe tout un argumentaire contre la double culture (qui sera en partie repris après 1918) : elle serait un élément de stérilité intellectuelle. Depuis 1648 l'Alsace n'aurait plus produit que des militaires et des industriels comme hommes de qualité. Ce lobby s'oppose au maintien du français dans la vie courante et surtout à son extension à toutes les écoles primaires.

Un personnel politique défenseur de la langue française

En 1875 est mise en place une diète (Landesausschuss ou délégation) d'Alsace-Lorraine, composée de notables, défenseurs des intérêts principalement de la bourgeoisie urbaine et de ses préoccupations économiques. La première génération demeure assez francophile : pendant plus de vingt ans elle ne cesse de protester contre toutes les mesures réduisant l'usage de la langue française ou imposant celui de l'allemand. Ses deux grandes préoccupations sont la langue de ses propres débats et l'enseignement des langues à l'école primaire. Une loi de 1881 exclut le français des débats, ce qui handicape un certain nombre de membres. La langue de l'école primaire occupe une place majeure dans les débats. De 1875 à 1911 il n'y a à peu près aucune session sans discours, débats, motions et résolutions concernant l'introduction du français dans le programme de l'école primaire, un thème qui occupe aussi une large place dans les séances des conseils généraux (Bezirkstage) et des conseils d'arrondissement (Kreistage).

Après 1900 la question linguistique suscite des discussions homériques entre députés et représentants du gouvernement.

En 1910 le député Georges Ditsch résume la conception de la majorité de la délégation : « Ce n'est pas l'affaire de la population d'apprendre une langue étrangère ; c'est le devoir du vainqueur de faire apprendre cette langue à ses fonctionnaires pour qu'ils puissent s'entendre avec la population »[241]. Si certains députés se servent entre eux du français ou du dialecte, ce dernier demeure interdit de tribune. La motion (celle de Joseph Kübler), la plus importante votée en 1908 par trente-deux députés sur cinquante-quatre, demande d'étendre l'enseignement du français à toutes les écoles du Reichsland. Mais elle se heurte à la force d'inertie de l'administration. En 1909 le président du conseil supérieur des écoles, Paul Albrecht, refuse cette extension au niveau de l'école primaire, elle entraverait la formation des élèves et leur imposerait une charge inutile. Seule une petite fraction de la population pourra utiliser cette langue dans la vie courante. Malgré tous ses efforts la délégation n'arrive pas à faire plier la volonté du gouvernement sur la question scolaire.

L'allemand, langue administrative

Dès le lendemain de l'occupation militaire, l'administration allemande impose sa langue, ce qui provoque des difficultés fréquentes, d'où de continuelles hésitations, des restrictions apportées aux nouvelles lois, le tout agrémenté de réclamations de la population autochtone et d'explosions de fureur des milieux pangermanistes. Les communes francophones dès le début réclament une traduction des pièces administratives, plusieurs maires (Lapoutroie, Labaroche) retournent les envois officiels au préfet, car « cet idiome est inconnu ici ». Une assemblée des maires de Basse-Alsace demande en 1871 « l'usage facultatif des deux langues dans les actes authentiques et les assemblées délibérantes pendant le délai le plus long possible »[242].

La loi du 31 mars 1872 impose que tous les décrets et

décisions émanant des autorités impériales et des fonctionnaires soient rédigés en allemand. Une exception limitée à cinq ans n'est prévue que pour les communes de langue française. Son application suscite de nombreuses contestations et des difficultés pratiques, comme aux hospices civils de Colmar dont les employés sont dans l'impossibilité de faire les écritures en allemand. Dans les décennies suivantes l'administration s'efforce surtout de réduire le nombre des communes dispensées de l'emploi de l'allemand : il tombe entre 1872 et 1892 de 27 à 21 dans la Basse-Alsace et de 24 à 3 en Haute-Alsace.

Alors que durant les premières années les débats à la délégation, en dépit d'un bilinguisme intégral en théorie, se font à peu près exclusivement en français, le gouvernement du Reichsland provoque en 1881 une action au Reichstag pour imposer l'emploi absolu de l'allemand. Cette mesure appliquée en 1882 soulève au début de fortes protestations, car une partie des députés, formée avant 1870 dans la culture française, maîtrise mal l'allemand. A partir de 1888 l'allemand devient également la seule langue des débats des conseils des deux Bezirke (départements) et des cercles (arrondissements). En 1891 un arrêté ministériel impose aux autorités ecclésiastiques des trois cultes l'usage exclusif de l'allemand pour toutes les écritures officielles et dans leurs correspondances avec les autorités tant étatiques que communales.

L'allemand imposé dans divers secteurs de la vie courante

Cette politique de germanisation s'étend, sous la pression des immigrés, à toute une série de domaines, en vue de défranciser (entwelschen) l'Alsace. C'est d'abord l'état civil avec le problème des prénoms. Si dans l'Empire tout entier on peut s'appeler Louis et Marie, en Alsace-Lorraine, seule, il faut se nommer Ludwig et Maria. Une circulaire du procureur général de Colmar (1877) prescrit à tous les officiers de l'état civil de refuser les prénoms français, car c'est une tendance trop générale et contraire à une loi du Bundesrat. Périodiquement éclatent, en raison d'un secrétaire trop zélé ou trop borné, des incidents. Ainsi le prénom de Jenny a failli être refusé si on ne s'était aperçu qu'il était porté par l'impératrice en personne ! Jacques Preiss fait observer à la délégation que la forme française des prénoms n'est pas une expression politique, mais il s'agit de préférences et de traditions familiales. Le gouvernement accepte du moins les prénoms pour lesquels il n'existe pas de forme allemande reconnue et répandue (Gaston, Germain(e), René(e), Yvonne). Notons aussi après 1870 la diffusion d'une pratique consistant à donner à certains patronymes un accent aigu (Schwilgué...), une pratique connue aussi en Rhénanie, afin de préserver la dernière syllabe de la disparition.

Les inscriptions publicitaires sont également germanisées, d'où parfois pour des sociétés des débats ou incidents cocasses : en 1887 on discute gravement pour savoir si l'épithète « chocolat Meunier » est licite. L'année suivante la société saxonne « Compagnie Laferme Tabak-und Cigaretten-Fabriken in Dresden » se voit retirer dans toute l'Alsace ses affiches par des policiers trop zélés, bien qu'il s'agisse d'une société allemande mondialement connue ! En 1887 à la suite d'une enquête administrative le gouvernement décrète l'interdiction de l'apposition d'enseignes en français hormis les régions francophones. L'application par des subalternes donne lieu là aussi à bien des situations cocasses, en particulier le remplacement d'écriteaux avec « coiffeur » par d'autres portant « friseur », un procédé critiqué à la fois par *Le Temps* et *La Gazette de Francfort*. Cette politique suscite une forte émotion au point de devenir une rubrique permanente des procès-verbaux du Landesausschuss.

Les toponymes – en l'espace de vingt ans les noms de plus de trois cents communes, annexes et fermes – sont méthodiquement germanisés. Les changements de noms de rues dans les villes provoquent quelques troubles.

Cette volonté de germanisation concerne encore d'autres domaines divers de la vie quotidienne. En 1887 le sous-secrétaire d'Etat à la Justice et aux Cultes veut s'opposer aux épitaphes françaises qui semblent s'être multipliées depuis 1872, mais l'affaire est vite classée. Toutefois une liberté plus grande apparaît vers 1900 dans quelques domaines plus importants. L'introduction en 1898 de la loi d'Empire sur la presse permet en Alsace un nouvel essor de la presse à la fois en langue allemande et française. De même la loi sur les réunions publiques de 1908 permet l'emploi du français dans l'ensemble du Reichsland.

L'enseignement primaire rendu obligatoire (1871)

Le second volet de la germanisation est constitué par l'école. Dès leur installation, les autorités allemandes accordent une grande importance à l'enseignement élémentaire. Une ordonnance du gouverneur général (18 avril 1871) impose l'obligation scolaire pour tous les enfants de six à treize (pour les jeunes filles) et à quatorze ans (garçons), soit dix ans avant le reste de la France. Hormis les régions francophones l'allemand devient la langue d'enseignement obligatoire, alors que le français, après une période de transition de deux ans, cesse d'être utilisé, malgré les protestations régulières du Landesausschuss. L'enseignement est réparti sur cinq jours et trente heures hebdomadaires. Un édit de 1874 précise le nombre d'heures pour chaque matière.

L'obligation scolaire contribue à augmenter sensiblement le nombre des classes et donc du personnel enseignant : 2 898 en 1878, réparti en 685 classes de garçons, 730 de filles et 1 537 classes mixtes. En 1913, 169 000 élèves fréquentent les écoles primaires confiés à 2 000 instituteurs et 1 830 institutrices dont près de la moitié sont des religieuses. Le contrôle et la formation des maîtres sont assurés par des inspecteurs primaires, un conseil scolaire par Bezirk (département), des conférences semestrielles pour les maîtres et des stages de trois semaines dans les écoles normales. Dans le cadre du Kulturkampf le nombre des congréganistes, qui s'élève en 1873 à 157 frères et à 1 203 sœurs, est nettement réduit. En 1878 on ne compte plus que 20 frères et 914 sœurs. Par contre les salaires des enseignants sont revalorisés, de sorte que leur niveau social et leur place dans la société s'élèvent. Désormais et jusque dans les années 1950 le maître d'école constitue avec le maire et le prêtre (ou pasteur) l'un des trois notables villageois. Pourtant leur revenu demeure inférieur à celui des collègues des autres Etats allemands – de sorte qu'à la campagne ils exercent souvent de concert les fonctions de secrétaire de mairie et d'organiste – et aussi à celui des fonctionnaires du Reichsland, d'où pendant plusieurs années autour de 1900 la vacance de plusieurs postes.

Pour compenser les départs et assurer désormais l'intégralité du recrutement, soit une moyenne de deux cents personnes par an pour l'ensemble du Reichsland, les autorités créent de nouvelles écoles normales et les rendent confessionnelles. Le Bas-Rhin compte désormais pour les maîtres une école normale protestante (Strasbourg) et une catholique (Obernai), et le Haut-Rhin une à Colmar (mixte) et une à Saint-Hippolyte (catholique). Pour les maîtresses, celle de Strasbourg demeure protestante, deux écoles catholiques sont installées à Sélestat et à Guebwiller. Il s'y ajoute trois écoles préparatoires à Neudorf, Lauterbourg et Colmar. En 1875 les écoles comptent déjà un total de 299 élèves-maîtres et de 139 élèves-maîtresses [243].

La finalité scolaire devient plus ambitieuse. Alors qu'avant 1870 l'essentiel consistait dans l'acquisition des mécanismes de la lecture, de l'écriture et du calcul, désormais l'école est conçue comme un institut de formation populaire permettant une participation active à la vie civique et morale de la nation avec une forte empreinte religieuse. Cette politique active donne une remarquable impulsion à l'enseignement primaire, comme l'illustre l'exemple mieux connu de Strasbourg. Le nombre des classes y a progressé de 82 à 297, soit un accroissement de 263 % de 1873 à 1905, alors que la moyenne des élèves par classe est tombée de 77 à 49. Les salaires, versés par la ville, ont été relevés fortement, progressant en moyenne de 51 % chez les hommes et de 80 % chez les femmes, soit nettement plus que le coût de la vie. En 1908 les rémunérations sont alignées sur celles en usage dans les grandes villes allemandes. En 1896 la municipalité introduit la gratuité totale, décision suivie jusqu'en 1914 par la grande majorité des communes d'Alsace. L'enseignement est un des secteurs privilégiés par la ville : les dépenses représentent, en 1905, 17 % du budget ordinaire. Ailleurs aussi se manifeste une forte impulsion : à Mulhouse par exemple onze écoles nouvelles sont créées de 1872 à 1909. De nombreuses communes créent des bibliothèques scolaires et des écoles maternelles. La pédagogie suscite beaucoup d'intérêt, illustré par l'existence de huit périodiques scolaires ou pédagogiques. D'après l'abbé Xavier Haegy toute l'Europe aurait envié en 1904 le système scolaire alsacien.

Un remarquable essor de l'enseignement secondaire

Après l'annexion les établissements secondaires subissent d'abord le contrecoup du départ des élites : fort recul des effectifs et du nombre d'enseignants. Seule une quarantaine d'autochtones reste sur place, soit un quart. Désormais et jusqu'en 1918, à la différence des écoles primaires, la plupart des enseignants sont des Allemands immigrés. Durant les premières années on assiste à un remarquable effort d'équipement des lycées en matériel (souvent ancien et très insuffisant en 1870) et en bibliothèques. De 1871 à 1878 celles des élèves voient leur fonds décupler et celles des professeurs tripler. Les premières atteignent en moyenne plusieurs centaines (entre

200 et 700) contre quelques dizaines en 1870 et les secondes comprennent entre 500 et un millier de titres dès 1878.

En 1878 on compte déjà en Alsace huit gymnases, six gymnases modernes et quatre Realschulen tournées vers un enseignement technique. Pour cette année les fils d'Allemands immigrés représentent le tiers des effectifs. Il est vrai que beaucoup de jeunes Alsaciens font leur scolarité en France (environ 1 300 en 1874). On est frappé par la persistance de l'avance protestante. Sur les 6 200 élèves scolarisés dans les établissements secondaires du Reichsland – qui passent à 12 000 pour la seule Alsace en 1913 –, les protestants représentent 53 %, contre seulement 35 % pour les catholiques, pourtant largement majoritaires, et 11 % d'élèves juifs. A Strasbourg le lycée double le nombre de ses classes et devient le plus important du Reichsland avec un effectif stabilisé entre 650 et 800 élèves. Le gymnase protestant qui a dû accepter un caractère plus germanique, scolarise dans les six cents élèves, et le collège épiscopal, fermé de 1874 à 1883, un nombre identique, soit en tout près de 2 000 élèves à Strasbourg. Mais l'enseignement vise plus à faire des têtes bien pleines que bien faites comme le font remarquer de nombreux élèves en 1919 : des programmes très chargés, des affirmations nettes, mais aucun souci de développer l'esprit critique. A côté de l'enseignement classique se développe un important enseignement moderne et technique dans les Realschulen qui bénéficient d'un succès spectaculaire, pour atteindre 12 000 élèves en 1913. A Strasbourg le conseil municipal se voit obligé en 1902 de construire un troisième établissement. Dès 1908 les trois institutions sont à la limite de leur capacité d'accueil : les effectifs passent de 812 en 1883 à 1 536 en 1911.

L'enseignement féminin secondaire

Avec l'obligation scolaire, les jeunes filles bénéficient désormais d'une formation scolaire analogue à celle des garçons, mais comportant une année de moins. Une ordonnance de 1875 précise le programme des travaux ménagers : l'autorité scolaire estime de son devoir de former les filles pour la vie domestique, à savoir le tricot, la couture, les réparations et la découpe des tissus. En l'absence d'établissements secondaires féminins publics, les milieux aisés continuent à placer leurs filles dans des pensionnats et des écoles supérieures féminines privées. En 1878 on en dénombre 43 en Alsace, dont 14 catholiques, 12 protestantes, 16 mixtes et une judaïque. Un bon quart d'entre elles sont subventionnées par le Reichsland pour favoriser leur mutation en faveur de la culture allemande. Depuis 1874 cinq nouvelles écoles ont été fondées, dont celles de Mulhouse et de Strasbourg inspirées du modèle allemand et qui forment aussi des enseignantes. Elles sont soit privées, soit municipales, mais jamais d'Etat.

Le collège du Diaconat, dirigé par Lucie Berger et fondé en 1871, est la première école privée qui assure la préparation d'un diplôme d'études secondaires. Vers 1910 Strasbourg compte une douzaine d'institutions, écoles supérieures et pensionnats, dont plusieurs de langue française et dans lesquels même des Vieux-Allemands n'hésitent pas à placer leur fille. Par contre l'accès aux écoles publiques ne s'ouvre qu'au compte-gouttes et avec réticence. En 1914 seule une quarantaine de filles est admise aux Realschulen. Au gymnase protestant la première jeune fille n'est inscrite qu'en 1907. En 1913, 7 200 jeunes filles sont scolarisées dans les écoles supérieures de jeunes filles et 170 seulement dans les gymnases. Pour les milieux populaires, il n'existe aucune formation professionnelle, hormis l'apprentissage dans les branches commerciales. En 1912 le Landtag d'Alsace-Lorraine vote une loi qui autorise les communes à imposer l'obligation de suivre les cours d'une école ménagère. Cette loi est appliquée pour la première fois par la ville de Strasbourg en 1914.

Le développement des écoles professionnelles

Le souci de la formation professionnelle favorise un remarquable développement de l'enseignement professionnel dans les principales villes. A Mulhouse l'école technique comprend en particulier une classe de commerce et deux filières techniques. A Strasbourg le maire, Otto Back, rend obligatoire l'assistance pendant trois ans aux cours de formation professionnelle pour les jeunes gens, en s'inspirant de l'organisation exemplaire de Munich. Il crée quatre Fortbildungsschulen, pour les métiers du commerce, de la construction, l'artisanat, et une pour les autres professions. Les apprentis y suivent un enseignement adapté à leurs besoins sous le contrôle d'une commission formée de maîtres de chaque métier. En 1875 la ville fait construire une école nationale technique qui prépare aux métiers du bâtiment, des travaux publics, de la mécanique et de l'arpentage. En même temps se multiplient les écoles professionnelles privées. Les unes préparent aux carrières commerciales, les autres aux métiers de secrétariat ou aux langues étrangères (école Berlitz), soit un total, rien que pour Strasbourg, de huit institutions privées, dont plusieurs avec internat. Selon une recherche en cours [244], l'Alsace connaît une fusion de deux traditions différentes, le modèle allemand reposant sur l'apprentissage et le modèle français de type plus scolaire. A côté des cours du soir de type allemand sont créées de véritables écoles professionnelles à temps complet telles que les « Industrieschulen » ou « Gewerbeschulen ».

La germanisation du système scolaire

L'effort scolaire réalisé par les autorités allemandes avec l'appui de la délégation, des districts et des communes est considérable. Mais outre le souci de formation en vue d'une intégration réussie dans la vie active, le facteur national et donc linguistique tient une place considérable, car il s'agit de former de bons patriotes allemands. Politiques et pédagogues allemands sont unanimes de 1870 à 1918 sur l'axiome suivant : l'école primaire n'a ni la mission ni la possibilité d'enseigner une langue étrangère. Seule la langue maternelle allemande peut être matière d'enseignement à l'école communale. L'enseignement du français reste banni dans les communes dialectophones jusqu'en 1918. Or il demeure fortement désiré par de nombreux parents pour les besoins commerciaux, les relations familiales, sans compter un certain esprit d'opposition. Il en résulte l'affrontement de deux conceptions inconciliables : de nombreux milieux alsaciens, en particulier la bourgeoisie urbaine et une grande part des catholiques réclament à cor et à cri l'enseignement du français dans toutes les écoles primaires du Reichsland ; en face la quasi-totalité des Vieux-Allemands le refusent avec énergie. Les partisans du bilinguisme insistent sur les nécessités économiques propres d'un pays frontière, alors que les adversaires craignent une raison politique et soulignent l'argument pédagogique selon lequel la plupart des élèves sont incapables de fournir un tel effort. Vers 1910 le débat prend une tournure plus passionnelle avec en arrière-plan la question d'Alsace-Lorraine.

Le changement linguistique en 1871 a provoqué aussi de graves difficultés dans le corps enseignant. Parmi la jeune génération qui venait de sortir de l'école normale, beaucoup connaissent mal l'allemand et chez certains l'aversion politique et l'inertie naturelle ont freiné l'apprentissage de l'allemand après 1870. Mais le gouvernement fait longtemps preuve d'une grande mansuétude. Une originalité est celle des écoles dans les régions francophones, où la langue d'enseignement demeure le français, à la seule exception des heures d'allemand, avec une réussite remarquable due à l'inspecteur primaire de Molsheim, Ewald Bauch. En 1882 trente-trois communes de Basse-Alsace et vingt-quatre de Haute-Alsace bénéficient de ce système qui attire des maîtres de valeur grâce à une indemnité spéciale pour le surplus de travail. Toutefois les résultats ne semblent pas concluants chez beaucoup d'élèves qui ne possèdent aucune des deux langues de manière satisfaisante et qui par manque d'entretien perdent une partie de leur savoir en allemand. Dans les écoles normales on assiste au phénomène inverse d'avant 1870, à savoir le dépérissement de l'enseignement du français, ce qui ne manque pas d'inquiéter bien des membres des deux Bezirkstage alsaciens. Vers 1900 bon nombre d'instituteurs sont réellement sans connaissance de cette langue, comme on peut aussi le constater lors du retour à la France en 1918.

Les lycées, où après 1870 l'évolution vers le modèle allemand a été relativement longue, atteignent un niveau élevé et donnent aux garçons des connaissances en allemand très étendues. Mais le français, enseigné en général par des maîtres d'outre-Rhin, à l'instar d'une langue morte, est considéré comme insuffisant. Les résultats linguistiques ne satisfont pas les autorités académiques en 1914. Néanmoins les lycées ont voulu être des médiateurs de la culture allemande : les Alsaciens ne constituent qu'une petite fraction du corps enseignant, formé surtout de Vieux-Allemands, en général imbus de la supériorité de la culture allemande, pleins de mépris pour l'esprit français, parfois affichant un nationalisme agressif : ainsi le proviseur Karl Gneisse, à Colmar, qui sera la cible de la satire de Hansi, sous les traits du professeur Knatschke. De là, quelquefois, des incidents avec des élèves, comme quand en 1877 le jeune Fernand Herrenschmidt, âgé de douze ans, vexé des réflexions désobligeantes d'un professeur à l'égard de l'armée française, lui lance un encrier en pleine figure.

En 1912 un anonyme, le Dr E.K., publie un projet de collèges bilingues en Alsace-Lorraine [245], sur le modèle des établissements luxembourgeois. Selon lui l'usage du français est rendu nécessaire, car le dialecte est impropre à exprimer des idées quelque peu élevées, et il nous est sentimentalement impossible de nous entretenir en haut-allemand. Mais c'est un projet mort-né. La résistance la plus vive à la germanisation se manifeste dans les écoles supérieures de jeunes filles et les pensionnats. Les dirigeantes de ces établissements semblent s'être fait un malin plaisir de contrecarrer les intentions des autorités scolaires, comme le confirme une avalanche de circulaires demeurées lettre morte. Dans la plupart des établissements la langue allemande ne cesse d'être traitée en parent pauvre, à en juger par les inspections. Les manuels sont souvent importés de France et certains contiennent des allusions politiques. Il est vrai que la clientèle est pour l'essentiel issue de la bourgeoisie, demeurée largement francophile.

Une université allemande de haut niveau

En 1871 les autorités allemandes dissolvent les facultés napoléoniennes dont la majeure partie des professeurs a émigré et décident la fondation d'une université impériale, destinée à être un modèle dont les maîtres, illustres, seraient des pionniers de l'esprit allemand. Il s'agit de germaniser la vie intellectuelle en s'appuyant sur la tradition issue de l'université protestante d'avant 1789. Le profil de la première génération correspond à des universitaires prestigieux, jeunes et promoteurs de la germanité. A l'inverse certains Alsaciens ont refusé d'y entrer tout en restant sur place comme les médecins Charles Schutzenberger et Eugène Koeberlé et l'historien Rodolphe Reuss. La nouvelle université est inaugurée avec beaucoup de faste le 1er mai 1872 dans la cour du palais Rohan.

Les locaux vétustes et inadaptés de la Krutenau sont remplacés par des bâtiments modernes, fonctionnels et ayant un certain apparat, sur deux sites. A côté de l'hôpital civil est construite une nouvelle faculté de médecine comprenant quatre instituts et cinq cliniques, suivie d'une seconde vague de constructions après 1900. Au nord-est de la ville est construit un quartier universitaire qui comprend le palais

Visite de l'empereur Guillaume Ier au nouveau Palais de l'Université en septembre 1886. L'Université fut l'un des symboles de la présence allemande en Alsace.

universitaire, de style Renaissance italienne, destiné à symboliser une volonté de prestige, avec des salles de cours, des séminaires et des bibliothèques, ainsi que huit bâtiments pour la faculté des sciences et l'observatoire. Chacun des instituts dispose des instruments de travail les plus perfectionnés et de ressources substantielles, ce qui permet à l'université d'acquérir une grande notoriété scientifique, favorisée par son budget, le troisième de toutes les universités allemandes, mais dont le financement est progressivement transféré de Berlin au Reichsland lui-même.

La Kaiser-Wilhelms-Universität, devenue une grande entreprise à la fois intellectuelle, administrative et financière, comprend cinq facultés (théologie protestante, droit, médecine, lettres et sciences) auxquelles s'ajoute en 1902 la théologie catholique. Elle bénéficie de nombreux maîtres de grande réputation comme Althoff, qui a rédigé de grandes lois scolaires de 1871 à 1873 et publié une collection de l'ensemble des lois applicables à l'Alsace-Lorraine. Brentano contribue au rayonnement des sciences politiques et économiques, Wittich est l'auteur d'un remarquable essai sur culture allemande et française en Alsace, Michaelis a constitué une belle collection de moulages en archéologie classique. En médecine plusieurs professeurs deviennent des sommités comme Waldeyer pour l'anatomie, Goltz pour la physiologie, von Recklinghausen pour l'anatomopathologie et Naunyn pour la clinique interne. En mathématiques Weber a mis au point les définitions modernes des notions de corps et de groupe. La physique est illustrée par Braun devenu prix Nobel pour ses travaux sur la télégraphie sans fil. La chimie connaît une réputation grâce à Fittig en chimie organique et Rose en chimie minérale. Gerland a contribué à créer une tradition de géomorphologie. Grâce à de Bary, la botanique devient une biologie végétale.

Mais tandis qu'avant 1870 beaucoup d'universitaires étaient enracinés dans la vie politique et culturelle de la ville, la greffe allemande prend mal. L'université manifeste son indifférence pour la réalité régionale. La recherche désintéressée ne suscite aucun attrait dans le public, où elle est perçue comme un Schwowe Ding. Le milieu universitaire, à l'inverse d'avant 1870, s'installe dans un isolement au sein de la bourgeoisie strasbourgeoise, une tradition qui s'est maintenue en partie jusqu'à aujourd'hui. Bien que les catholiques représentent 70 % de la population, le corps professoral est constitué en quasi-totalité de protestants et de juifs qui, marqués par le positivisme ou le scientisme, adoptent une attitude critique envers les Eglises et la religion en général. Les Alsaciens ne constituent qu'une petite minorité, 25 % en 1872 et 14 % en 1911. Cela explique que les étudiants alsaciens ont mis du temps à être attirés. Ce n'est qu'après 1890 que le recrutement régional augmente, passant de 30 % à plus de 50 % dans la bourgeoisie catholique et grâce à un système de bourses dans des milieux plus modestes de petits fonctionnaires, employés et instituteurs, attirés par l'essor de la médicalisation, le développement de l'enseignement secondaire, des carrières juridiques et des fonctions administratives. En 1913 l'université compte près de deux mille étudiants.

L'innovation scientifique et technique

La qualité des universitaires et les importants moyens en équipements et en crédits ont permis à l'université de devenir un centre pionnier de la recherche, attesté en particulier par les prix Nobel obtenus par Wilhelm Conrad Röntgen (1901) et Ferdinand Braun (1909) en physique, Emil Fischer (1902) et Alfred Werner (1913) en chimie. En mathématiques, Elwin Bruno Christoffel, pionnier de la géométrie différentielle, a laissé son nom à des cœfficients, tout comme Reye l'a donné à une configuration. Le nouvel observatoire inauguré en 1881 était alors la plus grande lunette d'Europe. Ferdinand Braun a construit le premier oscillographe à rayons cathodiques. Il fut un grand constructeur d'instruments. Comme Gutenberg il est un inventeur de techniques de communication. Grâce à lui Strasbourg fut l'une des premières villes à bénéficier de la transmission d'énergie électrique par courant alternatif. Alfred Werner établit à Zurich les bases théoriques de la chimie des complexes classiques. Plusieurs chimistes d'origine alsacienne de renom en activité ou en poste à Paris ont acquis la notoriété et donné leur nom à une synthèse ou réaction, tels Charles-Adolphe Wurtz, Charles Friedel, Paul Schutzenberger et Joseph Le Bel qui a inventé la théorie du carbone asymétrique.

En 1873 fut créé le Service géologique d'Alsace-Lorraine qui se fixe comme objectif prioritaire la réalisation des cartes géologiques au 1/25000 pour l'ensemble du Reichsland. En 1917 dix-sept cartes et treize notices étaient achevées pour l'Alsace. De son côté le professeur Georg Gerland a contribué à faire de Strasbourg un centre mondial de la séismologie. Si on y ajoute les nombreux progrès médicaux, le bilan des innovations réalisées à l'université est considérable, même s'il faut remarquer que la plupart des réalisations sont dues à des Vieux-Allemands.

L'innovation dans le domaine industriel se poursuit, en dépit d'un ralentissement. Ainsi sur quatre-ving-onze inventions citées par l'*Histoire documentaire de Mulhouse* (1902) dans l'indiennerie entre 1870 et 1900, trente-deux sont encore d'origine alsacienne, malgré l'accroissement du nombre de sites industriels possédant une industrie de l'impression sur étoffes dans le monde. De même en 1883 est inventée une méthode de blanchiment plus économique qui permet de supprimer le lessivage en cuve. En matière de thermodynamique une pléiade de brillants ingénieurs parvient à maintenir l'avance de l'industrie alsacienne. Mulhouse inaugure en 1881 le premier réseau téléphonique en Alsace et le second dans le Reich. En 1877 Adolphe Braun y ouvre un atelier de photographie qui devient une entreprise d'importance européenne, implantée à Paris et à New York. Durant toute la période l'Alsace conserve un dynamisme industriel grâce à des entreprises qui tentent de mettre en œuvre des techniques nouvelles. L'esprit d'innovation a permis une profonde mutation dans de nombreux secteurs de la vie quotidienne. Dans les grandes villes on assiste à la création de sociétés mixtes, associant le secteur privé, facteur de dynamisme, et la municipalité, soucieuse de progrès social, notamment pour les transports urbains, le gaz et l'électricité. La ville de Strasbourg a élaboré un statut du fonctionnaire municipal, un des plus modernes dans l'Empire, et introduit toute une série de mesures sociales : assurance chômage, salaire minimum pour les entreprises qui travaillent au service de la ville, office de signalisation des logements disponibles.

Les campagnes, qualifiées en général de conservatrices, bénéficient d'une triple mutation. De 1882 à 1914 dans plus de la moitié des communes on assiste à la création d'une banque locale de dépôts et de prêts, les caisses Raiffeisen et celles du Revisionverband, qui permettent de lutter contre l'usure et l'endettement et qui favorisent les investissements. Elles permettent aux municipalités de contracter des emprunts afin de réaliser leur adduction en eau et la distribution de l'électricité. Une grande partie des villages alsaciens en sont équipés dès 1914 – plusieurs décennies avant les campagnes de la France d'outre-Vosges. Dans le domaine social c'est l'époque de la naissance de milliers d'associations, en particulier dans les localités catholiques, où elles sont appelées Bengele, dans les domaines de la musique, du chant, du sport et du théâtre, et qui favorisent la cohésion communautaire, tout en assouplissant la hiérarchie sociale. C'est de cette époque que date l'intensité de la vie associative, qui demeure aujourd'hui une des spécificités alsaciennes. Vers 1900 la seule ville de Mulhouse compte plus de trois cents associations culturelles et sportives. Le Landesausschuss a fait preuve de modernisme, malgré ce qu'on a pu écrire sur les notables qui le composent, en élaborant toute une série de lois, en particulier sur les communes, les associations, la chasse et la pêche, très modernes à l'époque et qui constituent aujourd'hui le droit local, encore très apprécié.

L'essor des sociétés savantes

Après 1870 on assiste, dans le cadre de l'essor de la vie associative, à une remarquable vitalité des sociétés savantes grâce à la collaboration entre érudits alsaciens et Allemands immigrés, dont bon nombre d'universitaires. La Société pour la conservation des monuments historiques, menacée de disparition en 1871, bénéficie grâce à l'entrée de plusieurs universitaires, d'un lustre remarquable. Mais elle demeure un bastion alsacien : jusqu'en 1891 tous les articles publiés sont rédigés en français et en 1895 l'assemblée générale rejette les modifications des statuts proposées par le directeur allemand des archives départementales, Wilhelm Wiegand. Rodolphe Reuss y tient une place considérable en publiant toute une série de chroniques alsaciennes. Parmi ses réalisations on peut signaler une publication des illustrations conservées du *Hortus deliciarum* détruit en 1870 et des descriptions des chantiers de fouilles – une douzaine de cahiers de Robert Forrer – et l'acquisition de locaux au palais Rohan pour ses collections. Vers la fin de la période apparaissent toute une série de sociétés d'histoire qui se regroupent en une Fédération des sociétés d'histoire en 1912 qui reprend à son compte la commission historique qui a organisé et financé la publication de nombreux ouvrages de sources.

En 1885 le Club vosgien, fondé dès 1872 par des Allemands immigrés dans un double but de promouvoir les randonnées dans les Vosges et de stimuler la dimension nationale dans la montagne vosgienne, crée une « section historique et littéraire ». Les Allemands parviennent à recruter un certain nombre d'Alsaciens de souche. L'annuaire contient à côté d'articles historiques, littéraires et ethnographiques, de nombreuses poésies. Jusqu'en 1918 trente-quatre volumes ont paru. En 1906 des universitaires créent une Wissenschaftliche Gesellschaft qui a réussi à publier plusieurs ouvrages scientifiques de qualité sur la région.

En 1911 est fondée une Gesellschaft für elsässische Literatur, présidée par le maire de Strasbourg, Rodolphe Schwander, et le directeur de la bibliothèque Wolfram, en vue de publier les œuvres des écrivains du XVIe siècle, en particulier celles de Sébastien Brant, de Thomas Murner et de Johann Fischart. Dans le domaine des sciences naturelles, deux grandes sociétés poursuivent leur œuvre. La Société philomatique, regroupant surtout des pharmaciens, des médecins, des forestiers et des professeurs, et dans laquelle Alsaciens et Vieux-Allemands vivent apparemment en bonne entente, publie cinq volumes avec mainte contribution de qualité sur la géologie, la botanique et la zoologie alsaciennes. La Société d'histoire naturelle de Colmar a continué ses travaux, publiés régulièrement dans ses bulletins. Elle est demeurée un bastion presque totalement fermé aux Vieux-Allemands. En 1889 le gouvernement a imposé l'allemand pour le titre des publications, le rapport annuel et les comptes de la société.

Une littérature renouvelée, mais composite [246]

Le problème culturel et politique marque fortement la vie littéraire, car la plupart des auteurs s'engagent en faveur soit de la germanisation, soit du souvenir français ou de l'identité alsacienne. Aussi le choix de la langue est désormais rarement neutre. La littérature devient un acte politique, caractère qu'on ne retrouve nulle part ailleurs en France et en Allemagne, au point que des écrits en allemand sont souvent perçus comme une prise de parti politique. On peut distinguer trois directions qui structurent assez nettement le paysage littéraire et un mouvement contestataire après 1900. Durant les deux premières décennies, la vie littéraire régionale est limitée à peu de chose, en raison du départ de la majeure partie des élites intellectuelles en France, et de nombreux auteurs dont Edouard Schuré, Henri-Albert Haug et le germaniste Charles Andler. Elle demeure d'abord une littérature d'expression française, essentiellement produite à Paris, par les optants et leurs descendants, avant de déboucher en Alsace sur une littérature bilingue du souvenir français.

Les principaux auteurs sont André Lichtenberger (1870-1940) poète et romancier, qui a composé des récits charmants (*Juste Lobel, Alsacien*, 1911), et le romancier Paul Acker (*Les Exilés*, 1910 ; *Le Beau Jardin*, 1912). Les romans d'Erckmann-Chatrian, dont la publication se poursuit après 1870, animés d'un vif sentiment patriotique, voient leur impact renforcé. Henri-Albert Haug a traduit en français Nietzsche, dont le grand commentateur a été le germaniste Charles Andler (*Nietzsche, sa vie et sa pensée*, Paris, 1920-1931, 6 volumes). Edouard Schuré (1841-1929), né à Strasbourg et installé à Paris, devient après 1870 un défenseur passionné de l'Alsace française. Dans *La Légende de l'Alsace* (1884) il versifie de nombreuses légendes qu'il interprète dans le sens de la résistance à l'envahisseur allemand. De nombreux articles ont été réunis et publiés en 1916 sous le titre *L'Alsace française*. Héraut de la « revanche », Schuré a néanmoins su reconnaître que la double culture était « une espérance pour l'avenir intellectuel du pays et pour la pacification de l'Europe par une réconciliation possible entre l'Allemagne et la France » (lettre à Fritz Kiener, 1900). On peut citer aussi Elsa Koeberlé qui chante surtout l'Alsace, son enfance et les paysages alsaciens.

Cette image patriotique apparaît chez plusieurs écrivains français comme Alphonse Daudet (*La Dernière Classe*, 1872), René Bazin (*Les Oberlé*, 1901, tiré à des centaines de milliers d'exemplaires et traduit en dix langues), et surtout Maurice Barrès (*Au service de l'Allemagne*, 1905) qui exalte la revan-

Dessin de Hansi extrait de «L'Alsace heureuse». Hansi a créé une mythologie patriotique qui a marqué plusieurs générations de Français.

che. Ils ont créé le « roman français de l'Alsace ». En Alsace le souvenir français est entretenu par des revues et journaux francophones ou bilingues, admis par les autorités allemandes. Les deux plus importants sont la *Revue alsacienne illustrée*, bilingue, fondée en 1898 par Charles Spindler et devenue le centre du courant francophile en Alsace, et les *Cahiers alsaciens* de Pierre Bucher, un des défenseurs les plus influents de la présence française en Alsace et qui utilise la culture alsacienne comme argument et arme contre la germanisation. Dans ces *Cahiers* l'ouverture sur les littératures française et allemande demeure assurée par deux rubriques de bonne tenue.

A un niveau moins intellectuel, mais avec beaucoup de succès populaire, l'esprit de la protestation s'exprime dans la satire et la caricature, une vieille tradition alsacienne. Les deux auteurs principaux sont Henri Zislin et Hansi qui se servent jusqu'à l'excès de l'arme du rire pour saper l'autorité allemande, ce qui leur vaut les honneurs de Paris. Hansi (Jean-Jacques Waltz, 1873-1951) a édité des albums illustrés à Paris (*Histoire d'Alsace, racontée aux petits enfants d'Alsace et de France par l'oncle Hansi*, 1912 ; *Mon village*, 1913). En Alsace il publie le *Professor Knatschke* (1908), une caricature du proviseur Gneisse de Colmar, qui peut être considéré comme un classique de la littérature jusqu'en 1914. Mais si « le talent satirique de Hansi est remarquable, son esprit est contestable et son influence s'avère pernicieuse »[247]. Sa germanophobie peut apparaître outrancière et obsessionnelle. On peut reprocher à Hansi, rétrospectivement, d'avoir popularisé l'image naïve d'une Alsace tricolore et légendaire, entraînant une méconnaissance de la réalité complexe et après 1918 des illusions et des erreurs.

La littérature d'expression allemande est renouvelée par des Vieux-Allemands qui apportent les nouvelles formes tout en sachant s'adapter au terroir alsacien. Jusqu'en 1890 seuls deux auteurs méritent d'être cités. Theodor Renaud (Vulpinus),

Bavarois, a publié des recueils de poésies relatifs à l'histoire d'Alsace, alors que la poétesse Alberta von Puttkamer, épouse du secrétaire d'Etat d'Alsace-Lorraine, est plutôt une épigone, pleine de goût. Ses recueils lyriques, pastiches d'un académisme classique, manquent de souffle. Hermann Stegemann, auteur de plusieurs romans consacrés à l'Alsace, demeure un peu périphérique. En 1893 est fondé un cercle littéraire, l'Alsabund, qui publie la revue *Erwinia*. Il devient le centre d'une vie littéraire germanophone et le bastion de l'option allemande et comprend jusqu'à deux cents membres, principalement des pasteurs protestants et des enseignants. Mais son inspiration demeure très conservatrice, en retard sur l'évolution de la vie littéraire en Allemagne, étrangère à l'élément populaire, à l'humour et à la satire – à l'inverse de la nouvelle littérature dialectale. Le principal animateur en est Christian Schmitt, un professeur né à Geudertheim, qui a publié en particulier des *Alsalieder* (1891), des descriptions délicates des paysages alsaciens. *Erwinia* se fait le porte-parole des défenseurs d'une littérature de la Heimat et d'une culture villageoise contre les avant-gardes culturelles.

Un seul nom se détache et prend une importance en littérature allemande : Friedrich Lienhard (1865-1929). Après des études à Strasbourg et à Berlin il s'engage dans une carrière littéraire et quitte l'Alsace, où il se sent incompris, pour se fixer en Thuringe. Dans l'histoire de la littérature allemande, il est connu en tant que promoteur du mouvement Heimatkunst, d'orientation conservatrice, opposé à la civilisation moderne des grandes villes, prônant le retour au terroir et à la tradition religieuse. Son œuvre, très abondante et diverse (théâtre, roman, poésie, critique) n'offre aujourd'hui plus qu'un intérêt historique. L'Alsace y reste présente par le roman *Oberlin* (1910). Hostile à la double culture il estime « l'îlot alsacien » insuffisamment germanisé.

Vers 1900 on assiste à l'émergence d'une nouvelle génération soucieuse d'affirmer son alsacianité à la fois face à l'assimilation allemande – ce qui choque les membres de l'Alsabund et surtout Lienhard – et aux nostalgies du souvenir français. Ce puissant mouvement suscite une importante littérature en alsacien, dans le domaine théâtral et en poésie : en 1913 paraît une anthologie, *Neues Elsässer Schatzkästel*, qui contient des textes d'une quarantaine de poètes, réunis par Désiré Müntzer. Les auteurs sont dotés d'un sens artistique plus solide et d'une connaissance dialectale plus sérieuse que la génération d'avant 1870.

Alors que durant le XIXe siècle, la poésie demeure le fruit d'un amateurisme plus ou moins éclairé, la publication en 1901 du recueil de poèmes *Ziwwelbaamholz* par les frères jumeaux Albert et Adolphe Matthis fait l'effet d'une bombe. La critique salue élogieusement la production des deux frères pour la nouveauté du ton, l'écriture personnelle et l'harmonie entre les sujets et la langue. Ils fixent une « langue plus littéraire que vraiment populaire, mais d'une richesse poétique de fervente et souvent étrange densité ». Les deux frères chantent à travers leurs poèmes (trois autres recueils de 1903 à 1912) le Strasbourg de leur jeunesse, la nature, la vie paysanne, l'amour et la mort. Par contre ce mouvement de renaissance de la littérature dialectale ne touche que peu la prose, hormis Marie Hart qui publie en 1911 un premier recueil de récits en prose, qui reposent sur le fruit de souvenirs et d'observations, de petits faits de la vie quotidienne, *Geschichtlen un Erinnerungen üs de sechziger Johr*. Dans la Haute-Alsace se poursuit après 1870 l'activité de quelques poètes et dramaturges. Jean-Thomas Mangold compose plusieurs opérettes dont *D'r verhaxt Herbst* (1879). Le dernier quart du siècle est dominé par le poète et dramaturge Augustin Lustig (1840-1895), écrivain fécond et talentueux qui a composé vingt-sept pièces, allant du vaudeville à la comédie musicale. « Peintre des petites gens, il édifia une vaste œuvre empreinte d'humour, de tendresse et de souriante mélancolie »[248].

A côté de ces trois courants apparaît après 1900 une nouvelle génération qui cherche à dépasser ces antagonismes. Elle s'exprime en allemand, dans une perspective médiatrice, et trouve, à la différence des autres courants, le contact avec les grands mouvements littéraires de la modernité. Il s'agit de jeunes contestataires et progressistes, formés à l'école allemande avec les fils des Vieux-Allemands. Ils se nomment Das jüngste Elsass. L'acte fondateur est en 1902 la publication de la revue *Der Stürmer*, par René Schickelé et ses amis Otto Flake et Ernst Stadler. Ils s'imposent en s'opposant à la fois à ce qu'ils considèrent comme le culte passéiste du souvenir français et l'emprise de la germanisation, mais aussi au mouvement dialectal auquel ils reprochent le repli sur soi provincial. Ils acceptent l'annexion tout en étant partisans de l'autonomie et de la démocratisation. Ils revendiquent la double culture (geistiges Elsässertum) avec une ouverture sur les courants nouveaux en Allemagne et en France. Ils s'insèrent dans le mouvement Jugendstil qui se développe en Allemagne (retour à une nature très stylisée, symbolisme et esthétisme). La revue disparaît dès la fin de l'année 1902 : trop d'ennemis, pressions de la censure, une certaine marginalité. Toutefois elle laisse des traces dans l'histoire de la littérature allemande et contribue à la notoriété des trois animateurs. A peine dix ans plus tard Schickelé et Stadler sont à la tête du mouvement expressionniste.

Le premier séjourne ensuite à Berlin, puis à Paris, où il est marqué par le socialisme pacifiste de Jean Jaurès. Strasbourg-Berlin-Paris constituent alors le triple centre de sa vie et de son activité, qui témoignent de sa volonté de dépasser les frontières et de sa « mission alsacienne de médiation entre la France et l'Allemagne ». Son œuvre littéraire comporte alors principalement des poèmes, des romans et des essais. Dans le *Jungelsässisches Programm* il souligne l'alsacianité de l'esprit et le dépassement de l'antagonisme franco-allemand. De son côté Ernst Stadler, fils d'un haut fonctionnaire allemand, très lié à la vie littéraire alsacienne, devient un des grands poètes lyriques allemands. Il représente un expressionnisme clair humaniste et fraternel dans le recueil *Der Aufbruch*. C'est à cette époque aussi que se situent les débuts de Hans Arp, poète bilingue, peintre et sculpteur.

La production intellectuelle

Après les perturbations induites par l'annexion, la vie intellectuelle et artistique bénéficie de nouveaux supports avec la diffusion des journaux, la concentration de la presse, le développement de l'université, des bibliothèques et de certaines sociétés. Grâce à de nombreuses associations, à la collaboration des universitaires et à la générosité de la ville de Strasbourg, du district de Basse-Alsace et du Reichsland, le rayonnement des publications antérieures à 1870 est maintenu et renforcé par de nouvelles revues : en médecine viennent s'ajouter à la *Gazette médicale*, qui conserve la langue française, deux périodiques en allemand. Il s'y ajoute toute une floraison de périodiques : sciences vétérinaires, agronomie, ouvrages statistiques officiels, revues périodiques de services publics et le *Gesetzblatt* pour le Reichsland. En 1901 on recense pour la seule ville de Strasbourg sept publications officielles, treize journaux politiques et d'information, onze publications religieuses, douze publications scientifiques et statistiques, cinq publications pédagogiques, neuf publications d'art, culture, histoire, musique et sport, vingt et une publications techniques et professionnelles. Pour l'ensemble de l'Alsace on recense plus de deux cents titres de journaux, revues et périodiques.

Cette vitalité entraîne un remarquable essor de la production intellectuelle concernant l'Alsace, alors que pour le reste les publications demeurent surtout le fait de l'université. L'espace alsacien est vu sous l'angle de différentes disciplines et on peut distinguer deux périodes, avant et après 1900. Dans la première période dès l'annexion débute un attrait pour l'Alsace chez de nombreux savants, le plus souvent marqués par le nationalisme. Dès 1871 paraît une histoire de l'Alsace par O. Lorenz et W. Scherer, *Geschichte des Elsass, Bilder aus dem politischen und geistigen Leben der deutschen Westmark*, qui connaît dès 1886 une troisième édition et qui souligne la dimension allemande de l'histoire et de la vie culturelle de l'Alsace. En 1872 W. Hertz publie *Die deutsche Sage im Elsass*, une contribution solide sur les légendes de la région.

L'université, en dépit de son isolement face aux milieux culturels régionaux, s'ouvre à la région et reprend la tradition, arrêtée à la Révolution, de grandes publications de sources. J. Weizsäcker, puis W. Wiegand publient de 1879 à 1900 un *Urkundenbuch der Stadt Strassburg* en sept volumes qui va des origines à 1400, tandis que Hermann Baumgarten publie trois volumes de la *Politische Korrespondenz der Stadt Strassburg* de 1517 à 1545 entre 1882 et 1898 avec l'appui de la municipalité et du gouvernement du Reichsland. Sur ce modèle a été réalisé aussi par Karl Albrecht, professeur à Colmar, un *Rappoltsteinisches Urkundenbuch* en cinq volumes (1891-1898), cartulaire des sires de Ribeaupierre jusqu'en 1500. Ernst Martin a publié avec Hans Lienhart un *Wörterbuch der elsässischen Mundarten* (1899-1907) qui demeure une référence obligée en dialectologie. Le prêtre F.X. Kraus, professeur d'histoire de l'art, est le premier à dresser un inventaire scientifique des monuments alsaciens, paru en trois volumes de 1876 à 1892 sous le titre *Kunst und Altertum in Elsass-Lothringen*. De manière générale l'université a su élever le niveau de l'histoire régionale à celui de la science générale.

Le bureau statistique publie une description historique et topographique du Reichsland de haut niveau avec la collaboration de plusieurs universitaires, *Das Reichsland Elsass-Lothringen*, en trois volumes (1898-1903). L'éditeur Kurt Mündel a publié, en 1885, un guide des Vosges qui a connu de nombreuses rééditions et qui est demeuré pour des décennies la somme sur les Vosges, *Das Vogesen-Reisehandbuch für Elsass-Lothringen*. L'histoire locale et régionale bénéficie de la sollicitude de nombreux érudits, qui ont entamé leur carrière avant 1870. On peut les regrouper par confession et entre clercs et laïcs. Du côté protestant les plus importants sont Louis Spach, *Moderne Kulturzustände im Elsass* (1873), un tableau de la vie culturelle en Alsace au XIXe siècle, et Charles Schmidt, dont l'œuvre principale est l'*Histoire littéraire de l'Alsace à la fin du XVe siècle et au commencement du XVIe siècle*, Paris, 1879, suivie d'un *Répertoire bibliographique strasbourgeois jusque vers 1530*, en quatre volumes, 1892-1894. Le pasteur Jules Rathgeber a publié entre autres une histoire de Munster (1874) et une histoire du comté de Hanau-Lichtenberg (1876).

Du côté catholique, Charles Grad, industriel et homme politique, publie une soixantaine d'écrits, dont plusieurs alsatiques de qualité, en particulier *Etudes statistiques sur l'industrie de l'Alsace* (1879-1880) et *L'Alsace, le pays et ses habitants* (1889), couronné par l'Académie française. L'archiviste Dagobert Fischer rédige une monographie sur l'histoire de Saverne et celle de Neuwiller. L'érudit Jean-Georges Stoffel publie en 1876 un dictionnaire topographique du Haut-Rhin. Adolphe Seyboth restitue le vieux Strasbourg dans deux remarquables ouvrages : *Das alte Strassburg vom 13. Jahrhundert bis zum Jahre 1870 – Geschichtliche Topographie nach den Urkunden und Chroniken* (1890) et *Strasbourg historique et pittoresque depuis son origine jusqu'en 1870* (1894).

Cette période se caractérise surtout par la qualité de nombreux prêtres érudits. L'abbé Charles-Auguste Hanauer publie en 1876-1878 *Etudes économiques sur l'Alsace ancienne et moderne* en deux volumes, avant de centrer ses recherches sur Haguenau, en particulier par l'édition du cartulaire de l'église Saint-Georges et des statuts de la ville. Son collègue André Gatrio écrit une remarquable histoire de l'abbaye de Murbach (1895) qui demeure aujourd'hui en dépit d'insuffisances et d'un parti pris apologétique, la seule étude complète de cette abbaye. Parmi les publications de Léon Dacheux émerge une biographie de Geiler de Kaysersberg (1876). Modeste Schickelé a publié un *Etat de l'Eglise de Strasbourg avant la Révolution* (1877), tandis que l'abbé Joseph Clauss entreprend en 1895 un *Historisch-topographisches Wörterbuch des Elsass*, arrêté à Schnierbach en 1914. Le prêtre Henri Cetty, sociologue ouvert à la question sociale, a publié outre les biographies de quatre ecclésiastiques (Charles Braun, Rey, Joseph Guerber et Landolin Winterer) deux études de qualité sur la famille, *La Famille ouvrière en Alsace* (1883) et *La Famille d'autrefois en Alsace* (1889).

A Mulhouse la Société industrielle a encouragé l'archiviste Xavier Mossmann à publier un *Mülhauser Urkundenbuch* en 6 volumes. La recherche historique française brille par deux grands noms. Rodolphe Reuss parti en 1896 à Paris publie *L'Alsace pendant la Révolution française* (1880 et 1884), une thèse sur *L'Alsace au XVIIe siècle* (1896) qui marque un jalon dans l'historiographie, puis une *Histoire de l'Alsace* qui, parue en 1912, connut vingt-quatre éditions. Christian Pfister, professeur d'histoire à l'université de Nancy, après une monumentale *Histoire de Nancy*, a consacré plusieurs études à l'Alsace dont *Le Duché mérovingien d'Alsace et la légende de sainte Odile* (1892). Après 1900 apparaît une nouvelle génération plus soucieuse d'insérer ses travaux sur l'Alsace dans la recherche universitaire. La Gesellschaft für elsässische Literatur édite plusieurs publications dont une édition en fac-similé de *La Nef des fous* de Sébastien Brant.

L'activité scientifique se concentre principalement dans le domaine historique, qui dispose de trois organes de qualité, *La Revue d'Alsace*, le *Historisch-literarischen Zweigverein des Vogesenklubs* et *La Revue catholique d'Alsace*. Celle-ci a publié de nombreux articles de qualité de grands érudits comme Charles Hoffmann et Edouard Sitzmann. *La Revue d'Alsace* dirigée par Joseph Liblin jusqu'en 1899 apparaît comme une revue protestante et de libres penseurs dont la majorité des collaborateurs habite hors de l'Alsace annexée. Elle a une forte tendance francophile, d'où le maintien de la langue française. Elle est désormais d'abord une revue historique, qui privilégie la publication de documents, l'histoire moderne et la Révolution. En 1900 elle passe sous l'emprise des catholiques qui renforcent, un peu à l'image de Hansi, le manichéisme de l'histoire d'Alsace : l'apport français, qualifié de bon, l'allemand au contraire mauvais et méprisable[249].

Les principaux ouvrages sont ceux de Hoffmann, *L'Alsace au* XVIII*e siècle* (1906-1908), H. Bloch, *Das Geistesleben zur Karolingerzeit im Elsass* (1901), J. Becker, *Geschichte der Reichslandvogtei im Elsass* 1905, Fritz Kiener, *Studien zur Verfassung des Territoriums der Bischöfe von Strassburg* (1912) et Sitzmann, un précieux dictionnaire biographique (*Dictionnaire des hommes célèbres d'Alsace*, en deux volumes, 1909). L'histoire locale, tant urbaine que rurale, a bénéficié de nombreuses recherches, en particulier de Joseph Gény sur Sélestat (dont une édition des statuts urbains), Th. Walter sur Rouffach, Frédéric Hecker sur Barr, Emil von Borries sur Strasbourg. A Mulhouse paraît en 1902 une *Histoire documentaire de l'industrie mulhousienne au* XIX*e siècle.*

L'histoire religieuse connaît de nombreuses études. Du côté catholique les principales sont celles de Joseph Schmidlin, *Die kirchlichen Zustände in Deutschland vor dem Dreissigjährigen Kriege* (1910), de J. Lévy, *Die Wallfahrten der Mutter Gottes im Elsass* (1909) et de Lucien Pfleger, *Zur Geschichte des Predigtwesens in Strassburg vor Geiler von Kaysersberg* (1907). Du côté protestant les œuvres marquantes sont dues à Gustav Adolf Anrich, une biographie de Bucer, à Paul Grünberg, une biographie de Spener, fondateur du piétisme et à Charles Gerold, *Geschichte der Kirche St. Nikolaus in Strassburg* (1904). E. Scheid a publié une *Histoire des Juifs d'Alsace.* Dans le domaine littéraire Johann Bolte a édité les œuvres complètes de Jörg Wickram en huit volumes (1901-1906).

Couverture de la brochure de "Vins et coteaux d'Alsace" par Charles Spindler. Charles Spindler a magnifié la vie rurale traditionnelle alsacienne dans une perspective d'affirmation de la culture régionale face à l'Allemagne.

Martin Vogeleis a publié les *Quellen und Bausteinen zu einer Geschichte der Musik und des Theaters im Elsass* (1911). Charles Spindler fait paraître en 1902 *Costumes et coutumes d'Alsace*.

Cette importante production d'alsatiques a contribué à développer les maisons d'édition encore mal connues. En 1872 Berger-Levrault a quitté Strasbourg pour Nancy. Muh-Le Roux continue à travailler pour divers organes de l'Eglise catholique qui se constitue à Colmar, à l'instigation de l'abbé Henri Cetty, une puissante maison d'édition, la Société d'édition de Haute-Alsace. Parmi les sociétés fondées par les Vieux-Allemands, la plus connue est celle de Trübner. Enfin l'entreprise Heitz demeure très prospère. Edouard (1835-1896) demeure l'éditeur attitré du gymnase protestant et de l'Eglise de la Confession d'Augsbourg. Il élargit la gamme des articles destinés aux écoles et édite les recueils de lois pour le Reichsland[250]. Son neveu Paul associé à Kurt Mündel, donne un nouvel essor à l'entreprise qui installe des dépôts à Bâle, Paris, Londres et New York. Il publie des livres sur des thèmes variés comme l'histoire de l'art, des alsatiques – dont le best-seller, le guide des Vosges de Mündel –, des ouvrages classiques et des textes officiels, dont cinquante-deux volumes de *Reden, gehalten an der Kaiser-Wilhelms-Universität* (1887-1913). Quant aux livres édités en Alsace, on assiste au maintien des almanachs et du livre religieux dans les deux confessions, à l'essor du livre scolaire, des livres pour la vie pratique et du livre technique.

Le développement des bibliothèques

La politique volontariste menée par les Allemands, ajoutée au besoin de lecture plus affirmé de la population, entraîne un net développement des bibliothèques. A Strasbourg la destruction de la bibliothèque a suscité une poussée antiallemande, incitant les autorités à multiplier les efforts pour tenter de se disculper dans deux directions. En 1872 est fondée la Universitäts-und Landesbibliothek, à partir d'une vague de dons de souverains, d'institutions publiques et de particuliers de nombreux pays. Installée dans de nouveaux bâtiments inaugurés en 1895 sur l'actuelle place de la République, elle a bénéficié de l'activité de directeurs dynamiques, Karl August Barack, Julius Euting et Wolfram. Grâce à des crédits substantiels ils ont su en faire la première bibliothèque universitaire au monde : en 1914 le fonds dépasse le million de volumes. De son côté le conseil municipal de Strasbourg se préoccupe de créer une nouvelle bibliothèque municipale pour le grand public. Jusqu'en 1896 le directeur en est Rodolphe Reuss qui a développé le fonds grâce à des achats et à des dons du monde entier, y compris de France et d'Allemagne. A son départ elle compte 110 000 volumes regroupés en quinze rubriques. Reuss a privilégié trois domaines, la littérature, l'histoire générale et les alsatiques qui constituent près du quart du total. Par la suite elle conserve son rayonnement attesté par le nombre de prêts. En 1902 le conseiller municipal et négociant Salomon Aron Jacobi par un don de 20 000 marks fonde une bibliothèque populaire qui connaît un grand succès : 120 000 prêts à 99 700 lecteurs en 1913.

Les principales villes voient leur bibliothèque également bénéficier d'un remarquable essor. Celle de Colmar est gérée par André Waltz, qui, bien qu'autodidacte, se révèle un excellent administrateur et fait passer le fonds de 80 000 à 120 000 volumes, bénéficiant en particulier de plusieurs legs, dont ceux des deux avocats Ignace Chauffour (20 000 titres) et Henry Wilhelm (12 000 titres). La bibliothèque humaniste de Sélestat connaît à partir de 1887 un renouveau sous l'impulsion des deux directeurs successifs, les abbés Joseph Gény et Joseph Clauss qui obtiennent son transfert dans l'ancienne halle aux grains et quadruplent le fonds, passant de 6 000 à 25 000 volumes. A Haguenau, la ville fait construire sous l'impulsion du maire Xavier Nessel, un remarquable bâtiment pour les archives municipales et la bibliothèque

(1905), dirigées par Joseph Klélé et les abbés Charles-Auguste Hanauer et Jean-Georges Gromer.

Si les établissements secondaires développent leur bibliothèque, la situation est beaucoup plus hétéroclite dans les petites communes[251]. Alors qu'avant 1870 l'impulsion venait de deux sociétés départementales des bibliothèques communales, désormais l'initiative relève davantage des confessions. Les bibliothèques paroissiales protestantes poursuivent leur développement : en 1913 on en compte 198 avec un total de 84 000 volumes. Du côté catholique c'est l'association Borromée avec Pierre Burguburu qui incite à la création de 68 bibliothèques populaires, auxquelles il faut ajouter 229 bibliothèques paroissiales en Alsace. Les écoles connaissent, surtout en Basse-Alsace, une vague de créations dans les années 1870, de sorte qu'en 1914, 95 % des écoles alsaciennes bénéficient d'une bibliothèque, avec un fonds total de 165 000 volumes.

Un développement tardif de la presse[252]

Au début de la période la presse a été sérieusement handicapée par une législation répressive. Non seulement les autorités ont repris à leur compte la législation autoritaire du Second Empire dont un article contient le concept de délit d'opinion, inconnu outre-Rhin, mais elles y ajoutent le célèbre paragraphe de la dictature qui n'est supprimé qu'en 1902. Aussi les journaux d'avant 1870 disparaissent rapidement et dans un premier temps seuls des titres favorables à la nouvelle situation politique sont autorisés et encouragés, dont plusieurs journaux de propagande au succès limité.

Dans un second temps trois journaux importants sont fondés à Strasbourg. Auguste Schneegans crée (1873) le *Elsässer Journal*, un journal « autonomiste » tourné vers les préoccupations régionales. En 1877 apparaissent les *Strassburger Neueste Nachrichten*, un journal neutre, qui contient des dépêches des agences de presse, des extraits des quotidiens étrangers, des comptes rendus d'associations locales et une importante publicité : journal le plus lu dans le Bas-Rhin, il tire en 1905 à 42 000 exemplaires[253]. En 1882 est fondée la *Strassburger Post* par l'éditeur de la *Kölnische Zeitung*. Journal résolument pro-allemand, il se veut neutre sur le plan confessionnel – tout en défendant des idées libérales protestantes. Il est lié aux cercles proches du gouvernement et aux intellectuels. Le rédacteur en chef, Pascal David, un homme de grand talent, exerce un véritable magistère moral sur la presse alsacienne.

Les catholiques[254] ont connu des difficultés pour créer une presse spécifique, car soupçonnés de francophilie leurs premiers titres ont été supprimés. En 1885 est créé l'*Elsässer*, suivi par le *Mülhauser Volksblatt* (1892) devenu en 1897 *Oberelsässische Landeszeitung, Colmarer Zeitung* (1894) devenue en 1897 *Elsässer Kurier* dirigé par l'abbé Xavier Haegy. De son côté le chanoine Delsor fonde en 1889 l'*Elsässische Volksbote*. Il s'y ajoute pour les francophones et dans une perspective de lutte francophile le *Journal de Colmar* (1894) devenu en 1908 le *Nouvelliste d'Alsace-Lorraine* et dirigé par l'abbé Emile Wetterlé qui en fait un journal de combat.

Après 1900 on assiste à un développement extraordinaire de la presse. Le nombre des journaux est considérable, dix-sept quotidiens en Alsace auxquels s'ajoutent vingt-six hebdomadaires ou bihebdomadaires, dont au moins un dans chaque chef-lieu de cercle, mais en contrepartie le tirage se limite à quelques milliers d'exemplaires et aucun n'atteint quarante mille en 1913. Le tirage total des seuls quotidiens atteint 249 400 exemplaires, soit un pour 4,87 habitants contre un pour 4,4 aujourd'hui (avec un tirage total de 360 000 exemplaires). Ce qui fait la richesse de cette presse, c'est la presse d'opinion, dont le niveau intellectuel est souvent élevé et l'ouverture sur les problèmes extérieurs remarquable, supérieure à celle des journaux français et allemands. La liberté de ton des journaux est réelle depuis 1898.

En 1914 la presse se répartit en trois tendances. La presse libérale est dominée par la *Strassburger Zeitung* (1899) dirigée par le pasteur Georges Wolf qui en a fait en organe libéral, résolument protestant. Depuis 1907, devenue la *Strassburger Neue Zeitung* avec une rédaction aux noms prestigieux, Gustave Stoskopf, René Schickelé, Otto Flake, Ernst Stadler et Charles Frey, où collaborent Alsaciens et immigrés, elle bénéficie d'une large audience. En 1914 la presse catholique représente 23,7 % de la presse quotidienne. Elle compte alors sept quotidiens, un bihebdomadaire et deux hebdomadaires. Elle s'articule autour de deux groupes de presse, la Société d'édition de Haute-Alsace et celui de l'*Elsässer*. La presse social-démocrate avec un tirage total de 18 000 exemplaires se limite à deux modestes quotidiens, la *Freie Presse* à Strasbourg (1898), animée par Jacques Peirotes, et la *Mülhauser Volkszeitung*. On peut y ajouter les journaux sans opinion ou favorables au régime qui représentent 65 % des tirages.

Les suppléments hebdomadaires des journaux sont presque tous rédigés dans de grands centres allemands, ce qui élimine toute information spécifique à la région. Jean Keppi a calculé que de 1897 à 1913 les dépenses annuelles pour la presse ont passé de 6 à 7,50 marks par ménage, soit une progression de 25 %. Durant toute la période on constate une association étroite entre presse et politique, d'où une place plus réduite qu'ailleurs pour les aspects de la vie sociale, religieuse et culturelle, car la presse est surtout soucieuse d'influencer la formation de l'opinion. Pour atteindre un public plus vaste, les journaux développent les feuilletons pour toucher le lectorat féminin, ainsi que les informations locales qui intéressent les communes et surtout les associations alors en plein essor.

La naissance du Théâtre alsacien

Dans le cadre du renouveau de l'identité alsacienne, le Théâtre alsacien en devient le symbole. C'est sous la déclara-

Georges Maurer dans le «Herr Maire». Cette pièce de Gustave Stoskopf est la plus populaire du répertoire du théâtre alsacien.

tion liminaire – « Wir wollen unsrer Väter heilig Erbe aufrecht erhalten in dem Strom der Zeit » – que le 26 février 1898 plusieurs jeunes Alsaciens, en particulier Gustave Stoskopf, Ferdinand Bastian, l'Allemand Julius Greber et Charles Hauss, fondent le Théâtre alsacien pour la représentation « ausschliesslich alemannisch-elsässischer dramatischer Werke ». La première pièce est une adaptation de *L'Ami Fritz* d'Erckmann-Chatrian, suivie de *D'r Herr Maire* de Stoskopf, qui connaît un immense succès et assure sa pérennité. Néanmoins l'équipe se heurte à une opposition du milieu de l'Alsabund qui déplore l'absence de toute exigence artistique formelle et le choix du dialecte. Il s'y ajoute peut-être aussi le fait que le public est surtout constitué de ruraux. Durant plusieurs semaines l'événement alimente des articles de presse, car tant certains francophiles que des germanophiles se montrent choqués de cette valorisation de l'alsacien. D'autres se sont émus des égratignures que subissent les Vieux-Allemands dans la pièce et du caractère peu glorieux du maire que l'on donne en pâture au public.

Le succès entraîne la naissance de théâtres alsaciens dans la plupart des villes grandes et moyennes : Mulhouse, Colmar, Thann, Guebwiller, Haguenau et Wissembourg. Celui de Mulhouse a surtout le souci de la Heimat et de nombreuses pièces jouées jusqu'en 1914 sont à tendance protestataire. Ce théâtre devient partie intégrante de la vie culturelle locale. Le théâtre de Colmar a dû s'imposer à la bourgeoisie avec l'appui de la presse et de l'opinion publique. Il s'est donné comme but de cultiver l'idiome alsacien et de contribuer à la culture populaire par la représentation de pièces de valeur. Sous l'impulsion du fondateur, Georges Hanc, le théâtre alsacien devient un des promoteurs de la culture locale.

La naissance de ces théâtres alsaciens est considérée à la fois à Berlin et à Paris comme un événement culturel digne d'intérêt. Les principaux journaux des deux capitales envoient leurs correspondants sur place et suivent attentivement l'évolution de cette tendance. Le répertoire est alimenté par plusieurs autres comédies comme *D'r Kandidat* (1899), *D'Pariser Reis* (1900)... Gustave Stoskopf, nourri de théâtre alsacien, sait marier aux lois du vaudeville les sous-entendus malicieux et la satire prudente du régime. *D'r Herr Maire* est une description de la campagne avec ses rapports de force intravillageois, bien adaptée au niveau culturel des spectateurs. Ces comédies constituent un document irremplaçable pour étudier et comprendre le folklore alsacien. Le tout est conté avec beaucoup de relief et de fraîcheur dans une langue savoureuse.

Dans son sillage on assiste à l'éclosion de toute une série d'auteurs, dont trois seulement s'imposent. Julius Greber, *S'sechst Gebot* (1904), *S'Teschtament* (1910), écrit des pièces vivantes et bien construites, mais un peu trop cérébrales, et des drames sociaux. Ferdinand Bastian (1868-1944) a composé en particulier *Hans im Schnokeloch* (1903). Plus « sentimental », il s'intéresse davantage à la spécificité de chaque personnage. A Colmar Georges Hanc (Salomon Cahn, 1866-1918) est l'auteur de *Nur d'Lieb* considéré comme un des chefs-d'œuvre de la littérature dialectale. Cette production abondante, souvent de qualité, manquant quelquefois de profondeur, atteint surtout les masses populaires, parce que ancrée dans le terroir.

Un peu à l'écart Hans-Karl Abel (1876-1951). Il compose plusieurs pièces en alsacien (*Im Herbschtnawel* 1901, *Unseri Rawe* 1902), des poèmes, un remarquable roman, *Die elsässische Tragödie* (1911). En 1913 il ouvre un théâtre de verdure à Metzeral, qui connaît un succès considérable avec les *Silbernen Glocken von Ilienkopf*.

Une vie théâtrale très riche dans les grandes villes

Au lendemain de l'annexion la jonction se fait difficilement entre les goûts de la bourgeoisie autochtone et ceux des

Vieux-Allemands. A Strasbourg est fondé en 1873 le théâtre municipal, qui jusqu'en 1889 est boudé par le public, en particulier le répertoire allemand, hormis en 1883 la représentation par le théâtre itinérant de Richard Wagner du cycle des Nibelungen qui a constitué un des grands moments de la période. Les seuls succès de l'opéra allemand ont été les représentations de deux œuvres très populaires jusqu'en 1918 du compositeur alsacien Victor Nessler, *Der Rattenfänger von Hameln* (1879) et *Der Trompeter von Säckingen* (1884), qui ont connu un succès énorme à travers toute l'Allemagne. Le second a été joué plus de deux mille fois sans interruption au moment de sa création. Un des refrains a été chanté par presque toutes les grand-mères alsaciennes de la génération du début du siècle[255]. En sens inverse la représentation par une troupe française de *La Fille de Mme Angot* de Lecoq est donnée vingt-huit fois d'affilée en 1875.

C'est la nomination d'un nouveau directeur, Prosch, puis Krückl, qui suscite enfin l'essor du théâtre grâce à la mise en place d'un véritable groupe d'acteurs et à une politique judicieuse soutenue par le maire, Otto Back. De 1890 à 1914 il offre durant huit mois entre 220 et 280 représentations dont des pièces du répertoire français de l'époque classique (Molière) et une vingtaine de représentations de Richard Wagner. Alors que les troupes françaises ont connu vers 1890 un recul de leur succès, à partir de 1895 les plus connues des grandes villes françaises bénéficient d'une grosse affluence. Désormais le public autochtone retourne à l'opéra, à la fois pour les représentations françaises et celles de Richard Wagner. A la fin de la période le directeur du conservatoire et de l'opéra, Hans Pfitzner, a réalisé toute une série de premières d'œuvres classiques, romantiques et contemporaines qui ont été bien accueillies et suscité l'intérêt des milieux allemands du théâtre. Avec ce musicien génial, l'opéra connaît un véritable apogée à Strasbourg. A Mulhouse le théâtre donne des représentations en allemand et en français. De 1884 à 1886 le théâtre de

Bâle présente une vingtaine d'opéras et de drames. Vers 1900 le théâtre dispose de sa troupe, de ses musiciens et chanteurs et donne annuellement une dizaine de pièces en français, attirant de grands artistes (Sarah Bernhardt) et les mélomanes de tout l'est (Belfort, Epinal, Nancy).

Une vie musicale riche et dense

La rupture de 1870 se manifeste aussi dans le domaine musical : influence grandissante de la musique allemande et des chorales, mais aussi recrudescence de la pratique de la musique française et nombreux départs de musiciens. Plusieurs dizaines ont fait carrière en France, en particulier des pianistes (Pierre-Albert Kopff, Albert Frommer), des organistes (Jean-Emile Kayser, André Bloch) et des compositeurs (Jules Weyer, Fred Barlow). Léon Boellmann d'Ensisheim, devenu organiste à Saint-Vincent-de-Paul, est l'auteur d'une *Suite gothique* fort appréciée. La pianiste Marie Jaëll (1846-1925), à la fois patriote et soucieuse de l'échange culturel, fait connaître en France Ludwig van Beethoven et Franz Liszt. Elle a composé une œuvre abondante dont un opéra et un poème symphonique et publié des travaux théoriques. Certains y ont fait une belle carrière. Ainsi l'organiste Ch. Victor Sieg, prix de Rome, est devenu inspecteur de l'enseignement du chant dans les écoles de la ville de Paris. Hector Salomon est devenu chef de chant à l'Opéra de Paris. Une petite minorité a opté pour l'Allemagne, dont les trois compositeurs Auguste Scharrer, qui a dirigé les concerts populaires à Berlin, Ed. Zengerle et Ch. Klinger.

La période bénéficie, sous la pression d'une partie des Vieux-Allemands, souvent de grands mélomanes, d'un remarquable essor musical, d'un équipement de qualité et d'une offre considérable. En 1913 Strasbourg compte cent professeurs de musique, dix-huit de chant et dix-huit accordeurs de piano. Le conservatoire, avec la participation d'une majorité d'enseignants vieux-allemands, connaît un développement considérable[255a]. En 1878 est créé un chœur municipal avec la participation obligatoire pour les élèves du conservatoire. En 1885 est fondée une classe de musique d'église divisée en deux sections, catholique et protestante. Plusieurs élèves alsaciens ont connu par la suite une grande notoriété comme Charles Wendling, violoniste d'envergure mondiale, Alfred Lorentz, flûtiste et chef d'orchestre à Karlsruhe, et le pianiste Otto Moeckel. La période est marquée par l'influence grandissante de Richard Wagner et l'adoption de l'œuvre de Jean-Sébastien Bach et de celle des grands romantiques allemands.

A Strasbourg des concerts d'abonnement sont proposés par le conservatoire et la ville, grâce à un orchestre municipal de quarante-cinq membres fondé en 1875, puis porté à cinquante-cinq en 1893. Ses concerts d'abonnement se trouvent au centre de la vie musicale strasbourgeoise, grâce à la venue de tous les grands solistes européens. Durant quelques années (1897-1904) l'opéra de Strasbourg a bénéficié de la présence d'un des meilleurs chefs d'orchestre de son époque, Otto Lohse. En 1871 Franz Stockhausen prend la direction du conservatoire et de l'orchestre jusqu'en 1907. Durant plus de trois décennies il exerce une profonde influence sur la vie musicale de Strasbourg, en y faisant connaître outre les romantiques allemands, les grands noms des diverses écoles nationales et les musiciens français contemporains dont César Franck, Georges Bizet et Camille Saint-Saëns, une pratique inexistante avant 1870. Il monte un répertoire de haut niveau (*Requiem* de Johannes Brahms en 1873, *L'Enfance du Christ* d'Hector Berlioz en 1876). En 1878 Camille Saint-Saëns connaît un triomphe avec *La Jeunesse d'Hercule*. Il a également marqué la musique religieuse : maître de chapelle à la cathédrale il fait revivre les maîtres anciens Giovanni Pierluigida Palestrina, Orlando di Lasso ; dirigeant de la Société de chant sacré au Temple-Neuf, il fait connaître la musique de Bach. Son successeur, Hans Pfitzner, se révèle un dirigeant hors pair au conservatoire et à l'orchestre municipal. L'enseignement de haut niveau, qui fait du conservatoire un des plus renommés de l'Empire, est assuré par trente professeurs dont Marie-Joseph Erb. Il devient le grand animateur de la vie musicale de Strasbourg, qui a pu participer ainsi à l'épanouissement de l'art lyrique allemand.

Le goût musical suscite toute une série d'autres orchestres. A côté des musiques militaires allemandes qui prennent l'habitude de donner des concerts populaires en plein air, s'affirment deux sociétés de musique d'harmonie et de fanfares populaires, qui, encouragées par des notables attachés au souvenir français, affichent une prédilection pour les marches militaires ou les pas redoublés de l'armée française : ce sont l'Harmonie strasbourgeoise et Vogesia. En réaction à l'Orchesterverein, composé surtout d'anciens militaires et de fonctionnaires vieux-allemands, qui joue principalement les classiques et les romantiques allemands, se constitue en 1900 la Philharmonie dirigée par Guillaume Riff qui privilégie dans son répertoire la musique française et les compositeurs alsaciens. Ces ensembles jouent tantôt en salle, tantôt en plein air, dans les kiosques à musique de la place Broglie et du Contades, à l'Orangerie, au théâtre de plein air du Tivoli et à l'Eden Park en face de la gare. La musique de chambre bénéficie d'un tel engouement que le nombre des ensembles passe à quatre, dont le plus important est l'orchestre de chambre municipal. Les relations avec la France demeurent actives grâce à la venue de nombreux musiciens et chansonniers, dont ceux du Chat-Noir et de la Roulotte de Montmartre. Les artistes de la Comédie-Française et de l'Opéra-Comique connaissent le succès. Jules Massenet dirige en 1906 ses *Scènes alsaciennes* interprétées par l'orchestre municipal. L'Union chorale dirigée par Ernest Munch donne des pièces françaises : *Les Cloches de Corneville, La Fille du Régiment* et *La Fille de Mme Angot*.

Les chorales connaissent, sous l'impulsion d'éléments allemands, habitués à la pratique du chant, un essor considérable. Du côté alsacien les chorales d'avant 1870 reprennent leur activité dans une orientation longtemps protestataire et n'hésitent pas à organiser des concerts de protestation, ce qui provoque en 1887 la dissolution de l'Association des sociétés chorales d'Alsace. L'Union chorale devient un bastion de l'identité régionale, tout en privilégiant le répertoire français et en invitant des musicologues, compositeurs et musiciens français, dont Jules Massenet (1906). Du côté allemand, plusieurs chorales d'hommes apparaissent, dont la plus importante est le Strassburger Männergesangverein. Patronné par le gouvernement et présidé jusqu'en 1888 par le prince impérial et royal Frédéric, il atteint sous la direction de Bruno Hilpert un haut niveau artistique, comprenant douze cents membres dont plus de deux cents membres actifs. Il a obtenu l'autorisation d'émettre une loterie en Allemagne pour construire le palais des fêtes (Sängerhaus), devenu un des hauts lieux de la musique strasbourgeoise. En 1890 est créé l'Elsass-Lothringischer Sängerbund, qui a également contribué à la construction du Sängerhaus inauguré en 1903, mais les anciennes chorales strasbourgeoises demeurent délibérément à l'écart. Jusqu'en 1914 cette fédération organise à Strasbourg quatre festivals de musique d'une durée de trois jours, pour lesquels on fait appel à de grands compositeurs, comme en 1905 Camille Chevillard de Paris, Richard Strauss et Gustave Mahler qui a droit à un véritable triomphe. En 1907 tout le premier concert est consacré à *La Damnation de Faust* d'Hector Berlioz.

Le chant choral a suscité de nombreux talents de compositeurs, en particulier Joseph Schidenheim, auteur de chœurs d'hommes, Charles Eckert, qui a composé des œuvres vocales en dialecte, et Carl Reisz. La vie musicale et les chœurs ont aussi renouvelé profondément la musique religieuse. Du côté protestant la Société de chant sacré a joué un rôle majeur à Strasbourg. Mais à partir des années 1890 son rôle décline, relayé par plusieurs paroisses qui créent un chœur de bon niveau. Les plus connus sont ceux du Bouclier, qui a exécuté des œuvres de Georg Friedrich Händel sous la direction de Charles Niessberger et surtout celui de Saint-Guillaume, fondé et dirigé à partir de 1884 par Ernest Munch, remarquable organisateur qui introduit une noble tradition, l'exécution d'une Passion le vendredi saint. Grâce à lui Strasbourg devient un véritable lieu du culte artistique de Jean-Sébastien Bach. L'exégète de Bach est Albert Schweitzer, philosophe, médecin, organiste et musicologue, en donnant des Passions, messes et oratoires. Jusqu'à son départ à Lambaréné (1913) il a tenu une place éminente comme organiste interprète de Bach, son compositeur favori. Friedrich Spitta, qui a fait connaître les œuvres de Heinrich Schütz, a favorisé le développement des chorales d'église dans toute l'Alsace et participé à l'élaboration d'un recueil de cantiques pour toute l'Eglise de la Confession d'Augsbourg paru en 1899 et qui réhabilite le répertoire alsacien. Ce recueil marque un point culminant de l'hymnologie en Alsace et a influencé toute l'hymnologie protestante jusqu'à l'heure actuelle.

Dans l'Eglise catholique est fondée en 1882 l'Union Sainte-Cécile qui regroupe et guide les chorales d'églises, par *Caecilia*, une revue mensuelle. Le chanoine Joseph Victori a fait passer le nombre des chœurs paroissiaux de trente (1901) à quatre cent neuf en 1914. Le principal animateur est l'abbé François-Xavier Mathias, organiste titulaire de la cathédrale et fondateur de l'Institut de musique sacrée Léon-IX, dont le but était d'améliorer la qualité musicale des offices, de former musicalement le clergé et de publier des œuvres alsaciennes inédites. Compositeur fécond, il a écrit douze oratorios, trente cantates, douze messes, cinquante-deux motets et chants religieux et quatorze pièces pour orgue. Parmi les nombreux compositeurs de musique religieuse, il convient de citer Marie-Joseph Erb, organiste de l'église Saint-Jean à Strasbourg, dont les œuvres religieuses sont très populaires. La publication en 1900 d'un recueil de cantiques diocésain (*Psallite*) est une contribution à une large pratique des chants d'église dans le peuple catholique avec le double but de renouer avec un passé riche en moyens d'expression et d'emprunter quelques éléments du XIXe siècle.

L'orgue continue de tenir une place majeure et chaque année trois cent cinquante mille marks sont investis en Alsace dans la construction d'orgues, dont les plus belles réalisations sont les orgues du Temple-Neuf et celles du palais des fêtes, construites à partir des indications d'Albert Schweitzer, qui s'affirme comme l'organiste le plus talentueux. Parmi les autres organistes les plus remarquables sont Ernest Munch, Marie-Joseph Erb et Emil Rupp, organiste de l'église Saint-Paul.

En dehors de Strasbourg, la vie musicale s'est développée surtout dans trois villes. Mulhouse bénéficie d'une troupe d'opéra et d'un orchestre. Max-Adolphe Stiehle (1850-1896) domine la vie musicale à Mulhouse et à Bâle. Il promeut la musique de chambre et dirige une chorale et l'orchestre de la Société philharmonique. A l'église réformée Saint-Etienne la Société de chant sacré, fondée par Eugène Munch, frère d'Ernest, fait découvrir la musique de Bach. A Colmar Heinrich Wiltberger dirige plusieurs formations chorales. Il est l'auteur de *Mein Elsass*, devenu très populaire. Max Schlochow produit de grandes œuvres avec la chorale protestante, tout comme l'orchestre de la Philharmonie. A Haguenau August Bopp dirige une école de musique et fonde une Société philharmonique qui donne des concerts de qualité des classiques allemands et de compositeurs contemporains, surtout français.

La diffusion de la musique populaire

L'essor musical affecte l'ensemble de l'Alsace. Parallèlement à la musique chorale, la musique instrumentale gagne les petites villes et la campagne, à l'exemple des musiques militaires allemandes. Son répertoire, à côté des danses populaires, marque une nette préférence pour les œuvres légères françaises et les pas redoublés des airs militaires français, même en toute absence d'arrière-plan national. Des ensembles alsaciens sont régulièrement invités à des concours de musique en France. Ainsi lors du grand concours international de Belfort en 1908, quarante-sept ensembles du Reichsland participent. Le nombre devient considérable après 1900 avec près de quatre cent cinquante pour tout le Reichsland et dont une cinquantaine se regroupe dans une fédération musicale d'Alsace-Lorraine. Maints de leurs chefs développent de réelles qualités de compositeurs de musique populaire et enrichissent le répertoire traditionnel de leurs formations, en particulier Joseph Simon qui a composé de nombreux lieder pour des chœurs et Georg Merkling, auteur de danses paysannes, de chansons et d'une remarquable berceuse.

Cette diffusion nécessite un effort de formation assuré en partie par les enseignants musiciens. Après 1872 les écoles normales d'instituteurs sont devenues, jusqu'en 1939, de véritables pépinières d'instrumentistes, d'organistes, de chefs de chœur et de compositeurs. Ils ont également transmis à leurs élèves les nombreuses chansons populaires qui continuaient encore en 1870 à être chantées lors des veillées, des promenades dominicales des adolescents villageois et de multiples fêtes. Un répertoire dialectal se constitue à l'image du théâtre axé sur la nature. Cette explosion musicale a favorisé enfin l'émergence de musicologues et d'historiens de la musique. En 1883 Jean-Baptiste Weckerlin publie *Les Chansons populaires de l'Alsace*, alors que Martin Vogeleis édite une collection de sources sur l'histoire de la musique. L'université s'ouvre aussi à cette discipline par la création d'une chaire de musicologie attribuée à Gustave Jacobsthal, alors qu'à la nouvelle faculté de théologie catholique, François-Xavier Mathias est nommé professeur de musique sacrée.

Une architecture foisonnante d'inspiration germanique[256]

Après 1870, avec l'essor urbain et une politique urbanistique de grande envergure, apparaît une véritable fièvre architecturale avec le but de germaniser le paysage urbain. On assiste à des réalisations exemplaires dans leur conception et leur utilisation. Les édifices publics sont représentatifs de la nouvelle domination, dont les avantages, symbolisés par le volume des travaux entrepris, doivent sauter aux yeux de tout un chacun. En haut lieu on souligne l'importance des investissements, afin de montrer aux Alsaciens quel sort enviable leur est réservé en tant que citoyens de l'Empire allemand.

C'est surtout Strasbourg qui bénéficie de ces travaux. L'appel à des personnalités d'outre-Rhin se traduit par une certaine hétérogénéité du style et un manque évident d'adaptation au cadre strasbourgeois durant les premières décennies. On peut distinguer, dans le style architectural, deux périodes. Avant 1900 les bâtiments publics reflètent la volonté de germaniser le paysage urbain, selon les théories en usage à Berlin. Les premiers bâtiments sont fidèles aux formes abstraites et académiques de la Renaissance italienne. Le résultat obtenu entraîne la transition vers un style plus germanique, inspiré du Moyen Age et de la Renaissance allemande, toujours monumental et coûteux.

Autour du Kaiserplatz (actuelle place de la République), nouveau centre de la ville agrandie, ont été élevés successivement une série d'édifices publics qui témoignent de l'évolution des conceptions architecturales. Le palais impérial (palais du Rhin), construit par Hermann Eggert de 1883 à 1888, présente la lourdeur de son appareillage de pierres en bossage inspiré par la Renaissance florentine et l'écrasement de son avant-corps. Selon Klaus Nohlen il est « moins l'incarnation d'une fonction que la manifestation ostentatoire d'une prétention »[257]. Suivent le palais universitaire, adaptation intelligente de la basilique palladienne de Vicence, l'église protestante Saint-Paul, réplique de l'église Sainte-Elisabeth de Marbourg, témoignage d'édifice néo-gothique, l'hôtel des Postes, en style gothique primitif, « afin d'interrompre la série des édifices de style Renaissance » selon l'empereur. Les architectes August Hartel et Neckelmann ont construit la bibliothèque nationale et universitaire et le siège de la délégation (Landesausschuss), inspirés des lignes classiques françaises. Neckelmann a conçu le palais de justice doté d'un portique à pignon, et l'église Saint-Pierre-le-Jeune catholique, dont la masse en grès rouge est dominée par la seule coupole ronde de la ville. Quant aux immeubles privés, les architectes allemands utilisent, dans la construction des nouveaux quartiers, différents catalogues de style : le triomphalisme du Berlin de Schenkel, le Rundbogenstil de Friedrich von Gärtner, l'influence de l'école d'architecture de Karlsruhe et le classicisme français.

Après 1900, sous l'influence de Fritz Beblo, nommé architecte en chef de la ville en 1910, une nouvelle génération est pénétrée du respect du paysage urbain historique. Les constructions publiques, réussites esthétiques pour la plupart, s'intègrent désormais dans le décor : écoles de la Musau (1905) et de Saint-Thomas (1907), bains municipaux (1908), église Sainte-Madeleine (1912). L'église protestante de Kœnigshoffen, due au jeune architecte alsacien Edouard-Jacques Schimpf, est une remarquable réussite architecturale. Dans la construction privée apparaît, avec une certaine discrétion, le Jugendstil, inspiré de Darmstadt, de Paris et de Vienne. Des immeubles situés allée de la Robertsau et avenue des Vosges témoignent de cette influence qui privilégie le décor ondoyant et végétal. Paul Bonatz qui a réalisé la seconde tranche des travaux de l'hôpital civil, devient après 1918 le maître de la plus importante école architecturale allemande à Stuttgart. Hors de Strasbourg, les réalisations sont plus ponctuelles, les principales sont des châteaux d'eau (Colmar, Sélestat), des casernes (Mutzig, Colmar), des gares (Colmar), le musée de

Haguenau et la cour d'appel de Colmar, sans oublier la restauration du Haut-Kœnigsbourg par Bodo Ebhardt à forte charge symbolique pro-allemande.

L'architecture religieuse se répartit entre trois styles imités. Entre 1870 et 1890 domine le style néo-roman dont les principales réalisations sont le Temple-Neuf de Strasbourg (1877), l'église Saint-Joseph de Mulhouse (1883) et Saint-Pierre-le-Jeune catholique à Strasbourg. Puis viennent les églises néo-gothiques, dont le nombre est considérable avec surtout quatre grandes réalisations dans les années 1890 : Sainte-Geneviève de Mulhouse, Saint-Joseph de Colmar et les deux églises de la garnison de Strasbourg, Saint-Paul (protestant) et Saint-Maurice catholique. Après 1900 apparaissent quelques beaux édifices néo-baroques dont Saint-Fridolin à Mulhouse et l'église catholique de Soultz-sous-Forêts.

Un renouveau artistique après 1890

Les deux premières décennies de l'annexion ont vu le départ des artistes alsaciens pour Paris, où s'impose surtout Auguste Bartholdi, devenu célèbre par deux œuvres gigantesques, *La Liberté éclairant le monde* à New York et *Le Lion de Belfort*. Il a encore offert plusieurs statues à sa ville natale après 1870 (*Roesselmann, Schwendi*) et réalisé de nombreux monuments dans différentes villes françaises, devenant ainsi « le roi de l'art monumental ». Jean-Jacques Henner, prix de Rome, s'est spécialisé dans le portrait, la nature morte et les paysages crépusculaires. Le flambeau est alors tenu par la Société des amis des arts de Strasbourg et son homologue mulhousienne, qui restent fidèles aux œuvres de l'art officiel de Paris. Elles exposent principalement les toiles des artistes alsaciens de Paris, dont l'inspiration demeure locale : peinture patriotique (Théophile Schuler), de genre sous des aspects divers : costumes, scènes de vie (Gustave Brion).

Tout change en 1890 avec la création d'une école munici-

1871, l'Alsace perdue. Œuvre de Gustave Doré qui contribue à une nouvelle image de l'Alsace en France.

pale des arts décoratifs par le maire, Otto Back, destinée à promouvoir les arts appliqués et qui dispense aussi l'enseignement des arts graphiques, de la peinture et de la sculpture. Désormais un nombre croissant d'artistes vit à Strasbourg et se rencontre dans trois lieux de sociabilité, la Melkist, le Kunsthafen à Schiltigheim et à Saint-Léonard où se constitue un cercle autour du peintre et marqueteur Charles Spindler, d'Anselme Laugel, un mécène, et de Gustave Stoskopf, homme polyvalent, à la fois peintre, poète, conteur, journaliste, folkloriste et auteur comique. Le cercle regroupe de nombreux artistes, à l'image du peintre et graveur Joseph Sattler, auteur de très nombreux ex-libris, du peintre Léon Hornecker, du sculpteur Albert Martzolff, ainsi que l'historien Fritz Kiener. Spindler fait paraître de 1893 à 1896 *Elsässer Bilderbogen* qui contiennent des reproductions des peintres contemporains, puis en 1898 la *Revue alsacienne illustrée*. De belles planches hors-texte apportent en couleurs des œuvres de Louis-Philippe Kamm, de Hansi, de Léon Schnug, de Lothar von Seebach, à côté des articles de fond. Cette revue exerce une profonde influence sur les artistes allemands installés en Alsace : le graveur Sattler, illustrateur de scènes de l'histoire d'Alsace au Moyen Age, le portraitiste Henri Beecke, et surtout Lothar von Seebach, portraitiste et paysagiste, introducteur en Alsace de l'impressionnisme français. La revue acquiert la Maison d'art alsacienne rue Brûlée, où Stoskopf organise mainte exposition.

L'école des arts décoratifs permet de faire éclore et de fixer à Strasbourg de jeunes talents, dont certains font des séjours à Paris et à Munich. Grâce à cette effervescence Strasbourg s'impose de 1900 à 1914, pour la seule fois dans son histoire, comme foyer et centre artistique. Parmi les artistes on peut encore citer Charles Spindler, qui compose d'innombrables illustrations, aquarelles et dessins, en particulier de villes et villages alsaciens, Léon Schnug, Hans Mathis, Paul Braunagel, observateur de la Belle Epoque, Emile Stahl, le décorateur

Georges Daubner, le graveur Fernand Schultz-Wettel et les sculpteurs Albert Martzoff et Schultz, auteur de la *Gaenseliesel* à l'Orangerie. La plupart se regroupent dans une société des artistes alsaciens, Les Artistes de Saint-Nicolas, fondée par les peintres Emile Schneider et Georges Ritleng. En 1905 apparaît l'Association des artistes strasbourgeois qui, animée par Stoskopf, participe à des expositions en Rhénanie et à Berlin, et qui regroupe tous les artistes du Reichsland.

Dans cette fermentation la Société des amis des arts organise plusieurs expositions d'artistes parisiens. En 1897 a lieu l'exposition pour la propagation des beaux-arts de Paris. Aux expositions de 1901 et 1904 on note la présence de trente-cinq peintres alsaciens établis en France et de cinquante-trois fixés en Alsace. En 1907 sont présentées les œuvres des impressionnistes Cézanne, Monet, Pissaro, Renoir et Sisley, en 1908 l'école de Nancy, en 1911 Benjamin Zix, peintre de l'Empire. De leur côté les immigrés allemands ont créé en 1885, en vue de promouvoir l'art allemand contemporain, une Société des arts. Mais Strasbourg n'est pas seul à attirer des artistes. Le sculpteur colmarien Henri Wadéré (1865-1950) a réalisé des centaines de sculptures (monuments funéraires, statues, reliefs, médaillons) et des œuvres classiques comme les douze apôtres dans le chœur de Saint-Martin à Colmar et l'autel du Sacré-Cœur de Jésus à Thann. Henri Loux (1873-1907) est l'auteur du service de table Obernai, des petits chefs-d'œuvre où revit toute la vie alsacienne avec les petites villes, les villages et leurs habitants. Martin Feuerstein (1856-1931), né à Barr, établi à Munich, contribue au renouveau de l'art religieux en Alsace (Sainte-Madeleine à Strasbourg, Marienthal, Obernai et Gueberschwihr).

L'essor des musées

La remarquable vitalité artistique, surtout centrée sur Strasbourg où l'on compte en 1913 quarante-neuf peintres d'art et sept graveurs, contribue au développement des musées. A Strasbourg le musée des Beaux-Arts est reconstitué après sa destruction lors du siège. La politique d'acquisition a privilégié l'acquisition de peintures des écoles alsaciennes et allemandes des XVe et XVIe siècles, néerlandaises et flamandes des XIVe-XVIe siècles. En 1877 est fondé aussi le cabinet des estampes. Le musée des Arts décoratifs a été installé dans la Grande Boucherie (occupé après 1918 par le Musée historique). A Mulhouse la Société industrielle qui demeure un bastion alsacien peut assurer seule une politique muséographique : elle fait construire un musée des beaux-arts, acquiert de nombreux tableaux, limités aux peintres alsaciens et français, et entretient un musée historique. Elle est à l'origine de plusieurs musées : archéologique (1882), ethnographique (1893) et lapidaire (1897). La société Schongauer, forte de deux cent cinquante membres, poursuit, sous l'action de son président, Edmond Fleischhauer, président de la chambre de commerce, et du conservateur, André Waltz, l'enrichissement du musée Unterlinden. Deux nouveaux musées sont ouverts, l'un à Wissembourg, tourné vers l'histoire de la ville et de l'abbaye, l'autre à Haguenau, installé dans le remarquable bâtiment de la bibliothèque.

La germanisation de l'Alsace et ses limites

La politique des autorités allemandes, fortement soutenue par l'ensemble des Vieux-Allemands, consiste à germaniser la population alsacienne par toute une série de moyens : école, université, langue, nouveau paysage urbain, art et musique, avec la multiplication des chœurs sur le modèle allemand. Les fêtes musicales sont des lieux de rencontre entre Alsaciens et Allemands. Le processus de germanisation s'appuie aussi sur l'appareil d'Etat, les intérêts, personnels ou économiques, et la presse (65 % des tirages).

D'autres institutions favorisent également la germanisation

comme l'armée, très présente dans ce glacis avec quatre-vingt mille hommes dans le Reichsland. Mais elle souffre de deux handicaps majeurs. Au début elle a une réputation de repoussoir, ce qui incite les jeunes Alsaciens à y échapper en traversant les Vosges. Ensuite jusqu'en 1918 elle est dominée par une caste nobiliaire, d'où une quasi-absence de possibilité de promotion sociale, au contraire de l'armée française. Il en résulte que les jeunes désireux d'entreprendre une carrière militaire préfèrent s'engager en France, d'où un nombre élevé d'officiers alsaciens en France et à l'inverse leur quasi-absence dans l'armée allemande, hormis le cas exceptionnel de Heinrich Scheuch né à Sélestat en 1864 et devenu général puis ministre de la Guerre en 1918. L'Alsacien admet mal la primauté de la naissance sur le mérite.

Après l'introduction par les Allemands de l'association des anciens militaires (Kriegerverein) dans la grande majorité des communes, certains Alsaciens, à la fois des anciens dans l'armée allemande et des vétérans de l'armée française, y entrent progressivement. C'est un lieu de sociabilité avec d'importants moyens pour les œuvres caritatives qui développe un certain esprit patriotique qu'il ne faut pas surestimer. A la campagne, la gendarmerie a une image ambiguë : tantôt elle parvient à susciter l'estime des administrés par une attitude de conseil, d'aide et d'impartialité, tantôt ses représentants sont redoutés et symbolisent le militarisme prussien. L'administration allemande arrive à inspirer la confiance en raison de son souci de l'intérêt général et de l'impartialité des fonctionnaires. Mais les cadres moyens et supérieurs sont presque tous des Vieux-Allemands. Les Alsaciens ne demeurent largement majoritaires qu'au sein des corps municipaux et enseignant de l'école élémentaire (80 % en 1887). A l'inverse ils ne constituent que 6 % des gendarmes et 22,8 % des fonctionnaires subalternes, car les deux tiers des emplois subalternes sont réservés aux sous-officiers et militaires retraités[258]. Il en est de même de la justice qui a bonne réputation et de plusieurs grands organismes. L'administration des forêts a opéré de remarquables réalisations qui ont été reconnues par les forestiers demeurés en 1871 sur place. La poste tout comme les chemins de fer se caractérise par ses performances, son efficacité, l'accueil et le souci du service, ce qui a frappé de nombreux Français venus en Alsace. Le Club vosgien, créé par des Vieux-Allemands en 1872 en vue de valoriser les Vosges dans une optique nationaliste, est devenu au fil des années un organisme bien structuré comprenant en 1914 cinquante-neuf sections et plus de huit mille membres. Il a réalisé un réseau de sentiers et des cartes et favorisé la collaboration entre Vieux-Allemands et autochtones de plus en plus nombreux.

Sur le plan confessionnel les catholiques dans leur très grande majorité sont demeurés sur la réserve en appliquant, à la campagne, la devise « Pratiquons la soumission et laissons-nous faire ». Néanmoins après 1890 une partie des séminaristes fait un séjour à Würzburg ou à Munster, tout comme certains médecins. Bien des catholiques ont séjourné à la centrale sociale de Mönchengladbach, où l'abbé Haegy envoie de nombreux jeunes en stage de formation. La faculté de théologie a pu exercer une influence germanophile sur une partie des séminaristes. Les protestants sont nettement plus partagés. Dès 1871 certaines communautés qui ont connu avant 1870 de vives tensions avec les catholiques considèrent la victoire prussienne comme une revanche. En 1876 l'empereur Guillaume Ier est accueilli dans les communes du nord de l'Alsace avec beaucoup de chaleur. Deux des trois partis confessionnels se montrent assez vite favorables à l'Allemagne dans leur grande majorité : les piétistes et les orthodoxes comme le pasteur Frédéric Ihme décoré en 1907 de l'ordre prussien de l'Aigle rouge. Le pasteur Hans Spieser (1862-1922), un isolé il est vrai, a combattu le bilinguisme à l'école comme une aberration pédagogique et culturelle (Bildungsschwindel). Parmi les libéraux, un des rares à maîtriser la culture allemande est Albert Schweitzer qui préfère Berlin à Paris et qui en 1914 se voit accusé d'être à Lambaréné (Gabon) un espion à la solde de Guillaume II.

Sur le plan politique, la plupart des protestants se rallient peu à peu au régime, surtout après 1890, à l'image du pasteur Georges Wolf (1871-1951), animateur du parti libéral, et de Jean Hoeffel (1850-1939), député au Reichstag et attaché aux Hohenzollern, qui dans sa famille ne s'exprimait qu'en français. Les idées de démocratie sociale du pasteur saxon Naumann ont contribué aussi à jeter un pont entre les immigrés allemands et le protestantisme alsacien. Durant les quatre décennies l'intégration au Reich progresse indéniablement parmi les protestants, en particulier des milieux modestes dont certains bénéficient d'une ascension sociale. Les écoles normales d'instituteurs constituent de remarquables facteurs de germanisation, comme le confirme l'autobiographie de Philippe Husser[259]. Lors du départ de l'école normale chaque futur instituteur doit prêter serment à l'empereur. Aussi la grande majorité, imprégnée des idées allemandes, a le culte de l'Empire et se montre apte à accoutumer les élèves à l'obéissance passive et à les préparer à la discipline allemande. Un quart des futurs pasteurs complète sa formation dans une université allemande.

Cette politique de germanisation a été freinée par le comportement d'une partie des Allemands immigrés, qui ont fait preuve d'arrogance et de chauvinisme en exigeant de tous les Alsaciens un patriotisme total lors de la fête de l'empereur dès le lendemain de l'annexion et en appréciant leur loyalisme à l'aune de l'usage de la langue allemande ou du dialecte, d'où des mesures mesquines de l'administration comme de traîner des personnes devant les tribunaux pour avoir chanté *La Marseillaise* ou crié « Vive la France ». Certains excès du bureaucratisme, rude et tracassier, parfois stigmatisés par Hansi, ont agacé les Alsaciens. De nombreux comportements ont mis en relief une nette différence culturelle, d'où la dénomination de l'Allemand par le terme de Schwob (Souabe), qui depuis 1871 recèle une connotation péjorative alors qu'avant 1789 les Alsaciens trouvaient normal d'être désignés par le terme allemand.

Persistance de l'influence française

Face à cette germanisation une partie importante de la population, en particulier l'Eglise catholique, l'élite économique, sociale et culturelle demeure fidèle au souvenir français. La langue française devient un moyen privilégié d'affirmer la protestation à l'annexion. Aussi voit-on après 1870 de très nombreuses familles, parfois les mêmes qui avant 1870 avaient milité en faveur du maintien de l'allemand, prendre l'habitude de ne parler que le français en famille. En 1908 encore selon Heinrich Ruland l'usage du français demeure général dans bon nombre de familles alsaciennes au point que bien des élèves arrivent à six ans à l'école sans connaître un seul mot d'allemand. Les trois principaux vecteurs de l'influence française sont l'Eglise catholique, les femmes et une partie importante de la bourgeoisie urbaine, notamment les familles qui constituent l'élite économique et culturelle.

Les femmes alsaciennes des milieux aisés demeurent étrangères, voire hostiles, à la mentalité allemande, comme l'illustrent d'ailleurs deux personnages du roman de René Bazin, *Les Oberlé*. En milieu catholique les jeunes filles des couches supérieures sont formées dans des couvents français pour « savoir vivre ». L'attrait pour la France s'explique aussi par le prestige [260] dont jouit la mode de Paris et par la présence de nombreuses épouses d'origine française en Alsace. Il se diffuse aussi dans des milieux plus modestes à travers les costumes populaires, le goût du nœud et de la coiffe, l'harmonie des couleurs.

Le clergé catholique demeure fortement francophile, par opposition à l'Allemagne à majorité protestante et toujours perçue comme le pays de Luther et par réaction au Kulturkampf. Le clergé a reçu une éducation française et même à la campagne le culte catholique conserve un caractère français. Sa langue de conversation dans la vie publique est longtemps exclusivement le français. Sa formation demeure « romane » au Grand Séminaire qui reste un foyer de la culture française, l'allemand n'y est introduit qu'en 1888, mais les séminaristes continuent à se parler en français. Les ordres missionnaires installés en France attirent toujours de nombreux jeunes, alors que très rares demeurent ceux qui entrent dans un ordre implanté en Allemagne avant 1900. Certains membres du clergé ont conservé des liens actifs avec la France. L'abbé Jacques Simonis est collaborateur de *La Croix* et de *L'Univers*. Quelques-uns nouent des contacts étroits avec le catholicisme social et la démocratie chrétienne comme Henri Cetty. Le *Journal de Colmar* d'Emile Wetterlé apparaît comme le représentant français le plus important sur le plan politique et culturel.

Dans de nombreuses familles il est de tradition de placer les fils dans un internat – catholique – en France pour leur faire acquérir une formation culturelle française. En 1871 la grande majorité des pasteurs et des paroisses protestantes demeurent fidèles à la France. Si par la suite la nouvelle génération se montre plus favorable à l'Allemagne, dans bon nombre de presbytères le français demeure la langue de conversation.

Les libéraux, majoritaires, demeurent francophiles notamment la bourgeoisie économique et constituent souvent les francophiles les plus passionnés, en partie par sympathie pour le nouveau régime républicain. La mise en place de l'université en 1872 provoque une rupture entre les générations dont le cas le plus connu est celui des Reuss : si le père Edouard accepte la nouvelle université, son fils Rodolphe, traumatisé par la destruction de la bibliothèque de Strasbourg, refuse une chaire pour rester au gymnase, avant de quitter l'Alsace pour Paris (1896) afin d'éviter à ses fils le service militaire allemand.

D'autres aussi ont renoncé pour motif national comme Charles Gerold, pasteur à Saint-Nicolas où il maintient la paroisse française, qui devient une des personnalités marquantes du protestantisme strasbourgeois et le porte-drapeau de la cause française. Il a prononcé plusieurs discours francophiles, en particulier à l'occasion du quarantième anniversaire de l'incendie de la bibliothèque municipale. En 1904 il obtient le prix Flach de l'Académie des sciences morales et politiques.

Les réformés demeurent en général fidèles à la France, en partie à l'instigation des industriels mulhousiens. Charles Piepenbring, qui refuse une carrière universitaire, préside l'Eglise réformée d'Alsace et de Lorraine de 1895 à 1913. La plupart des théologiens conservent des liens avec la France. Edouard Reuss publie une *Histoire de la Bible* en français pour les études bibliques en France (1874-1879). L'historien Charles Schmidt publie à Paris (1879) une *Histoire littéraire de l'Alsace*, couronnée par l'Académie française. La plupart des ouvrages de Paul Lobstein connaissent des éditions française et allemande, et il est récipiendaire de distinctions honorifiques françaises et allemandes. Les milieux économiques, dominés par les protestants, demeurent également marqués par la culture française, en particulier la Société industrielle qui adopte la devise « Nous maintiendrons », publie jusqu'en 1914 tous ses bulletins en français et refuse de solliciter des subventions officielles. Dans les familles industrielles la vie quotidienne se déroule selon le modèle français, favorisé par une importante parenté en France. Les industriels épousent souvent une Française et leurs filles sont souvent formées en France.

De véritables bastions alsaciens émergent, dans lesquels les autochtones sont majoritaires face aux Allemands, comme certaines caisses d'épargne (Strasbourg, Guebwiller), les chambres de commerce et la Sogénal fondée en 1881 par de grands industriels strasbourgeois et haut-rhinois protestants et francophiles. Quelques-uns, tout en demeurant en Alsace, refusent la nationalité allemande comme les Herrenschmidt.

Deux titres de presse en français sont en partie leur organe. Le *Journal d'Alsace-Lorraine* né en 1904 exalte la tradition française et la bourgeoisie libérale, hostile au cléricalisme, partagée entre le souvenir de la protestation et l'aspiration à l'autonomie, mais toujours fidèle à la culture française. *L'Express* de Mulhouse s'ouvre à la fois à la culture française et à la double culture. Dans le domaine culturel le docteur Pierre Bucher structure toute une série d'activités autour de la *Revue alsacienne illustrée*, destinée à « s'attacher plus spécialement aux apports de la civilisation française », aussi bien des tournées de conférences françaises (Ernest Lavisse, André Siegfried...) que des cours populaires de langue française et des représentations dramatiques assurées par la Société dramatique que préside l'avocat Frédéric Eccard, qui défend les intérêts de plusieurs sociétés industrielles françaises en Alsace. Il reçoit chez lui de nombreux auteurs du « roman français d'Alsace » (René Bazin, Maurice Barrès, Paul Acker).

L'influence française subsiste aussi dans une façon de se vêtir et des habitudes culinaires. Le Mont Sainte-Odile en devient le symbole.

On assiste à un renouveau de l'influence française avec la fondation en 1907 du Souvenir français qui entretient les tombes des militaires français. En 1909 est inauguré un monument au Geisberg, financé par une souscription à la mémoire des soldats français morts à Wissembourg en 1705, 1744, 1793 et 1870, en présence de cinquante mille participants, un événement qui a fortement marqué l'opinion alsacienne. A la suite du vote de la Constitution de 1911 qui accorde à l'Alsace pour la première fois un Landtag élu au suffrage universel, des hommes politiques francophiles créent l'Union nationale. Le programme, bien qu'affirmant le loyalisme au *statu quo*, se réfère aux morts et à la tradition. C'est l'Alsace du souvenir français, celle des dessins de Hansi, des livres consacrés à l'épopée révolutionnaire et impériale et à l'Année terrible, qui s'expriment dans le manifeste du Nationalbund.

L'application de la loi de 1911 a divisé chacune des familles politiques en Alsace et renversé la tendance qui depuis le début du siècle poussait les partis à se rapprocher de ceux d'outre-Rhin[261]. Le problème national connaît de 1911 à 1914 un nouveau paroxysme (après celui de 1887) sous la pression des militaires qui constituent un véritable gouvernement parallèle et multiplient les incidents : l'affaire de Graffenstaden (le directeur des usines SACM, Frédéric Heyler, accusé de francophilie, doit donner sa démission sous peine de se voir priver de commandes de l'Etat) en 1912 et surtout l'affaire de Saverne, où un jeune lieutenant a qualifié de Wackes les recrues alsaciennes, ce qui a provoqué une forte émotion en Alsace (1913). Jusqu'en 1914 des signes de francophilie persistent : un peu partout déplacement le 14 juillet dans les villes françaises proches (Lunéville, Nancy, Belfort), tours joués à des douaniers ou des gendarmes. Une partie des étudiants francophiles organise chaque année un défilé silencieux à minuit autour du monument Kléber. De nombreuses épouses dans les villes refusent d'accompagner leur mari à des réunions mondaines et surtout d'accueillir chez elles des Vieux-Allemands.

Durant toute la période le problème national pèse lourdement sur une partie de la population : déchirements à l'intérieur des familles par des options différentes (cf. *Les Oberlé* de Bazin), antagonismes qui vont subsister parfois jusqu'en 1945, départs en France, repli de chaque communauté sur elle-même. Alsaciens et Vieux-Allemands (ainsi Elly Heuss-Knapp n'a rencontré durant toute son enfance à Strasbourg qu'un nombre infime d'Alsaciens de souche), ne se rencontrent que dans les paroisses, lors de certaines fêtes, manifestations sportives ou champêtres et actions caritatives. Ainsi en 1882 le directeur du cercle d'Altkirch reconnaît l'absence de relations cordiales entre la population et les fonctionnaires immigrés dont la connaissance du français se limite aux rudiments nécessaires à leurs relations avec les administrés. Enfin les mariages mixtes, s'ils se multiplient dans les milieux modestes, demeurent rares en milieu bourgeois.

Une situation linguistique en mouvement

Au début de l'annexion les couches supérieures de la société ont presque complètement perdu l'usage de l'allemand classique. De nombreux rapports des Kreisdirektoren se plaignent de ce que dans les zones dialectophones les habitants, tout en parlant l'allemand, ne savent pas le lire et encore moins l'écrire. A Colmar la partie cultivée de la population a été entièrement élevée en français et se montre incapable d'écrire en allemand. Le président du district de Haute-Alsace estime en 1872 que tous ceux qui avaient fait des études ne savent se servir que du français, en particulier toute la formation technique est exclusivement française. Or après 1870 dans la bourgeoisie urbaine le français progresse comme le reconnaissent même des germanophiles tel le pasteur Hans Spieser. L'historien Martin Spahn note que c'est seulement après 1870 que la langue française a cessé d'être une langue apprise[262] pour devenir « le haut-allemand des Alsaciens ». Dans la vie mondaine strasbourgeoise le français constitue longtemps la langue des salons, au point qu'on raconte à Strasbourg qu'un commandant de bureau de recrutement a refusé d'assister aux réceptions du Statthalter parce qu'il ne savait pas suffisamment le français[263]. A ces soirées, du moins à l'époque d'Edwin von Manteuffel, les plus hauts fonctionnaires eux-mêmes se servent du français. Le plus souvent il est considéré comme plus chic. Malgré une importante émigration qui touche surtout les milieux francophiles, le nombre de personnes se déclarant francophones a augmenté en 1910 en Alsace de 4 363, avec une nette prépondérance des femmes dans les trois grandes villes alsaciennes.

PERSONNES AU-DESSUS DE QUATORZE ANS
DÉCLARANT ÊTRE FRANCOPHONES

	Hommes	Femmes
Strasbourg	1180	1998
Colmar	361	700
Mulhouse	951	1606

A Sainte-Marie-aux-Mines le savant allemand Witte se plaint du recul de l'allemand qui s'est manifesté surtout depuis 1870[264].

Le français connaît un véritable sursaut entre 1900 et 1914, comme le reconnaissent les Allemands à leur corps défendant. Il devient le langage courant de nombre de familles dont les grands-parents ne pratiquaient que l'alsacien. Il est le langage d'une civilisation, le parler mondain des salons des trois grandes villes et de la bourgeoisie de nombreuses petites villes. Il est devenu la Sonntagssprache des Alsaciens. Il reste un signe de protestation car très souvent lorsqu'un Vieil-Allemand s'approche d'un groupe d'Alsaciens, ceux-ci passent de l'alsacien au français. Celui-ci exerce aussi une influence sur les classes moyennes. Dans les milieux sans formation supérieure on utilise le français en public pour donner l'illusion d'une culture supérieure.

Les motifs sont à la fois pratiques, économiques, culturels – conviction de la supériorité qualitative de la langue française plus élégante – et politiques : volonté d'affirmer l'identité face à l'Allemand et témoigner des sentiments francophiles.

Or curieusement presque tous les fonctionnaires allemands qui bénéficient d'une formation académique, en poste dans le Reichsland, connaissent le français et certains le parlent volontiers. Les enfants du juge de paix Haas à Kaysersberg parlent couramment le français. Elly Knapp, une Allemande, a créé une école professionnelle pour jeunes filles à Strasbourg, dans laquelle elle assure un enseignement en français. Albert Schweitzer correspond avec sa femme, Helene Bresslau, née à Berlin, uniquement en français[265]. Bien des fonctionnaires allemands envoient leurs filles à l'école du Bon-Pasteur (aujourd'hui collège Lucie-Berger) où l'enseignement se fait presque exclusivement en français jusqu'en 1914.

Il serait intéressant de faire une étude de la chronologie du passage du français à l'allemand dans les diverses institutions et entreprises. A la Caisse d'épargne de Strasbourg le passage à l'allemand ne s'effectue dans les procès-verbaux du conseil d'administration qu'en 1887, et les rapports annuels restent rédigés en français jusqu'en 1887. A la Sogénal tous les procès-verbaux et la correspondance, y compris avec les succursales installées dans le reste de l'Empire, se font exclusivement en français jusqu'en 1914. Après 1871 toutes les banques alsaciennes sauf le Crédit foncier d'Alsace-Lorraine, continuent à s'exprimer en français jusqu'au début du XXe siècle, puis elles maintiennent une traduction française de leurs rapports d'activité jusqu'en 1914[266].

A l'inverse la connaissance de l'allemand progresse sensiblement dans les milieux plus modestes grâce aux progrès scolaires et aux liens avec des Vieux-Allemands de même niveau social, qui sont ici plus faciles et débouchent sur un nombre non négligeable de mariages mixtes. Il s'y ajoute la lecture des journaux, largement répandue en 1914, l'intégration économique, l'ascension sociale de bien des patrons d'entreprises d'origine modeste et l'infiltration du dialecte par un nombre croissant de termes de l'allemand classique, alors que le nombre des emprunts au français a tendance à reculer. Lors du dernier recensement (1910) la population francophone ne représente plus que 6,1 % dans la Haute-Alsace et 3,8 % en Basse-Alsace. La situation en 1914 est en pleine évolution sous l'effet de l'économie, des migrations intérieures et de la situation sociale, pour laquelle nous reprenons à notre compte les conclusions de Paul Lévy[267]. La population rurale et ouvrière et les artisans se servent exclusivement de l'alsacien. Le milieu commerçant possède, à côté de l'allemand, un certain bagage de connaissances françaises. La haute bourgeoisie possède une culture d'origine française. Les hauts fonctionnaires et les membres des professions libérales parlent selon l'occasion français, alsacien ou haut-allemand, mais ce dernier exclusivement avec des Vieux-Allemands, car on constate dans toute la population une nette réticence à s'exprimer en hochdeutsch : l'utiliser en société semble à beaucoup d'Alsaciens impossible, ridicule et prétentieux.

La renaissance culturelle

Jusque vers 1890 la vie culturelle se caractérise par une certaine anémie et les rares revues sont en français : *Revue d'Alsace, Revue catholique d'Alsace, Bulletin du musée historique de Mulhouse*. Le mouvement culturel alsacien se réfugie dans la contemplation du passé[268]. Dans les années 1880 apparaissent de petites revues satiriques plus ou moins éphémères : *Le Mirliton*, le *Journal du club des cri-cri, D'r Meiselocker und D'r Maikäfer*, enfin *H2S*, publié par des étudiants alsaciens francophiles.

L'émergence d'une jeune génération qui se sent différente des Allemands suscite une valorisation de l'Alsace et de son dialecte. Deux initiatives majeures affirment l'identité régionale. C'est d'abord le théâtre alsacien qui acquiert tout de suite une grande popularité : en recourant au dialecte il affirme et souligne par rapport à l'Allemagne une spécificité alsacienne. La langue, les coutumes, les traditions en sont un véhicule privilégié. Ce théâtre donne aux Alsaciens le sentiment qu'ils possèdent une culture propre avec un patrimoine commun. L'organe de cette affirmation est la *Revue alsacienne illustrée*, qui connaît cependant avec l'arrivée du Dr Pierre Bucher (1901) une rupture avec l'inspiration populaire. La revue se caractérise par la qualité de sa présentation et la grande diversité des sujets traités. Elle élabore un véritable corpus identitaire et joue un « rôle décisif dans la constitution de l'Alsace comme entité politique ». Elle devait, selon Charles Spindler, « nourrir aussi bien une alsacianité française sous l'annexion qu'une alsacianité autonomiste après le retour de l'Alsace à la France ». Elle élabore deux Alsace. Une Alsace rêvée revendique l'héritage des deux cultures, le rôle de pont entre elles, les traditions démocratiques et la modernité. A côté apparaît la petite patrie une Alsace fermée, attachée au sol, repliée sur son passé, les villages et cultivant les traditions[268a]. En 1902 le Dr Bucher fonde avec les docteurs Léon et Ferdinand Dollinger la Société du musée alsacien qui ouvre en 1907 le musée du quai Saint-Nicolas. Mais ce courant est très vite contesté par le *Jüngstes Elsass* de René Schickelé et le *Stürmer*, qui ne parviennent guère à obtenir une large audience.

L'identité de l'Alsace est appréhendée de diverses manières et donne lieu à toute une floraison d'ouvrages. Le premier est celui de Werner Wittich, *Deutsche und französische Kultur im Elsass* (1900), un livre nuancé qui reconnaît le poids de l'apport français à la culture régionale. Puis six titres paraissent en 1907-1909. Le journaliste Otto Flake, *Die elsässische Frage als Kulturproblem*, se montre favorable au particularisme alsacien. L'écrivain alsacien René Prévôt, *Das deutsch-französische Kulturproblem*, estime que si dans les milieux populaires l'adhésion à l'Allemagne est presque achevée, la bourgeoisie demeure toujours attachée à l'idéal démocratique et à la culture française. L'avocat Joseph Fleurent, *L'Idée de patrie en Alsace*[269], souligne que le drapeau allemand n'est pas le symbole de la patrie, car il ne reste en Alsace que « le mince filet de la petite patrie ». La sensibilité française subsiste dans de nombreux éléments comme le goût, la manière de vivre, notamment à table. Le pasteur Hans Spieser, *Elsass als Bundesstaat*, dénonce les périls pour le germanisme d'une éventuelle autonomie. L'avocat Heinrich Ruland, d'origine allemande, *Deutschtum und Franzosentum in Elsass-Lothringen Eine Kulturfrage*, tout en espérant une fusion avec le temps, a le mérite de reconnaître l'importance de la double culture. Wittich reprend ses idées dans *Civilisation et patriotisme en Alsace-Lorraine*. Enfin Anselme Laugel, *L'Avenir intellectuel de l'Alsace*, revendique l'indépendance d'une république alsacienne placée sous le protectorat simultané de la France et de l'Allemagne. Pour lui la « pensée nationaliste dirige la résistance tacite mais péremptoire de la population » contre la pensée germanique. Enfin l'Alsace deviendrait « une sorte de marché moral où s'échangent les produits intellectuels des deux nations »[270].

Vers 1914 le problème national trouble toujours la vie culturelle, entre les francophiles, les tenants de l'identité entre France et Allemagne, et les germanophiles, dont le nombre s'accroît dans la jeune génération, plus chez les protestants que chez les catholiques – dont une partie se rapproche pourtant du Zentrum allemand – et dans les milieux modestes que dans la bourgeoisie. D'ailleurs chaque famille politique est divisée au sein d'elle-même dans « l'appréciation du fait national alsacien, dans la manière d'envisager les relations avec les partis d'outre-Rhin et dans le jugement sur la loi de mai 1911 »[271]. Par contre avec l'essor de la presse et de l'exode rural vers les villes, le genre de vie urbain se diffuse à la campagne. L'expansion économique et les syndicats favorisent une culture ouvrière avec ses associations et ses loisirs propres. On est loin d'une culture unique et d'une perception uniforme de l'identité, comme le confirme aussi la diversité des sens de l'autonomie. Pour les uns c'est la « forme légale de la protestation » et une dernière ligne de défense, c'est l'autonomisme « à base française » selon Bucher. Pour d'autres, également peu nombreux, c'est la condition préalable à une fusion progressive au sein de l'Empire allemand. Pour la grande majorité, c'est la situation présente à faire évoluer en vue d'obtenir un statut analogue aux autres Etats allemands.

Diverses visions de l'Allemagne et de la France

Presque tous les Alsaciens acceptent les faits accomplis et préfèrent le maintien de la paix à un conflit. Vis-à-vis de l'Empire on trouve tous les dégradés depuis l'animosité et la contestation (Hansi, Henri Zislin, Pierre Bucher...) en passant par le loyalisme plus ou moins résigné jusqu'au patriotisme (Hans Spieser, Fritz Lienhard et le parti libéral). Ce qui frappe aussi c'est le désintérêt pour la vie politique et sociale allemande de la très grande majorité des Alsaciens. Face à la France la grande majorité demeure consciente d'un passé commun de deux siècles et de la mémoire des valeurs de la Révolution et de l'épopée napoléonienne, d'où un « sentiment de piété ». Si les « nationalistes » se préoccupent de développer l'influence française, la très grande majorité des Alsaciens ne manifeste pas d'hostilité envers la France, tout au plus regrette-t-elle son abandon par la France en 1871 et la fermeture de la frontière aux produits alsaciens. Seul un très petit nombre partage le nationalisme agressif des militaires et d'une fraction des Vieux-Allemands.

L'image de l'Alsace en France s'est cuirassée après 1871. Elle devient celle d'une province perdue arrachée par la force, qui donne lieu avec les romans français sur l'Alsace à toute une mythologie et à l'idée de la revanche. Puis l'image patriotique s'enrichit d'éléments matériels qui l'humanisent pour la faire évoluer vers celle d'un « petit paradis ». A la fin de la période ce sont les brochures et les caricatures de Hansi qui diffusent l'image d'une Alsace francophile opprimée par de méchants Teutons, pourvus de tous les défauts possibles. Hansi devient le fédérateur d'une figuration traditionnelle et de celle façonnée en France, une « Alsace éternelle, tricolore et souriante », avec les « cinq C » (cathédrale, cigogne, coiffe, choucroute, colombages) qui « se superposent à toutes les autres expressions du particularisme et qui bloquent durant la majeure partie du XXe siècle l'évolution de l'identité régionale »[271a]. Les guides touristiques français continuent de parler des rives française et allemande du Rhin. Si les premiers guides publiés après 1870 passent sous silence l'ancienne frontière, appliquant le fameux principe « y penser toujours, n'en parler jamais », peu à peu son souvenir émerge et se fait insistant[272]. Mais bien des Français en ont une perception erronée. Ainsi Anselme Laugel, francophile s'il en est, se plaint de l'incompréhension rencontrée lors d'un voyage à Lyon. « Trente-neuf années ont passé, sans rien modifier aux appréciations qu'on porte sur l'Alsace-Lorraine... On n'a souligné que les passages de mon exposé où je parlais de la fidélité à des souvenirs qui appartiennent à notre patrimoine national. C'était la contrepartie si parfaite de ce que nous entendons tous les jours chez nous, que j'en étais quelque peu humilié »[273].

En Allemagne, l'Alsace est un Grenzland reconquis, dont on majore la communauté culturelle. Alors que dans le reste de l'Empire, chacun des vingt-six Etats bénéficie d'une large autonomie, le Reichsland est perçu comme une terre à germaniser avec une mentalité de colonisation, où il s'agit d'éliminer progressivement tous les éléments français ou welches et donc la double culture, considérée comme un handicap sur le plan intellectuel. Cette différence d'approche apparaît même dans l'historiographie. Les historiens francophiles privilégient la période 1648-1870, alors que les germanophones sacrifient celle-ci par rapport au Moyen Age et au XVIe siècle, comme on peut le constater par une comparaison des deux histoires d'Alsace de Rodolphe Reuss et de Lorenz-Scherer.

Les mutations, culturelles, politiques et économiques, ont contribué à cristalliser une conscience politique alsacienne, reconnue par tous les courants politiques. A gauche la *Revue socialiste* écrit en 1904 qu'il « se forme ainsi une nation alsacienne-lorraine, qui fait partie de l'Empire allemand, mais que sa civilisation, son esprit, ses tendances rapprochent de la France »[274]. De son côté Anselme Laugel écrit en 1918 : l'Alsace « retrouva la conscience de son existence nationale, mais ce fut pour maudire celui qui la lui avait donnée ; et pendant quarante ans, c'est dans la résistance au vainqueur de 1870 qu'elle trouva la raison d'être de son nationalisme récupéré »[275]. Jamais avant 1870 le poids de la frontière n'avait été aussi marqué en Alsace. La grande majorité, consciente d'avoir été abandonnée par la patrie en 1871, demande une égalité de traitement avec les vingt-six autres États, agacée par les suspicions et les exigences d'attachement. Elle a tendance à se replier sur la Heimat et le nouveau concept d'Elsässertum dont le contenu est fort variable selon les familles politiques et religieuses et qui est même rejeté par la plupart des Vieux-Allemands. Le slogan lancé par Charles Grad, « L'Alsace aux Alsaciens », devient une réelle revendication.

1914-1918 : une épreuve physique et morale plus lourde dans un pays frontière

La Première Guerre mondiale constitue pour les Alsaciens une épreuve plus douloureuse que pour l'ensemble des autres populations de l'Europe occidentale. Ils subissent de cruelles divisions morales, de nombreuses séparations forcées. Que ce soit dans l'un ou l'autre camp, sous l'un ou l'autre uniforme, les Alsaciens sont en proie au déchirement. La guerre pose en effet des problèmes douloureux à chacun, d'autant qu'on trouve des Alsaciens, parfois membres de la même famille, dans les deux camps. La mobilisation, puis les appels successifs jusqu'en 1918, ont enrôlé plus de deux cent cinquante mille Alsaciens qui par loyalisme et sentiment du devoir au serment du drapeau, qui par crainte du peloton d'exécution, s'y résignent. A la différence des Allemands, la plupart ne manifestent aucune exaltation patriotique ni ne possèdent de réelles et profondes raisons de se battre, ce qui explique aussi le faible nombre de volontaires alsaciens de souche. « Ni la fidélité à l'Empereur, ni l'affection portée à une dynastie nationale, ni le statut souverain du Reichsland n'étaient déterminants pour les Alsaciens-Lorrains, et seules leurs qualités innées de discipline les portèrent à assumer leur sort, pourtant sans illusion aucune »[276], d'autant que durant la guerre les projets se multiplient sur l'avenir de l'Alsace.

Très vite de nombreux responsables soupçonnent les Alsaciens de vouloir déserter, de sorte qu'ils deviennent suspects dans de nombreux corps. En mars 1915 le haut commandement ordonne d'envoyer désormais les nouvelles recrues du Reichsland sur le front russe, puis il transfère la majorité des combattants alsaciens du front ouest sur le front est. En même temps s'établit un très strict contrôle postal, puis l'état-major publie des instructions très restrictives relatives aux permissions. Enfin certains permissionnaires ne peuvent même plus rentrer chez eux, soit que leur domicile est inclus dans la zone des opérations, soit que la Haute-Alsace leur est fermée.

En définitive aucun soldat d'aucune armée ne connaît un sort plus amer. De plus à son retour il trouve le pays natal étranger à tout ce qui avait été son univers. Incompris de ses nouveaux compatriotes, ni vainqueur ni vaincu, il surgit au milieu des fêtes et des réjouissances en l'honneur des troupes françaises qu'il venait de combattre. Certains, à leur arrivée au pont de Kehl, sont reçus avec une animosité méfiante. A la différence des grognards de Napoléon Ier et des vétérans de 1870, il ne peut raconter des anecdotes de cette tranche douloureuse de sa vie sans risque de redevenir à nouveau suspect. Dans le camp français on relève près de vingt mille Alsaciens, dont plus de trois mille qui ont quitté l'Alsace fin juillet 1914 pour devenir engagés volontaires. Quant aux civils dès le début ils sont considérés comme suspects, qualifiés volontiers de Franzosenköpfe, en raison d'une véritable psychose de l'espionnage, alors que les troupes françaises qui espéraient être accueillies en triomphe les traitent facilement de « sales boches ». Si la plupart ne ressentent aucune hostilité à l'égard de la France, certains Alsaciens prennent fait et cause pour une Allemagne pacifique qui aurait été contrainte au combat.

Dès août 1914 l'Alsace est soumise à une dictature militaire qui multiplie les arrestations et internements, plus de trois mille trois cents proscrits, les condamnations par des tribunaux militaires pour propos jugés séditieux, les atteintes arbitraires aux libertés individuelles et les perquisitions. Enfin les autorités militaires ont voulu germaniser totalement l'Alsace par l'interdiction totale du français, à l'église, ce qui a entraîné la démission du président Friedrich Curtius, pourtant un Vieil-Allemand, de l'Eglise de la Confession d'Augsbourg, et à l'école. En 1916 est entreprise la germanisation de tous les toponymes.

Cette politique autoritaire exacerbée mène progressivement la majorité de la population de la résignation à l'amertume, puis à la détestation de tout ce qui participe à l'autorité impériale. En quatre ans le pouvoir militaire a réussi par ses excès à détacher l'opinion de l'Allemagne et à jeter en novembre 1918 la population dans les bras de l'armée française, dont l'arrivée est ressentie comme un soulagement et un défoulement après quatre années d'arbitraire, de répression, de privation, de sang et de larmes avec plus de trente-cinq mille victimes [277].

CHAPITRE IX

De 1918 à 1939 : un malaise culturel et politique face au centralisme parisien

Si le facteur national a tenu une place majeure dans la vie culturelle de l'Alsace entre 1871 et 1914, la période de l'entre-deux-guerres se caractérise par une politique d'assimilation qui provoque un grave malaise, générateur de l'autonomisme qui pèse lourdement sur la province, avant d'être relayé, dans les années 1930, par la menace d'une nouvelle guerre. Le Rhin devient une véritable frontière culturelle, surtout à partir de 1933, symbolisée dans le paysage par les deux lignes opposées Maginot et Siegfried.

La rupture de 1918-1919

L'arrivée des troupes françaises a donné lieu à des festivités à travers l'ensemble de l'Alsace en présence de foules énormes et enthousiastes. Ces fêtes constituent un véritable défoulement après quatre années de dictature, d'épreuves et de privations. C'est enfin le retour de la paix, de l'ordre (alors que l'Allemagne est menacée par la révolution et le chaos), et la perspective d'un ravitaillement régulier et abondant, symbolisé par le pain blanc et le vin. Le système de perception des Alsaciens est dominé par la haine des Prussiens, la joie de retrouver la paix et la volonté de ne plus être balancés entre la France et l'Allemagne, afin de ne plus être l'objet de tractations. C'est enfin une vision manichéenne de l'histoire d'Alsace. Mais ces retrouvailles débouchent très vite sur des déceptions réciproques, dues à une vision fausse de l'autre, idéalisé et romantique.

En France, la vision de l'Alsace a été marquée par les Alsaciens qui ont quitté la région en 1872 ou plus tard et leurs descendants, tous fortement imprégnés d'un patriotisme revanchard et exacerbé par les quatre années de guerre. Elle est illustrée par les nombreux dessins, certes esthétiques, qui donnent de l'Alsace une image simpliste, voire caricaturale. L'Alsace est perçue comme étant toujours celle de 1870, excepté la présence d'un certain nombre d'Allemands et quelques modifications accessoires. L'opinion française, le personnel politique et les revenants (Alsaciens partis avant 1914 et revenus maintenant) n'ont aucune idée des transformations profondes que l'Alsace a connues, en particulier sur le plan culturel, ni de l'attachement des notables à une gestion proche et à une véritable décentralisation. Il en résulte que beaucoup de Français venus en Alsace sont agacés par le dialecte, ce qui les incite bien des fois à une attitude narquoise, voire agressive, comparable à celle des Vieux-Allemands avant 1914.

En sens inverse, il convient de distinguer avant la guerre et en 1918. En 1914, la France représente essentiellement pour l'Alsacien une histoire commune de deux siècles, dominée par les valeurs de la Révolution et l'épopée napoléonienne, une culture prestigieuse, et une certaine élégance de l'esprit et de l'habillement. En 1918, par hostilité au régime militaire, aux tracasseries et à la pénurie, la France apparaît comme le pays de l'abondance et de la liberté. On oublie tout ce qui n'est pas à la faveur de la France (jacobinisme, anticléricalisme), d'autant que l'opinion fait confiance à la parole donnée au nom de la France par le général Joseph Joffre à Thann en novembre 1914 : « La France vous apporte, avec les libertés, le respect de vos libertés à vous, des libertés alsaciennes, de vos traditions, de vos convictions, de vos mœurs »[278].

Or la France se constitue entre 1880 et 1910 en espace

Straßburger Neueste Nachrichten

Les Dernières Nouvelles de Strasbourg

Nr. 16 Erstes Blatt — Straßburg, Montag, 20. Januar 1919 — 42. Jahrgang

Die Friedenskonferenz.

Protest.

Der Handel in den besetzten Gebieten.

En 1919, la plupart des journaux alsaciens de langue allemande prennent un sous-titre en français, à l'image des Dernières Nouvelles de Strasbourg, avant de commencer à publier entièrement en français.

national, la culture française devient alors réellement nationale, soit une évolution à laquelle l'Alsace n'a pas pu participer dans un cadre différent. Ces années durant, cette dernière a développé une conscience originale et propre dans un cadre différent et étranger. La méconnaissance de cet état de fait entraîne de graves difficultés après 1918. La politique française, marquée par le mythe de la République une et indivisible, consiste à assimiler l'Alsace en l'alignant sur la législation commune selon l'expression d'un fonctionnaire de la préfecture : nous avons fermé le livre à la page 1870, nous le rouvrons à la page 1918 (comme si entre les deux rien ne s'était passé). Le français devient la langue officielle de l'administration, des tribunaux et de l'école. L'allemand devient langue étrangère et le bilinguisme n'est toléré que dans des créneaux très étroits : publicité électorale, quelques documents administratifs[279].

En même temps la satisfaction de la revanche incite à commettre deux erreurs, qui seront reprises par les nazis et en 1945, alors qu'en 1871 les Allemands sont restés beaucoup plus modérés. D'abord les immigrés allemands sont expulsés afin de se défaire des prétendus éléments douteux, dans des conditions peu honorables : bagages limités à trente kilos et deux mille marks par personne et passage sur le pont du Rhin devant une foule hostile d'énergumènes déchaînés. Le nombre des Allemands expulsés est estimé à cent dix mille. Enfin toute la population a été classée en quatre catégories : les Alsaciens de souche et leurs descendants depuis 1870 en catégorie A, en B ceux dont un ascendant est d'origine étrangère, en C ceux dont les parents sont nés dans des pays alliés ou neutres, en D les étrangers nés en pays ennemis et leurs enfants nés en Alsace, ce qui a suscité bien des troubles.

Plus grave est la politique d'épuration du pays assurée par des commissions de triage qui fonctionnent en dehors de tout cadre juridique légal. Elles examinent les dossiers de tous les fonctionnaires alsaciens de catégorie A pour s'assurer si le loyalisme (pourtant normal envers des autorités légales) n'a pas été trop zélé. Les dénonciations malveillantes et non contrôlées sont d'autant plus fréquentes que leurs auteurs se voient garantir l'anonymat, d'où parfois une dérive vers une véritable chasse aux sorcières. En l'absence des dénonciateurs comme témoins à charge, les commissions, simulacres de justice, traitent les dossiers de manière expéditive. Il s'agit surtout de purger les services de tous les éléments, même autochtones, indésirables. L'absence d'archives ne permet pas un bilan chiffré, mais il peut être estimé à des centaines. Une dizaine d'années plus tard, le doyen de la faculté de droit s'élève contre l'aspect antijuridique et illégal de cette pratique : « Faire rendre compte à des Alsaciens devant la barre d'une espèce de tribunal, de l'attitude qu'ils avaient eue pour le régime constitutionnellement établi et basé sur un traité en règle, je dois avouer en toute humilité que je n'ai rien compris à cette procédure »[280].

Dans l'enseignement primaire 921 personnes (cartes D incluses) ont été révoquées, dont 75 maîtres alsaciens de souche pour le seul Haut-Rhin. Même l'Eglise de la Confession d'Augsbourg accepte de participer à cette parodie. Le pasteur Charles Gerold, qui avant 1914 faisait preuve de courage et de tolérance, annonce en 1919 en tant que président de la commission directoriale dans la première circulaire aux pasteurs que « nous n'avons ni le pouvoir ni la volonté » de les protéger contre les commissions de triage. Il conseille à ceux qui ne peuvent voir dans la victoire des Alliés un juste jugement de Dieu, de quitter l'Alsace. Beaucoup de pasteurs se sont sentis trahis par leur direction[281], et un quart des pasteurs alsaciens a émigré, soit 41 luthériens sur 200 et 27 réformés sur 57.

Mais ils ne sont pas les seuls Alsaciens à émigrer. Plusieurs centaines d'Alsaciens, élevés et formés à la culture allemande, redoutent la reconversion culturelle et une régression sur le plan professionnel, d'autant que certains sont démoralisés et découragés par la véritable frénésie antiallemande, à laquelle se livrent de nombreux patriotes de la onzième heure. De plus, quelques centaines d'Alsaciens sont internés quelque temps dans le sud de la France ou en Bade. Ainsi comme en 1872, l'Alsace perd à nouveau une partie de ses élites, surtout des intellectuels, pasteurs, prêtres (vingt-six prêtres dont l'historien Joseph Clauss, empêché ainsi d'achever son dictionnaire, et un certain nombre de religieux), universitaires, écrivains (René Schickelé) ou des personnes mariées à des Allemands, soit un nouvel affaiblissement des forces vives, face au rouleau compresseur de la centralisation jacobine.

La politique linguistique

Le personnel politique français, formé à l'école de Jules Ferry, est pénétré de l'idée que la langue constitue un des ciments de l'unité nationale. Il est encouragé dans cette voie par les universitaires nationalistes, à l'image d'Ernest Lavisse, dont l'*Histoire de France* est imprégnée par un véritable chauvinisme. Tout le milieu politique et administratif, persuadé de la supériorité culturelle du français, ne voit dans les Alsaciens que des personnes à assimiler et dans les enfants de futurs francophones, en ignorant totalement l'existence d'une culture et de traditions propres, d'autant que circule la légende que l'allemand n'a été introduit en Alsace qu'en 1871. L'alsacien, perçu comme un dialecte germanique, est considéré avec dédain, alors que l'allemand doit être progressivement affaibli en vue d'une disparition ultérieure totale : on revient ainsi, mais de façon plus systématique, à la politique inaugurée avant 1870 par le recteur Laurent Delcasso.

L'instrument de cette politique est le nouveau recteur Sébastien Charléty, en poste de 1919 à 1927. Il avait été auparavant en poste à Tunis où il avait eu l'occasion d'éprouver la méthode directe pour l'apprentissage du français dans l'empire colonial français. Fort de cette expérience, il apparaît en Alsace comme un colonisateur culturel, d'autant plus volontiers qu'il a pour but de dégermaniser rapidement les provinces de l'est. Mais l'originalité du recteur est, par son manque de souplesse et son opiniâtreté, de faire de sa méthode un dogme, une doctrine linguistique, poursuivie par ses successeurs jusqu'en 1939, afin d'extirper tout ce qui en Alsace peut rappeler le souvenir de la période allemande. Charléty bénéficie du soutien de ses collègues universitaires, tant parisiens que strasbourgeois. Le juriste Joseph Delpech le complimente pour avoir « de la décision, de l'équité et de la clairvoyance »[282]. Lavisse s'écrie dans une lettre au *Temps* du 28 février 1921 en réponse à ceux qui voudraient une école où l'on commencerait par l'allemand : « Halte là ! Voilà qui est intolérable. Ce serait tout simplement le reniement de la France. »

Il met en place l'administration académique constituée de fonctionnaires partageant ses options et qui utilisent volontiers un ton très méprisant envers ceux qui continuent à se servir de l'alsacien et de l'allemand. *L'Alsace française* du 16 novembre 1926 fait état d'un rapport de l'inspecteur d'académie du Haut-Rhin qui cite l'indignation des inspecteurs primaires devant le remplacement des manuels d'instruction religieuse française par des ouvrages de langue allemande. Ce même rapport demande « par des rappels à l'ordre que le français doit être totalement la langue parlée à l'école, pendant les jeux, les récréations, au même titre que pendant des leçons d'histoire et de calcul... (il faut) éviter la division de l'enfant en un individu qui récite ses leçons en français et un moi intime qui pense et formule entièrement ses idées en dialecte ». La politique de Charléty est inspirée par deux principes, la prépondérance du français et une place relative à l'allemand pour ménager les susceptibilités des populations par quelques concessions. Les instructions de Charléty adressées à tous les instituteurs mélangent les arguments politique et pédagogique, le premier servant de justification au second. Il s'agit d'éliminer toute possibilité de penser dans la langue maternelle, en lui substituant la trilogie savoir le français, parler le français et penser en français. Par les instructions du 19 octobre 1920 l'allemand n'est autorisé qu'à partir de la troisième année à raison de trois heures hebdomadaires, auxquelles s'ajoute l'enseignement de la religion qui « pourra être donné en allemand ou dans le dialecte local », soit quatre heures, alors que « pendant vingt et une heures on donnera l'enseignement de la langue française et l'enseignement aura lieu exclusivement en français ».

L'école primaire devient un enjeu[283]

Le remplacement de l'allemand par le français pose à la grande majorité du personnel enseignant un problème de compétence, car 30 % ignorent presque totalement cette langue, de sorte que beaucoup doivent d'abord l'apprendre. Bien des maîtres vivent ce handicap comme une dévalorisation morale. Certains inspecteurs primaires multipliant les tracasseries administratives, nombre d'enseignants même expérimentés éprouvent culpabilité et détresse. Si les autorités académiques ont tendance à présenter au bout de quelques années un bilan positif, soulignant comme après un voyage d'inspection scolaire de Raymond Poincaré, alors président du Conseil, une « sorte d'ardeur sacrée », dans les faits les résultats sont très inégaux et pas toujours concluants. Ainsi la *Gazette des métiers* (1926) fait le bilan de l'examen de compagnon : le niveau général des connaissances a fléchi, le niveau en allemand est en régression et celui des autres matières en général insuffisant. La plupart des candidats sont incapables de s'exprimer autrement qu'en dialecte[284].

La même année, le pasteur Théophile Birmelé de Stosswihr lance un véritable cri de détresse. Ne sachant pas lire, les enfants ne peuvent plus chanter au culte. Il faut baisser le niveau de la langue dans les prédications pour se faire comprendre, la lecture est en recul et le niveau culturel régresse[285]. La politique scolaire provoque assez vite de vives réactions, d'autant qu'elle associe langue, enseignement religieux et statut confessionnel à partir de la tentative d'Edouard Herriot de supprimer le statut scolaire et concordataire en 1924. Le principal défenseur du bilinguisme (pourtant fortement revendiqué avant 1914 par les partisans de la France) est l'Eglise catholique par l'intermédiaire de l'évêque Charles Ruch, du clergé, de la presse et du parti catholique, l'UPR. Pour ce dernier, le bilinguisme est une nécessité intellectuelle, économique et sociale. Les forces catholiques craignent une centralisation abusive et un étouffement des droits ethniques, préjudiciables au christianisme alsacien.

A la suite de la crise autonomiste, Poincaré a tenté d'adoucir cette politique. Il a été sensible aux doléances du sénateur Paul Helmer qui a attiré son attention sur le fait que négliger l'allemand, c'est froisser « l'âme alsacienne », dans un rapport qu'il lui a remis en demandant un « enseignement conforme au caractère bilingue du pays ». Pour lui l'école « est et doit être bilingue », afin que les élèves dialectophones sachent parler et écrire convenablement le haut allemand. Le français ne doit ni « restreindre... ni gêner l'emploi du dialecte ». Cette intervention de Poincaré entraîne un assouplissement. L'instruction rectorale du 30 août 1927 maintient certes la méthode directe, mais avec désormais des exercices de traduction. Le début de l'enseignement de l'allemand est avancé de quatre mois au second semestre de la deuxième année scolaire. Il constitue désormais une épreuve obligatoire au certificat d'études primaires pour les dialectophones, ce qui valorise son enseignement (sept heures hebdomadaires dont quatre d'enseignement religieux). Le nouveau recteur, l'Alsacien Christian Pfister, reconnaît enfin à l'enseignement de l'allemand un triple intérêt : pour l'instruction religieuse dans cette langue, intérêt d'ordre économique dans un pays de frontière, enfin enrichissement de l'esprit.

Le malaise alsacien et l'autonomisme

Comme après 1871, un fossé se creuse entre le peuple et les représentants du nouveau gouvernement, aggravé par l'incompréhension réciproque de la langue de l'autre et le changement des méthodes administratives. Les fonctionnaires du « cadre local » sont presque toujours désavantagés au profit de francophones immigrés, sans compter l'ostracisme dont sont frappés ceux qui maîtrisent insuffisamment le français. La politique d'assimilation est encouragée par la majeure partie de la bourgeoisie d'extraction récente qui se distingue autant par la « légèreté avec laquelle elle traite le problème alsacien que par le caractère superficiel de son patriotisme de parade ». Elle s'est arrogé le monopole du patriotisme, ce qui fut « sa grande escroquerie, et ce fut la grande duperie dont, trop souvent, les pouvoirs publics français devaient être victimes »[286]. Le projet de Herriot, soutenu par quelques municipalités socialistes et anticléricales, cristallise un malaise jusque-là diffus. L'imbrication des questions linguistique, scolaire, religieuse et administrative constitue un bouillon de culture pour l'autonomisme. Une majorité d'Alsaciens estime que la France a failli à sa promesse en violant la parole de Joffre et que le gouvernement, n'a pas de parole.

La crise est déclenchée par le journal *Zukunft* (1925), suivi de *Heimatbund* (1926). Puis après le procès de Colmar la *Volksfront* (1929-1932) s'efforce de constituer un front de défense du particularisme linguistique et culturel. Le débat atteint le point culminant en 1930-1931 avec la publication des *Zeitfragen*, un supplément mensuel d'actualité de l'*Elsässer*, dirigé par le chanoine Charles Didio qui nie l'existence d'une culture alsacienne spécifique. Il rappelle la vocation traditionnelle de médiation entre les deux cultures, ce qui nécessite de sortir de la tour d'ivoire pour s'ouvrir aux grands courants culturels du temps. C'est aussi pendant ce débat qu'une loi du

REVUE REGIONALISTE d'ALSACE et de LORRAINE

Die Heimat

Monatsschrift für christliche Kultur und Politik

Numéro 6	Sélestat, Juin 1926	VIe année

Der elsass-lothringische Heimatbund.

Von *Alsaticus.*

Freunde der elsässischen Volkssache haben sich zusammengefunden in einem *«Heimatbund»* und sind am 7. Juni mit einem Aufruf und einem Programm vor die Oeffentlichkeit getreten. Als interessantes Dokument zur Geschichte der elsass - lothringischen Bewegung bringen wir den Aufruf hier zum Abdruck :

AUFRUF
an alle heimatstreuen Elsass-Lothringer.

In schicksalsschwerer Stunde treten die Unterzeichneten vor das elsass-lothringische Volk, um es zur Tat aufzurufen. Längeres Zögern wäre Verrat an unserem Volkstum, denn

das Mass ist voll bis zum Ueberlaufen.

Sieben Jahre lang haben wir zugesehen, wie man uns Tag für Tag in unserer eigenen Heimat entrechtet hat, wie all die Versprechungen, welche man uns feierlich gegeben, missachtet worden sind, wie man unsere Rasseneigenschaften und Sprache, unsere Ueberlieferungen und Gebräuche zu erdrosseln suchte. Wir wissen nunmehr, dass die Assimilationsfanatiker es auf Wesen, Seele und Kultur des elsass-lothringischen Volkes abgesehen haben, wobei sie nicht einmal vor Fragen der inneren Ueberzeugung und des Gewissens Halt machen.

Wenn wir von natürlichen und erworbenen Rechten und Freiheiten unserer Heimat und unseres Volkes sprechen, verhöhnt man uns und überschüttet uns mit Verleumdungen und Drohungen.

All dies Leid wollen und werden wir unter keinen Umständen weiter ertragen.

Wir haben erkannt, dass fast das ganze elsasslothringische Volk, dass alle, die noch echte und aufrechte Elsass-Lothringer geblieben sind, in ihrem Innersten denken wie wir, mit uns auf dem Standpunkt des elsass-lothringischen Selbstbewusstseins und der Heimatliebe stehen und die bestehende Zersplitterung durch gegenseitige Achtung und eine tiefe Verwurzelung im Heimatboden ersetzen wollen. Es bedarf nur des Anstosses, und sie alle werden sich zur langersehnten Einheitsfront zusammenschliessen, um eines Herzens und eines Willens Unterdrückung und Untergang von unserm Lande abzuwehren.

Wir sind der Ueberzeugung, dass die Sicherung und lebendige Auswirkung der unverjährbaren und unveräusserlichen Heimatrechte des elsass-lothringischen Volkes und die Wiedergutmachung all des Tausenden und Abertausenden unter uns zugefügten Unrechts nur garantiert sind, wenn wir als nationale Minderheit die

vollständige Autonomie im Rahmen Frankreichs

erhalten.

Diese legislative und administrative Selbstständigkeit soll ihren Ausdruck finden in einer vom Volk gewählten Vertretung mit Budgetrecht und einer Exekutivgewalt, mit dem Sitze in Strassburg, welche aus dem elsass-lothringischen Volke heraus hervorgehen und neben dem für Fragen allgemein französischen Charakters gemeinsamen Parlament in Paris den Zusammenhang mit dem französischen Staate wahren soll.

Vor allem muss in den wichtigen und schwierigen

Fragen der Weltanschauung

eine einheitliche Front hergestellt werden, damit unsere Kampfeskraft nicht durch Weltanschauungsstreit und Parteihader sabotiert und geschwächt werde.

Daher sind wir inbezug auf das Verhältnis von Kirche und Staat und die Schulfrage für die Aufrechterhaltung des gegenwärtigen gesetzlichen Zustandes, bis das elsass-lothringische Volk selbst in der Lage ist, über die letzte Form endgültig zu entscheiden. Eine Lösung der Schulfrage sehen wir dann in der Verwirklichung des Grundsatzes, dass es unantastbares Recht der Eltern ist, in entscheidender Weise über die Art der Erziehung ihrer Kinder zu bestimmen.

Weiter verlangen wir volle Achtung und ehrliche Respektierung der christlichen Weltanschauung, in welcher ja die Mehrzahl unserer Volksgenossen verankert und aus welcher die Kultur unseres Landes geschichtlich gewachsen ist. Ihre

La revue «Die Heimat» de juin 1926 publie le manifeste des autonomistes.

14 mai 1930 prescrit l'emploi du français dans les délibérations des conseils municipaux mais non appliqué partout.

La protestation bénéficie d'un large écho dans l'opinion, divisant les partis, en particulier l'UPR, entre ailes nationale et autonomiste. Le concept d'autonomisme recouvre très vite trois réalités très différentes : les séparatistes liés à des organismes allemands, les autonomistes, partisans d'une large autonomie dans le cadre français, et les régionalistes qui dominent dans les deux principaux partis en Alsace, l'UPR et le parti démocrate, d'inspiration bourgeoise et protestante, qui veulent maintenir les traditions qui ont permis à l'Alsace de résister à la pénétration germanique avant 1914. Ils demandent le maintien du statut scolaire et religieux, le bilinguisme et une assemblée régionale dotée de quelques pouvoirs, des demandes qui seront réalisées à partir de 1955. Ils se sentent étrangers à la tradition laïque, souvent sectaire, institutionnalisée par la loi Combes (1905) lors de l'annexion. Une différence apparaît entre les deux départements : alors que dans le Haut-Rhin il s'agit surtout de défendre la liberté religieuse que l'on croit menacée par le laïcisme, dans le Bas-Rhin il s'agit de défendre une langue et une culture. Bien des Alsaciens autonomistes avant 1914 se voient suspectés après 1918 par les mêmes qui les encourageaient à l'époque à revendiquer le bilinguisme et qui aujourd'hui le rejettent.

Ce malaise alsacien qui a profondément marqué l'opinion jusqu'en 1933, où l'arrivée des nazis au pouvoir et la menace croissante d'une nouvelle guerre entraînent une accalmie progressive, est dû à l'incompréhension de certaines personnalités de droite, à l'étroitesse d'esprit du parquet de Colmar, incapable de distinguer séparatistes et régionalistes, à la vive hostilité à toute atteinte au caractère unitaire de l'Etat, aux principes jacobins de la République des milieux de la gauche socialiste et radicale. Durant toute la période les tendances régionalistes sont assimilées à un séparatisme pur et simple, ce qui est au fond calomnie gratuite. Ainsi il suffisait d'écrire en allemand ou d'aimer le théâtre alsacien pour être exposé à des critiques de divers côtés.

Désormais la situation demeure stable d'autant que pour le gouvernement le problème des langues est définitivement résolu. Par la suite seules deux mesures soulèvent de nouveau les passions. La circulaire Guy La Chambre (1933) qui n'a que peu d'effets pratiques simplifie la procédure de dispense de l'enseignement religieux. Par contre l'arrêté du gouvernement Léon Blum (1936) imposant la prolongation d'un an de l'enseignement obligatoire uniquement en Alsace a échoué devant l'opposition décidée des forces catholiques, alors que du côté protestant, s'il y eut de nombreuses pétitions au niveau local (consistoires et inspections), le consistoire supérieur a toujours étouffé et adouci les motions sous la pression du sénateur Frédéric Eccard, peu sensible à la double culture et surtout soucieux de ne pas « faire de peine » au recteur. Les deux conseils généraux émettent à partir de 1930 plusieurs vœux concernant l'introduction de l'allemand comme langue d'enseignement, dès la première année scolaire, mais ils se heurtent à l'intransigeance du sous-secrétaire d'Etat à la présidence du Conseil, Guy La Chambre.

L'allemand est enseigné surtout dans les manuels de Fritsch : le contenu[287] est la vie simple des hommes et des animaux, des préceptes moraux, des contes, des poésies et des morceaux choisis d'écrivains allemands, ainsi qu'un éveil religieux et l'amour pour la Heimat alsacienne. L'âme du peuple alsacien est pétrie de croyances et de sentiments religieux que seul l'allemand sait exprimer, alors que les manuels français sont conçus dans une langue positiviste épurée de connotations mystiques et religieuses. Les conséquences culturelles sont nombreuses. La progression du français est incontestable. En 1931, le pourcentage des personnes parlant ou au moins comprenant le français atteint 52 %, bien que 93 % parlent toujours l'allemand.

Le bilan scolaire des couches populaires demeure modeste.

Après l'école un bon nombre perdent par manque de pratique le français, tandis que leur niveau en allemand est en général assez quelconque. Comme dans les années 1860, le français redevient une barrière qui renforce la ségrégation sociale entre les élites cultivées et bilingues et les milieux modestes confinés à l'alsacien. Ces derniers maîtrisent mal les deux langues, comme le confirment bien des lettres d'appelés au service militaire, et ne peuvent guère prétendre à quelque fonction de responsabilités, hormis de rares exceptions comme Camille Bilger élu député du Haut-Rhin en 1919, malgré son ignorance du français. Il l'apprendra à Paris. La qualité de l'allemand se détériore à nouveau comme avant 1870. Le style des journaux tend à devenir vieillot et incorrect, de nombreux gallicismes y trahissent la médiocrité des traductions.

Quant aux érudits, formés dans le moule allemand, ils sont confrontés au dilemme soit de se reconvertir au français, ce qui à un certain âge stérilise en partie leur création, soit de renoncer à des publications, désormais plus difficiles. S'ils continuent à travailler sur des périodes allemandes de l'histoire régionale ou sur l'ethnologie, ils deviennent vite suspects d'autonomisme comme ce fut le cas de l'archiviste Jean-Georges Gromer et de l'ethnologue Joseph Lefftz. Enfin les savants qui avant 1914 étaient déjà pour leur origine alsacienne tenus très souvent à l'écart de l'université, demeurent en dehors hormis les rares qui maîtrisent bien le français comme le théologien Guillaume Baldensperger ou le juriste Robert Redslob. L'obligation de ne faire cours qu'en français contraint certains universitaires comme les théologiens Gustav Adolf Anrich et Albert Ehrhard à quitter l'Alsace pour poursuivre leur carrière dans une université allemande.

Ces problèmes ont été perçus par de nombreux contemporains. Ainsi la *Revue d'Alsace*, en évoquant le dixième anniversaire de la société savante d'Alsace-Lorraine (1937) analyse avec clairvoyance les données du problème : un des problèmes les « plus délicats sans doute, mais aussi l'un des moins avoués, fut celui des écrivains et des chercheurs alsaciens et lorrains qui, de cœur français, mais de culture allemande se voyaient brusquement arrêtés dans leur activité littéraire et scientifique[288]. Albert Schweitzer se plaint de son côté de l'incompréhension face à la culture régionale, car « nous avons le droit et le devoir de ne pas laisser tarir pour notre pays celle (culture) dont notre langue maternelle nous assure l'accès »[289]. De même, la remarque de Camille Schneider au sujet de Maxime Alexandre s'applique à toute sa génération : « Il a lutté sa vie durant, comme beaucoup d'entre nous, pour acquérir un moyen d'expression valable. »[290] Les pages les plus émouvantes sont dues au spécialiste de l'histoire linguistique : « Certains ont dû abandonner leurs fonctions avant l'âge, d'autres continuent à les exercer, mais péniblement, avec la déprimante conscience de leur infériorité et de leur insuffisance... Des drames intimes se sont déroulés là-bas dont le grand public n'a soupçonné ni l'existence ni surtout l'acuité et pour tout dire la cruauté. »[291]

Une grande université, mais peu ouverte aux réalités régionales

Dans les campagnes et les milieux ouvriers, les enfants arrêtent en général leur scolarité après les études primaires, d'autant que le statut local de l'apprentissage encourage l'entrée dans la vie active. En 1930 on compte 1 259 écoles primaires avec un total de 2 458 classes dans le Bas-Rhin, réparties entre 830 catholiques, 291 protestantes, 4 israélites et 134 interconfessionnelles, dirigées par 1 153 instituteurs et 1 629 institutrices dont 639 congréganistes, qui scolarisent 89 369 élèves. Dans le Haut-Rhin, les chiffres sont de 845 écoles avec 2 084 classes, réparties entre 653 catholiques, 13 protestantes et 179 interconfessionnelles, avec 863 instituteurs et 1 386 institutrices dont 533 congréganistes[292]. L'enseignement secondaire[293], aligné dès 1919 sur les structures et les programmes nationaux, est assuré par cinq lycées et douze collèges pour les jeunes gens, trois lycées et deux collèges féminins. En 1930, lycées et collèges perdent leur caractère municipal (loi de 1878), pour devenir les premiers des lycées nationaux, les seconds des collèges communaux de type français. Il s'agit des lycées de Colmar, Mulhouse, Haguenau et Strasbourg (2), des collèges d'Altkirch, Guebwiller, Ribeauvillé, Sainte-Marie-aux-Mines, Thann, Barr, Bischwiller, Bouxwiller, Obernai, Saverne, Sélestat et Wissembourg. Pour les jeunes filles ce sont les lycées de Strasbourg, Colmar et Mulhouse et les collèges de Haguenau et Saverne. Les effectifs connaissent une forte progression, passant de 1919 à 1931 de 6 249 à 10 688 pour les jeunes gens et de 1 687 à 3 924 pour les jeunes filles, auxquels il faut ajouter une douzaine d'établissements d'enseignement catholique (dont plusieurs fondés après 1918), qui scolarisent 2 000 garçons et 1 600 jeunes filles, et du côté protestant le gymnase et le collège Lucie-Berger (726 élèves ensemble).

Quant aux études supérieures[294], l'université allemande est dissoute et son personnel, hormis quelques rares Alsaciens, expulsé. Elle est remplacée par une université française inaugurée avec faste le 22 novembre 1919, date symbole, parce qu'elle correspond au premier anniversaire de l'entrée des troupes françaises à Strasbourg. Le doyen Pfister, dans son discours d'ouverture souligne la continuité : « Nous célébrons aujourd'hui, non pas l'inauguration d'une université nouvelle, mais après quarante-neuf années, la séance de rentrée de 1870 ! » Il estime aussi qu'à « Strasbourg l'honneur national est engagé ». Le rôle de la nouvelle université est double : favoriser la réinsertion de l'Alsace dans le cadre français et l'influence culturelle de la France en Europe centrale. Par trois aspects elle ressemble à sa devancière. Une même volonté de prestige l'anime : salaires supérieurs de 25 % à poste équivalent à ceux des autres universités de province, création d'une Société des amis de l'université présidée par le président de la République, Raymond Poincaré, et qui dispose d'importants moyens mis au service de l'université. Le coût du personnel est le triple des autres universités de province et le budget représente 43 % de celui de la Sorbonne. Ensuite elle dispose d'un corps professoral – de haut niveau et marqué par l'esprit patriotique – originaire en grande partie d'outre-Vosges et dans lequel on ne compte qu'une vingtaine d'Alsaciens. De la même façon qu'en 1872, il est ressenti comme un corps étranger à la région, posant un problème comparable de greffe, puisqu'il ne porte dans sa grande majorité qu'un intérêt limité à la région. La mission des universitaires nommés sur le Rhin consiste à gagner le respect des étudiants alsaciens par le sérieux et le désir de montrer que leurs méthodes ne sont pas moins rigoureuses que celles de leurs prédécesseurs. L'ambition d'un niveau élevé des examens, comparable à celui du reste du pays et de la formation d'une élite francophile, les incite à privilégier l'enseignement au détriment des libertés universitaires.

Face au malaise alsacien et à l'autonomisme, les universitaires se divisent en trois groupes très inégaux. Le plus important, prédominant dans les facultés de lettres et de sciences, est constitué de jacobins orientés politiquement à gauche. A l'image du personnel politique national et des services de l'Education nationale, ils sont marqués par le concept de la République une et indivisible, refusant les droits acquis alsaciens et, par l'anticléricalisme, hostiles au clergé tant catholique que luthérien. Un second groupe est formé par les conservateurs nationalistes qui, marqués par la peur de l'Allemagne, sont partisans d'une politique extérieure forte. Ils s'appuient sur le *Journal d'Alsace et de Lorraine* et le parti républicain démocrate, à l'image du juriste Eccard. Le dernier groupe, très minoritaire, est composé de quelques Alsaciens dont le théologien Eugène Muller et l'historien Fritz Kiener, plus ou moins marginalisés et suspectés en raison d'un engagement politique peu tolérant de certains de leurs collègues. Kiener se plaint d'être traité comme un hérétique et exclu des cérémonies officielles.

L'université apparaît bien comme une tour d'ivoire appréhendée comme un corps étranger. De nombreux catholiques critiquent l'anticatholicisme de la faculté des lettres et l'attitude de Prosper Alfaric – un ancien prêtre défroqué, anticlérical virulent de gauche – perçue comme une insulte par la partie croyante de la population. Pour beaucoup l'université n'est qu'une émanation de la bourgeoisie francophone afin de maintenir son hégémonie sociale et culturelle. Seul un petit nombre de professeurs ont joué un certain rôle public, des géographes, des juristes et des médecins. A l'intérieur du milieu universitaire existe une vie sociale intense qui stimule l'esprit de corps, perpétue la coupure entre les facultés et les élites locales et renforce le sentiment que la vie à Strasbourg est celle d'une colonie étrangère. Hormis les historiens Christian Pfister et Fritz Kiener les professeurs manifestent peu d'intérêt pour les études sur l'Alsace dans leur enseignement et la recherche. Ils s'opposent à la création de chaires pour les thèmes liés à la région, comme à son histoire littéraire. Comme avant 1914, ils sont peu favorables à la nomination d'Alsaciens lors de vacances. Mais il convient de signaler la *Bibliographie alsacienne*, assurée jusqu'en 1939 par l'université et poursuivie de nos jours par la BNUS. Elle est une fille de *la Bibliographie lorraine*. En dépit de l'intérêt porté à la vie régionale, ses auteurs se préoccupent plus de la réintégration de l'Alsace que des problèmes posés aux Alsaciens. Dans le *Bulletin de la faculté des lettres*, le départ du doyen Pfister promu recteur en 1927 entraîne la quasi-disparition de tout ce qui concerne l'Alsace.

Le poids du facteur national explique enfin la rupture totale en 1919 avec le monde germanique. Les étudiants allemands, même avant 1933, sont désormais indésirables et peu nombreux (dépassant rarement la quinzaine). Les relations scientifiques avec des universités allemandes sont mal vues et deviennent insignifiantes. Les effectifs étudiants sont en augmentation par rapport à l'époque allemande, passant de 2 500 en 1921 à 3 249 en 1934, en particulier l'élément féminin qui atteint 27 % en 1930. Les étudiants revenus du front ou sortis des lycées ont été contraints à faire un choix entre l'apprentissage du français ou le renoncement aux études. Beaucoup de jeunes Alsaciens ont été incités à poursuivre leurs études hors d'Alsace (environ le quart selon Craig). Le recrutement social devient plus élitiste qu'avant 1914, avec un recul des enfants de cultivateurs et d'artisans, dont la proportion tombe entre 1910 et 1939 de 26 % à 16 %, alors que celle d'enfants de professions libérales, de hauts fonctionnaires et d'entrepreneurs passe de 19 % à 26 %. Cet élitisme s'explique par la barrière linguistique qui vient renforcer le clivage social : selon de nombreux professeurs les étudiants alsaciens seraient passifs, sans imagination, leurs ambitions limitées, leur intérêt pour les études avancées et les concours nationaux, nul – des Brotstudenten d'avant 1914, pour ainsi dire.

La vie associative regroupe surtout une minorité d'étudiants francophiles, alors qu'on ne trouve pas trace de groupe germanophile. Certains étudiants d'outre-Vosges utilisent des monômes pour manifester des sentiments antialsaciens, parlant de vouloir libérer Strasbourg des « derniers vestiges de la tyrannie prusienne ». En 1924 est fondée l'Association générale des étudiants qui se veut neutre dans le domaine politique et religieux, suivie deux ans plus tard de l'Association fédérative générale des étudiants de Strasbourg qui crée divers services (restaurant, club de sports...). Après un remarquable essor dans les années 1920, l'université connaît des difficultés ; elle subit des coupes budgétaires, les clivages politiques entre les collègues s'accentuent, de nombreux professeurs quittent Strasbourg, d'où un affaiblissement du niveau du corps professoral. Les reproches adressés à Strasbourg sont le coût de la vie, l'éloignement de Paris, les conditions météorologiques qualifiées de sibériennes, la situation excentrique sur une frontière jugée de plus en plus dangereuse. Cette université, trop marquée par la dimension nationale et après 1930 par la conjoncture internationale, est devenue un bastion de la culture française, de très bon niveau (« antichambre de la Sorbonne »), mais, comme presque tous les milieux français installés en Alsace, peu ouverte à la culture et à l'identité régionales.

Une capacité innovante plus réduite

Le contexte général est peu favorable à l'innovation : malaise culturel, tensions politiques liées à l'autonomisme. Après 1930 la crise économique et la politique de glacis freinent les investissements. La période 1919-1939 est une des plus pauvres de la créativité alsacienne. Dans le secteur industriel, en dépit de la vitalité de la Société industrielle de Mulhouse et des chambres de commerce, les innovations techniques demeurent beaucoup moins nombreuses qu'au XIXe siècle. Seuls quelques secteurs de l'université se montrent très innovants. En 1929 les historiens Lucien Febvre et Marc Bloch fondent la revue *Annales d'histoire économique et sociale*, à l'origine d'une véritable école historiographique qui a profondément marqué la science historique française par le passage de l'histoire événementielle à l'histoire économique, sociale et des mentalités. Cette école a permis à la France de tenir jusque dans les années 1970 un rôle majeur dans les sciences historiques sur le plan international.

Dans le domaine scientifique les Publications de l'institut de mathématiques de Strasbourg ont produit quelques ouvrages de grand renom. En astronomie Ernest Esclanger est le créateur de l'horloge parlante de la radio et du téléphone, et son successeur André Danjon a conçu à Strasbourg l'astrolabe réalisé plus tard à Paris, tandis qu'André Lallemand invente la caméra électronique. En physique Paul Weiss développe les études de magnétisme, dont Strasbourg devient un centre réputé, puisque y fut organisée en mai 1939 une conférence internationale sur ce thème. Henry Gault acquiert une grande notoriété en chimie du pétrole (travaux d'avant-garde sur la pyrolyse des hydrocarbures) et fonde en 1924 l'Ecole nationale supérieure du pétrole et des combustibles liquides (transférée en 1945 à Rueil-Malmaison sous le nom d'Institut français du pétrole). L'Institut des sciences de la Terre est illustré par quatre membres de l'Académie des sciences : Georges Friedel a publié un traité de cristallographie géométrique qui fut une référence pendant trente ans ; Jacques de Lapparent publie le premier traité de pétrographie en français (1925) ; Maurice Gignoux publie un traité de géologie stratigraphique, le livre de base, un demi-siècle durant, de tous les étudiants d'Europe ; Georges Dubois crée à Strasbourg le premier laboratoire de palynologie (sciences des pollens fossiles). Edmond Rothé, fondateur de l'Institut de physique du globe, fut le pionnier en France de l'enseignement des méthodes de prospection géophysique.

La faculté de médecine devient grâce au doyen Georges Weiss la meilleure en France. L'importance donnée à la recherche fondamentale ou clinique et l'étroitesse de ses relations avec l'hôpital lui assurent un rayonnement international. Parmi les nombreux ténors citons Louis Sencert, pionnier de la chirurgie vasculaire, René Leriche, fondateur de la chirurgie physiologique et Léo Ambard qui établit la constante uréosécrétoire pour les reins. Certaines disciplines universitaires connaissent une vitalité remarquable et font progresser le savoir. Les exemples cités sont loin d'être exhaustifs, car bien d'autres personnalités ont bénéficié d'un rayonnement international comme le géographe Henri Baulig, le philologue Ernest Hœpffner, les historiens Georges Lefebvre, Gaston Zeller et André Piganiol.

Richesse, diversité et difficultés de la vie littéraire[295]

Après le retour à la France, le malaise culturel et linguistique affecte la vie littéraire. Comme en 1871 on assiste à l'exil d'un certain nombre d'écrivains. Parmi les expulsés ou émigrants volontaires on peut citer Maria Hart et la poétesse Lina Ritter qui ont épousé des Allemands, des écrivains germanophones comme Hans Karl Abel ou le philosophe Ernest Barthel. D'autres, demeurant déjà en Allemagne avant 1914, Friedrich Lienhard et Otto Flake, perdent toute relation avec la vie littéraire alsacienne. René Schickelé se fixe également en Allemagne où des fenêtres de son bureau il observe avec passion et distance son pays natal. Il garde la nationalité française, bien qu'accusé d'être un traître. Enfin Hans Arp et Yvan Goll, imités par Maxime Alexandre, s'installent à Paris, passent à la langue française et entrent en contact avec l'avant-garde parisienne.

Sur le plan chronologique après deux tentatives de littérature en alsacien et en allemand, l'autonomisme fait éclater la vie littéraire entre les trois langues. Certains de ses acteurs se replient sur le terroir et d'autres œuvrent hors de l'Alsace. Après une brève crise on assiste à une extraordinaire floraison de la littérature dialectale, d'inspiration nationaliste. Mais la réorganisation de la vie littéraire s'opère difficilement. En 1920 des écrivains se regroupent en syndicat et publient la revue *Littérature populaire*, devenue ensuite *Nouveaux Cahiers alsaciens* (1921-1923), avant que Henri Solveen et Maurice Betz créent une association d'écrivains et d'artistes, l'Arc (1924), qui revendique un rôle de médiateur entre la France et l'Allemagne. La préface évoque « l'esprit de deux peuples tendus vers un but semblable... La chute répétée de deux peuples dans la même lutte fratricide, tel est le profond tragique de ce pays frontière... C'est ainsi que se forma en Alsace cette atmosphère issue de timidité, de volontés contradictoires et de dénonciations, qui interdisait aux forces spirituelles toute concentration active et vouait à l'exil les meilleurs esprits de ce pays ». L'Arc publie en 1924 une *Anthologie* à laquelle collaborent de nombreux écrivains et artistes.

La même année apparaît l'éphémère Eiserne-Manns-Gruppe que dirige Louis-Edouard Schaeffer. Ses amis, nés autour de 1900, et ayant fait leur scolarité à l'école allemande, cherchent à maintenir la tradition d'une littérature de langue allemande. La crise autonomiste fait voler en éclat cette tentative de rapprochement. Si les uns se retirent dans leur coquille, un certain nombre s'engage dans le mouvement autonomiste. Henri Solveen fait partie des accusés lors du procès des autonomistes à Colmar (1928). Durant quelques années le mouvement culturel tend à être occulté au profit de la politique. En réaction contre cette politisation, Camille Schneider et Gustave Stoskopf fondent en 1928 la Société des écrivains d'Alsace et de Lorraine. Elle réussit à regrouper la plupart des écrivains, francophones, germanophones et dialectophones. Son but consiste à créer un espace culturel autonome par rapport à l'espace politique. Le premier annuaire (1931) précise que la « société veut exalter la vie intellectuelle de notre province... dans une pensée de décentralisation littéraire et de diffusion du bon livre en Alsace et en Lorraine... En dehors de toute tendance politique, préoccupation académique ou parti pris d'école, elle s'adresse à tous ceux qui s'efforcent d'exprimer leur pensée par la plume », une mission poursuivie jusqu'à nos jours.

La littérature continue de s'exprimer dans les trois langues. Celle d'expression allemande connaît des conditions difficiles, d'autant que ses auteurs ne parviennent plus à se faire connaître sur la scène littéraire allemande dont ils ont du mal à suivre les divers mouvements littéraires jusqu'en 1933. Les principaux écrivains sont Louis-Edouard Schaeffer, une des figures les plus représentatives de l'époque, auteur de nombreux poèmes, récits, essais et surtout des contes, Camille Schneider, Henri Solveen et Paul Bertololy, un romancier fécond. D'aucuns écrivent des drames comme Claus Reinbolt et Georges Schaffner, marqué par l'expressionnisme allemand. Il s'y ajoute une abondante littérature d'almanachs et une littérature religieuse.

Celle de langue française, dans le prolongement du souvenir français d'avant 1918, est durant les premières années entravée par le problème linguistique autochtone. Les premiers à paraître sont les écrivains revenus en 1918. Marcel-Edmond Naegelen publie le roman quasi autobiographique *Le Revenant*. René Spaeth (René d'Alsace), fondateur en 1952 de l'Académie d'Alsace, est le chantre d'une Alsace transfigurée, « beau pays » de légendes, de souvenirs et de nostalgies.

Pourtant de nouveaux talents apparaissent, formés à l'époque allemande, mais dans une double culture. Claude Odilé (Jean Gaensburger), poète lyrique, a publié un roman de langue française, consacré aux « drames de la conscience alsacienne », *Les Quatre Musculus* (1927). Jacques Dieterlen (1893-1959) crée le *Roman de la Cathédrale* (1926) avant de devenir par la plume et le pinceau le chantre et l'illustrateur des hautes Vosges. Maurice Betz est l'auteur d'une autobiographie centrée sur la résistance à la germanisation avant 1918, *Rouge et blanc* (1923). Mais son audience nationale est due à son œuvre de traducteur du poète Rainer Maria Rilke. Jean Schlumberger, né à Guebwiller, a fondé et animé avec André Gide *La Nouvelle Revue française*.

La littérature dialectale joue un rôle nouveau. Comme on ne veut ou qu'on n'ose plus s'exprimer en hochdeutsch, l'alsacien devient un mal nécessaire ou une bouée de sauvetage. Cette littérature est florissante sur le plan lyrique et dramatique, et continue sur sa lancée d'avant 1914. Le théâtre alsacien demeure toujours fortement marqué par Gustave Stoskopf. Il célèbre une Alsace rurale traditionnelle un peu déphasée par rapport aux mutations économiques et sociales. Georges Baumann publie des contes fantastiques et de Noël de qualité pour la jeunesse, tandis que Ferdinand Bastian continue une œuvre théâtrale, poétique et de conteur. En poésie l'œuvre des frères Matthis se poursuit avec *Bissali* (1923), *Klaan Bissali* (1925) et *Aephai* (1931) et sert de modèle. L'innovation est introduite par le poète sundgauvien Nathan Katz[296] avec une langue épurée et stylisée, une manière nouvelle de traiter les sujets. Il compose à la fois des poèmes et des pièces dramatiques, souvent à la gloire de l'Alsace. Le Sundgau a également produit Charles Zumstein, un poète paysan. Sa production littéraire, abondante et diverse, comprend des romans, des pièces de théâtre et surtout de nombreux poèmes qui donnent une image idyllique du monde paysan sundgauvien.

D'autres auteurs ont bénéficié d'une notoriété dépassant largement la région. Hans Arp, poète et sculpteur (1886-1966), fondateur à Zurich du dadaïsme, un mouvement de protestation contre la guerre, participe après 1918 à diverses manifestations artistiques et littéraires en Allemagne. Puis il s'associe au mouvement surréaliste à Paris et écrit ses premiers textes en français. Il mène désormais de front trois activités, poète bilingue, peintre et sculpteur. Il réalise les décors de l'Aubette avec sa femme Sophie Taeuber et le peintre Théo Van Doesburg. Yvan Goll est l'un des fondateurs du surréalisme, groupe auquel participe aussi Maxime Alexandre, avant de suivre un itinéraire très personnel. L'ancien contestataire Schickelé se définit désormais « citoyen français und deutscher Dichter ». Redoutant le provincialisme culturel en Alsace, il s'installe à Badenweiler en « Européen » au-dessus des frontières nationales. Mais le problème alsacien se situe au centre de son œuvre (la trilogie romanesque *Das Erbe am Rhein*, 1925-1931 ; les recueils d'essais *Die Grenze*, 1932). Il se fait le héraut de la « mission alsacienne » de médiation entre la France et l'Allemagne. Malgré sa nationalité française, il est élu à l'Académie allemande avec de grands noms de la littérature allemande de Weimar (Hermann Hesse, Thomas et Heinrich Mann). Face à la montée du national-socialisme il se réfugie en Provence, tandis que ses livres sont interdits en Allemagne. C'est là qu'il écrit ses chefs-d'œuvre romanesques qui font partie de la « littérature allemande de l'exil antifasciste » (*Die Flaschenpost*, 1937). Défenseur de l'« alsacianité », de la richesse et de l'ouverture du bilinguisme, il « a donné l'exemple d'un engagement sur la scène littéraire la plus vaste... (il) représente l'esprit alsacien émancipé »[297].

Durant cette période de mutations, de crise sociale et économique, et de problèmes liés au « retour à la mère patrie », quelques penseurs essaient d'ouvrir à l'humanité de nouveaux espaces spirituels. Albert Schweitzer, qui écrit davantage en allemand qu'en français, publie des ouvrages autobiographiques, théologiques, philosophiques et musicologiques. Traumatisé par la Première Guerre mondiale (il a été interné au Gabon, puis en France), il rédige une critique de la civilisation, *Verfall und Wiederaufbau der Kultur – Kulturphilosophie* (Munich, 1923) qui le conduit sur le chemin philosophique d'une éthique nouvelle appelée « respect de la vie ». Ernest Barthel[298], parti en 1918 en Allemagne pour une carrière universitaire, est révoqué en 1940 en partie pour sa francophilie. En 1945 les autorités françaises lui reprochent sa germanophilie et lui interdisent de revenir en Alsace. Il a le mérite de publier en 1928 le premier grand livre de philosophie sur l'Alsace, *Elsässiche Geistesschicksale, ein Beitrag zur europaïschen Verständigung*. Il y analyse le destin de quatre grandes figures de la pensée alsacienne, Jean-Henri Lambert, prénationaliste, appartenant pleinement à la culture européenne, Edouard Schuré, mystique et celte, tourné vers la France, Friedrich Lienhard son antagoniste, de sensibilité germanique, Albert Schweitzer, génie universel qui dépasse la bipolarité Allemagne-France. Charles Pfleger (1883-1975), curé de campagne dans le Kochersberg, est un théologien de réputation mondiale et un médiateur culturel entre la France et l'Allemagne. A la quête du sens profond de notre vie sur terre, sa vision de la vie est avant tout christique. Philosophe et chercheur de Dieu, il fut un grand écrivain français de langue allemande.

Parmi les maisons d'édition (non encore étudiées pour cette époque) on peut citer Oberlin, Muh-Le Roux, Alsatia à Colmar qui alimente le marché catholique en livres de piété et en manuels scolaires, et Istra qui édite à la fois des alsatiques, des livres pour la jeunesse, illustrés et attrayants, et plusieurs collections de manuels scolaires qui représentent plus de cent wagons par an.

Un repli sur le terroir

Face à la politisation du mouvement culturel on assiste à un repli sur le terroir, encouragé par la Société des écrivains d'Alsace et de Lorraine. Il se manifeste dans une nouvelle vigueur des études consacrées à l'Alsace, surtout par des sociétés savantes et des érudits à l'écart du milieu universitaire, principalement dans les domaines de l'histoire, de l'ethnologie et de la vie culturelle. Les sociétés d'histoire bénéficient d'un net renouveau : Société d'histoire de Munster (1927), de Niederbronn (1928), du Sundgau (1931), de Bouxwiller (1932), de Saverne (1937), de Haguenau, de Colmar et de Thann. Presque toutes publient un annuaire. Plusieurs revues d'avant 1914 reprennent leur activité, comme la *Revue catholique d'Alsace* dirigée par Joseph Gass, le *Bulletin du musée historique de Mulhouse*, les *Cahiers d'archéologie* continués par Robert Forrer et les *Archives alsaciennes d'histoire de l'art* fondées par les conservateurs Haug et Riff (1922). La *Revue d'Alsace*, dirigée par Joachim et Oberreiner, se caractérise par l'entrée de l'université, le très vif intérêt pour la période révolutionnaire (26 % des pages), les années 1815-1848, mais l'histoire économique et sociale ne fait qu'une entrée timide[299].

En 1920 Joseph Lefftz (1888-1977) et Alfred Pfleger

(1879-1957) éditent la revue mensuelle *Elsassland* (vingt tomes jusqu'en 1939). Grâce aux articles qu'il y publie, Lefftz devient un des meilleurs ethnologues alsaciens. La revue est ouverte à l'ethnologie, à l'histoire, à la littérature, à l'art et contient de nombreux textes littéraires en vers et en prose. En raison d'une carence universitaire, on assiste à la naissance de deux importantes sociétés savantes. En 1926 l'abbé Joseph Brauner (1892-1945) fonde la Gesellschaft für Elsässische Kirchengeschichte, qui publie tous les ans un volume de quatre cents pages d'un niveau scientifique élevé sur l'histoire du catholicisme alsacien, grâce à des érudits comme Lucien Pfleger et Médard Barth, ainsi que diverses biographies. En 1927 apparaît la Elsass-Lothringische Wissenschaftliche Gesellschaft où collaborent de nombreux érudits et archivistes. Ses annuaires privilégient surtout l'histoire, la littérature et l'ethnologie, sans oublier trois collections avec des alsatiques de qualité.

Bien des archivistes et érudits ont publié des livres de valeur comme Auguste Scherlen sur plusieurs communes du Haut-Rhin, Jacques Hatt (Strasbourg au XVe siècle) et Robert Forrer qui dresse le bilan de ses longues fouilles : *Strasbourg-Argentorate préhistorique, gallo-romain et mérovingien* (1927). L'histoire religieuse est illustrée par Joseph Lévy (travaux sur les pèlerinages), Médard Barth (1886-1976) (travaux sur la liturgie, le culte des saints) et Lucien Pfleger (1876-1944), en particulier *Die elsässische Pfarrei-Ihre Entstehung und Entwicklung* (1936). Du côté protestant le pasteur Jean Adam (1867-1936) a publié l'histoire de l'Eglise protestante de Strasbourg (1922) et celle des autres territoires protestants alsaciens (1928). L'histoire de l'art a bénéficié de nombreuses publications des conservateurs Hans Haug (1890-1965) sur les faïences, les porcelaines et la ferronnerie et A. Riff sur les étains. Un travail intéressant est l'ouvrage collectif *Das Elsass von 1870-1932*, Colmar (1936-1938) en quatre volumes, à la mémoire de l'abbé Haegy par une cinquantaine de collaborateurs, d'orientation catholique et régionaliste. A l'université quelques travaux relatifs à l'Alsace paraissent dans les publications de la faculté des lettres, comme Paul Lévy, *Histoire linguistique d'Alsace et de Lorraine*, 1929, Alfred Schlagdenhauffen, *La Langue des poètes strasbourgeois Albert et Adolphe Matthis.* Fritz Kiener, professeur d'histoire d'Alsace, a créé une collection d'études sur l'histoire du droit et des institutions d'Alsace. L'historien Rodolphe Reuss a encore pu publier avant sa mort (1924) une *Histoire de Strasbourg* (1922) et *La Constitution civile du clergé et la crise religieuse en Alsace, 1790-1795*, en 2 volumes (1922).

Une presse vivante et qui se regroupe

La période de l'entre-deux-guerres est marquée par une concentration avec la constitution de quelques grands groupes de presse. La Société alsacienne de publications publie principalement le *Mülhauser Tagblatt*, qui tire en 1929 à 48 000 exemplaires. Le groupe des *Dernières Nouvelles* est racheté par l'éditeur parisien Aristide Quillet. En 1929 *Les DN de Strasbourg*, tirent à 94 000 exemplaires pour l'édition allemande, à 12 000 pour l'édition française, *Les DN de Colmar* à 17 000, le *Journal de Sélestat* à 5 000. Les Editions d'Alsace, au service des catholiques nationalistes de l'APNA, publient l'*Elsässer Bote* avec plusieurs éditions locales. Enfin divers organes d'arrondissement coopèrent par l'entremise de la société Vogésia.

La presse catholique voit sa diffusion augmenter sensiblement : 105 200 exemplaires en 1919, soit 33,9 % du tirage de l'ensemble de la presse politique alsacienne, 161 000 en 1929, soit 36,7 % du tirage. Les deux groupes de presse, Société d'édition de la Basse-Alsace et celle de Haute-Alsace devenue Alsatia en 1925, dirigée par l'abbé Haegy jusqu'à sa mort (1932), connaissent une remarquable expansion. Celle-ci édite en 1923 vingt-cinq périodiques diffusés à 291 000 exemplaires.

En 1939 le groupe de presse Alsatia dispose de sept quotidiens, de sept hebdomadaires, de deux bimensuels et de quinze mensuels, soit un tirage total de près de 310 000 exemplaires [300]. La presse socialiste conserve les deux quotidiens d'avant 1918, soit *Die Freie Presse* à Strasbourg et *Der Republikaner* à Mulhouse, mais lié au recul électoral du parti, le tirage total tombe de 32 000 à 19 000. Le parti communiste dispose de *L'Humanité*, installée à Metz, et de la *Neue Welt*, un quotidien de combat à partir de 1929. La presse libérale et nationale comprend les organes du parti radical (*La République*, à faible tirage) et du parti républicain-démocrate : la *Strassburger Neue Zeitung* de Charles Frey et le *Mülhauser Tagblatt*. Les *Dernières Nouvelles de Strasbourg*, journal gouvernemental, deviennent le journal le plus diffusé en Alsace, atteignant un tirage de 155 000 exemplaires. Le *Journal d'Alsace et de Lorraine* exprime l'opinion des milieux favorables à l'assimilation, tout comme l'hebdomadaire *L'Alsace française*, fondée par Pierre Bucher, proche des milieux universitaires laïcs et d'opinion radicale, et le mensuel *Vie en Alsace* éditée par Jean Gaensburger, tournée vers l'histoire et l'art avec de belles planches en couleurs. Enfin il y eut plusieurs organes proches du mouvement autonomiste, d'une durée en général brève. Le seul qui a connu une existence plus longue est la *Elsass-Lothringer Zeitung*, organe de la Landespartei à orientation séparatiste. Durant la période existe un hebdomadaire satirique, sous deux titres successifs, *D'r Schliffstaan* (1920-1928), puis *Das Narrenschiff* (1928-1939) [301].

Concernant la lecture, les journaux parisiens bénéficient d'une large audience. De même la presse allemande, suisse et belge trouve des cercles de lecture plus étendus que dans le reste de l'Europe. Plusieurs maisons d'édition et journaux continuent la tradition des almanachs, dont certains sont de grande réputation.

Apparition de Radio-Strasbourg

A la suite de l'apparition de postes allemands, dont celui de Stuttgart qui diffuse des émissions alsaciennes, des préoccupations nationales incitent l'administration des Postes et des Télégraphes, encouragée par une société d'études d'inspiration patriote, à créer Radio-Strasbourg, installée à Brumath. Elle est destinée à être un instrument d'action et de propagande nationales et au service de la population. Inaugurée en 1930 la radio, soucieuse d'affirmer son autonomie face à Paris, pratique le bilinguisme, donne une forte empreinte régionale, folklorique et historique à de nombreux thèmes et bénéficie d'un remarquable rayonnement musical, grâce à un orchestre de qualité. Stoskopf inaugure les soirées alsaciennes en dialecte fort populaires qui constituent un des points forts de la station [302]. Les émissions, organisées par l'association Radio-Strasbourg PTT, sont éducatives et instructives dans les domaines intellectuel, artistique, économique et agricole, sous le contrôle de l'Etat.

Développement des bibliothèques [303]

La politique de diffusion du livre, sensible dans les années 1920, rencontre un véritable engouement lors de l'exposition du livre à Colmar en 1926. En 1919 est fondé le Livre français en liaison avec l'Alliance française qui en douze ans a créé 3 260 bibliothèques et distribué 20 000 livres. En vue d'une meilleure connaissance de la France, la Conférence du village organise des débats en dialecte et des projections : en 1930, 175 communes, réunissant plus de 25 000 auditeurs ont été visitées. Les alsatiques demeurent néanmoins très recherchés par les bibliophiles.

Les grandes bibliothèques continuent à s'étoffer. La bibliothèque régionale obtient en 1926 un nouveau statut, unique en France, devenant nationale et universitaire. Elle devient titulaire du dépôt légal des trois départements de l'est. Elle jouit de la personnalité civile et de l'autonomie financière. L'administrateur Ernest Wickersheimer procède à un énorme travail de recotation et les bibliothécaires constituent plusieurs répertoires et catalogues. Mais en introduisant la tradition bibliographique française qui privilégie le répertoire alphabétique, il se heurte à une partie des conservateurs qui veulent préserver le catalogue systématique, un outil scientifique, selon la tradition germanique et anglo-saxonne. La BNUS est la seconde bibliothèque de France, avec environ un million et demi de volumes (1931), mais les achats se limitent pour l'essentiel aux publications récentes. La bibliothèque municipale de Colmar est modernisée et bénéficie d'une augmentation rapide et constante des emprunteurs comme des lecteurs en salle. Les achats importants privilégient la littérature française. Le nombre total atteint 130 000 volumes. La bibliothèque humaniste de Sélestat, qui compte environ 40 000 volumes, a été inventoriée et reclassée par l'abbé Marie-Georges Walter qui a dressé un catalogue, imprimé, en trois volumes. A Mulhouse existent trois grandes bibliothèques. La bibliothèque municipale, fondée en 1829, possède plus de 65 000 volumes dont plus de 7 000 alsatiques. Le nombre de prêts en 1924 atteint 20 338 volumes français contre 22 171 allemands. La bibliothèque de la Société industrielle compte environ 25 000 volumes, un fonds surtout scientifique, économique et pratique. Le Musée historique possède près de 4 000 volumes.

Il existe aussi pour un public plus large plusieurs bibliothèques municipales en Alsace. Celle de Strasbourg comprend 170 000 volumes. En 1931 y furent empruntés 27 000 romans français et 33 000 allemands. La bibliothèque populaire de la ville comprend 19 000 volumes et a prêté, en 1930, 11 500 romans français et 44 000 allemands. Il existe une bibliothèque municipale à Barr, Bischwiller, Haguenau (22 400 volumes) Illkirch-Graffenstaden (11 800 volumes), Guebwiller, Illzach, Munster, Ribeauvillé, Rouffach, Ste-Marie-aux-Mines,

Soultz et Thann. Enfin les bibliothèques paroissiales, catholiques et protestantes, bénéficient toujours d'un grand succès.

Difficultés croissantes dans les relations avec l'Allemagne

La lecture du livre allemand, favorisée par la formation scolaire de la génération adulte, prend aussi une connotation politique. Dans un contexte de tension internationale, les séparatistes constituent en effet durant cette période le principal intermédiaire, autant politique que culturel, avec l'Allemagne. De l'autre côté du Rhin les émigrés se sont regroupés en associations actives, animées principalement par Robert Ernst, fils de pasteur alsacien, qui tente d'entretenir et d'accroître en Alsace les contacts avec l'Allemagne. De 1925 à 1930 Ernst et le prêtre Emile Scherer (1889-1970) ont distribué plus de deux millions de marks fournis par l'Auswärtiges Amt avec le consentement du ministre Stresemann. Après 1930 le soutien financier a continué, mais avec des moyens plus réduits, environ 230 000 marks par an et à en croire Ernst sans que ni Hitler ni le parti n'en soient informés [304]. Ces crédits sont divisés en deux postes. D'une part celui de la propagande politique, destiné à des partis et journaux favorables à la défense de l'identité – autonomistes et aile autonomisante de l'UPR. D'autre part celui de la propagande culturelle est réservé au financement d'activités qui ont pour cibles les milieux populaires, le clergé, les enseignants, les milieux littéraires et artistiques et la jeunesse, en particulier la fourniture de livres à des bibliothèques paroissiales par le « colportage évangélique » et le « colportage catholique » pour une valeur de 800 000 marks. Il s'agit d'un soutien substantiel et efficace, dont l'origine inconnue a donné lieu à de multiples fantasmes. Ernst fonde en 1923 Elsass-Lothringen Heimatstimmen dans un souci de propagande, à savoir la défense de la culture allemande en Alsace-Lorraine, sous la forme de contributions culturelles et historiques et d'analyses politiques, celles venant d'Alsace étant en général anonymes.

Ces réfugiés créent un organisme de recherche sur l'Alsace-Lorraine, Wissenschaftliches Institut der Elsass-Lothringer im Reich, installé à Francfort et présidé par deux universitaires alsaciens, Albert Ehrhard, puis Gustav Adolf Anrich, alors que le secrétariat est confié à Wolfram, directeur de la bibliothèque universitaire et régionale de Strasbourg avant 1918. Il accomplit une œuvre scientifique remarquable : *Atlas historique d'Alsace-Lorraine* de Werner Gley en 1932, qui a reçu un accueil très positif des historiens français, et qui à l'heure actuelle n'a pas encore été remplacé, *Das Reichsland Elsass-Lothringen 1871-1918*, une étude en cinq volumes des divers aspects de la période 1871-1918, parus de 1931 à 1938. Il a édité les œuvres allemandes de Murner en neuf volumes (1924-1930) et achevé (tomes 4 et 5) la *Politische Korrespondenz* de la ville de Strasbourg (1928-1933). L'institut a également constitué une bibliothèque de 25 000 volumes détruite en 1945 et publié un annuaire, centré sur l'histoire et l'ethnologie (*Elsass-Lothringisches Jahrbuch*, paru de 1922 à 1943). La finalité première de l'institut n'est pas la propagande politique, mais bien la recherche scientifique [305].

Après 1933 seuls les séparatistes continuent à se tourner vers l'Allemagne, passée sous la domination des nazis. La Landespartei de Karl Roos voit son audience se réduire, à côté apparaît la Jungmannschaft constituée en 1938 de cent seize sections locales avec onze cents membres, recrutés surtout parmi les protestants, les paysans et les anciens combattants, ainsi que le Wanderbund Erwin von Steinbach de Frédéric Spieser qui réactive les anciennes traditions populaires (chansons, danse...) Il se déclarera fier, en février 1942, qu'un nombre appréciable d'anciens membres se soient portés volontaires pour la Wehrmacht. Il a aménagé la Hunebourg en centre de son organisation et publie à partir de 1937 les *Strassburger Monatshefte*, tournées vers la culture régionale, mais où la part des informations relatives à l'Allemagne nazie ne cesse de grandir [306].

En raison des tensions internationales, de la menace croissante d'une nouvelle guerre, de la crise économique et de la politique antireligieuse du régime nazi, les relations avec l'Allemagne se distendent : la communauté culturelle s'efface devant le facteur national. Le rôle d'intermédiaire ne peut guère s'exercer dans un tel contexte et seule une minorité d'autonomistes, les séparatistes, continuent à se tourner vers l'Allemagne. D'ailleurs certains des Alsaciens partis en 1918 y connaissent une vie difficile à laquelle Schickelé a échappé pour s'exiler en Provence. Un cas particulièrement tragique est celui de Joseph Schmidlin (1876-1944) : professeur à Munster il y demeure en 1918, il est mis à la retraite par les nazis dont il condamne le régime. Quand après 1940 il revient dans son Alsace natale c'est pour être expédié au camp de Schirmeck où il meurt des sévices subis. L'Allemagne devient ainsi après 1933 une véritable malédiction, à la fois pour certains qui ont opté pour elle en 1918 et pour la majorité des défenseurs de l'identité alsacienne qui se replient sur l'alsacianité et le loyalisme à la France.

Un certain recul du théâtre

Après 1918 le théâtre municipal de Strasbourg se limite aux seules œuvres françaises jusqu'en 1929, d'où un recul du niveau des représentations et une baisse sensible de la fréquentation, en particulier dans les classes moyennes. Plusieurs opérettes sont données en traduction française, ce qui suscite en général une certaine déception. Le théâtre tombe au niveau d'une scène de province qui ignore les spécificités régionales. Une ordonnance préfectorale interdit même la représentation de pièces en allemand durant plusieurs années, y compris par le Stadttheater de Bâle. L'interdiction de la pièce *Odilia* de Schmidlin à Colmar suscite un véritable scandale (1920). C'est la nouvelle municipalité autonomiste de 1929 qui favorise un renouveau tenant compte du contexte culturel spécifique ; désormais les représentations allemandes se multiplient et font salle comble. On fait appel à des troupes allemandes, en particulier à celle de Fribourg, mais après 1933 les représentations en langue allemande sont, pour des raisons nationales, surtout assurées par le théâtre de Bâle. A Colmar le théâtre subit une certaine désaffection, due en partie au développement du cinéma. Il accueille la troupe de Bâle ainsi que celle du Freiburger Stadttheater, en dépit des protestations venant de tous bords.

Le théâtre alsacien également voit son image se ternir auprès de certains patriotes qui lui reprochent de cultiver un particularisme inconciliable avec l'unité nationale. Néanmoins, alors qu'avant 1914 il était plus ou moins bien accepté par la bourgeoisie alsacienne, il cesse d'être contesté. Mais l'actualité disparaît comme thème satirique de la scène des théâtres alsaciens en raison d'une certaine intolérance des autorités françaises. Lors de la crise autonomiste, plusieurs théâtres, dont celui de Colmar, subissent une crise surmontée plus ou moins difficilement. La réorganisation de celui de Colmar (1933) par la tendance francophile permet le redressement d'un théâtre de qualité et très populaire. Il connaît même un triomphe jusqu'à Paris avec *Bartholdi un si Rabmannele*. Le théâtre de Mulhouse (TAM) connaît un véritable âge d'or en montant plus de soixante-dix pièces nouvelles souvent inédites. Il convient enfin de signaler les tentatives, vaines, des théâtres de verdure, celui de Dambach (1919-1921) et celui de Ribeauvillé (1921-1928).

Maintien d'une grande vitalité musicale

La musique parvient à maintenir un très bon niveau grâce à toute une série de personnalités. Le conservatoire bénéficie d'un essor réel avec Guy Ropartz et Fritz Munch. L'orchestre municipal de Strasbourg est dirigé par Paul Bastide, puis par Fritz Munch (1890-1970). La large introduction de la musique française au détriment du répertoire allemand est loin de faire l'unanimité. Fritz Munch succède en 1924 à son père comme directeur du chœur de Saint-Guillaume. Tout en préservant la priorité des œuvres de Bach, il élargit le répertoire à des compositeurs anciens et surtout contemporains, en particulier Arthur Honegger, dont les œuvres (*Le Roi David, Judith*) connaissent un véritable triomphe. Grâce à lui le chœur acquiert une réputation internationale. Il a su maintenir la musique à un niveau très élevé sur le plan régional.

Du côté catholique, à côté du chanoine François-Xavier Mathias qui poursuit son œuvre, notamment pour le chant grégorien et les orgues, où il bénéficie d'une réputation internationale, l'abbé Alphonse Hoch (1900-1967) fonde la chorale de la cathédrale et donne des concerts remarqués à Strasbourg et à Paris avant d'obtenir la consécration internationale à Salzbourg et à Vienne. Marie-Joseph Erb continue à composer de nombreuses œuvres, au point qu'en 1934 a lieu un festival M.J. Erb. Son œuvre la plus diffusée est la messe *Dona nobis pacem*, au répertoire de toutes les chorales paroissiales d'Alsace. La vitalité musicale se manifeste aussi dans les prestations de la Société de musique de chambre qui demeurent de haut niveau, la création en 1930 de l'orchestre de Radio-Strasbourg et la fondation en 1932 de la Société des amis de la musique de Strasbourg qui organise en 1933 le premier festival de Strasbourg, premier en France et qui accueille de grandes formations tels l'orchestre philharmonique de Berlin avec Wilhelm Furtwängler et le Gewandhaus de Leipzig avec Bruno Walter.

Les chorales demeurent nombreuses. Après 1920 l'Avant-Garde du Rhin compte cent soixante-seize sociétés de chant et de musique et six cent dix chorales féminines qui regroupent quinze mille membres[306a].

Des réalisations artistiques limitées

La période n'a pas connu une activité architecturale considérable, surtout dans les années 1930 avec la crise économique et la politique de glacis. La reconstruction des localités détruites a été menée sans génie, avec le souci de l'identique, mais en perdant le pittoresque. Celle des églises détruites n'est marquée par aucune préoccupation d'art moderne, l'architecture reste en général « pauvre et anodine, la décoration souvent odieuse »[307]. Parmi les réalisations intéressantes on peut citer les cités minières dans le bassin potassique et la cité Ungemach à Strasbourg, due à l'architecte Sorg. L'influence architecturale dominante est celle de l'école des Beaux-Arts de Paris, peu adaptée au cadre régional.

Sur le plan des arts la rupture est moins radicale qu'en 1871. Par son orientation régionale et ses relations simultanées avec Paris et Munich, la vie artistique était déjà dépolitisée avant 1914. Aussi le nombre des départs est demeuré faible, de sorte qu'une vie artistique riche a pu se maintenir. Parmi les peintres les plus actifs figurent Gustave Stoskopf, qui revient à la peinture avec des portraits de paysans, Paul Braunagel (1871-1959), dessinateur au trait incisif, Jacques Gachot (1885-1955), inspiré par le fauvisme, René Kuder (1882-1962), porté vers la représentation de paysage claire et aérée et les sujets religieux, René Allenbach (1889-1958), iconographe de Strasbourg, Louis-Philippe Kamm (1882-1959), chantre des paysans du terroir, Charles Walsch (1898-1948), coloriste conquis par la violence crue des couleurs, Paul Iske (1877-1961), porté vers un expressionnisme fauve, dans le paysage et dans le nu, Richard Brunck de Freundeck (1899-1949), un des plus grands graveurs alsaciens, illustrateur de grands sujets, Faust, le mont Saint-Odile et la cathédrale de Strasbourg. Certains sont marqués par le fauvisme ou l'expressionnisme, un cubisme modéré. En sculpture émergent quelques solides personnalités : Rupert Carabin (1862-1932) travaille le bois et la céramique, Alfred Martzolff (1867-1936), Anna Baas (1876-1961), sculpteur de figurines, et René Hetzel (1902-1972). On assiste à côté de l'AIDA, à la création de plusieurs groupements d'artistes, le Groupe de mai en 1919, qui veut s'ouvrir aux influences parisiennes et qui produit une peinture de qualité, le groupe de l'Arc avec des écrivains, et celui de la Barque.

Les musées poursuivent leur activité tant à Mulhouse qu'à Colmar avec la Société Schongauer et surtout à Strasbourg grâce à l'action de Hans Haug (1890-1965), un conservateur actif et perspicace qui a en particulier acquis des œuvres d'artistes français modernes, développé les collections d'arts décoratifs, créé un musée historique et contribué à ouvrir le musée de l'Œuvre Notre-Dame (sculpture médiévale). Comme président de la Société des amis des arts il a organisé de multiples expositions de qualité.

Durant l'entre-deux-guerres la vie culturelle a été en partie écrasée entre la pression linguistique des autorités françaises, un certain chauvinisme face à la culture régionale, l'amalgame entre autonomisme et séparatisme, et sur la rive droite la dictature nazie. La lecture d'ouvrages et de journaux francophiles et autonomistes révèle l'attristante profondeur du fossé qui sépare les Alsaciens cultivés des milieux populaires où nombreux sont les appelés du contingent et les domestiques qui ne peuvent correspondre avec leurs familles, d'où un relâchement des liens familiaux. Bien des Alsaciens ne maîtrisent ni le français ni l'allemand. Certains hyperpatriotes sont semblables aux pangermanistes d'avant 1914, à l'image du pasteur Charles Conrad qui écrit dans *le Temps* : « Nous n'acceptons plus le principe “nos cœurs sont français, mais notre langue allemande” »[308]. Aussi la création régionale a-t-elle eu bien du mal à subsister et à demeurer fidèle aux traditions, sans oublier le problème linguistique des élites, formées avant 1918 dans le moule germanique.

CHAPITRE X

L'oppression nazie (1940-1944)

La Seconde Guerre mondiale constitue, avec la guerre de Trente Ans, l'épreuve la plus terrible que l'Alsace ait subie au cours de son histoire, dans sa chair, ses valeurs et ses comportements. A la veille de la Libération près du quart de la population est dispersé en France, dans le Reich et la Wehrmacht.

L'évacuation (septembre 1939 - septembre 1940) et le choc de deux cultures[309]

Lors de l'ouverture des hostilités en Pologne (1er septembre 1939), un tiers de la population est évacué dans le sud-ouest de la France, soit près de 430 000 habitants. Cette mesure, un véritable déracinement, a été assez mal vécue par les générations âgées, qui connaissent de sérieux problèmes d'adaptation dans un milieu culturel très différent et moins avancé dans le domaine du confort. Le moral s'effondre chez beaucoup et de nombreuses lettres expriment la tristesse, le désarroi, la rancœur, la déception et la déchirante nostalgie de la Heimat perdue, qui inspire de multiples poésies et chansons dont voici un émouvant et poignant exemplaire :

Ach, wir haben sie verlassen
Uns're Heimat traut und schön,
Mussten wir wie Bettelkender
In die weite Ferne gehn.

Uns're Herzen sind verwundet,
und die Augen tränen schwer.

Les évacués vivent l'incommunicabilité sous diverses formes, au niveau de la langue et de la rencontre de deux cultures rurales, problème qui atteint son paroxysme lors du Noël célébré loin de la Heimat.

En été 1940 tous les évacués sont confrontés à la douloureuse décision, inverse de celle de 1872, de rester ou de rentrer dans l'Alsace annexée de fait par les nazis, choix bien décrit par Germain Muller dans la pièce *Enfin, redde m'r nimm devun.* La plupart des Limougeauds, désireux de retrouver leurs aises, incitent les réfugiés à rentrer, en pensant : « Après tout les Alsaciens avaient bien déjà été allemands et puis ils parlaient bien leur langue, où était le problème ». Beaucoup ont pu aussi durant ces dix mois « constater à quel point l'opinion française était indifférente à la situation de l'Alsace depuis l'armistice de 1940 ». Emile Baas souligne en effet « la méfiance et la froideur réticente de l'accueil[310], car bien des réfugiés et expulsés ont été reçus « comme des trouble-fête et des bons à rien ».

Germanisation de la vie publique

Après l'arrivée des troupes allemandes, beaucoup d'Alsaciens ont, comme leurs grands-parents, le sentiment d'avoir été à nouveau abandonnés par la France. Ils ont vu « les larmes aux yeux et une profonde amertume dans le cœur, les pouvoirs publics disparaître comme des voleurs », ignoré que les notes de protestation remises par le gouvernement de Vichy à la commission franco-allemande de Wiesbaden n'ont ni reçu de réponse, ni été divulguées en public, et constaté que Vichy a fait « peser un silence funèbre sur toutes les choses d'Alsace »[311]. Tandis que la convention d'armistice reste muette sur le sort de l'Alsace, Hitler décide de l'annexer *de facto* au Reich et de l'intégrer au Gau de Bade, dénommé désormais Rhin supérieur (Oberrhein), et dirigé par un personnage borné, sectaire et fanatique, le gauleiter Robert Wagner. Animé d'un zèle véritablement religieux pour le nazisme, il se pose en « libérateur de l'Alsace » et veut « éduquer » les Alsaciens. Il heurte de front la mentalité alsacienne qu'il ne cherche pas à connaître et qui, attachée à la démocratie locale et associative, est révulsée par le Führerprinzip. Quand il prend conscience de son échec, il recourt à la violence, aux menaces et à la terreur. Hitler lui a confié les « pleins pouvoirs pour faire en dix ans de cette terre un pays allemand », mais Wagner veut régler le problème en cinq ans.

Les mesures de germanisation sont guidées par les principes suivants : séparer radicalement l'Alsace de la France et la fermer hermétiquement à toute influence venant de la mère patrie, rattacher l'Alsace le plus tôt possible dans tous les domaines à la vie du Reich et exploiter avec fracas par une propagande monstre les moindres succès obtenus. Les Alsaciens ne sont en effet plus traités comme des citoyens français, mais comme des Volksdeutsche, c'est-à-dire des Allemands qui, selon les nazis, font « naturellement partie du peuple allemand ». Les fonctionnaires alsaciens demeurés sur place sont embrigadés de deux manières. D'abord des milliers d'agents des services publics et des chemins de fer sont envoyés dans le pays de Bade pour une durée de quatre mois en vue d'une Umschulung, une rééducation destinée à les pénétrer de la Weltanschauung nazie. C'est le cas en particulier des enseignants chargés d'endoctriner les élèves. Ensuite tous les fonctionnaires se voient contraints de répondre à un questionnaire par lequel ils s'engagent à « participer activement et totalement à l'idée du Führerprinzip ». C'est pour des milliers d'Alsaciens un dilemme affreux que les épurateurs de 1945 ont été incapables de comprendre : s'ils refusent de signer, ils perdent leur situation, s'ils signent ils se savent pieds et mains liés au bon vouloir des nazis.

Le gauleiter procède à la dissolution de l'ensemble des quinze mille sociétés ou associations par la nomination d'un Stillhaltekommissar ou commissaire conservateur qui est en fait une sorte d'instance de liquidation et de mise au pas des associations qu'il s'agit soit de démanteler, soit d'intégrer dans les différentes organisations nationales-socialistes, une mesure très mal accueillie par la majorité de l'opinion très attachée à la vie associative et très choquée par le pillage systématique de l'économie alsacienne et la conversion forcée en juin 1940 des francs contre les marks au titre de un mark pour vingt francs, un véritable vol de la fortune des particuliers.

Lutte contre les influences françaises (Hinaus mit dem welschen Plunder)

Les nazis entreprennent de dénigrer systématiquement la France et engagent la lutte contre toutes les influences françaises de façon systématique, souvent mesquine, avec tous les moyens de pression et de contrainte. Toute inscription française va être littéralement pourchassée sans relâche : affiches publicitaires, enveloppes, noms de lieux-dits, de forêts, boîtes à lettres, voire les pierres tombales, sans que la crainte du ridicule ne semble effleurer un seul instant les auteurs de ces interdictions.

Les autorités débutent par la défrancisation des noms de localités et de rues. Le remplacement des enseignes a été très lent. L'enlèvement des statues de Kléber et de Rapp suscite une vive indignation. Il est suivi par la destruction de six cents monuments et trois cents plaques commémoratives. Un règlement du 16 août 1940 exige aussi la défrancisation des noms et prénoms, provoquée par l'obstination de Wagner, car dans toute l'Allemagne les patronymes à consonance française demeurent autorisés. Mais la plupart des intéressés font traîner les choses. Mis devant l'obligation d'aliéner cette part

Affiche de propagande contre l'Alsace française, «Dehors, le fatras français», qui illustre la politique brutale de défrancisation menée par les nazis en Alsace.

de leur personnalité, imposée aux élèves (ainsi l'auteur de ces lignes s'est vu écrire son prénom d'office avec un h – Bernhard – malgré l'inertie des parents jusqu'à la Libération), de nombreux Alsaciens choisissent comme prénom usuel leur deuxième ou troisième prénom traduisibles en allemand. Pour les patronymes, en dépit des pressions policières, l'opération qui devait être achevée fin 1940 ne l'est toujours pas au moment de la Libération, en raison de la résistance passive des personnes concernées, soit un Alsacien sur cinq ou six. [312] Une campagne de presse parallèle s'attaque aux livres français, les traque par une campagne de ramassage dans les bibliothèques privées et publiques, scolaires, jusque dans les hôpitaux... pour en faire des feux de joie purificateurs. Si ces mesures pouvaient à l'extrême rigueur se comprendre, dans la lutte contre le béret basque le ridicule le dispute à l'absurde, d'autant que son port demeure permis en Allemagne. Cette affaire prend une dimension considérable par le nombre de circulaires, de règlements, décrets et ordonnances suscités. Le béret fait partie du prétendu welschen Plunder (bric-à-brac français) qu'il est recommandé de balayer « hors de la patrie et des cœurs » et qui entraîne en 1945 des affiches inverses où welschen est remplacé par schwowe. L'emploi de la langue française est et demeure interdit sous peine d'un séjour au camp de Schirmeck. De même les nazis essaient de purifier l'alsacien des mots français : un « bonjour » prononcé en pleine rue peut entraîner l'incarcération au camp de Schirmeck.

Une propagande intensive et continue

Dès son installation le régime nazi déploie en Alsace une propagande soutenue pour tenter de persuader les Alsaciens du bien-fondé de sa politique par des moyens très divers, manifestations de masse, presse, école, embrigadement de la jeunesse. Il accorde une importance capitale du point de vue psychologique aux manifestations de masse. Le nombre de participants, le décorum, la discipline, tous les aspects d'une incroyable mise en scène contribuent à créer une ambiance propice à faire passer les mots d'ordre. Une telle manifestation politique obéit à quatre motifs. Elle est d'abord une fête, d'où les soins attachés au cadre : drapeaux, décoration de verdure, guirlandes, accompagnement musical. Elle se veut ensuite un témoignage de masse, d'où le souci de rassembler le plus grand nombre possible de participants et de spectateurs. Elle promeut la discipline, d'où les uniformes, le caractère militaire de l'ensemble, avec défilés et cortèges. Enfin elle somme les participants à l'engagement politique, d'où les serments et les discours. Ces derniers insistent sur le passé allemand de l'Alsace, la décadence et les divisions sous le régime français qui aurait opprimé le Volkstum alsacien. Les slogans doivent galvaniser l'ardeur de tous et susciter des dévouements sans limites.

Un autre moyen de propagande sont les médias. Radio-Strasbourg est mis au service de celle-ci et son contenu se limite à un véritable pilonnage idéologique. La presse est ramenée d'autorité à quatre quotidiens, en procédant à la mainmise sur des installations, en l'absence de leurs propriétaires. Il s'agit des *Strassburger Neueste Nachrichten, Kurier, Mülhauser Tagblatt* et *Mülhauser Volksblatt*, supprimé en octobre 1942. Leurs rédactions sont confiées à des hommes sûrs et soumises à une censure étroite. De ce fait les quotidiens, organes de l'administration et du parti, n'ont guère brillé par leur niveau journalistique. Leur fonction est double : propagande et germanisation. Quatre périodiques sont aussi autorisés à paraître dont la *Revue du Club vosgien* et la *Revue des femmes de Mulhouse*. Jusqu'en juillet 1941 les catholiques publient une revue religieuse, *Der Sonntag*, transformée sur ordre des nazis en un périodique exclusivement de divertissement. Au début les *Strassburger Neueste Nachrichten* ont eu le souci de s'adapter au public alsacien en délivrant un certain nombre d'informations régionales – celles-ci disparaissent en 1942. En 1940 l'insistance sur l'expérience parfois difficile de réfugié vécue par les Alsaciens et sur le ballottement entre la France et l'Allemagne pouvait trouver un écho favorable auprès de certains, rapidement neutralisé par la propagande en faveur de la Gleichschaltung (assimilation). La propagande a deux défauts majeurs : le besoin d'efficacité immédiate et un discours simpliste. Avec le temps le divorce ne cesse de grandir entre le quotidien et son lectorat, agacé par l'absence d'informations factuelles et par le fait d'être morigéné continuellement par les journalistes. [313] Le cinéma est également mis au service de l'idéologie nazie. Plus de deux mille films sont projetés devant huit millions de spectateurs en 1942 sans compter un cinéma ambulant qui a organisé près de trois mille représentations dans les communes rurales. [314]

L'école devient un instrument de l'idéologie nazie. Dès l'automne 1940 les écoles sont organisées sur le modèle allemand et toutes les écoles privées sont supprimées. On y instaure une véritable lutte antifrançaise, et à la différence du reste du Reich l'enseignement du français comme langue étrangère est totalement proscrit, tout comme dans les communes francophones vosgiennes. Dans les établissements secondaires on enseigne l'histoire (orientée en soulignant le rôle des Germains et l'œuvre de Hitler) et la biologie raciale. L'endoctrinement idéologique à partir des livres de lecture et des bibliothèques scolaires complètement renouvelées est destiné à faire des élèves de futurs nazis. L'introduction des Hauptschulen (écoles principales) doit fournir des cadres moyens grâce à un enseignement plus pratique que celui des lycées : le régime veut des personnes compétentes dans leur spécialité, mais qui ne réfléchissent pas trop, ni ne contestent. Pour réduire l'influence religieuse, cet enseignement rendu facultatif est placé en fin de journée. Le parti nazi est présent à tous les échelons de la vie scolaire. L'avis du Kreisleiter (directeur d'arrondissement) est nécessaire pour l'admission d'un élève dans une Oberschule (école secondaire), et c'est le représentant de la Hitlerjugend qui décide en dernier lieu de l'admission ou non d'un candidat à l'Abitur (baccalauréat). La conséquence en est une chute de niveau reconnue par le Sicherheitsdienst lui-même, pour qui l'endoctrinement importe plus que le niveau scolaire. L'école a perdu sa finalité première et plusieurs classes d'âge sont en partie sacrifiées, notamment dans le domaine linguistique parce qu'elles ne possèdent correctement ni le français ni l'allemand.

La Jeunesse hitlérienne est chargée d'embrigader toute la jeunesse, garçons et filles, volontairement en théorie, obligatoirement en réalité. En 1942 l'appartenance à la Hitlerjugend devient obligatoire à dix ans. L'accent est mis sur l'épanouissement sportif, l'esprit de camaraderie, le dévouement, mais aussi sur la discipline et l'obéissance. Si les garçons sont rapidement orientés vers les exercices prémilitaires, les filles se livrent à des activités diverses, sportives, ménagères, mais l'essentiel est qu'elles soient soustraites le plus possible à l'influence familiale pour pouvoir être mieux endoctrinées. Mais dès 1943 l'échec de cette politique est patent d'après de nombreux rapports de police : l'hostilité des jeunes de tous âges se manifeste ouvertement[315].

Une culture au service de l'idéologie nazie

Face aux adultes le régime utilise la culture en réalisant d'habiles manifestations de propagande tout en offrant des spectacles de qualité incontestable grâce à des crédits généreux et à l'esprit d'organisation méthodique allemand. Le théâtre connaît un indéniable renouveau. Alors que durant la période française même Strasbourg ne disposait pas d'une troupe théâtrale permanente, les théâtres municipaux de Strasbourg. Mulhouse et Colmar disposent à présent d'une troupe et d'une école municipale de musique. Les troupes allemandes lyriques et de comédie offrent fréquemment des représentations de tout premier ordre et trouvent généralement un public de choix, car les distractions sont rares et l'orientation nazie demeure plus ou moins discrète. Durant la saison 1941-1942 trente spectacles sont montés à Strasbourg qui dispose de près de quatre cent cinquante salariés et d'un budget considérable[316].

Par contre le théâtre alsacien perd sa liberté, car on le contraint à coopérer étroitement avec l'organisation nazie La Force par la joie. Seules sont autorisées les pièces qui expriment « l'adhésion inébranlable à l'Allemagne ». De nombreuses comédies très appréciées sont interdites à cause de leurs plaisanteries sur l'Allemagne et les Allemands, car le gauleiter déteste l'humour, la frivolité et l'ironie. Des troupes itinérantes jouent sur les places de marché des pièces à contenu historique et de propagande comme *La Guerre des Paysans en Alsace* ou *L'Histoire du Sundgau.* La musique est également encouragée. Le conservatoire de Strasbourg reçoit même le titre glorieux de Landesmusikhochschule. Mais le chœur de Saint-Guillaume est soumis à un contrôle politique, puis détaché de l'Eglise pour passer sous l'obédience municipale.

Chaque année des journées de musique populaire sont organisées. Les quelque quatre cents ensembles de musique populaire et cent quatre-vingts chorales masculines sont généreusement approvisionnés en partitions (surtout des chants de combat nazis), car on les invite à faire connaître au bon peuple les « chants de la nation », ce qui est ressenti comme une rupture radicale avec la tradition. Un contrôle analogue est imposé à toutes les bibliothèques. En sens inverse on ne recule devant aucun effort ni aucune dépense pour doter largement le pays en livres allemands et d'un réseau très dense de bibliothèques. En 1941, 700 bibliothèques populaires et 1 200 bibliothèques scolaires sont en cours de constitution, sans oublier la distribution à profusion, la première année, des ouvrages de référence du parti nazi. En mars 1942, 2 061 bibliothèques de villages et de petites villes disposant de 557 000 livres sont inaugurées. De 1941 à 1943, 1,4 million de livres sont confiés aux bibliothèques alsaciennes. Une étude sur la bibliothèque municipale de Strasbourg[317] montre que cette politique a du moins contribué à attirer des lecteurs.

Cette rééducation culturelle a aussi comme prétention de faire prendre conscience aux Alsaciens de leur identité allemande, d'où une lourde insistance sur l'histoire en vue de les amener à s'enorgueillir du passé allemand de leur province et à accepter leur retour au Reich. Sous prétexte de vérité historique, on veut corriger les idées reçues et former la conscience politique. La vision totalitaire de l'histoire conduit les nazis à occulter le caractère alsacien et le rôle historique de la France. Deux éléments sont privilégiés. La cathédrale de Strasbourg, fermée aux offices religieux et retirée à l'Eglise catholique, est utilisée à de multiples fins de propagande : symbole du Rhin supérieur et de la ville de Strasbourg, qualifiée de foncièrement allemande dans une Alsace « libérée ». Le gauleiter voulait refaire de la ville une cité médiévale du Saint Empire, alors que l'architecte Richard Beblo projetait d'en faire un monument national-socialiste. Goethe se voit endosser le rôle de témoin essentiel de la germanité de l'Alsace, où il a découvert jadis avec passion la chanson populaire et l'être allemands.

En 1942 est organisée à Strasbourg une grande exposition intitulée « La grandeur allemande – Deux milles années de lutte allemande aux bords du Rhin », qui draîne des visiteurs – pas toujours de plein gré – par des transports spéciaux et de nombreuses classes scolaires, mais le public alsacien boude l'exposition et le déficit financier est lourd pour la ville de Strasbourg[318]. Comme en 1872, les nazis recréent une université, constituée par l'historien Ernst Anrich, fils du théologien alsacien Gustav Anrich qui a quitté l'Alsace en 1918. Il veut en faire une institution nationale-socialiste, conçue comme un « bastion de l'esprit germanique ». Ce fut la seule université allemande où l'emprise du parti et son contrôle furent aussi forts, d'où le titre de Reichsuniversität, inaugurée le 23 novembre 1941, lors d'une cérémonie solennelle de très grande envergure en présence de huit cents personnalités du Reich. Les étudiants alsaciens (entre neuf cents et treize cents) ne sont admis qu'après avis politique favorable du Kreisleiter.

Une volonté d'éradiquer la culture alsacienne

Toute la politique culturelle vise en effet l'éradication de la personnalité alsacienne. Elle représente la plus vaste entreprise de destruction de l'identité alsacienne jamais effectuée. Sur le plan historique on s'efforce de souligner que les Alsaciens sont d'abord des Allemands et le toponyme même d'Elsass est peu à peu abandonné au profit d'Oberrheingau (région du Rhin supérieur). Même le livre relatif à l'Alsace devient suspect. La revue folkloriste *Elsassland*, qui paraissait en allemand depuis 1920, est supprimée. Elle n'aurait pu sauver son existence que si elle avait accepté la fusion avec la revue *Oberrheinische Heimat*, ce qui est refusé par sa direction. De même Joseph Lefftz ne peut faire paraître une collection de chants populaires alsaciens, car il aurait fallu y ajouter des chants badois. On interdit aussi la réimpression de certains ouvrages, perçus pourtant comme germanophiles avant 1939, parce qu'ils ne témoignent pas d'admiration pour le système national-socialiste. A l'université la chaire d'histoire de l'Alsace est supprimée et le corps professoral ne comprend aucun Alsacien : on accorde tout juste un petit strapontin à quatre chargés de cours.

Même le dialecte alsacien agace certains nazis fanatiques. Les *Strassburger Neueste Nachrichten* (5 février 1941) se plaignent de ce que la population « continue à parler son dialecte, qui l'oppose au vrai allemand venu d'outre-Rhin. Cet emploi du dialecte peut être une protestation passive des Alsaciens contre le régime allemand ». Par la suite on veut forcer les fonctionnaires à parler le hochdeutsch entre eux et même en famille, et on leur interdit de parler le dialecte dans les bureaux. Toute la vie associative est détruite y compris dans le domaine littéraire et culturel. Envers les Eglises les nazis engagent une violente et maladroite politique antireligieuse, qui choque profondément la population. Ils abrogent toute la législation précédente, imposent la séparation de l'Eglise et de l'Etat et suppriment les facultés de théologie de Strasbourg et les écoles confessionnelles. De même toutes les associations religieuses, même purement caritatives, sont dissoutes, et seule une forte mobilisation parvient à empêcher l'expulsion des membres des diverses congrégations. Cette politique, différente de celle du pays de Bade, s'inspire des programmes mis en place dans les pays annexés à l'est (Sudètes) et elle devait, à l'issue de la guerre, être étendue à l'ensemble du Reich. L'Alsace a ainsi joué à son corps défendant le rôle de laboratoire.

Des souffrances et des drames qui suscitent le rejet

Toute une série de mesures autoritaires et arbitraires contribuent au rejet progressif de ce régime totalitaire. L'installation du parti, organe tout puissant qui contrôle toute la vie des habitants, avec l'appui d'un système policier étoffé qui encourage les dénonciations, entraîne le repli sur soi, chacun veillant en particulier à surveiller ses propos. La grande majorité des responsables sont des Badois qui se caractérisent par leur avidité personnelle, d'où un sentiment de différence qui ne fait que s'accuser. Ensuite bon nombre de collaborateurs alsaciens sont des personnes dépourvues d'études et de culture, de simples employés, ce qui contribue à dégrader d'autant l'image des agents du nazisme et leur idéologie. Dès le début de l'annexion de fait on procède à l'expulsion des personnes indésirables, en deux vagues successives vers la France avec une faible somme d'argent et trente kilos de bagages, soit environ 45 000 personnes. En juillet 1940 il s'agit des juifs qui n'avaient pas quitté l'Alsace lors du départ des troupes françaises, des Français d'outre-Vosges, des Alsaciens connus pour leur hostilité à l'Allemagne et des tziganes. La seconde vague (novembre-décembre 1940) frappe notamment les milieux bourgeois francophiles (industriels, professions libérales, commerçants, fonctionnaires qui refusent le serment de fidélité au Führer).

C'est surtout la tragédie de l'incorporation de force, une grave faute politique, qui a durablement marqué la psychologie alsacienne. Jusqu'en 1942 une campagne de propagande et de nombreuses pressions n'obtiennent qu'un nombre infime d'engagements volontaires, près de 2 100 au maximum, d'après les nazis, un nombre probablement surévalué. Le gauleiter pousse – en dépit des réserves émises par le haut commandement de la Wehrmacht sur la valeur militaire d'hommes qui n'ont même pas la nationalité allemande – à l'incorporation de force des Alsaciens par conviction personnelle et volonté d'associer aussi étroitement que possible l'Alsace à l'effort de guerre allemand et de stopper le flot croissant d'évasions vers la France d'outre-Vosges de jeunes mobilisables (12 000 Alsaciens et Lorrains en 1941 et 1942). Le décret de l'incorporation de force est promulgué le 25 août 1942. En l'espace de deux ans dix-neuf classes d'âge (1908-1926) et une partie de celles de 1927 et de 1928 sont incorporées dans la Wehrmacht, une décision accueillie avec consternation et qui révulse l'opinion. C'est à partir de cette date clé que se multiplient les incidents et les actes de résistance collective ou individuelle. Comment des hommes, qui ont toujours juridiquement la nationalité française et qui, pour ceux nés de 1908 à 1919, ont servi en 1940 dans l'armée française, peuvent-ils risquer leur vie pour un régime dont les dirigeants et l'idéologie sont aux antipodes des traditions alsaciennes. L'uniforme feldgrau leur demeure un uniforme étranger. La quasi-totalité des incorporés, des « opprimés ayant chaussé les bottes de l'oppression » (Weckmann), a vécu cette épreuve comme une tragédie.

Un des signes les plus visibles du passage de l'allemand au français est celui des tombes, comme ici au cimetière de Saint-Amarin.

L'incorporation se heurte à une mauvaise volonté évidente. La multiplication des manifestations d'opposition oblige les nazis à recourir très vite à une brutale répression, au renforcement de la surveillance de la frontière et aux transplantations de force des parents (3 549 cas recensés) des réfractaires et déserteurs à l'intérieur du Reich. L'échec de la propagande dans cet épisode est flagrant, comme en témoigne la publication régulière par les *Strassburger Neueste Nachrichten* de listes de familles transplantées dans le Reich et les comptes rendus des procès des réfractaires. Ces soldats différents des autres sont envoyés à près de 90 % sur les fronts de l'est, dispersés et soumis à des mesures spéciales comme la suppression des permissions. A l'horreur de la guerre, à la souffrance morale et physique (hiver russe), à la menace permanente de la mort, à l'isolement, s'ajoute cette trahison de l'Histoire et de la France de Vichy demeurée silencieuse d'être sous l'uniforme de l'ennemi. Certains ont eu la possibilité de s'évader, d'autres rejoignirent les lignes soviétiques. La plupart des incorporés de force prisonniers sont regroupés dans le tristement célèbre camp de Tambov, où ils sont maltraités, mal nourris, subissant sans secours le froid et les maladies et rapatriés au compte-gouttes après 1945 [319]. Pour comble de malheur, certains de cette « génération sacrifiée » se font insulter ou accueillir à coups de pierre à leur retour sur le sol français en 1945 [320].

Le bilan global sur 130 000 Alsaciens-Lorrains incorporés est très lourd : 25 000 tués, 22 000 portés disparus et 10 000 gravement blessés, à quoi il faut ajouter une mortalité élevée dans les années suivant leur retour au foyer, due aux séquelles des conditions climatiques en Russie, aux privations et à la sous-alimentation dans les camps soviétiques. A toutes ces mesures tyranniques et dramatiques il faut encore ajouter la terreur qui multiplie condamnations à mort, tortures et séjour dans le camp de rééducation de Schirmeck, dont le nom devient jusqu'à la Libération synonyme de tortures et de sévices. Il regroupe tous ceux qui manifestent de l'hostilité envers les Allemands pour un endoctrinement intensif de six semaines, les jeunes surpris lors du franchissement de la frontière pour échapper au service militaire et les auteurs de délits politiques (fausses nouvelles, chants ou propos publics français). Situé à proximité, le camp du Struthof où sont envoyés surtout des étrangers reçoit aussi des Alsaciens, en particulier dans les stations extérieures.

Une inertie et une opposition croissantes

Après l'effondrement militaire de la France, la victoire de l'Allemagne semblait proche pour un grand nombre d'Alsaciens, du moins durant plusieurs mois. Cela explique la participation initiale d'une partie d'entre eux à la remise en marche de la région et au retour en été 1940 de deux tiers des évacués du sud-ouest. Il s'agissait aussi d'éviter que les emplois vacants ne soient occupés par des Allemands. Enfin la génération scolarisée avant la Grande Guerre a mis quelque temps pour comprendre que les nazis badois n'étaient pas les mêmes Allemands que ceux d'avant 1914. Assez rapidement la grande majorité est heurtée dans sa sensibilité par toute une série de mesures : politique antireligieuse, suppression de toute la vie associative, propagande incessante, suppression de la démocratie locale et des espaces de liberté, surveillance et suspicion permanentes, postes de direction réservés à des nazis et des étrangers à l'Alsace, désintérêt total pour l'identité régionale, rationnement, pillage économique, taux scandaleux de conversion des francs en marks qui appauvrit une partie importante de la population dont tous les épargnants.

La majorité de l'opinion passe de la réserve au détachement, puis à un rejet croissant en utilisant une qualité alsacienne bien connue, la force d'inertie, symbolisée dans l'expression « Hansel duck dich ! » (Jean fait le gros dos !). Lors des collectes d'hiver en 1941 et 1942, les arrondissements alsaciens se trouvent tous en queue de classement. Selon un rapport officiel l'Alsace entière a fourni moins d'œufs qu'un seul arrondissement badois. De manière générale les collectes effectuées en Alsace sont inférieures d'un bon tiers à la moitié à celles du pays de Bade. Le résultat, comme un Colmarien a eu le courage de le dire au grand dignitaire Hermann Göring dès février 1941, c'est que les nazis ont réussi en six mois ce que les Français n'ont pas su faire en vingt ans, à savoir faire basculer l'attitude nationale des Alsaciens définitivement du côté français. Quelques mois plus tard un rapport de Robert Heitz souligne l'attitude française de la population alsacienne qui de l'aveu même des Allemands est hostile au nazisme à 90 ou 95 % et oppose une barrière de mutisme et d'entêtement à toute propagande. La grande majorité se retire dans le cadre restreint de la famille, de l'église et de la culture régionale, et s'installe dans l'attentisme. Cela explique que les Alsaciens n'ont plus le cœur d'apprécier certains propos comme l'éloge dans la presse de la langue maternelle, « si riche, si belle, si mélodieuse et si fine », alors qu'avant 1940 ils les auraient accueillis et acclamés comme une concession de la part des autorités françaises.

Un clivage croissant se manifeste entre les opposants, qualifiés d'attentistes et de tièdes, qui constituent la majorité, à en juger par les très nombreux articles des quotidiens, et une minorité de plus en plus réduite qui continue, par esprit de soumission, par opportunisme ou par germanophilie bien plus que par conviction idéologique, à soutenir le régime et à espérer la victoire allemande, tantôt de manière passive, tantôt par zèle, n'hésitant pas à effectuer des dénonciations, d'où des divisions croissantes parfois au sein de la même famille, mais surtout à l'intérieur de communautés villageoises, paroissiales et de quartiers urbains. Par ailleurs le souci de chacun est de survivre. De plus l'amertume de l'abandon par la France, un sentiment fort répandu, nourrit d'innombrables conversations. Prudence et soumission apparente caractérisent le comportement de la masse de la population qui se voit contrainte de collaborer d'une façon ou d'une autre avec les nazis, tant l'engrenage est subtil et tant le réseau des formations nazies et des pressions est serré et divers. Il faut rappeler qu'un poste ou une fonction décliné par un Alsacien est confié à un Allemand, qui ne tient nullement compte des intérêts régionaux et ne cherche évidemment pas à protéger les autochtones. « Combien d'Alsaciens nommés maires de leurs villages par les Allemands ont rendu à leurs compatriotes de multiples petits services, entrant parfois en conflit avec les chefs locaux du parti, manifestant ainsi de façon discrète, mais souvent efficace, une première forme d'opposition »[321].

Des fonctionnaires, des chefs d'entreprise, des responsables des chemins de fer et des postes obtiennent grâce à leur position certains renseignements politiques et économiques intéressants qu'ils transmettent aux Alliés. L'action des cheminots, bûcherons, fermiers de montagne et autres membres de filières de passeurs a permis l'évasion de milliers de jeunes réfractaires à l'enrôlement dans l'armée allemande, de prisonniers français et autres fugitifs d'Allemagne, de civils risquant l'arrestation pour des raisons diverses.

L'incorporation de force suscite une rupture définitive avec le régime comme on le constate aussi à la lecture des journaux dont le contenu se limite de plus en plus à la propagande et aux menaces de sanctions. Il est vrai que les responsables nazis sont imperméables à toute psychologie et envisagent froidement de transplanter une large part de la population dans les territoires conquis à l'est, tout en accentuant les mesures de répression. Les manifestations de résistance spontanée se multiplient avec l'attente croissante de la libération. L'écoute de la radio étrangère, la BBC et surtout Beromünster (Suisse) à cause de la langue, connaît une large audience et constitue la seule source d'informations fiable sur les opérations militaires. On peut citer aussi les graffitis, l'usage du français, les critiques déguisées, l'humour, l'absentéisme dans les entreprises.

Ces actions sont entreprises en toute conscience et avec un courage tranquille au risque de la vie, ce qui n'est pas un vain mot en face de la sévérité des tribunaux allemands, à la justice expéditive et sommaire, et de la brutalité des sévices exercés par la Gestapo pour obtenir des aveux. Le bilan de la répression est particulièrement lourd en Alsace. Près de 15 000 Alsaciens ont été à un moment quelconque incarcérés par les autorités allemandes pendant une période relativement longue, une proportion de 1,5 % de la population, soit sept fois plus proportionnellement que dans le reste de la France[322]. Pour les pertes en vies humaines, le bilan représente le triple par rapport au reste de la France avec un total de 50 000 victimes, soit près de 5 % de la population de l'Alsace en 1939, et le sextuple pour les seules pertes militaires.

L'Alsace demeurée française

Une fraction non négligeable d'Alsaciens demeure hors de ce vaste camp contrôlé par la Gestapo et le parti nazi qu'est hélas devenu l'Alsace. Ce sont les évacués restés en 1940 dans le sud-ouest, les déportés de 1940, les juifs et les réfractaires qui ont traversé les Vosges, soit en tout plus de cent mille personnes, plus de 10 % de la population alsacienne, fortement marquées par l'esprit de la Résistance et un nationalisme très accusé. Plusieurs milliers d'entre eux participeront à la libération de l'Alsace (brigade Alsace-Lorraine). Deux revues sont publiées à leur intention : *L'Echo des réfugiés* et *La Voix du Geral*. Le centre intellectuel de cette diaspora est l'université de Strasbourg repliée en septembre 1939 à Clermont-Ferrand et qui maintient ses activités de 1940 à 1945 en dépit de l'opposition et des pressions des nazis. Ils y organisent une rafle le 25 novembre 1943 et arrêtent tout le personnel et les étudiants qui avaient le malheur d'être présents dans les locaux, soit plus de quatre cents personnes, dont une partie est déportée dans les sinistres camps allemands.

Toutes ces misères et épreuves font de l'Alsace la région française de loin la plus martyrisée et même sur le plan européen une des plus touchées par les malheurs de la Seconde Guerre mondiale. Beaucoup d'Alsaciens, abandonnés par la France et persécutés par les nazis, ont le sentiment de ne plus avoir de patrie et que l'Alsace n'est plus qu'un corridor que se disputent ses deux voisins. Les conséquences de ces quatre années sont particulièrement lourdes. L'Alsace a perdu une partie de son identité régionale. Le prix payé pour son intégration définitive dans la communauté nationale est tellement élevé que nul désormais ne va songer à la remettre en cause.

CHAPITRE XI

L'Alsace du temps présent (1945-1993)

Ce demi-siècle de l'époque contemporaine a modifié en profondeur la vie culturelle de l'Alsace. Ces mutations sont dues aux transformations de l'ensemble du monde occidental et à certains facteurs spécifiques.

1945 : une rupture dans la culture régionale

Les malheurs subis de 1940 à 1944, l'oppression nazie, l'incorporation de force, les arrestations et déportations ont profondément traumatisé la population. Désormais le problème alsacien ne peut plus être posé dans les mêmes termes en raison de la compromission des séparatistes avec l'occupant. L'annexion de fait a contribué à intégrer davantage les Alsaciens dans la communauté française et provoqué par voie de conséquence la mise sous silence momentanée du particularisme alsacien. Il est vrai que les « Alsaciens eux-mêmes vont jeter un voile pudique sur cette période en raison d'un sentiment confus de culpabilité qui trouve son originalité à la fois dans l'autonomisme d'avant-guerre dévoyé par certains de ses représentants et la honte d'avoir été associés durant plus de quatre ans à l'Allemagne nazie »[323].

Au lendemain de la Libération, le retour des Alsaciens restés en 1940 ou évadés ou déportés, a provoqué de vives tensions et des divisions à l'intérieur des communautés, voire des familles. Ceux qui étaient absents reviennent avec le souci d'épurer les collaborateurs des nazis. Dans l'état d'excitation des esprits, les revenants ont du mal à comprendre que la volonté de survivre de ceux qui sont restés et qui ont vivement ressenti leur abandon (comme en 1871) par la France, les ait amenés à composer sur des plans mineurs.

De nombreux conflits émergent. Bien des Alsaciens, après l'enthousiasme de la Libération, souvent tempéré par la perte d'un être cher et/ou la destruction du foyer, s'inquiètent des possibles sanctions. Ces dernières, encourues pour leur attitude sous l'annexion, s'apparentent souvent à des règlements de compte, personnels ou confessionnels. Dans bien des villages mixtes, des catholiques s'en prennent à des protestants, supposés avoir été plus collaborationnistes. Le déchaînement des passions est tel que certains déportés demandent au commissaire de la République de transplanter la population protestante de quatre noyaux qualifiés de « peu sûrs » dans le sud-ouest, un projet envisagé sérieusement par le préfet Bernard Cornut-Gentille[324]. De même des centaines de personnes suspectées de collaboration ont été internées quelques semaines au camp du Struthof, réutilisé en 1945.

L'épuration[325] est entreprise à deux niveaux, judiciaire et professionnel. Des milliers de personnes passent devant les tribunaux et se voient condamnées à des peines diverses après des dénonciations souvent anonymes. Tout le problème consiste à définir à partir de quel moment un Alsacien a collaboré plus qu'il n'était nécessaire avec les autorités administratives et politiques mises en place. La ligne de démarcation est en effet difficile à tracer entre ceux qui ont occupé des fonctions officielles ou ont adhéré à des organisations nazies à la suite de pressions plus ou moins importantes et ceux qui se sont ralliés en toute connaissance de cause au nazisme. Le nombre total des condamnations prononcées, principalement à l'indignité nationale qui entraîne l'exclusion des listes électorales et donc de toute fonction élective, en particulier municipale, se monte à environ 8 300, dont 5 500 pour le Bas-Rhin et 2 800 pour le Haut-Rhin, soit 0,8 % de la population alsacienne. Dans un souci d'apaisement, ces peines dont l'interdiction de séjour en Alsace, ont été amnistiées en 1951 et 1953. Certains des grands patriotes épurateurs n'ont pas toujours eu, au début de l'occupation, une attitude patriotique très nette[326]. Ensuite dans les diverses administrations de la fonction publique et des services publics, on procède à l'examen du comportement de tous ceux qui sont restés sur place, d'où la révocation, selon des critères parfois peu objectifs, de nombreuses personnes. Cette épuration a été très sévère là où la CGT, toujours partisane d'une attitude répressive maximaliste, était fortement implantée, en particulier à la SNCF, où le nombre de sanctions (2 534) est supérieur à celui du reste de la France.

Les injustices ont été nombreuses et douloureusement ressenties par une partie de l'opinion. L'épuration a été considérée par la suite comme un échec avec beaucoup d'incohérences. Ainsi l'éthnologue Joseph Lefftz – qui a accepté en 1941 un poste de chargé de cours à l'université nazie –, a insisté dans son enseignement sur la spécificité alsacienne des coutumes et traditions populaires, ce qui a nécessité un certain courage. Nommé expert pour la germanisation des noms, il s'est efforcé de son mieux d'éviter par une argumentation scientifique le changement de patronyme, au point d'être révoqué de cette fonction. Néanmoins il est suspendu en 1945. Il a eu la chance de bénéficier huit ans plus tard d'une réintégration avec effet rétroactif à la suite d'une décision du Conseil d'Etat.

Le véritable drame est celui des incorporés de force[327] (les malgré-nous), que tous ceux qui n'ont pas connu la terreur nazie en Alsace ont eu beaucoup de mal à comprendre, et qui se heurte à l'incompréhension de la majorité de la population française, parfois même à son hostilité. Cette dernière culmine lors du procès des atrocités d'Oradour-sur-Glane (1953). Sur les vingt et un accusés présents on compte douze incorporés de force. Entre le Limousin qui réclame justice pour une des pires horreurs de la guerre et l'Alsace scandalisée qu'on prenne les victimes pour les bourreaux, le fossé est béant. Après les condamnations, un important mouvement des élus alsaciens provoque à la Chambre des députés le vote d'une loi d'amnistie qui permet le retour au calme et évite une profonde cassure entre l'Alsace et le reste de la France. Les rescapés, après avoir enduré les vexations allemandes puis soviétiques, le froid, la maladie et la sous-alimentation, se voient en Alsace rejetés comme de mauvais Français, exclus des associations d'anciens combattants, et culpabilisés pour un comportement qui leur fut imposé. Ils ont dû attendre près de quatre décennies pour obtenir une indemnisation par l'Allemagne (250 millions de marks, répartis entre plus de 80 000 incorporés de force ou leurs ayants droit, soit 9 100 francs par personne). Cette tragédie a marqué plus d'une génération et a beaucoup pesé sur la vie politique, sociale et culturelle de la région jusqu'à nos jours.

Elle a contribué à la naissance d'un complexe alsacien d'infériorité par rapport au reste des Français, dû à leur culture, liée à celle de l'ennemi, leur méconnaissance du français et l'accent. Le complexe alsacien et le sentiment de culpabilité ont fortement marqué surtout la génération touchée par l'incorporation de force et ceux nés dans les années trente. Toutes ces vicissitudes et souffrances physiques et morales ont bouleversé le rapport des Alsaciens à leur histoire, à leur culture et à leur région, comme l'illustre la célèbre pièce de Germain Muller, *Enfin, redde m'r nimm devun*. A la différence du malaise né après 1918, celui qui se développe après 1945 ne s'exprime pas sur la place publique. Il est complètement intériorisé. C'est la volonté d'oublier sa langue et sa culture, une assimilation pour être comme les autres Français et pour ne plus avoir rien de commun, même dans la culture, avec l'ennemi allemand, cause de tous les malheurs. D'ailleurs durant plus de deux décennies, toutes les personnes désirant défendre les composantes germaniques de la culture

Germain Muller et sa revue «Barabli» ont joué un rôle essentiel dans les retrouvailles des Alsaciens avec leur identité régionale.

alsacienne ou la double culture se font accuser d'être à la solde des Allemands.

Cette volonté d'assimilation se manifeste principalement dans les domaines linguistique et scolaire, mais concerne aussi les forces politiques. A la différence de l'entre-deux-guerres, toutes les familles politiques alsaciennes se retrouvent intégrées dans des organisations nationales, alors que les anciennes formations autonomistes sont rayées de la carte politique, discréditées par l'attitude d'une partie de leurs dirigeants en 1940. Cette mutation est saluée par les grands ténors de la vie politique, à l'image de Pierre Pflimlin qui la qualifie « d'événement considérable qui a fait rentrer dans le courant de la vie politique française les forces vives de la tradition alsacienne... En réalisant cette intégration, le MRP a bien mérité de la cause française en Alsace »[328].

Enfin, après celles de 1871 et de 1918, l'Alsace subit une nouvelle saignée d'intellectuels et d'élites. Nombre d'évacués de 1939 et de réfractaires de 1940 à 1944, quelques dizaines de milliers, refusent de revenir par crainte d'un nouveau conflit ultérieur franco-allemand, une appréhension demeurée très vive un certain temps avant le succès de la construction européenne. Ils ont été rejoints dans les années suivantes par de nombreux jeunes intellectuels découragés par la période de « basse politique », où les chefs politiques autosuffisants et omnipotents écartaient tous ceux qui se risquaient à toucher à leurs privilèges ou qui critiquaient leur médiocrité. La vie politique n'était, selon frère Médard, un témoin et acteur essentiel, qu'une Kaechelsbudick (magouille).

Une politique d'étouffement de la langue et de la culture régionales

En 1945 le rejet de la composante allemande de la culture régionale rejaillit sur la langue, considérée par certains comme « la langue de l'ennemi ». Comme en 1793 l'alsacien devient l'objet d'une connotation négative, alors qu'au contraire le français bénéficie d'une image éclatante – d'où la distinction entre langue de prestige et vulgaire, un jugement qui ne se limite pas aux seules langues, car le prestige de l'une est aussi le mépris de l'autre, comme l'atteste la réflexion souvent entendue « mais on est en France ». L'engouement pour le français traduit une attitude utilitariste. L'expression « Gescht Ditsch hit Franzeesch, parlons donc français » se répand dans toutes les couches sociales. L'affirmation par certains milieux nationalistes que l'usage de l'alsacien représente un handicap social, renforcée par la campagne et les affiches « Il est chic de parler français » connaît une large diffusion. Le loyalisme envers la France s'accompagne du renoncement à la langue maternelle. Dans cette perspective les Alsaciens témoignent de leur volonté d'être Français dans la mesure où ils cessent de « parler à l'alsacienne ». L'abandon du dialecte au profit de l'utilisation exclusive du français représente la dernière étape du processus de l'emprise culturelle de l'Etat.

Ce renoncement à la langue est loin d'être spontané. Il s'accompagne d'une contrainte exercée par l'école et de nombreux responsables de l'Education nationale. Leurs propos élitistes sont fort éclairants : « Il n'y a aucune raison de maintenir les élèves dans leur sous-culture d'origine. » « Il y a des gens qui s'imaginent qu'en Alsace c'est libérer les enfants que de les laisser parler alsacien. Ce serait à mon avis un non-sens car ce serait retourner à l'homme des cavernes »[329]. De même de nombreux Alsaciens veulent ignorer que leur parler est lié à l'allemand, mais même qu'il a toujours été leur langue maternelle. L'ancien président du conseil général du Bas-Rhin, André Bord, écrit en 1978 que « le dialecte alsacien n'a jamais été la langue maternelle des Alsaciens et que seule la langue française est reconnue comme telle »[330]. Une telle attitude est déplorée par le prix Nobel Alfred Kastler qui estime (1968) que l'Alsacien « trouverait stupide qu'on mesure son patriotisme au dédain qu'il devrait afficher pour son parler naturel et pour la langue allemande ». Très vite le français conquiert un véritable monopole dans l'écrit « en déterminant aussi l'environnement des inscriptions publiques, des enseignes commerciales, de l'affichage des plaques de noms de rue et des panneaux routiers »[331].

Le mépris pour l'alsacien s'étend aussi à l'accent qui pendant longtemps a été moins valorisé que celui du Midi et qui est perçu parfois comme germanique. Après 1945 de nombreux étudiants alsaciens ont été l'objet de moqueries, en particulier à Paris et à Nancy. L'accent rappelle que le locuteur est dialectophone. Il est perçu non seulement comme vulgaire et grossier, mais aussi comme ridicule, une déviation mal acceptée par la communauté de langue française[332]. Durant bien des années après 1945 les élèves sont culpabilisés pour leur accent à l'école. Malgré le mal que les Alsaciens se sont donné pour apprendre le français et l'allemand, ils n'ont satisfait personne. On pourrait parler d'une véritable manipulation des esprits par l'exploitation des sentiments patriotiques de l'Alsace (si tu veux être bon Français, il ne faut pas être différent). L'apprentissage du français est durant les premières années perçu comme un acte de contrition et conçu comme un brevet de citoyenneté pour effacer le péché originel. La conséquence en est l'apparition d'un esprit de fatalisme, une résignation face au modèle et une certaine dépersonnalisation. L'Alsacien est ballotté entre des impératifs contradictoires, de fidélité à soi-même et de civisme. Vis-à-vis des Français de l'intérieur il a l'attitude d'un enfant adoptif envers les légitimes, en compensant le complexe d'infériorité par un surcroît de patriotisme.

Une école exclusivement française en 1945

Pour la première fois dans l'histoire de l'Alsace, en 1945 l'allemand est exclu de l'école et sa place fortement limitée dans la presse. Désormais les programmes scolaires sont alignés totalement sur ceux du reste de la France. Seul le statut scolaire avec l'enseignement religieux est maintenu. Il ne sera plus guère menacé hormis une tentative en 1957 qui échoue devant l'opposition de l'Eglise catholique. La langue allemande est non seulement interdite à l'école, mais même l'usage oral de l'alsacien entre les élèves dans les locaux scolaires et pendant les récréations est désormais réprimé par un système de punition subtilement associé à la délation – que de très nombreux enfants ont connu et qui leur a souvent laissé un goût amer – puis remplacé par des moqueries. Le dialecte est désormais vécu comme un malheur pour l'Alsace. Il est non seulement considéré comme un handicap scolaire et social, et présenté comme stigmate d'arriération et de rusticité, mais vécu de surcroît comme une honte nationale à cause de son appartenance à la langue allemande. Cette pression a été volontairement encouragée pendant des décennies par les autorités académiques et le syndicat national des instituteurs (SNI), soucieux d'uniformité nationale. Dans les années 60 une institutrice est sanctionnée parce que dans une école maternelle du Haut-Rhin un bambin a glissé pendant une inspection une petite phrase en alsacien à son voisin[333]. En 1976 encore les inspectrices des écoles maternelles s'opposent à l'usage de l'alsacien. De son côté la *Revue de l'académie de Strasbourg* (1976, 2) pose la question : « Ne croyez-vous pas qu'il y ait quelque risque de relier ainsi l'Alsacien aux sources germaniques de sa culture ? »

Le débat linguistique réapparaît dans un contexte totalement nouveau par l'intermédiaire du conseil général du Bas-Rhin qui à partir de 1947 demande le retour au régime de 1927, alors que dans le Haut-Rhin le MRP est moins actif. Il demeure longtemps stérile, caractérisé par l'agressivité des opposants tandis que le gouvernement fait de la temporisation sa règle de conduite. La loi Deixonne de janvier 1951, qui donne un statut aux langues et dialectes locaux, exclut les langues dites allogènes, dont l'allemand. Les élus alsaciens le contestent et demandent un enseignement de l'allemand. Un décret du 18 décembre 1952 organise un enseignement facultatif de deux heures durant les deux dernières années du primaire. 90 % des parents y sont favorables, soutenus par les deux conseils généraux, qui sous l'impulsion des représentants du MRP, votent des motions. Ils obtiennent un décret qui autorise deux heures hebdomadaires d'allemand pour les élèves de douze à quatorze ans, mais ils se heurtent à l'opposition du SNI et des inspecteurs primaires qui exercent des pressions sur le corps enseignant, dont les deux tiers refusent d'assurer cet enseignement, d'où l'échec. Il faut attendre l'année 1972 pour voir enfin réintroduit un enseignement de l'allemand sur la base du volontariat pendant les deux années du cours moyen à raison de deux heures et demie d'allemand par semaine : c'est la réforme Holderith, du nom de l'inspecteur général d'allemand de l'académie de Strasbourg qui met au point une méthode spécifique audiovisuelle. Cet enseignement bénéficie enfin d'un large soutien, ce qui permet de couvrir rapidement 80 % des classes.

Le retour de l'allemand à l'école depuis 1982

Il faut attendre l'année 1982 pour assister à un revirement des autorités rectorales et académiques. La circulaire du recteur Pierre Deyon – premier recteur français depuis 1919 à considérer le dialecte alsacien non comme un obstacle à éliminer, mais au contraire comme une source de richesse dans une région frontalière –, du 9 juin 1982 [334] marque le début d'une politique d'ouverture sur un enseignement de l'allemand et de la culture régionale à l'école élémentaire, dans les collèges et les lycées. « Parce que son histoire, ses parlers, sa position frontalière marquent fortement la personnalité de l'Alsace, parce que l'alsacien que parle la majorité des habitants de cette région a pour expression écrite une langue de culture et de diffusion internationales : l'allemand, il importe d'envisager ici tous les aspects linguistiques et culturels de ce programme académique. » Il s'agit de dispenser un enseignement de l'allemand d'une durée de deux heures et demie par semaine en respectant le volontariat des enseignants et des familles. Cette volonté est précisée par deux circulaires complémentaires en 1985 et 1988 qui soulignent le contexte international. Désormais l'allemand est qualifié de « langue régionale de France ».

Ce changement d'attitude provoque une réelle dédramatisation et entraîne un fort engouement des élèves pour l'enseignement de l'allemand (trois heures hebdomadaires). En 1984 il concerne 75 % des enfants en cours moyen (neuf-onze ans) dans le Bas-Rhin et 65 % dans le Haut-Rhin. La même année circule auprès des personnalités et des communes une requête en faveur d'un enseignement obligatoire de l'allemand qui obtient la signature de plus de six cent soixante maires alsaciens, soit près de 75 %. En 1991 les pourcentages atteignent 98 à 99 % dans les deux départements, soit pratiquement le plein, alors que pour la classe d'âge de huit à neuf ans le taux demeure un peu en retrait : 91 % dans le Haut-Rhin et 83 % dans le Bas-Rhin. Désormais on procède à une extension progressive de l'enseignement généralisé de l'allemand dans le cycle des apprentissages fondamentaux, où 25 % des élèves de cinq à huit ans sont actuellement concernés. Depuis 1991 cet enseignement s'étend aussi à d'autres disciplines, une initiative qui devrait toucher 20 % des classes d'ici 1995. Pour la première fois l'allemand apparaît aussi en maternelle, plusieurs communes, dans la foulée de l'association ABCM-Zweisprachigkeit, ont ouvert une classe de maternelle bilingue à parité horaire. On assiste depuis peu à la mise en place d'un cursus complet de la maternelle au cours moyen 2 et au développement de classes bilingues à parité horaire.

Dans l'enseignement secondaire l'allemand a subi une

période d'érosion jusqu'en 1986, ce qui a incité en 1983 les deux conseils généraux à diffuser une brochure auprès des parents pour encourager le choix de l'allemand en sixième. Depuis le pourcentage est remonté de 56 % à 66 % des élèves de sixième qui ont choisi l'allemand comme première langue. La diffusion de classes trilingues dans la majorité des collèges de l'académie facilite aussi la progression de l'allemand en sixième. Depuis 1983 existe également un enseignement optionnel de langue et culture régionales dans les divers établissements avec une option au baccalauréat : le nombre des inscrits s'est stabilisé autour de neuf cents, soit un pourcentage autour de 7 %.

Comme dans l'ensemble de la France on assiste après 1960, avec l'extension de l'obligation scolaire à seize ans, à une vague de constructions de collèges et de lycées, qui depuis 1986 sont financés et entretenus par les départements (collèges) et la région Alsace (lycées). En 1992 leur nombre atteint 167 pour les collèges, 69 pour les lycées et 51 pour les lycées professionnels (établissements privés inclus).

La concentration de la presse

Comme pour l'école les autorités imposent une réglementation destinée à encourager la diffusion de la langue française, qui s'insère dans le cadre général de la francisation des moyens d'expression. L'ordonnance du 13 septembre 1945 règlemente à titre provisoire l'usage de la langue allemande. L'article XI décrète que : « Seront seuls autorisés à paraître les journaux et périodiques de langue française ou bilingues. Toute publication bilingue doit contenir une proportion de texte en langue française qui ne pourra être inférieure à 25 %. En dehors des petites annonces, tout texte publicitaire ainsi que les communications d'état civil doivent être publiés en français. Les rubriques sportives et les rubriques destinées à la jeunesse seront obligatoirement publiées en français. » Pour la première fois en Alsace, l'édition de journaux portant des titres en langue allemande ou rédigés exclusivement en langue allemande est interdite. Cet article a été abrogé par la loi du 23 octobre 1984 sur la presse. La presse bilingue subit très vite un recul, une érosion qui se poursuit jusqu'à nos jours, alors que la presse française a connu une stagnation jusque vers 1960.

La Libération suscite une véritable floraison de titres en Alsace avec quatorze quotidiens politiques et d'information et cinq hebdomadaires, dont la moitié (dix) sont des feuilles nouvellement créées. C'est une presse très politisée. Mais au fil des années la presse indépendante d'information s'affirme : dès 1949 *Les Dernières Nouvelles d'Alsace* et *L'Alsace* représentent avec leurs doubles éditions et les diverses éditions locales en moyenne 58 % du tirage global des quotidiens alsaciens. Dans la presse d'opinion seuls se maintiennent les journaux démocrates-chrétiens (*Le Nouvel Alsacien* et *Le Nouveau Rhin français*) avec 21 % du tirage global, alors que la nouvelle presse, apparue en 1945, disparaît peu à peu. En l'espace de cinq ans on passe d'une presse multiple et variée à une situation quasi duale, les quotidiens d'information et ceux d'obédience MRP représentant en 1950 ensemble 80 % du tirage global[335].

Dans les décennies suivantes la plupart des quotidiens disparaissent, dont en 1986, après avoir fêté son centenaire, *Le Nouvel Alsacien*, journal régionaliste engagé et chrétien qui n'a pas su renouveler son lectorat. En 1972 apparaît une presse parallèle, spontanée, anticonventionnelle, de sensibilité écologique. Les deux principaux titres sont *Klapperstei 68* à Mulhouse (jusqu'en 1978) et *Uss'm Follik* à Strasbourg (jusqu'en 1983).

Depuis 1986 ne subsistent plus que deux quotidiens qui sortent chacun une édition en français et une bilingue, sans compter leurs nombreuses éditions locales (25 pour *Les DNA* – 17 françaises et 8 bilingues – et une quinzaine pour *L'Al-*

sace), ce qui renchérit sensiblement le coût, par la traduction et la double composition. *L'Alsace* tire actuellement en moyenne à 140 000 exemplaires, dont plus de 13 000 en édition bilingue, et *Les DNA* à 241 000 : la part de l'édition bilingue ne cesse de régresser, chutant de 47 % en 1970 à 28 % en 1980 et à 16 % en 1993. Il s'agit de titres de grande qualité, parmi les meilleurs de la presse quotidienne régionale pour la valeur de leurs informations, à la fois nationales, régionales et locales. Leur taux de pénétration (68 % de la population) est un des plus élevés en France. Tous les deux participent à la promotion de la création contemporaine, soutiennent activement la vie culturelle, associative et sportive en Alsace et rayonnent, l'un vers la Moselle, l'autre vers Belfort, Montbéliard et la Haute-Saône, sous l'appellation *Le Pays*, comme l'atteste la carte ci-contre.

La presse périodique connaît encore de nombreux titres destinés à une clientèle très ciblée dont voici quelques titres : *L'Ami du Peuple* (datant de 1858), *L'Est agricole et viticole, Le Paysan du Haut-Rhin, Saisons d'Alsace, Elan*, sans oublier la presse confessionnelle (*Aux carrefours de l'Alsace – Paroisses vivantes, le Messager évangélique, Unir* et *Echos*)[337]. C'est surtout la presse grand public (presse féminine, magazines pour les jeunes) et spécialisée qui progresse le plus rapidement. L'ensemble de la presse bilingue est en chute libre depuis la fin des années 60, malgré un ralentissement depuis 1980. Ses bastions se situent dans les régions de Wissembourg et de Sarre-Union. Les causes sont banales : disparition progressive de la génération âgée, place prépondérante du français et surcoût de 30 %[338].

La radio : du monopole au foisonnement des radios libres[339]

Après 1945 la presse est de plus en plus concurrencée par d'autres médias, la radio, puis la télévision. La radio change profondément de nature par rapport à l'avant-guerre 1939. Si elle dispose désormais de davantage de moyens, elle perd son

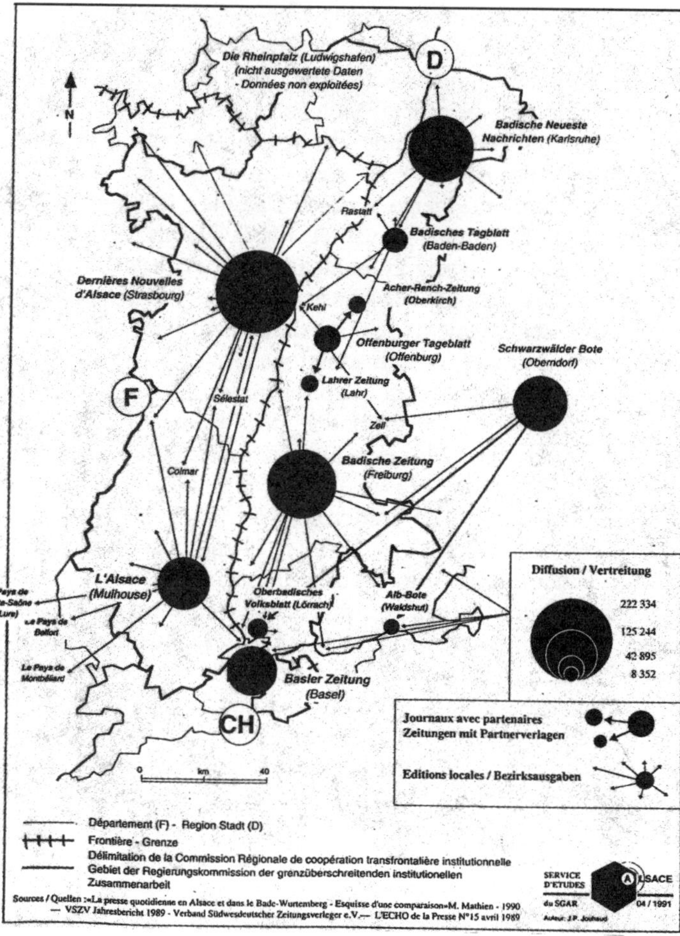

La presse quotidienne régionale rhénane en 1989. Cette carte illustre à quel point le Rhin demeure pour la presse une frontière culturelle.

autonomie régionale face à Paris. La fonction nationale face à l'Allemagne évolue vers une vocation de francisation de ce qu'on appelle à Paris les « marches de l'est ». Avec la création du Conseil de l'Europe, Radio-Strasbourg bénéficie d'un développement technique et culturel important, ainsi que d'un apport croissant de véritables professionnels de la presse orale. Une nouvelle équipe de spécialistes des émissions alsaciennes commence à se roder avec Martin Allheilig, Jean-Paul Gunsett, Pierre André, Camille Hechinger, Marianne Rudloff, Dinah Faust et Félice Haeuser. Germain Muller et Gaston Goetz animent des soirées alsaciennes très appréciées. Il s'y ajoute progressivement des émissions poétiques, des enregistrements réalisés dans les différentes villes et bourgades, enfin des retransmissions musicales (festival de Strasbourg et concerts de l'orchestre symphonique de la station) régulièrement diffusées par France-Musique et France-Culture. La radio joue dans les années 1950 un rôle de défense de la culture régionale sous l'impulsion de Martin Allheilig, qui soulève de nombreuses critiques.

En 1960, est ouverte la maison de la radio de Strasbourg. Elle est constituée de studios, de lieux scéniques, d'un orchestre, d'une troupe de théâtre alsacien et d'une autre professionnelle. Un tel ensemble lui permet de réaliser deux dramatiques hebdomadaires, de nombreux magazines et quelque quatre cent cinquante émissions de variétés par an. Cette création constitue un grand moment dans l'histoire de la diffusion sonore et audiovisuelle alsacienne. L'avènement de la télévision entraîne un recul progressif de la radio. Certes l'ORTF (1964-1975) réserve une large place aux divers théâtres alsaciens, spectacles de cabaret et fêtes folkloriques et participe à la politique de création d'œuvres régionales. La part de l'alsacien ne cesse de reculer et après 1980 également l'audience de la station, intitulée désormais Radio-France-Alsace, en dépit de plusieurs réformes, face aux radios libres. Le recul de l'alsacien suscite en 1984 de vigoureuses protestations par cinq associations et des élus centristes, puis le départ de plusieurs animateurs.

Les radios locales, reconnues par une loi de 1981, sont les éléments d'une « véritable révolution dans le domaine des moyens de communication sociale » et l'expression d'une volonté de diversification de l'information et de la détente. Mais en Alsace la modulation de fréquence est encombrée par des radios allemandes et suisses, et des fréquences sont bloquées par les autorités militaires. On peut classer les émetteurs attribués par le Conseil supérieur de l'audiovisuel en trois catégories, les radios associatives à but non lucratif (sans publicité), les radios associatives avec le droit à la publicité et les radios commerciales. Comme la loi réduit le rayon de diffusion spatiale, l'information régionale se morcelle. Depuis 1985 l'Alsace dispose de quarante et une stations locales regroupées sur quinze fréquences. A Strasbourg on compte en 1993 quinze radios locales sur la bande FM, dont la majorité sont devenues commerciales avec des journalistes et des animateurs professionnels. Mais le public demeure difficile à fidéliser.

Naissance et essor de la télévision

C'est en 1953 que la télévision apparaît à Strasbourg, deuxième centre régional après Lille. Elle connaît un essor très rapide en Alsace. Son histoire concerne principalement le développement des chaînes, le degré d'autonomie face à Paris, le volume, le contenu et la langue des émissions régionales. Si la première chaîne n'est captée qu'en janvier 1956 à Mulhouse, par la suite il n'y a plus de décalage important entre les deux départements, hormis les vallées vosgiennes. La seconde chaîne est introduite en 1965. La couleur apparaît en 1967 et la troisième chaîne en 1972, en 1985 c'est au tour de Canal plus et l'année suivante des cinquième et sixième chaînes. Dès 1980, 87 % des ménages sont équipés d'un téléviseur. La télévision apparaît comme le tout premier des loisirs : sept personnes sur dix la regardent journellement et quatre sur dix y consacrent plus de deux heures quotidiennes.

Jusqu'en 1983, les émissions régionales demeurent réduites à la portion congrue, de l'ordre de 2 % du temps d'antenne. Il en résulte le mécontentement et la désaffection dont profitent les chaînes allemandes largement décentralisées, plus compréhensibles, plus accessibles et d'une plus grande diversité. Dans les années 1970 les critiques se multiplient contre le centralisme parisien : directeurs, journalistes et producteurs sont mutés d'une station à l'autre au bout de quelques années, de sorte qu'ils n'ont qu'une connaissance très superficielle des réalités régionales. En 1975 la naissance de FR3 Alsace, provoque la disparition de l'orchestre radiosymphonique et de sa centaine de musiciens. Désormais sont prévus, dans le cadre de la grille nationale de FR3, des créneaux horaires de décrochage. Dès 1979 FR3 Alsace réalise vingt-sept heures d'émissions télévisées en dialecte ou en allemand, soit plus de la moitié de la production régionale.

En 1983 la régionalisation opère une avancée importante. La durée des programmes élaborés dans les régions connaît une extension sensible. Le nouveau directeur, Georges Traband (1983-1991) secondé par Gérard Heinz, joue un rôle moteur. Durant quelques années la télévision régionale bénéficie de trois heures d'émission par jour et s'efforce d'établir un équilibre dans les contenus et les genres entre les composantes de sa grille : productions alsaciennes ou reprises des autres régions françaises et des pays voisins. Cette vitalité freinée toutefois par la modicité des moyens permet à la station d'avoir le meilleur taux d'audience de toutes les stations régionales FR3. Mais en 1989 la direction nationale reprend le créneau quotidien de 19 h 30 à 19 h 55, ne réservant à la station que des horaires le samedi et le dimanche ainsi que les actualités régionales. En dépit de ce net recul de l'autonomie de la station, sa direction s'efforce de maintenir autant que possible l'ouverture à la culture régionale.

Disparition de l'originalité cinématographique

La programmation des salles de cinéma en Alsace ne se différencie plus guère de la pratique nationale. Jusque dans les années 50, Strasbourg disposait de deux salles spécialisées dans la projection de films allemands qui trouvaient également un public fidèle dans les villes petites et moyennes et à la campagne. En 1959 on a introduit les bus de cinéma qui passent chaque année cinq fois dans les villages. Ils bénéficient d'un large succès : en 1960 ils ont attiré 80 000 personnes, soit 15 % de la population. Bien que quelques créations originales régionales aient connu des succès d'estime, seule l'adaptation télévisuelle des *Tilleuls de Lautenbach* de Jean Egen a rencontré une audience plus importante. Depuis quelques années, l'audiovisuel connaît un essor et un renouveau incontestables.

L'effondrement de la vie culturelle régionale de 1945 à 1968

Au lendemain de la Libération l'Alsace subit un rejet brutal de tout ce qui était germanique dans ses traditions culturelles et donc de sa double culture. La politique culturelle nazie a certainement mieux œuvré que deux siècles de politique française d'assimilation à couper l'Alsace de son héritage culturel germanique. Pendant plus de deux décennies la vie culturelle régionale est totalement étouffée par une chape de plomb. C'est l'époque des hyperpatriotes, des Hurrapatrioten. Toute velléité de défense de la double culture est considérée comme un manifeste de germanophilie. Délibérément de nombreux Alsaciens renoncent à leur expression spécifique défendue vigoureusement avant 1939 par la grande majorité des mouvements éducatifs et récréatifs. Un peu partout fleurissent des papillons portant le slogan « C'est chic de parler français ». C'est aussi l'époque où les noms de certaines communes sont francisés (Ober devient le Haut, Nieder le Bas).

Le dialecte tend peu à peu à être considéré comme une tare, une maladie honteuse, un comportement préjudiciable à la francophonie, l'expression d'un sous-développement culturel, tout juste bon pour valet de ferme ou autre amateur de grosses farces. Les ministres alsaciens ne veulent plus entendre parler d'identité alsacienne, pensant que sinon leur carrière nationale serait compromise, que ce soit le gaulliste René Capitant, le socialiste Marcel-Edmond Naegelen ou le démocrate-chrétien Pierre Pflimlin. L'Alsace est en fait réduite à un cliché simpliste de carte postale, tel qu'il a été figé trente ans plus tôt par Hansi : un costume folklorique avec la coiffe et un papillon tricolore – alors qu'en réalité il existe une grande diversité de Wissembourg à Altkirch –, la choucroute, le vin blanc, la cathédrale, les colombages, les cigognes et les flonflons, soit toujours les cinq C de 1914. Ce stéréotype pour touristes en mal d'exotisme contribue à affaiblir la vie culturelle de la région et à donner une image abêtissante de l'Alsace, limitée à des goinfres et des ivrognes. L'étiquette « folklore alsacien » n'est souvent qu'un cache-misère. La scène culturelle régionale est marquée du sceau un peu méprisant d'un gentil amateurisme et de la seule gestion de son héritage.

Le Rhin constitue – en dépit des débuts de la construction européenne célébrée en d'innombrables envolées lyriques – une véritable frontière culturelle. La musique populaire demeure figée dans son état de 1914, tout comme les danses folkloriques, privées de toute créativité. La culture populaire est coupée de l'évolution culturelle d'outre-Rhin et sombre dans la médiocrité. Dans les années 1950 les responsables de la radio s'indignent devant le lamentable répertoire des chorales et l'indigence des poésies populaires. L'art populaire d'Alsace se réduit-il à ce « bric-à-brac frelaté », à ce « ridicule manège de grosses Alsaciennes, de cigognes et de pots bavarois »[339]. En fait les chansons prétendument folkloriques et alsaciennes ne sont souvent que des produits d'importation venant d'outre-Rhin. « La notion même du goût avait pratiquement disparu de la mentalité du peuple. Que la grossièreté, la trivialité et l'imbécilité triomphaient sur toute la ligne... Il aurait suffi de gratter le vernis que le mauvais goût du siècle a collé sur nos arts et nos traditions populaires, pour retrouver chez nos ancêtres un extraordinaire instinct du beau, pour découvrir un sens esthétique solide et sûr que nos populations possédaient à un degré qui aujourd'hui nous fait rêver » [340]. En 1960 est fondée l'Association Jean-Baptiste Weckerlin qui a pour but de rénover les arts populaires par des recherches sur le patrimoine existant, la création de répertoires de qualité, la publication et la diffusion de répertoires, et de réagir contre la politique passive de la programmation de Radio-Strasbourg.

L'affaiblissement de la culture est en grande partie lié à la rupture occasionnée par la guerre entre la génération adulte politiquement brisée, qualifiée de « sacrifiée », et les jeunes soumis à une politique scolaire d'assimilation et dont la formation se limite aux éléments acquis à l'école ou véhiculés par les radios et autres médias. La rupture de la transmission de la culture orale (chansons populaires, contes...) est aggravée par la rupture linguistique entre les générations. Elle représente un effondrement de la substance, du sens de l'esthétique et de l'harmonie de la culture régionale qui « a laissé la conscience alsacienne sans ressort » [341]. Seule une minorité tente de défendre la culture alsacienne, en particulier Martin Allheilig et son équipe à la radio avec les soirées alsaciennes, le frère Médard avec le FEC, Germain Muller et trois écrivains dont les livres ont connu un profond écho. Au FEC les problèmes alsaciens demeurent dès 1945 sur l'avant-scène grâce aux ICS (Intellectuels chrétiens sociaux). C'est là que les défenseurs du bilinguisme effectuent leurs débuts comme André Weckmann et Eugène Philipps. En 1957 apparaît la revue *Elan*, moyen d'expression des ICS, qui préserve les valeurs de l'histoire littéraire et artistique et qui évolue vers le régionalisme dans les années 60.

En 1946 Germain Muller crée le cabaret Barabli [342] qui est sans doute le premier ferment de l'Alsace qui reprend confiance en elle-même. Réaliste et satirique, il suscite un élan à la fois populaire et intellectuel qui permet petit à petit à l'Alsace de s'émanciper. Ses comédiens finissent par incarner autant l'esprit frondeur que le bon sens alsacien. Dans la pièce de théâtre *Enfin, redde m'r nimm devun* (1949) il entreprend de vider l'abcès du comportement politique des Alsaciens entre 1939 et 1945. En 1963 il compose le chant du cygne des Alsaciens (*Mir sin schient's d'Letschte !*), un air devenu très populaire, mais trente ans après l'alsacien demeure encore bien vivant. Le Barabli a joué un rôle de décrispation et contribué à une réconciliation entre Alsaciens qui ne s'aimaient plus. Par sa production active, dans laquelle étaient intégrés le jazz, la poésie et le théâtre moderne, il milite pour une culture régionale vivante, ce qui permet à l'identité alsacienne de se détacher de Hansi et du folklore simpliste pour s'intégrer dans notre époque. Durant près d'un quart de siècle le Barabli a été seul à représenter la faculté de créativité. Son non-conformisme sans excès explique le succès permanent avec plusieurs dizaines de représentations de chaque spectacle à travers toute l'Alsace devant des salles toujours combles. Il est à la fois le meilleur observateur de la mort lente du dialecte et une valeur refuge pour l'élite.

En littérature trois ouvrages connaissent un large écho. Le philosophe Emile Baas publie en 1946 une *Situation de l'Alsace* dans laquelle il explique sous la forme de quinze lettres à un correspondant français la spécificité alsacienne qu'il souhaite voir conservée dans le cadre français. La *Psychanalyse de l'Alsace* de Frédéric Hoffet [343] devient le best-seller des années 1950. C'est une étude ethnique et politique de l'Alsace, qui stigmatise la « pitoyable lâcheté alsacienne » et qui a donné lieu à de nombreux débats et à une vive réaction des chauvins de l'époque. Au même moment le journaliste Marcel Jacob publie *Menschen im Garten*, paru ensuite chez Plon sous le titre *Les Clefs du jardin*, et couronné par le prix des Lecteurs, d'où une audience nationale. Cette histoire de deux familles du Sundgau de 1914 à 1945 apporte un éclairage sur les réalités complexes de l'Alsace durant sa période la plus tragique. Elle a déplu aux chauvins [344]. Il convient de signaler le groupement Musique et Culture qui réalise la création de nombreuses écoles de musique, l'amélioration de la pratique instrumentale et des concerts radiophoniques pour les écoles. En vue, cette fois, de diffuser la culture française on assiste à la création de l'Académie d'Alsace par René Spaeth à Colmar et à l'Académie des marches de l'est par André Weber à Strasbourg. Leur principal rôle consiste à organiser des manifestations culturelles de qualité.

Renouveau et affirmation de la culture et de l'identité régionales depuis 1968 [345]

L'année 1968 marque un tournant dans la vie culturelle de l'Alsace. C'est l'arrivée d'une nouvelle génération qui ignore souvent le passé et la double culture. L'effervescence suscitée par l'agitation de mai conduit à une décrispation, un déblocage après le sentiment de culpabilité qui a étouffé l'Alsace depuis 1945. Les acteurs de cette prise de conscience sont d'abord les dirigeants du cercle Schickelé, fondé par des universitaires et des enseignants pour promouvoir le bilinguisme en Alsace et en Lorraine thioise, des poètes, des chanteurs (Conrad Winter, Roger Siffer, Jean Dentinger, Sylvie Reff), des auteurs dont André Weckmann, Eugène Philipps, René Ehni et Jean Egen. Durant ces années « le dialecte s'affirme, face à diverses formes de censure institutionnelle ou publique, comme l'instrument privilégié de tout ce qui s'est animé sur les fronts de lutte culturels, écologiques, politiques ».

On peut distinguer trois grandes étapes de 1968 à 1992. La première mène « de la différence à la politique (1968-1974) ». Les militants s'intéressent en priorité à la spécificité alsacienne. Cette prise de conscience culturelle aboutit à des réflexions politiques sur les problèmes de culture minoritaire et de pouvoir. Une nouvelle pépinière de jeunes chanteurs apparaît. C'est aussi l'époque de la redécouverte des « langues régionales » en France, la liaison avec le mouvement écologique des années 1970 (l'« internationale alémanique »). La seconde étape que Jean-Claude Richez qualifie « de la militance à la production » (1975-1979), connaît une floraison de revues, de livres et de disques. Mais la multiplication des actions entraîne un essoufflement. Il s'agit surtout de milieux intellectuels et de militants. Depuis 1980 les actions se diffusent en profondeur. Elles sont portées par divers organes comme le cercle Schickelé, Heimetsproch un Tradition et bénéficient d'un intérêt croissant des politiques, des médias et de l'Education nationale avec l'apparition d'une association d'enseignants S'Elsass in de Schuel. De leur côté les assemblées régionales et départementales se sont mobilisées pour la défense du patrimoine et le développement du bilinguisme, afin de préserver l'identité régionale et de rendre à l'Alsace sa place dans l'Europe. Ce large intérêt permet de mobiliser un nombre élevé de personnes en cas de tension (trente-deux mille signatures pour protester contre la suppression du créneau horaire télévisuel de 19 h 30 à 19 h 55 en 1989).

Le mouvement culturel largement soutenu par de nombreux artistes se nourrit de débats sur la chanson, le théâtre et la littérature en Alsace. Son thème privilégié est la question linguistique, largement développée dans les livres d'Eugène Philipps[346], et principale préoccupation du cercle Schickelé et de sa revue *Land un Sproch*, fondée en 1970. Plus engagé est le Front culturel alsacien, remplacé en 1980 par Unsri Gerachtigkeit, mouvement pour l'autogestion culturelle alsacienne. Celui-ci rappelle l'urgence de promouvoir la création

Affiche du Cercle Schickelé pour la défense du bilinguisme en Alsace.

et la culture populaires. En 1980 de nombreux poètes, écrivains, chanteurs et militants culturels lancent un appel aux élus d'Alsace en faveur d'un statut officiel pour la langue régionale.

De 1975 à 1980 on assiste à une véritable floraison de journaux, dont *De Budderflade* (1975-1980) et les *Cahiers de l'Alsace rouge* (1976-1981), qui ont tous disparu, hormis le périodique *Rot un Wiss*. BF éditions et la Salde (éditions du cercle Schickelé) publient et diffusent des alsatiques. Toute cette fermentation a réussi à sensibiliser de très nombreux Alsaciens au problème culturel. Le contexte politique régional est progressivement devenu favorable à cette œuvre de longue haleine. En 1980 a lieu au conseil général du Bas-Rhin un grand débat sur le problème linguistique, où l'on parle pour la première fois et en alsacien du « peuple alsacien ». Lors des élections régionales de mars 1992 pratiquement tous les partis politiques ont manifesté leur intérêt pour ce problème.

Une littérature riche et diversifiée dans les trois langues [347]

Comme pour la culture on peut distinguer deux périodes. Avant 1970 l'ambiance germanophobe et le recul de l'usage de la langue de Goethe rendent la survie d'une littérature allemande plus problématique que jamais. Après cette date, la prise de conscience de l'identité alsacienne, de la double culture et de la nécessité d'un avenir bilingue favorise son renouveau sous le double signe du ressourcement et de l'ouverture. Ainsi la littérature peut à nouveau présenter une image positive dans ses trois expressions et des perspectives nouvelles. Le début de la période est encore marqué par les grands noms d'avant 1939 : Albert Schweitzer, prix Nobel de la Paix (1953), Jean Hans Arp qui revient à la langue allemande et dont « le double prénom de Jean et Hans qu'il aimait à se donner illustre à lui seul la double appartenance linguistique et culturelle sous le signe de laquelle se passe toute sa vie ». (Aimée Bleikasten). Maxime Alexandre poursuit son œuvre poétique en langue française, avec un retour épisodique à l'allemand (*Durst und Quelle*). Bien que très critique envers la situation alsacienne il devient le grand ancien, auquel se réfèrent volontiers les jeunes poètes d'Alsace. Jean-Paul de Dadelsen (1913-1957) est un remarquable poète (*Jonas*). Bien que maîtrisant trois idiomes (avec l'anglais) il demeure très attaché au « pays ancien », à « l'image du pays natal ». Claude Vigée, qui partage sa vie entre Jérusalem et l'Alsace, fait partie des auteurs français contemporains les plus marquants ; il est publié par les grands éditeurs parisiens. Néanmoins il demeure fidèle au dialecte dans lequel il a composé deux poèmes majeurs de la littérature dialectale contemporaine.

La littérature d'expression française se répartit entre la poésie et le roman. L'ancienne génération conserve le langage et les formes classiques chez Catherine Kany, Lucien Baumann et Jean Christian. La génération suivante se caractérise par l'influence du surréalisme (Jean-Claude Walter), le lyrisme (Joseph-Paul Schneider), un net engagement (Conrad Winter, Sylvie Reff, André Weckmann, Jean-Paul Sorg et Jean-Paul Klee). Un certain nombre d'Alsaciens s'affirment peu à peu dans le roman et les récits en langue française. D'abord trois Alsaciens de Paris : Marcel Haedrich, Alfred Kern qui obtient en 1960 le prix Renaudot pour *Le Bonheur fragile*, et Jean Egen devenu célèbre avec *Les Tilleuls de Lautenbach* (1979) et une saga alsacienne, *Le Partage du sang*. Parmi les auteurs régionaux, les œuvres les plus marquantes sont celles de Fernand Schierer (*Les Fleurs de Lise*), Christiane Roederer (*Elsa Mann*) et Marguerite Thiébold, spécialisée dans la littérature pour l'enfance, sans oublier les récits témoignages de Jean Christian (*Le Coup de pioche*).

D'autres recherchent une « écriture spécifiquement alsacienne ». André Weckmann tente l'expérience d'un « roman alsacien en français alémanique » avec *Fonse ou l'Education alsacienne* (1975). Son art révèle une maîtrise impressionnante du verbe, une infinie richesse du vocabulaire et une troublante vérité dans l'expression. René Ehni utilise un vocabulaire un peu provocateur et hermétique, et Louis Schittly développe une incisivité militante dans ses romans du terroir.

La littérature allemande est tributaire des générations. Celle engendrée par les écrivains nés dans l'Alsace allemande connaît des conditions difficiles et est marquée par « la tradition et l'isolement ». Ces auteurs demeurent fidèles à la langue et à la forme traditionnelles et se situent « dans le refuge consolateur de la foi religieuse ». Ils composent une « poésie sentimentale et édifiante, idyllique et apolitique », étrangère à l'actualité. Deux noms connus avant 1939 poursuivent leur œuvre. Paul Bertololy produit une remarquable autobiographie romancée, *Im Angesicht des Menschen* (1964). Louis Edouard Schaeffer publie un choix d'œuvres, *Ausgewählte Werke* (1977-1987). De nouveaux noms apparaissent, tous des poètes : Henri Adrian (1885-1969), très classique, Joseph Reithler (1907-1987), auteur d'une vingtaine de recueils d'une poésie engagée dans la lutte pour l'identité et la langue, lyrique et d'inspiration religieuse, Paul-Georges Koch (1908-1982), un pasteur nourri de spiritualité biblique, et Gaston Peter, exemple de la survivance d'une littérature populaire.

Leur production littéraire témoigne de la tradition et de l'isolement. Marqués par l'autonomisme, le nazisme et l'épuration, ces hommes ont peur du politique. De plus comme leurs prédécesseurs d'avant 1870 ils n'ont pas de contact avec la vie littéraire allemande et l'évolution linguistique, attitude renforcée par l'influence d'une religion conservatrice. Ils célèbrent les « valeurs éternelles, le lien avec la Heimat, les vertus bourgeoises et paysannes du travail et de Biederkeit, les paysages alsaciens, la vie villageoise et urbaine de leur jeunesse ». Cette génération a produit également de remarquables germanistes, en particulier Albert Fuchs (1896-1983), professeur, spécialiste de l'œuvre de Goethe et fondateur du mémorial Goethe à Sessenheim, et Robert Minder (1902-1980), germaniste au Collège de France, ainsi que des savants et historiens qui continuent à privilégier l'allemand, à l'instar de Joseph Lefftz (1888-1977), spécialiste du folklore et de la chanson populaire, de Paul Stintzi (1898-1986), historien du Sundgau, ou de Marie Joseph Bopp (1893-1972), historien et auteur de pièces de théâtre.

La génération née dans l'entre-deux-guerres bénéficie en partie d'un enseignement de l'allemand à l'école élémentaire, puis ceux nés de 1927 à 1937 connaissent successivement les écoles française, allemande sous emprise nazie et pour les plus jeunes à nouveau française, soit une série de ruptures qui handicapent fortement l'expression littéraire. Il en résulte une relation devenue problématique des auteurs envers la langue allemande. Leurs langues préférées sont devenues le français et l'alsacien. Seul un petit nombre parvient à un bilinguisme littéraire. Ces derniers toutefois renouent avec la littérature allemande contemporaine de la poésie et du roman, d'où une rupture avec l'ancienne génération, fortement revendiquée dans la préface d'un recueil de poèmes paru en 1981, *In dieser Sprache* (œuvres d'Adrien Finck, André Weckmann et Conrad Winter). Celle-ci formule l'exigence d'un « autre allemand », lié à la situation alsacienne présente et nourri au dialecte. La poésie teintée de romantisme et soucieuse de consoler est remplacée par la protestation dans une fonction critique et une responsabilité politique, sans oublier l'exigence d'une authenticité alsacienne de la langue et « l'affirmation du droit d'écrire un autre allemand ». « Nous vivons et écrivons dans l'Alsace française d'aujourd'hui. L'allemand ne peut avoir pour nous la même signification que pour des Allemands. Notre allemand doit être différent. L'allemand n'est pas la langue de notre quotidien ni de notre environnement. L'allemand est pour nous à la fois lointain et proche »[348]. Il s'agit d'une littérature marquée par le témoignage en faveur de la survie de sa langue, éditée principalement en République fédérale allemande, un « signe des difficultés de l'édition et de la raréfaction du public en Alsace, mais aussi de l'importance transfrontalière prise par notre littérature ». Les œuvres majeures de cette « prise de conscience » sont deux romans d'André Weckmann, *Wie die Würfel fallen* (1982) et *Odile oder das magische Dreieck* (1985), ainsi que *Der Sprachlose* (1985), d'Adrien Finck, « récit symbolique de la destinée tragique d'un jeune poète alsacien ».

La génération née après 1945 ne compte plus guère d'auteurs maîtrisant l'allemand littéraire hormis ceux d'origine allemande, Alsaciens d'adoption, en particulier Emma Guntz et Maryse Staiber. De plus en raison du faible public potentiel en Alsace, seules des maisons d'édition allemandes sont en mesure de publier de tels recueils à tirage limité. Cette littérature n'est guère reconnue en Alsace ; des suspicions on est passé à l'indifférence. Les perspectives d'avenir sont sombres : manque de capacités linguistiques chez les lecteurs et peut-être bientôt chez les auteurs, de sorte qu'on peut parler de « littérature dans un champ de ruines ».

La faible place de l'allemand tend à être compensée de plus en plus par l'alsacien, avant tout sous la forme poétique, dont la renaissance constitue un des événements majeurs de la vie culturelle et littéraire contemporaine en Alsace. Elle s'est imposée dans les années 1970. On peut également distinguer plusieurs générations. Celle formée avant 1918 comprend trois brillants talents : Nathan Katz, Emile Storck et Georges Zink, ainsi que trois poétesses : Anne Franck-Neumann, Marguerite Haeusser et Lina Ritter qui a dû quitter l'Alsace en 1919.

Dans la génération de l'entre-deux-guerres s'illustrent surtout Raymond Matzen, Henri Mertz, Auguste Wackenheim, fondateur et directeur de la *Revue alsacienne de littérature*, qui manie admirablement l'humour, et Claude Vigée, en particulier *Schwarzi Sengessle flackere em Wend*, qui associe le familier et l'étranger, le lyrique et le grotesque. Avec le renouveau du mouvement culturel en 1968 apparaît une poésie critique, souvent très engagée, en particulier dans l'« internationale alémanique », pour la défense du dialecte, en liaison avec l'écologie. Cinq poètes émergent et publient chacun une série de recueils de poésies : André Weckmann qui apparaît comme un chef de file de la « Protest-Mundart » dans les années 1970, Conrad Winter, en particulier *Lieder vunn de Sunnebluem*, marqués par un engagement culturel et écologique, Adrien Finck, Gérard Leser et Jean-Paul Sorg pour qui la poésie devient « expérience de l'exil ». Weckmann a précisé les orientations de cette littérature : une attitude progressiste hostile à tout nivellement, dont le maître mot est « devenir adulte », « le dialecte doit demeurer le fondement de notre existence culturelle ». « Sans lui notre spécificité disparaîtrait... sans lui un véritable bilinguisme franco-allemand serait impossible. Face aux deux langues écrites, il n'est pas un ennemi, mais un partenaire qui se meut dans l'espace politique français comme langue régionale et qui ouvre la porte à la langue et à l'espace culturel allemands »[349]. Weckmann se situe dans la même dialectique que les Stürmer autour de René Schickelé au début du siècle, entre provincialisme et esprit européen, affirmation de la spécificité et vocation d'une médiation franco-allemande. En dépit de son intérêt le champ de compréhension de l'alsacien est trop étroit et limité à un faible public, d'où en cas de rupture avec le Hochdeutsch un appauvrissement réel.

Une production abondante d'alsatiques

Au lendemain de 1945 on assiste à un rejet de la culture alsacienne, au point que pendant deux décennies les publications relatives à l'Alsace demeurent bien limitées. Deux organes s'efforcent peu à peu de susciter à nouveau un intérêt pour l'Alsace. En 1948, Antoine Fischer fonde la revue *Saisons d'Alsace*, revue des belles-lettres et panorama de la vie artistique en Alsace dans le passé et le présent, ouverte aux universitaires et aux érudits, reprise plus tard par la maison d'édition Istra. Dès 1946 l'ancienne Wissenschaftliche Gesellschaft reprend vie avec une nouvelle équipe d'orientation francophile incontestée, constituée surtout d'universitaires historiens et de quelques représentants du milieu économique. La nouvelle Société savante d'Alsace et des régions de l'est entreprend la publication (dix jusqu'en 1969) d'ouvrages collectifs sur des thèmes jusque-là délaissés : bourgeoisie, paysans, lettres, artisans et ouvriers, musique en Alsace. D'autres travaux sont publiés par la *Revue d'Alsace*, qui reparaît en 1947.

L'espace alsacien bénéficie aussi de quelques grandes thèses en géographie (Etienne Juillard, *La Vie rurale dans les campagnes de Basse-Alsace*, 1953) et en histoire (Georges Livet, *L'Intendance d'Alsace sous Louis XIV 1648-1715)*, 1956, Paul Leuilliot, *L'Alsace au début du XIXe siècle (1815-1830)*, 1959-1960. Quelques érudits réalisent des œuvres considérables, le plus souvent en allemand. Le chanoine Médard Barth (1886-1976) a publié plus de trois cents études sur le catholicisme, dont un *Handbuch der elsässischen Kirchen im Mittelalter* (1960-1962), ainsi que *Der Rebbau des Elsass*, 1958, qui demeure toujours la référence obligée pour l'histoire de la vigne et du vin en Alsace. Le chanoine André-Marcel Burg (1913-1987) écrit plusieurs études sur l'histoire de l'Eglise, dont deux monographies sur le pèlerinage de Marienthal (1959) et le prédicateur Simon-Ferdinand Mühe (1965). L'ethnologue Joseph Lefftz (1888-1977) a publié un ouvrage sur les coutumes villageoises (*Elsässische Dorfbilder*, Wœrth 1958), trois recueils de chansons populaires alsaciennes (*Das Volkslied im Elsass*, Colmar, Paris, Fribourg-en-Brisgau, 1966-1969) et trois livres sur les coutumes autour du Nouvel An, à Pâques et à Pentecôte (*Elsässisches Volksleben*, 1973-1979). Marie-Joseph Bopp entreprend un répertoire biographique très précieux de tous les pasteurs en activité en

Alsace (et Moselle) de la Réforme à 1960 et une *series pastorum* pour toutes les paroisses (*Die evangelischen Geistlichen und Theologen in Elsass und Lothringen, Die evangelischen Gemeinden und Hohen Schulen in Elsass und Lothringen*, Neustadt a.d. Aisch, 1959 et 1963).

La prise de conscience de 1968 se traduit là aussi par un nouvel essor des publications. Dans les années 1970 on assiste à une véritable explosion des alsatiques avec en particulier quelques ouvrages de luxe, mais au contenu de qualité inégale, vendus à un prix élevé à une clientèle aisée mais peu nombreuse. Une étude réalisée pour les années 1983-1985 [350] fait apparaître quelque trois mille trois cents références par année, un total demeuré stable jusqu'en 1992. Les deux tiers concernent des articles de périodiques ou des contributions à des ouvrages collectifs. Les titres de monographies s'élèvent à environ un millier, nombre demeuré lui aussi stable en 1992. On peut les ventiler entre les rubriques suivantes : thèses et mémoires de maîtrise demeurés dactylographiés (15 %), publications administratives (10 %), ouvrages qui ne traitent que partiellement de l'Alsace (20-25 %). Les alsatiques correspondent à quelques cinq cents titres au maximum par année. Un tiers seulement est publié par l'édition professionnelle, dont une bonne centaine hors d'Alsace. On compte aussi des associations ou des organismes comme la Société savante d'Alsace et le CRDP. Les deux autres tiers relèvent de l'auto-édition qui se caractérise par une diffusion très limitée. Le partage entre les deux « repose plus sur un critère de marché que sur la valeur intrinsèque de la publication ».

La répartition entre les différents domaines est approximativement la suivante : histoire 28 % dont 13 % pour l'histoire générale, 9 % pour les monographies locales et 6 % pour les biographies et la généalogie ; langues et littératures 20 % ; beaux-arts avec les catalogues d'exposition 19 % ; techniques, agriculture et viticulture 11 % ; vie économique et sociale 11 % ; livres pratiques 9 % (les plus gros tirages) dont 5 %

pour les guides et 4 % pour les livres de cuisine. Sur deux cent quatre-vingt-sept titres de littérature des années 1983-1985, 52 % appartiennent à la littérature en français, 12 % à la littérature dialectale et 35 % à la littérature de langue allemande. La première, qui représente en 1992 les deux tiers, est composée presque exclusivement d'œuvres d'auteurs contemporains (romans, recueils de poèmes et de nouvelles) publiées soit en Alsace (44 %), soit dans le restant de la France (53 %). « Le comportement des auteurs confirme la carence en matière de diffusion et de distribution de l'édition régionale... Publier un recueil de poésies à Paris assure un meilleur impact auprès des lecteurs potentiels. » La littérature allemande, composée surtout de textes et d'études d'auteurs, car les œuvres d'auteurs contemporains se limitent à un nombre infime, est presque entièrement publiée en Allemagne.

Dans l'édition régionale les périodiques occupent une place considérable avec près de quinze cents titres, mais dont seule une centaine présentent un réel intérêt régional. Dans cette production l'histoire tient une place majeure depuis une vingtaine d'années. Sur les quatre-vingt-sept sociétés d'histoire rattachées à la Fédération, près de la moitié publie régulièrement un annuaire, voire pour quelques-unes un cahier trimestriel (*Pays d'Alsace* et *L'Outre-Forêt*). Le tirage varie entre quelques centaines et près de deux milliers, soit une pénétration assez large. Il convient d'y ajouter *Saisons d'Alsace*, où la qualité des articles historiques a beaucoup progressé dans des numéros à thème (1681, 1789, 1939, 1940, 1941, 1942, 1943). La Fédération des sociétés d'histoire et d'archéologie d'Alsace a repris en 1979 la publication à un rythme annuel de la *Revue d'Alsace*, devenue la référence pour tout ce qui concerne l'histoire de l'Alsace. Depuis 1982 elle publie le *Nouveau Dictionnaire de biographie alsacienne*, parvenu en 1993 à la lettre K, une œuvre considérable qui associe plusieurs centaines de collaborateurs et qui contient à l'heure actuelle déjà plus de quatre mille notices.

De nombreux ouvrages, issus souvent de thèses ou d'autres productions universitaires, sont publiés par la société savante d'Alsace et de la France de l'est, au rythme de deux à trois par an, ainsi que par les Presses universitaires de Strasbourg. Parmi les travaux [351] on relève à la fois l'histoire religieuse (Marc Lienhard, Francis Rapp, Bernard Vogler, René Epp, Claude Muller, Freddy Raphaël, Robert Weyl), politique (Georges Bischoff, François Igersheim, Christian Baechler, Alfred Wahl, François-Georges Dreyfus) et économique (Michel Hau, Jean-Michel Boehler, Jean-Pierre Kintz, Nicolas Stoskopf), ainsi que l'histoire des trois grandes villes (Strasbourg, Colmar et Mulhouse), sans oublier à un niveau bien plus populaire la collection, d'intérêt hélas bien inégal, mais largement diffusée, des monographies du centenaire des éditions Coprur du Crédit mutuel, au nombre d'une cinquantaine en 1993. Dans les autres disciplines les travaux se multiplient : en géographie avec Richard Kleinschmager et Roland Schwab, disparu hélas trop tôt (*De la cellule rurale à la région : l'Alsace 1825-1960*, Strasbourg, 1980), en histoire de l'art avec Roland Recht, en linguistique avec l'*Atlas linguistique*, deux volumes parus (Ernest Beyer, Marthe Philipp), le mobilier avec Françoise Lévy-Coblenz, le patrimoine avec Georges Klein, les coutumes avec Freddy Sarg et Gérard Leser et l'imagerie populaire avec Dominique Lerch.

En 1982 a débuté une entreprise imposante, l'*Encyclopédie de l'Alsace*, parue en douze volumes, et destinée à présenter à un public assez large l'essentiel du savoir sur l'Alsace dans tous les domaines. Mais le rythme de parution trop rapide n'a pas permis d'aboutir à une véritable cohérence. Il en résulte une œuvre aujourd'hui incontournable, mais très hétérogène par le contenu et le calibrage des articles. Le livre constitue aujourd'hui un des éléments majeurs du patrimoine alsacien dont l'entretien est encouragé par l'Institut des arts et traditions populaires fondé en 1976 et qui décerne chaque année une douzaine de bretzels d'or pour récompenser des personnes méritantes dans les divers secteurs d'activités comme la littérature, le théâtre, le folklore, l'artisanat, l'histoire et la muséologie.

L'édition en Alsace souffre de la concentration de la profession à plus de 90 % sur Paris et la région parisienne, de sorte qu'elle subit plusieurs handicaps : tirages moindres, insuffisance de la diffusion et de la distribution, ce qui nécessite souvent un appel à des subventions et multiplie les éditions à compte d'auteur. Alors que l'Alsace a longtemps été, de Gutenberg à 1939, un foyer de l'imprimerie, il ne subsiste aujourd'hui que trois maisons d'éditions importantes, à côté d'une vingtaine plus modestes et sept imprimeries de labeur employant plus de cent salariés. Aussi son importance économique[352] demeure assez limitée. Le déclin a été accentué par la disparition d'Istra en 1985.

L'essor des bibliothèques[353]

Qu'en est-il de la lecture elle-même ? Après les coupes sombres opérées dans les bibliothèques alsaciennes par les nazis, elles bénéficient de crédits spéciaux alloués à l'Alsace. Les bibliothèques scolaires sont reconstituées par des collectes publiques et l'Alliance française. Il s'y ajoute la création d'un bibliobus par département, qui contribue à accroître la lecture jusque dans les villages les plus reculés, au moment où l'intérêt pour la langue française se généralise. A partir des années 1970 les tentatives de retour aux sources mettent l'accent sur la vocation bilingue de l'Alsace et enrichissent les collections d'ouvrages étrangers. La politique du livre et de la lecture constitue un axe majeur des deux départements. La mise en place d'équipements fixes dans le Bas-Rhin permet à 20 % de la population d'être inscrits, soit une moyenne annuelle de cinq à six prêts par habitant, bien supérieure à celle de la nation. De 1982 à 1990 quarante-cinq nouvelles bibliothèques ont été créées. Les bibliothèques constituent un des aspects majeurs du patrimoine alsacien, trop souvent méconnu. Elles jouent, grâce à la richesse de leurs fonds, un rôle d'instrument de diffusion culturelle. Le réseau alsacien est particulièrement étoffé. Pour des raisons évidentes, je n'évoquerai que les plus importantes, bien que les autres tiennent également un rôle appréciable.

Strasbourg est particulièrement privilégié avec six institutions importantes. La bibliothèque nationale et universitaire, riche de plus de trois millions de volumes, a pu jusque vers 1970 réaliser d'importantes acquisitions, mais depuis deux décennies les crédits des bibliothèques ont fortement diminué, ce qui a entraîné le désabonnement à de nombreuses collections. Dans le cadre du plan national de Centres d'acquisition et de diffusion de l'information scientifique et technique mis en place en 1980, Strasbourg a été retenue pour la germanistique et les sciences religieuses. Après une importante mutation en 1992, la BNUS est devenue une bibliothèque générale encyclopédique et de recherche comprenant cinq départements : humanités, littératures et arts, droit et sciences sociales, alsatiques et patrimoine, service technique de coopération. Parallèlement, des Services communs de documentation ont été créés au sein des universités strasbourgeoises pour satisfaire les besoins immédiats de l'enseignement, celui de l'Université Louis Pasteur étant constitué des sections sciences et médecine (400 000 volumes), les deux autres s'appuyant sur les bibliothèques d'instituts et de facultés. Dans la nouvelle organisation documentaire, la BNUS privilégie sa mission nationale en développant trois domaines d'excellence sur le plan national et européen : les questions européennes, l'aire culturelle germanique et l'Europe centrale, les sciences religieuses. S'y ajoute un secteur de vulgarisation scientifique et technique de haut niveau : la documentation régionale et d'importants fonds spéciaux, notamment dans l'orientalisme. Enfin la BNUS possède un cabinet de numismatique, qui est un des joyaux de l'Alsace.

La bibliothèque municipale de Strasbourg reconstituée après 1870, dispose actuellement de plus de 400 000 livres en dépôt et renferme quelques collections remarquables. Elle s'ouvre à un public plus vaste, en particulier les enfants, par la création de huit annexes et la mise en place d'un bibliobus. Les ouvrages en langue allemande continuent d'être lus dans une proportion appréciable (13 % en 1980) et la catégorie la plus recherchée est celle des romans (72 % des prêts en 1980). La clientèle est composée surtout de jeunes (élèves et étudiants), d'employés et de cadres moyens, alors que les milieux populaires y paraissent peu. Le nombre des usagers, 30 000, représente 12 % de la population. La bibliothèque du Collegium Wilhelmitanum est constituée par un fonds de théologie protestante de 60 000 ouvrages, dont beaucoup datent du XVIe siècle. La bibliothèque du Grand Séminaire regroupe une partie des livres de l'ancienne université épiscopale, soit plus de 20 000 volumes, et de nombreux dons du clergé catholique au XIXe siècle. La bibliothèque de la Société des amis des arts compte près de 5 000 volumes et des périodiques. La bibliothèque des musées comprend près de 50 000 volumes, concernant surtout les beaux-arts et les arts décoratifs.

Dans le Haut-Rhin la bibliothèque municipale de Colmar est une des plus importantes en France pour les livres anciens avec un fonds de près de 60 000 volumes. Elle a été enrichie par de nombreux dons et legs importants et connaît un lectorat assez conséquent, mais demeuré stable depuis 1979 : 12 000 lecteurs, tout comme le nombre de livres prêtés, en raison d'un cadre devenu un peu désuet. Grâce à son dynamisme depuis les années 60, Colmar est devenu « une des villes françaises où l'on lit le plus ». La bibliothèque municipale de Mulhouse a créé après 1945 un réseau d'une dizaine de bibliothèques de quartier, ce qui permet de toucher plus de 10 % de la population mulhousienne. Le lectorat est composé surtout d'étudiants, de lycéens et d'inactifs, principalement des personnes âgées. La bibliothèque de la Société industrielle, créée en 1826, est aujourd'hui associée à la bibliothèque universitaire.

La bibliothèque humaniste de Sélestat, grâce à son fonds ancien, attire de nombreux érudits et constitue un pôle d'attraction pour la ville. Elle comprend environ trois mille manuscrits et ouvrages imprimés de très grande valeur. La bibliothèque municipale de Haguenau, malgré une création tardive (1939), compte près de 130 000 ouvrages dont 10 000 alsatiques. La plupart des villes moyennes ont créé durant les dernières décennies une bibliothèque municipale, installée dans des locaux modernes bien adaptés, à l'image par exemple de Guebwiller, Obernai ou Erstein. En 1992 l'Alsace dispose de 110 bibliothèques municipales.

Pour les communes de moins de 15 000 habitants l'ordonnance du 2 novembre 1945 a créé des bibliothèques centrales de prêts pour les deux départements alsaciens, en vue d'ouvrir le monde rural à la lecture au moyen de bibliobus qui organisent des tournées dans les communes, sous forme de dépôts ou de prêts directs. Le financement est assuré en partie par les départements et le rectorat. En 1956, 516 communes bas-rhinoises sont desservies. Mais en dépit d'un accueil souvent favorable, le pourcentage des adultes touchés demeure modeste, de l'ordre de 4 %. Dans le Haut-Rhin la politique regroupe quatre axes : le prêt par dépôt dans 519 lieux en 1981, le prêt direct scolaire, le prêt direct dans 180 points de stationnement dans 79 communes en 1981, et l'aide à la création de bibliothèques municipales.

En 1981 la bibliothèque du Bas-Rhin dispose de près de 400 000 volumes et celle du Haut-Rhin de 343 000. La première a créé 55 bibliothèques municipales et 59 antennes. Leur travail est de plus en plus important, à mesure que les grandes villes concentrent les activités culturelles, pour éviter l'accentuation des disparités et un affaiblissement culturel des campagnes, un risque qui se précise dans certains secteurs. A côté existe une profusion de petites bibliothèques : communes, lycées, collèges, paroisses, associations de quartier, comités d'établissement et œuvres sociales de multiples entreprises, sans compter de nombreuses bibliothèques privées, souvent considérables, à en juger par certaines ventes aux enchères qui peuvent atteindre entre 5 000 et 10 000 volumes. Néanmoins seule une fraction (pratiquement impossible à évaluer) de la population lit ou achète des livres.

L'envolée universitaire

L'université en 1945 a été fortement marquée par la brutalité nazie et les déportations de Clermont-Ferrand en 1943. Elle devient un bastion du patriotisme, ce qui entraîne un faible intérêt pour la région – une pesanteur qui dans certaines disciplines s'est maintenue presque jusqu'à l'époque actuelle –, puis une attitude réservée envers l'Allemagne. La collaboration avec des universités allemandes ne s'engage que très lentement et ce n'est que depuis peu d'années qu'ont été autorisés des cours en allemand, toutefois dans un très petit nombre de filières.

L'année 1968 constitue une réelle rupture. La décennie d'après 1945 est marquée par la reconstruction, et la stabilité des effectifs étudiants autour de 5 000, dont 30 % de femmes. La suivante connaît une véritable explosion. En dix ans le nombre des étudiants triple, atteignant 16 000 en 1965. Démocratisation et pression démographique en sont les principales causes. Pour faire face à cet afflux les autorités mettent en chantier un vaste programme de construction dans le nouveau quartier de l'Esplanade. Les nouveaux bâtiments accueilleront les facultés de lettres et de droit sous l'impulsion du doyen Alex Weill, les instituts de mathématiques, de chimie et de biologie. Certains cursus sont modifiés et de nouvelles filières introduites, en particulier la création d'un institut d'études politiques en 1945. Le personnel enseignant est étoffé. De grands instituts spécialisés apparaissent (centre de recherches sur les macromolécules, centre de recherches nucléaires) et chaque faculté se dote de centres de recherches, comme l'institut du travail, l'institut de géographie appliquée et le centre de philologie romane. L'université bénéficie d'un grand rayonnement international, tout en étant, selon de Gaulle, « la voix française sur le Rhin ».

En mai 1968 elle connaît une crise. L'agitation étudiante a débuté avec les situationnistes, contestataires de la société de consommation. Strasbourg a été un des points forts de la grève et de l'occupation des locaux en France. Au lendemain de cette crise on assiste à la mise en place d'un nouveau paysage universitaire : trois universités remplacent désormais l'ancienne université éclatée en partie pour des raisons politiques. Chacune est dirigée par un président élu pour cinq ans.

L'université Louis-Pasteur, qui regroupe les sciences médicales, les sciences dites exactes, les sciences économiques, la géographie et la psychologie, se situe au premier rang de la recherche en province. Elle bénéficie d'un prix Nobel (Jean-Marie Lehn) et plusieurs professeurs sont membres de l'Académie des sciences ou de celle de médecine. Elle entretient des relations étroites avec le CNRS et les milieux industriels, et favorise une rare interdisciplinarité entre ses différents enseignements et laboratoires. L'université des sciences humaines qui forme surtout des enseignants connaît quelques pôles avec les langues, les sciences religieuses, l'orientalisme, l'Antiquité, les études régionales et la linguistique. L'université Robert-Schuman, qui bénéficie d'une grande notoriété, forme aux carrières judiciaires et juridiques, aux concours administratifs et comprend plusieurs établissements très cotés, dont l'institut d'études politiques, l'IECS (institut européen d'études commerciales supérieures), l'institut des hautes études européennes et le centre universitaire d'enseignement du journalisme.

Le nombre total d'étudiants à Strasbourg atteint 50 000, dont 15 % d'étrangers. L'afflux massif récent pose de sérieux problèmes de locaux (nouvelles constructions en cours), d'encadrement et de personnel : à l'université des sciences humaines, de 1976 à 1992, le nombre des étudiants a doublé, alors que le personnel administratif et technique n'a progressé que de 26 %. Les trois universités ont constitué un pôle européen, chargé de promouvoir les relations internationales et le rayonnement universitaire de Strasbourg. Elles font partie de la confédération des universités du Rhin supérieur (avec Karlsruhe, Fribourg-en-Brisgau, Bâle et Mulhouse) qui favorise la circulation des étudiants, organise des colloques et des filières communes (Eucor créé en 1989). La création d'un collège scientifique (1958), puis littéraire (1966) à Mulhouse, est à l'origine de l'université de Haute-Alsace (1975) qui dénombre en 1993 6 000 étudiants. Elle pratique une politique originale visant à renforcer la spécificité technologique et la professionnalisation, en particulier grâce à douze écoles d'ingénieurs. Les universités alsaciennes se caractérisent par l'étroite imbrication de l'enseignement et de la recherche. La qualité de leur production scientifique est affirmée par le nombre des publications, des colloques et des expositions. Leur vocation est triple : régionale, nationale et européenne.

Un renouveau de l'innovation

Les universités contribuent également au développement de l'innovation. Certes au lendemain de 1945 la recherche alsacienne a connu un creux sensible. Le départ de nombreux jeunes talents à l'ouest des Vosges, le maintien en vieille France d'une partie des élites évacuées en 1939, expulsées ou évadées, désireuses de faire carrière dans une région plus sûre, représentent un déficit intellectuel – une troisième saignée après celles de 1872 et de 1918. Enfin le système français des grandes écoles draine vers Paris les esprits les plus doués, dont seule une petite fraction revient ensuite au pays, dont l'image demeure à tort peu attirante pour les cadres. Grâce à l'aide du CNRS[354], on assiste très vite à une remarquable vague de création de laboratoires. La région compte aujourd'hui huit laboratoires propres du CNRS et deux organismes nationaux, l'INRA (Institut national de recherche agronomique) et l'INSERM (Institut national de la santé et de la recherche médicale). Cette vitalité est attestée par le grand nombre de Strasbourgeois membres de l'Académie des sciences (dix en 1991).

Les réalisations [355] sont nombreuses. En physique sont créés le centre de recherches sur les macromolécules devenu en 1985 institut Charles-Sadron, le centre de recherches nucléaires (1957) et l'école d'application des hauts polymères (1965). Ils constituent ensemble le plus grand complexe scientifique européen dans le domaine des polymères. Les activités du centre de recherches nucléaires concernent la physique des particules et l'étude de la structure nucléaire. Il convient enfin de citer Alfred Kastler (1902-1984), prix Nobel en 1966 et dont le nom est attaché au pompage optique, recherches à l'origine de l'invention des lasers, ainsi que Louis Néel, prix Nobel (1970) qui a présenté son doctorat à Strasbourg. Serge Niketine (1904-1986), un des pères de la physique expérimentale de l'exciton, a découvert de nouvelles transitions optiques.

En 1948 est fondée l'école nationale supérieure de chimie de Strasbourg. Marguerite Perey qui fut la première femme accueillie à l'Académie des sciences (1962) y enseigna la chimie nucléaire. Grâce à Guy Ourisson la chimie organique des substances naturelles connaît un développement rapide et exceptionnel. Son disciple Jean-Marie Lehn obtint le prix Nobel de Chimie (1987) grâce à ses travaux de chimie supramoléculaire.

Sous l'égide de Georges Millot la géologie connaît un grand essor. De nombreux laboratoires se développent dans les sciences de la Terre, la botanique et la zoologie, où Etienne Wolff voit ses recherches d'embryologie expérimentale mondialement reconnues, ce qui lui vaut d'être appelé au Collège de France (1955). En 1957 est attribuée à G. Viaud la première chaire de psychophysiologie créée hors de Paris. Son œuvre est celle d'un pionnier de l'éthologie – l'étude des comportements animaux. En 1966 Lutz génère pour la première fois au monde une plante entière à partir d'une cellule isolée de tabac. En astronomie l'observatoire a pris une dimension européenne grâce à son centre de données stellaires. Lié à la NASA, il collecte les données astronomiques transmises par les satellites et sondes spatiales, les traite et les rediffuse dans tous les azimuts. Le directeur de l'observatoire, Pierre Lacroute, a conçu aussi une sonde spatiale lancée en 1989. En mathématiques René Thom est distingué en 1958 de la médaille Fields pour ses travaux sur le cobordisme et élabore la théorie des catastrophes. Jean Tricard qui s'illustre en géomorphologie dynamique et Etienne Juillard, auteur de belles études sur l'Alsace, sont à l'origine de la géographie appliquée qui bénéficie d'un large rayonnement. L'histoire de l'art connaît un renouveau avec Louis Grodecki qui a formé une grande partie de la génération actuelle des conservateurs en place, qui ont lancé le corpus des vitraux de la cathédrale et obtenu que l'Inventaire des monuments historiques commence par l'Alsace.

La faculté de médecine est longtemps dirigée par René Fontaine (1899-1979), remarquable chef d'école et promoteur dynamique de l'angéiologie française, qui a assuré à la médecine strasbourgeoise un important rayonnement international. Strasbourg est un des premiers pôles de la recherche médicale et biologique en France grâce au CNRS et à l'INSERM. La période contemporaine constitue aussi la deuxième ère des grands bâtisseurs, avec, à côté de deux réalisations de très grande envergure (nouvelle faculté et hôpital de Hautepierre), une longue liste de nouveaux centres, instituts et cliniques. La faculté de pharmacie connaît également un nombre élevé d'équipes de recherche, associées au CNRS et à l'INSERM.

L'université de Haute-Alsace bénéficie de laboratoires de très haut niveau qui sont profondément intégrés dans le tissu socio-économique du sud de l'Alsace. En physique et en chimie Jacques Schultz est une sommité mondiale dans le domaine des interfaces liquide-solide, des mécanismes de formation et de rupture des interfaces solide-solide, et des phénomènes de fissuration des polymères. Ces travaux lui ont valu de nombreuses récompenses : lauréat de la médaille d'argent du CNRS (1985), prix d'encouragement Du Pont de Nemours (1987 et 1988). L'école nationale supérieure des industries textiles de Mulhouse constitue dans le domaine textile un des centres de recherche les plus actifs et les plus attractifs au monde. En physique a été mis en place un technopôle de Haute-Alsace[356].

Hors du milieu universitaire et scientifique l'esprit d'innovation demeure actif dans de multiples domaines : industriel, artisanal, touristique, agricole et culturel. De très nombreuses PME et PMI conservent un remarquable dynamisme et participent grandement à l'exportation. Celle-ci est favorisée par toute une série d'organismes régionaux (antennes MCIS à Tokyo et à Los Angeles). De même seul un tissu dense de créateurs et d'opérateurs permet une remarquable activité culturelle et artistique en s'investissant, souvent à titre bénévole, dans des organismes et associations dynamiques. L'esprit d'innovation est d'ailleurs stimulé et encouragé par la Fondation Alsace : créée en 1986 avec l'appui de nombreux partenaires (entreprises et institutions), elle décerne chaque année une dizaine de prix à des personnes ou organismes qui ont soit réalisé un projet innovant, soit présenté un tel projet.

Une politique culturelle active[357]

A partir des années 1950 on assiste à une politique de diffusion culturelle, destinée à faire des quartiers urbains, des bourgades et des villages non des récepteurs passifs, mais des acteurs. Depuis une vingtaine d'années la consommation culturelle occupe une place croissante dans les dépenses des ménages, avec en particulier l'essor des domaines du son (musique), de l'image (télévision) et de l'audiovisuel. Mais la culture tend à devenir l'apanage d'une classe plus diplômée et ouverte, tandis que le milieu populaire fait souvent preuve de passivité, un fait ancien renforcé par le consumérisme et la télévision. Aussi faut-il de plus en plus d'animateurs. On assiste néanmoins dans les petites villes et dans les quartiers des grandes villes à une réanimation culturelle [358], favorisée par un réseau dense de lieux culturels et d'institutions de création et de diffusion.

En 1969 apparaît en Alsace comme dans les autres régions une direction régionale des affaires culturelles (DRAC). Elle met en œuvre la politique de l'Etat dans la région en matière culturelle et intervient dans des domaines variés (patrimoine, archives, musées, musique, danse, théâtre, livre et arts plastiques). Elle est le vecteur de la politique de décentralisation menée à partir de 1974. Sa politique qui s'inscrit dans le cadre d'un partenariat, vise à favoriser l'accès du plus grand nombre à la culture, à soutenir la création la plus innovante et à sauvegarder le patrimoine commun. Depuis 1982 plus de 40 conventions ont formalisé la coopération entre l'Etat, des villes et des SIVOM et mobilisé plus de 146 millions de francs. Mais son financement est assuré en majeure partie par les collectivités territoriales. Ainsi pour l'année 1988, sur une dépense globale de 674 millions de francs, l'Etat prend en charge 188 millions de francs (28 %), la région Alsace 24 millions de francs, les deux départements 58 millions de francs et les trois grandes villes 404 millions de francs [359]. Ces chiffres connaissent une progression sensible depuis quelques années : en 1991 on en arrive à 223 millions de francs pour l'Etat, 56 millions de francs pour la région Alsace, 85 millions de francs pour les deux départements et 551 millions de francs pour les trois grandes villes.

La ville de Strasbourg est privilégiée par une armature de nombreuses institutions (huit musées, un opéra, des centres d'activité théâtrale, un conservatoire de musique, un orchestre philharmonique, des festivals, une école d'arts décoratifs et une école d'art dramatique). La municipalité consacre plus de 20 % de son budget à la culture, soit plus de mille francs par habitant et par an. La culture et l'université constituent les pôles d'excellence et de prestige de la ville. Cette dernière s'efforce de devenir une métropole culturelle européenne grâce à plusieurs manifestations et projets : le festival du film ; le Carrefour des littératures européennes, qui attire chaque année de nombreux écrivains à Strasbourg ; la Laiterie, réhabilitation d'une friche industrielle, qui offre des ateliers à des artistes et un espace de musiques nouvelles ; l'Odyssée qui devient un espace cinématographique accueillant des films à l'écart des grands circuits de distribution ; enfin un grand musée d'art contemporain est en projet.

Mulhouse est la capitale de la culture scientifique et technique en Alsace à travers un ensemble exceptionnel de musées consacrés à l'histoire technique, industrielle et scientifique, dont la diffusion constitue un axe important depuis plusieurs années. La ville dispose d'un potentiel culturel riche : un orchestre symphonique, un théâtre municipal, un conservatoire de musique, le ballet du Rhin et plusieurs musées. En 1990 le budget culturel représente 12 % du budget total. La Filature constitue un nouvel équipement aux objectifs ambitieux. Colmar, à la fin des années 80 – où le budget culturel représente 15 % du total (contre 10 % en 1969) et connaît une progression de 124 % de 1979 à 1988, contre 110 % pour les autres secteurs – se trouve dans le peloton des villes moyennes françaises. Elle se concentre sur quelques pôles d'excellence : musée, musique (festival) et la Manufacture, avec l'atelier lyrique du Rhin où se constitue un répertoire théâtral et musical contemporain.

Le réseau des villes moyennes, qui soutiennent des actions

culturelles ponctuelles, est dense. Les expositions d'arts plastiques de Saverne et Sélestat et les festivals de musique de Guebwiller, Ribeauvillé, Barr, Rosheim et du pays de Hanau connaissent notoriété et rayonnement. Cinq villes bénéficient d'un relais culturel : Wissembourg, Haguenau, Bischwiller, Rixheim et Thann. Par contre les possibilités des petites communes se limitent souvent à l'aide aux associations culturelles ; bon nombre s'unissent dans un cadre intercommunal. Les ruraux sont en effet pénalisés pour la plupart des spectacles culturels. Le réseau des salles polyvalentes, comme dans le reste de la France, facilite l'accueil de projets multiples. De 1976 à 1983, 132 salles ont été réalisées dans le Bas-Rhin et 127 dans le Haut-Rhin. Alors que jusqu'à la loi de 1982 sur la décentralisation, la politique culturelle relevait principalement de l'Etat et des villes, les départements et la région jouent depuis peu un rôle croissant.

Les deux départements investissent dans la culture des sommes importantes. Ils sont guidés par le double souci, d'une part de favoriser l'accès de tous les habitants à la culture (par la musique, la lecture, les spectacles, la connaissance du patrimoine...), d'autre part par « la mise en valeur de la mémoire locale, le désir de favoriser l'éclosion d'initiatives nouvelles ». Ils font partie des douze départements français qui consacrent le pourcentage le plus élevé du budget à la culture. Ils considèrent de plus en plus la politique culturelle « comme un des moteurs du développement ».

Le Bas-Rhin privilégie le domaine de la musique, la restauration et la conservation du patrimoine immobilier et mobilier. Il contribue à renforcer le réseau des bibliothèques municipales, participe à la mise en valeur des musées locaux, soutient les enseignements artistiques et les actions culturelles dans les villes moyennes par une aide aux centres et relais culturels qui « constituent souvent des catalyseurs des initiatives locales, ainsi que des pôles de diffusion ». Selon Robert Grossmann le secteur culturel « contribue à façonner l'image de l'Alsace et de notre département... (il) consiste à susciter et à faciliter les initiatives, en fonction de règles établies en commun... Favoriser l'accession du plus grand nombre au fait culturel constitue l'objectif de notre action »[360]. Le département du Haut-Rhin porte l'accent sur des domaines en partie analogues : patrimoine, soutien aux initiatives locales (théâtre, cinéma, arts et traditions populaires, beaux-arts, associations littéraires, artistiques et historiques), diffusion et enseignement musical, avec en particulier un projet de centre musical européen à Guebwiller, identité culturelle régionale.

Les deux chartes culturelles (1976 et 1981) entre l'Etat et les deux départements définissent des modalités d'intervention et des clés de répartition : les principaux domaines sont la préservation et la restauration du patrimoine mobilier et immobilier, les structures de diffusion et de formation culturelles, le théâtre et la musique. Puis la région a signé avec l'Etat deux contrats de plan (1984 et 1989). Elle privilégie trois axes : développement du réseau culturel, mise en valeur du patrimoine alsacien, aide à la création et à la diffusion dans les divers secteurs culturels (théâtre, musique, arts plastiques et musées). La vie culturelle est favorisée par l'apparition progressive de trois types de partenaires des collectivités territoriales, les associations, le mécénat d'entreprise – encore mal connu et qui semble privilégier la musique – et les structures liées aux pouvoirs publics. Il s'agit surtout de grandes entreprises et d'établissements financiers dont le siège est implanté en Alsace.

L'agence culturelle technique d'Alsace (ACTA), une association de droit local créée en 1976 dans le cadre de la charte culturelle, devenue ACA en 1993, a pour objectif d'aider la vie associative et de promouvoir la vie culturelle sous toutes ses formes. Elle comprend un service conseil destiné à aider les associations et les municipalités, un fonds d'aide aux projets culturels, un parc de matériel, un centre régional de l'audiovisuel. La promotion du théâtre amateur et l'aide à l'édition font également partie de ses missions. Elle gère deux banques de données l'une pour les manifestations culturelles (Artishow), l'autre pour les associations, artistes et techniciens (Artipro). Elle a une mission de préservation du patrimoine et de soutien à la création. Dans ce domaine son fonds régional d'art contemporain (FRAC) constitue une collection d'œuvres d'artistes actuels qui recense en 1992 huit cents œuvres et sensibilise le public à l'art contemporain. Il organise à travers son centre de documentation ses expositions, films vidéo, publications, la rencontre entre le public et l'art moderne. La découverte et la promotion de jeunes talents, l'accueil d'artistes internationaux font également partie de ses objectifs. L'ACTA veut « accompagner » les acteurs culturels. En quinze ans elle a contribué à structurer le paysage culturel alsacien[361]. Le centre européen d'actions artistiques contemporaines (CEAAC), créé en 1987 et destiné à conseiller les collectivités désireuses de soutenir l'art actuel, joue un triple rôle : mise à disposition d'ateliers d'artistes, attribution de prix et bourses, commande d'œuvres importantes.

Il convient aussi de citer les maisons des jeunes et de la culture, construites dans les années 1960-1970, surtout dans les bourgs et les campagnes, au nombre de soixante-quatre en 1984. Elles pratiquent de nombreuses activités permanentes d'expression, en particulier de danse, de musique, de chant, de théâtre, des expositions et des conférences. La vie associative particulièrement riche en Alsace stimule aussi la vie culturelle, mais une coupure croissante se produit avec les grandes institutions plus professionnelles. Grâce au travail de nombreuses équipes l'Alsace « a progressivement construit un paysage festivalier d'une variété, d'une qualité et d'une ampleur qu'on lui envie aujourd'hui »[362], grâce à un réseau dense de lieux culturels et d'institutions de création et de diffusion. Après avoir connu une politique d'équipements de 1970 à 1990, l'Alsace s'ouvre dans la décennie 1990 à la culture contemporaine.

La vitalité de la musique[363]

L'Alsace demeure une région particulièrement riche dans le domaine musical, aussi bien du côté amateur que professionnel : 42 000 choristes, 23 000 instrumentistes, 1 345 orgues, soit 13 % du total national, 2 000 organistes, deux orchestres régionaux et de nombreux festivals. Les années 80 ont connu une véritable éclosion de formations et d'associations, et le développement du rock et du jazz (plus de 500 groupes de rock et 4 000 musiciens). Les deux départements consacrent depuis longtemps une dotation importante à la musique, les deux secteurs prioritaires étant la diffusion et la formation. L'enseignement de la musique est assuré par un conservatoire national de région à Strasbourg, deux écoles nationales (à Colmar et Mulhouse) et une centaine d'écoles municipales ou associatives.

Les ensembles sont nombreux et variés. A Strasbourg l'orchestre philharmonique, anciennement orchestre municipal (jusqu'en 1972), jouit d'un rayonnement international et discographique. Orchestre national de région en régie municipale, il a bénéficié depuis 1945 de chefs prestigieux avec Ernest Bour, Alceo Galliera, Alain Lombard et depuis 1983 Théodore Guschlbauer. Composé de cent onze musiciens, il propose chaque saison environ trente concerts à Strasbourg, quinze dans le reste du Bas-Rhin et effectue des tournées à l'étranger. Il doit, comme celui de Mulhouse, la moitié de son service à l'Opéra du Rhin. Les Percussions de Strasbourg, fondées en 1961, pratiquent le récital de percussion, une technique neuve. Leur répertoire comprend les plus grands noms de la musique contemporaine, ils participent aux grands festivals internationaux et font des tournées dans le monde entier. L'orchestre radiosymphonique de Strasbourg reconstitué en 1945, devient un des meilleurs de France et remplit durant trois décennies un triple rôle, régional (concerts publics à travers l'Alsace), national et européen. Ses prestations sont régulièrement diffusées sur les radios nationales. Il se spécialise dans la musique contemporaine et réalise de nombreuses créations. Il effectue enfin de nombreuses tournées à l'étranger. Mais en 1974 un diktat parisien prononce, sans la moindre justification, sa dissolution. L'orchestre symphonique du Rhin à Mulhouse, après des difficultés, est devenu en 1972 un orchestre de région en régie municipale. Composé de cinquante-six musiciens, il a sa propre programmation à Mulhouse et en Alsace, sans compter les tournées à l'étranger.

La période contemporaine voit également l'essor des festivals de musique : festival Bach de Mulhouse, festival international de musique et concours international de musique de chambre de Colmar, festivals de Guebwiller et de Masevaux (Orgue), mais surtout celui de Strasbourg, qui repose sur de grands chefs et orchestres et qui bénéficie d'une vaste audience. En 1983 apparaît Musica, devenu un des festivals de musique contemporaine les plus fréquentés en Europe avec 27 000 entrées chaque année. Il attire un public plus jeune et plus cultivé. En quinze jours ont lieu plus de trente manifestations dans des sites souvent insolites, des créations et des œuvres peu jouées. Le Jazz d'or attire aussi un nombreux public, tout comme les festivals de jazz de Mulhouse et de Munster.

Hors des grandes villes les harmonies demeurent assez nombreuses et sont souvent de qualité, en particulier celle de Bischheim, une des plus prestigieuses de France. En 1992 on en recense 110 dans le Bas-Rhin et 92 dans le Haut-Rhin. Au lendemain de 1945 l'ensemble Schnokeloch a connu avec Jules Maier une large audience à travers toute l'Alsace. Toutefois le répertoire des harmonies s'est figé en 1945 pour plusieurs décennies. Durant ces dernières années les fanfares se sont multipliées (92 en 1992) dont 30 de sapeurs-pompiers et dix protestantes.

La pratique chorale demeure très vivante en Alsace qui dispose de quelques ensembles vocaux de musique sacrée. La chorale de la cathédrale, dirigée jusqu'en 1967 par Mgr Alphonse Hoch, a un répertoire d'oratorios, de messes et de musique sacrée romantique. Les chœurs de Saint-Guillaume continuent à s'illustrer dans les Passions du vendredi saint. En 1985 est apparue la maîtrise de garçons de Colmar, qui a rapidement acquis une large notoriété. La Chorale strasbourgeoise a un répertoire à la fois profane et liturgique qui lui permet de bénéficier d'une grande réputation par sa présence lors de concerts internationaux. Elle a aussi, en liaison avec l'Association Jean-Baptiste Weckerlin, remis en circulation plus de soixante mélodies alsaciennes. Il convient aussi de citer les fédérations de chorales qui tiennent une grande place : celles des sociétés catholiques de musique, des chorales protestantes et des Petits Chanteurs, A Cœur Joie et l'Union Sainte-Cécile. Il existe actuellement près de 750 formations regroupant 42 000 choristes. L'association régionale pour le développement de l'action musicale compte en 1992 469 membres, 52 chœurs d'enfants, 106 chorales dont 64 pour le Haut-Rhin et 311 chorales paroissiales dont 153 dans le Haut-Rhin. A noter que les chorales protestantes sont faiblement représentées avec 36 (11,5 %). Cette large diffusion a été longtemps encouragée par le corps enseignant qui a bénéficié dans les écoles normales d'instituteurs d'une solide formation. Dans la majorité des communes une chorale scolaire a participé à toutes les festivités locales.

Si la chanson alsacienne disparaît de la scène culturelle après 1945, elle a été au moins conservée par l'écrit (Association Weckerlin et Joseph Lefftz qui a publié trois volumes, *Das Volkslied im Elsass*, 1966-1969). Après 1968 on assiste à une redécouverte de la chanson populaire[364] par de jeunes *folk-singers* qui popularisent le mouvement de contestation, en donnant à la chanson populaire une tonalité politique. Le premier, Roger Siffer, est suivi par toute une série de jeunes chanteurs : Jean Dentinger, François Brumbt, René Egles, Roland Engel, Sylvie Reff, Richard Weiss... Ils composent de nouvelles chansons en alsacien. René Egles se tourne après

1980 vers la chanson pour enfants, pour laquelle il déploie une intense activité pédagogique. Mais actuellement ce genre connaît un problème de relève dans la jeune génération.

Une activité théâtrale importante et diversifiée

Durant ce demi-siècle l'activité théâtrale connaît un développement considérable. Le Centre dramatique de l'est fondé en 1946 à Colmar s'installe en 1954 à Strasbourg et s'oriente « vers la reprise du répertoire classique avec un regard différent et la recherche de textes contemporains ». De 1955 à 1967 il circule dans vingt-six petites villes et joue vingt-cinq pièces de dix-huit auteurs classiques devant des salles en général combles. Cette expérience attire 230 000 spectateurs [365]. En 1968, il devient le Théâtre national de Strasbourg, accueille des troupes prestigieuses (Comédie-Française...) et entreprend des tournées à l'étranger. Hubert Gignoux (1957-1971) lui imprime une ouverture sur le théâtre allemand (Brecht) et suisse (Dürrenmatt). Jean-Pierre Vincent (1975-1983) et de nombreuses créations de dramaturges strasbourgeois en font un *must* du théâtre hexagonal. Il est plus proche de la scène berlinoise que parisienne et met en scène Brecht, Büchner et Lenz. Depuis ses débuts le TNS compte une école nationale de théâtre.

En 1971 est créé le théâtre Jeune-Public par André Pomarat, promu en 1990 Centre dramatique national pour l'enfance et la jeunesse. Il draîne par sa programmation et ses créations un public considérable, de jeunes et d'adultes séduits par des spectacles de qualité. Le Maillon à Hautepierre ouvert en 1978 oriente ses choix vers une programmation théâtrale hardie, qui mise sur les jeunes talents nationaux et le maintien des grandes opérations culturelles. Il offre un éventail de spectacles destinés à tous les publics. Il devient le deuxième site théâtral de Strasbourg. Pôle Sud accueille depuis trois ans un festival de chorégraphies nouvelles, une biennale du saxo-

«Le Faiseur de théâtre», pièce de Thomas Bernhard mise en scène par Jean-Pierre Vincent. Le Théâtre national de Strasbourg fut un des leviers de l'ouverture de la culture en Alsace vers des horizons extra-régionaux.

phone (Saxofolies) et des concerts de jazz. Roger Siffer a fondé un café-théâtre, la Choucrouterie. Elle est ouverte à une pépinière de talents en grande partie d'expression dialectale et présente des spectacles musicaux, humoristiques et de cabaret. Elle est à la fois théâtre de poche, cabaret et scène pour la chanson. Chaque été son équipe organise des tournées très suivies dans les villages de la région.

A Colmar le théâtre municipal accueille depuis plus de trois décennies de 40 000 à 50 000 spectateurs par an. Durant les vingt dernières années 120 représentations annuelles y ont été offertes en moyenne. Le théâtre de la Manufacture (atelier du Rhin), devenu centre dramatique national, offre aussi un répertoire lyrique (l'opéra baroque). La programmation s'avère nationale et internationale. Par contre la fréquentation du théâtre municipal de la ville a chuté de près d'un tiers entre 1979 et 1988. L'Association mulhousienne pour la culture, à laquelle s'est substituée en 1993 la Filature, accueille toutes les formes de spectacles, mais en privilégiant l'art contemporain et la photographie. Elle a réalisé un travail important depuis plusieurs décennies. Hors des grands centres quelque vingt villes moyennes disposent de lieux scéniques insérés dans un réseau de relais culturels (Wissembourg, Haguenau, Thann, Saverne, Rixheim) et des structures plus légères (Bischwiller, Obernai, Illzach)[366], et diffusent les « régionales », des représentations commanditées par la région au théâtre de la Manufacture de Colmar.

Dans le domaine de l'art lyrique les trois grandes villes alsaciennes se sont associées en syndicat intercommunal pour l'Opéra du Rhin (1972) dont le budget annuel est le cinquième de France. Il représente chaque saison une dizaine de spectacles (opéras, ballets, opérettes) et bénéficie d'une renommée internationale malgré une médiatisation discrète. Il est le grand orchestrateur de la vie musicale et chorégraphique de la région. Le Ballet du Rhin à Mulhouse, centre chorégraphique national, compte trente-cinq danseurs professionnels de haut niveau. Ses créations sont programmées dans le cadre de la saison de l'Opéra du Rhin. Son répertoire est à la fois classique et contemporain.

Le théâtre populaire en plein air organise nombre de stages d'art dramatique, et met en scène de multiples créations puisées dans l'histoire tourmentée de l'Alsace. A partir de 1976 Paul Sonnendrucker y introduit des scènes en dialecte et en allemand, un procédé qui depuis a fait fortune. Il a été imité par d'autres metteurs en scène, Joseph Fenninger à Haguenau, André Leroy dans le Haut-Rhin et Pierre Kretz à Lichtenberg.

Le théâtre alsacien a connu une période difficile pendant une bonne décennie avant de retrouver le succès populaire. Jusque vers 1970 il pâtit du vieillissement de son public, en majorité rural et de culture populaire. Le genre soutenu par les Bengele catholiques, se réduit le plus souvent au divertissement, à des pièces humoristiques, à des comédies centrées sur des conflits familiaux dans un milieu social traditionnel, en général villageois et agricole, et se retrouve étranger aux mutations sociologiques en cours. Ses principaux auteurs sont Charles-Gustave Stoskopf, Christian Royer, Toni Troxler, Freddy Willenbucher et surtout Claus Reinbolt et Emile Storck. A Mulhouse les Herre Owe demeurent très fréquentés. A partir des années 1970 le public rajeunit et la Fédération des théâtres alsaciens s'efforce de renouveler la création en organisant des concours. Le théâtre alsacien se régénère. De nouvelles troupes se développent hors de la fédération à l'image du théâtre des Drapiers de Gaston Jung. Ce dernier met en scène d'actuels auteurs allemands et décline les possibilités scéniques infinies du dialecte alsacien. Le théâtre de Truchtersheim donne en alsacien des pièces de Marcel Pagnol et d'autres noms de la littérature française[366a].

La pièce radiophonique contribue à la notoriété d'André Weckmann, mais disparaît devant l'essor de la télévision. Dans les campagnes subsistent quelque 250 troupes de théâtre amateur en général dialectal, au répertoire plus ou moins désuet et une trentaine en français. Il manifeste une grande vitalité et exprime avec convivialité l'identité villageoise. Depuis 1947 le cabaret Bonjour fondé par Gaston Goetz critique avec humour les mœurs alsaciennes, tant villageoises que politiques. Son succès se maintient jusqu'à aujourd'hui. Il a composé plus d'une quarantaine de revues, des centaines de sketches, des vaudevilles et comédies musicales, dont les célèbres *Schneckedänz in Dackeldorf.*

L'art contemporain

La période contemporaine a connu une grande floraison de constructions d'immeubles collectifs ou individuels, mais peu d'architectes ont fait preuve de goût artistique en dehors de Charles-Gustave Stoskopf pour la reconstruction de villages viticoles. Plus intéressants sont certains bâtiments publics ou d'entreprises : la tour de l'Europe à Mulhouse, l'église catholique du Christ-Ressuscité à l'Esplanade, l'hôpital Pasteur à Colmar, des établissements bancaires au Wacken, la maison de la Radio, le palais de la Musique et des Congrès, l'hôtel du département du Bas-Rhin par l'architecte Vasconi, et les églises réalisées par Belmont (Trinité à Strasbourg), Le Donné (Sacré-Cœur de Mulhouse) et Hermann Baur (Saint-François-d'Assise à Mulhouse). Il convient aussi de citer la maison des Droits de l'homme et le palais de l'Europe.

A partir des années 1970 on assiste à la rénovation du bâti, réalisée en général avec beaucoup de goût, dans le centre historique des villes, dont une partie est transformée en quartier piétonnier à l'image de Colmar. Les architectes alsaciens Charles-Gustave Stoskopf qui a réalisé le nouveau quartier de l'Esplanade, Spoerry de Mulhouse, Vasconi et Pierre Vivien, auteur du quartier de Hautepierre, se distinguent en particulier.

Dans les arts plastiques Jean Hans Arp poursuit son œuvre,

Jean Lurçat réalise la belle mosaïque de la maison de la Radio. De 1958 à 1966 le Groupe de l'Œuf regroupe des artistes aux styles très divers, figuratif ou abstrait comme André Bricka, Camille Claus, Roger Cochard, Camille Hirtz et Jean-Jacques Hueber. L'école des arts décoratifs de Strasbourg demeure une pépinière de talents dont certains se fixent ensuite en Alsace. Le nombre des artistes contemporains est en progression fulgurante comme en témoignent les répertoires biographiques[328]. Tomi Ungerer, auteur de dizaines de recueils d'illustrations, atteint une notoriété mondiale.

Les collectivités territoriales participent au CEAAC, au FRAC, devenu un moteur de la diffusion de l'art contemporain, et à des opérations ponctuelles tel Sélest'art, prestigieuse exposition annuelle d'artistes sélectionnés mise sur rail en 1983. Les deux écoles artistiques développent des actions plus pertinentes et prennent mieux en compte le contexte culturel. Le Quai de Mulhouse mène un travail d'approfondissement sur l'art contemporain. L'école des arts décoratifs de Strasbourg a formé des pléiades d'artistes dont plusieurs de renommée internationale. Strasbourg bénéficie de six galeries d'art, sans compter nombre d'établissements, bancaires en particulier, qui accueillent des expositions.

Le développement des musées

La période contemporaine se caractérise par un remarquable essor des musées – dont le nombre atteint aujourd'hui les soixante-dix. Ce regain témoigne d'un culte du passé et de la mémoire. Tous ceux existants ont connu une profonde rénovation inspirée par un manifeste souci pédagogique. De nombreux autres de type classique, technologique, thématique et de plein air sont fondés.

Ceux de Strasbourg constituent un bel ensemble. Le Musée archéologique entièrement rénové dans un espace repensé n'est précédé que par celui de Saint-Germain-en-Laye. Toutes les périodes anciennes du paléolithique au haut Moyen Age y sont exposées. Le musée historique, consacré au passé de la cité, est très riche et manque de locaux. Le Musée alsacien avec plus de sept mille objets illustre le folklore, la vie rurale et artisanale, l'équipement domestique et professionnel, la vie religieuse et militaire. Le musée de l'Œuvre-Notre-Dame expose des collections de l'art alsacien du XIe au XVIIe siècle, en particulier des sculptures (originaux de la cathédrale), des peintures, de l'orfèvrerie, du mobilier et des tapisseries. Le Cabinet des estampes et des dessins présente des gravures et dessins du XVe siècle au XXe siècle, des gravures sur bois et lithographies du XIXe siècle et des affiches. Le musée des Arts décoratifs recèle une collection de mobilier et d'objets européens et alsaciens de 1680 à 1870 : orfèvrerie, ferronnerie, faïence et céramique – dont de nombreux exemplaires de la manufacture des Hannong. Le musée des Beaux-Arts collectionne des peintures des écoles flamande, hollandaise, italienne, espagnole et française du XIVe siècle au XIXe siècle. Le musée d'Art moderne présente des expositions temporaires et des collections permanentes de toiles et de sculptures de 1870 à nos jours. Depuis 1965 des expositions très remarquées ont lieu à l'Ancienne Douane.

Le musée le plus visité est incontestablement celui des Unterlinden à Colmar, le premier de province par le nombre des visiteurs (350 000 par an). Il a une vocation de musée du gothique tardif et de la Renaissance dans le monde rhénan. Son chef-d'œuvre est le retable d'Issenheim de Mathias Grünewald. Dans le Haut-Rhin figurent aussi les musées Bartholdi, historique de Mulhouse (sur la république d'avant 1798), d'Altkirch (tableaux de Jean-Jacques Henner, vie quotidienne du Sundgau), de Kaysersberg, du Dolder à Riquewihr, du Florival de Guebwiller (vie quotidienne de la vallée), des Amis de Thann (histoire de la vallée), Serret et du val Saint-Amarin, d'histoire locale de Huningue (forteresse

Vauban, épisodes militaires), de la porte de Thann (histoire militaire) à Cernay, et Vauban à Neuf-Brisach.

Le Bas-Rhin compte les musées historique et alsacien de Haguenau, du château de Rohan de Saverne, de la bibliothèque humaniste de Sélestat, de la Folie Marco à Barr, du pays de Hanau à Bouxwiller, historique de Molsheim, Westercamp à Wissembourg, du souvenir à Wœrth (bataille de Frœschwiller en 1870), du sceau alsacien à La Petite-Pierre, de Mutzig, de Brumath, de Niederbronn, d'Offwiller et la maison du Kochersberg à Truchtersheim. La très grande majorité des musées locaux (cinquante-neuf) est regroupée dans une association active qui encourage des expositions temporaires.

Mulhouse célèbre la technologie dans ses musées de l'impression sur étoffes, du papier peint (Rixheim), du chemin de fer (250 000 visiteurs), du sapeur-pompier, de l'automobile issu de la collection des frères Schlumpf (plus de 500 000 visiteurs) et le centre de l'énergie électrique (Electropolis). Par la suite d'autres musées techniques apparaissent : ceux du vignoble et des vins d'Alsace à Kientzheim, de la schlitte à Muhlbach-sur-Munster, du paysan à Oltingue, des PTT à Riquewihr, de la poterie à Betschdorf.

D'autres thématiques se constituent : ceux d'histoire naturelle à Colmar, de l'imagerie populaire à Pfaffenhoffen, Oberlin à Waldersbach, le mémorial de Goethe à Sessenheim et le mémorial national de la déportation au Struthof. L'université Louis-Pasteur gère les trois musées de zoologie, de géologie et de minéralogie. A Sainte-Marie-aux-Mines a été établi un musée minéralogique, minier et des traditions locales. Les musées miniers se multiplient : Grandfontaine, Merkwiller-Pechelbronn (pétrole), Wittelsheim (potasse). En 1984 a été inauguré l'écomusée d'Ungersheim qui présente une cinquantaine de maisons paysannes originaires de diverses contrées. Son objectif vise l'illustration des XIXᵉ et XXᵉ siècles, et l'histoire de l'industrie alsacienne et ses liens avec la civilisation contemporaine. Il reconstitue la vie traditionnelle des villages d'antan. Des artisans y exercent les techniques de jadis. Mais cette multiplication de musées locaux provoque le risque de présenter l'image d'une « campagne aseptisée et réconciliée », de proposer « à nos contemporains épris de stabilité des images rassurantes, celles du village immobile ». Cette représentation référentielle de l'Alsace tend à privilégier abusivement le monde rural et la « communauté villageoise », lieu mythique de tous les conflits résolus et d'une solidarité sans faille. Ce qui importe c'est que « la culture alsacienne, dans sa dynamique renouvelée, maintienne la tension créatrice entre la tradition et l'innovation »[368].

Durant ces décennies la sensibilité au patrimoine monumental et archéologique s'est beaucoup accrue et étendue à des domaines nouveaux : architecture contemporaine, objets et sites industriels, moyens de transport. L'Alsace est très riche en patrimoine monumental et archéologique, sites, clochers, en particulier les châteaux forts. Ils font l'objet d'une attention soutenue de la part des pouvoirs publics. Les contrats de plan entre l'Etat et la région ont réservé une place importante au patrimoine, en particulier la restauration, la réutilisation ou la consolidation. En 1992 le parc du patrimoine protégé au titre de la législation sur les monuments historiques atteint 1 204 pour les immeubles (288 classés, 883 inscrits et 33 mixtes), 1 390 pour les objets mobiliers et 89 orgues. Près de la moitié des monuments protégés sont concentrés en une quinzaine de localités, dont les quatre les plus privilégiées sont Strasbourg, Colmar, Riquewihr et Kaysersberg. Depuis 1964 le service régional de l'inventaire général des monuments et des richesses artistiques a publié un inventaire pour vingt cantons alsaciens, soit le tiers des cantons, trois *Inventaires topographiques*, puis seize *Images du patrimoine*. Au 31 décembre 1992, 227 communes (sur 899) ont fait l'objet d'un inventaire et 123 615 photographies sont archivées.

Le département du Haut-Rhin œuvre en faveur de la

consolidation des ruines de châteaux médiévaux, qui constituent un intérêt touristique important, avec deux opérations exemplaires, le Hohlandsberg et le Morimont. De 1974 à 1990 il a engagé près de 30 millions de francs sur 517 sites[369]. Il convient aussi d'évoquer l'importance des fouilles archéologiques. Actuellement plus de 3 000 sites archéologiques sont enregistrés en Alsace. Bon nombre de villes moyennes ont créé ces dernières décennies un poste d'archiviste municipal (dix dans le Bas-Rhin, huit dans le Haut-Rhin). Les archives départementales du Bas-Rhin et celles du Haut-Rhin jouent un rôle croissant dans la conservation du patrimoine écrit et l'élaboration du savoir historique. Les recherches généalogiques suscitent un vif engouement, canalisé par le Cercle généalogique d'Alsace et le tout récent Centre départemental d'histoire des familles de Guebwiller.

L'essor des universités populaires[370]

En 1945 l'université populaire européenne reprend ses activités. Destinées surtout aux personnes en activité qui tiennent à affermir leur culture personnelle, ses orientations privilégiées sont les cours de langues, la connaissance de la région, l'initiation à la vie publique, la culture et la gastronomie. Elle se veut un ferment culturel original et actif dans le tissu social. A partir des années 1960 cette structure s'étend à toute l'Alsace. En 1963 naît l'université populaire de Mulhouse, devenue par la suite université populaire du Rhin qui essaime progressivement dans les villes moyennes des deux départements. En 1978 est fondée la Fédération des universités populaires d'Alsace. Son but est de promouvoir l'éducation permanente des adultes, sans but directement professionnel, pendant les heures de loisirs. Elle comprend actuellement vingt-sept antennes et vingt mille adhérents, nombre qui les place au premier rang en France.

Depuis sa création, l'université populaire du Rhin met

l'accent sur la promotion, la transmission et le développement de la culture régionale à travers l'enseignement du dialecte, de l'histoire de l'Alsace et des arts et traditions populaires. Elle contribue activement à une culture régionale vivante et inventive. La grande majorité de ses participants se situe dans une tranche d'âge allant de vingt-cinq à quarante-cinq ans. L'ensemble des catégories socioprofessionnelles y est représenté. Ses multiples activités, quatre cent cinquante au total, sont extrêmement diversifiées, allant du yoga à la culture régionale, en passant par les cours de langue et la mécanique auto. Ces universités se réfèrent aux Volkshochschulen allemandes et visent surtout les classes moyennes. A côté de celles-ci existent encore en 1993 l'Association de loisirs et d'éducation permanente à Colmar (ALEP), l'université populaire d'Obernai et le GIC de Saverne. Ensemble les cinq organismes comptent près de trente mille membres.

Une meilleure intégration dans l'ensemble français

Au lendemain de la Libération le problème de l'appartenance nationale est définitivement réglé pour la quasi-totalité des Alsaciens. Le mouvement autonomiste a disparu dans la tourmente. Seules de rares individualités autonomistes apparaissent lors de certaines élections pour disparaître peu après. Il n'existe plus de partis régionaux (hormis depuis 1990 Alsace d'abord) et presque toutes les structures, syndicales, culturelles, religieuses, renforcent les liens avec Paris. Les Vosges sont ramenées au rang d'un obstacle géographique. Par contre l'épuration, l'incorporation de force et l'accent alsacien suscitent un complexe d'infériorité, voire de culpabilité, face au Français d'outre-Vosges. Durant près de deux décennies de nombreux élèves, étudiants et cadres alsaciens font, en milieu francophone en Alsace et surtout à l'ouest des Vosges un véritable complexe de culpabilité pour leur accent, fréquemment objet de remarques ironiques. Durant les premières années après la Libération certains manuels scolaires présentent le Parisien comme la référence à imiter. En 1976 encore un livre de lecture (*Le livre que j'aime*) présente Paris comme le modèle.

C'est l'époque du chauvinisme – pour lequel, selon Frédéric Hoffet, l'Alsacien vient en tête sur le plan national – et du reniement de l'identité régionale. Les chansons apprises à l'école sont celles des provinces françaises (la Normandie, les Pyrénées...) La plupart des francophones venus après 1945 en Alsace et des Alsaciens suspectent toute tentative de promotion du bilinguisme ou de la culture régionale, d'autonomisme, de séparatisme, voire de trahison. Pendant longtemps la France traite l'Alsacien en étranger, tout en lui refusant un statut d'étranger. Pendant deux à trois décennies l'Alsacien a été « la dernière espèce en France dont on peut se moquer à bon compte (l'accent), insulter (sale boche), bafouer la culture (parlez français, on est en France), sans que cela prête à conséquence »[371].

Comme en 1919 les postes de direction et de hauts fonctionnaires en Alsace sont attribués à des Français d'outre-Vosges. D'aucuns font carrière en Alsace en imposant leurs normes de pensée et leurs schémas mentaux. Pour les autres, l'Alsace n'est qu'un point de passage entre Montpellier, Rennes, Lyon, Lille, etc. Durant très longtemps le pourcentage des Alsaciens professeurs à l'université demeure faible. Rares sont aussi les Alsaciens à accéder à des fonctions nationales ou à devenir président d'un organe national. Là aussi 1968 marque une rupture. La jeune génération ose à nouveau s'afficher avec sa propre identité. Le complexe alsacien tend désormais à s'estomper. Dans le domaine politique apparaît avec André Bord le terme de « ministre alsacien », qui recouvre un usage désormais entré dans les mœurs. Les parlementaires, toutes étiquettes confondues, prennent enfin l'habitude de défendre avec vigueur les intérêts spécifiques de l'Alsace et de leurs électeurs.

Par contre la très grande majorité de la population française continue à méconnaître l'Alsace. Pour beaucoup, elle apparaît en raison de sa langue comme un appendice de l'Allemagne. Jusqu'à l'heure actuelle certains courriers de la France profonde destinés à l'Alsace ajoutent au nom de la localité Allemagne ! Depuis qu'elle a cessé d'être une pomme de discorde avec l'Allemagne, elle suscite une certaine indifférence (comme d'ailleurs aussi en Allemagne), au point de ressentir un « déficit d'affection publique ». Pour les cadres l'Alsace ne fait pas partie des régions attractives. Elle demeure méconnue. Certains bulletins météorologiques la décrivent telle une Sibérie climatique en hiver. De très nombreux enseignants d'outre-Vosges, y compris des professeurs d'histoire et de géographie, ignorent presque tout d'elle et même des universitaires renommés ont tendance à limiter vers l'est la France à la ligne bleue des Vosges. Aussi le statut religieux et scolaire est-il souvent contesté et l'usage de l'alsacien considéré avec dédain. La vision jacobine d'une assimilation totale n'a reculé que depuis la loi de décentralisation de 1982, mais les pesanteurs demeurent encore nombreuses et ne reculent que lentement. Il est vrai aussi que trop d'exemples historiques donnent à croire que l'Alsace « ne jouit pas de la sympathie spontanée des milieux parisiens », hormis les militaires (de Gaulle, Leclerc...), au point que Julien Freund parle de la « désinvolture des provinciaux de Paris à l'égard de l'Alsace »[372]. Deux décisions ont soulevé une véritable tempête en Alsace : le transfert à Grenoble du synchrotron promis à Strasbourg (1984) et la suppression des émissions dialectales à FR3 pendant le créneau horaire très suivi de 19 h 30 à 19 h 55 (1989).

Face à l'Allemagne : un net recul du livre allemand

Le recul de l'allemand entraîne après 1945 celui du livre allemand, comme le confirme une étude sur les bibliothèques du Haut-Rhin[373]. La position des bibliothécaires dans un contexte marqué par le chauvinisme se révèle délicate après 1945. Bien qu'ils ne puissent refuser à une partie importante de la population le droit de lire, ils s'efforcent de limiter les fonds allemands. Ils se contentent de répondre de façon minimale à la demande exprimée, en espérant que la lecture en allemand allait cesser d'elle-même avec la disparition des générations germanophones.

A la bibliothèque municipale de Mulhouse, en 1950 les achats de livres allemands ne représentent que 22 %. Dans les annexes plus de la moitié lisent difficilement le français (50 % sont des travailleurs manuels et 56 % sont âgés de plus de quarante ans). Selon le rapport de 1952 chaque lecteur lit une moyenne de 41,5 volumes par an. D'après un rapport de 1960 les prêts en allemand ne représentent que 5 % chez les intellectuels, 16 % chez les commerçants, mais 45 % chez les ouvriers. Il précise aussi que « les lecteurs s'en tiennent à des auteurs assez moyens et ignorent la nouvelle littérature allemande ». Durant assez longtemps les témoignages de bibliothécaires font état de la frustration des lecteurs des annexes devant le manque constant de livres, il est vrai que les acquisitions deviennent négligeables. Le pourcentage des prêts tombe de 44 % en 1949 à 33 % en 1954 pour se stabiliser autour de 17 % de 1960 à 1977, avant de s'effondrer après 1980 (4 à 8 %). A la bibliothèque centrale de prêts (BDP) les livres en allemand représentent 18 % du total des ouvrages prêtés en trois mois en 1957, mais seulement 5 % du fonds total, car « le ministère n'envisageait pas l'achat de livres en langue allemande ». Par la suite on assiste à un accroissement important du nombre des prêts, qui passe de 4,9 % à 13,7 %, ce qui confirme la permanence d'un lectorat de langue allemande.

A partir de 1980 les bibliothèques adoptent une nouvelle politique, mais la baisse du nombre de prêts se poursuit : en 1990 il tombe à 4 % à Mulhouse et à 19 % à la BDP. Le lectorat des bibliobus est composé surtout de la tranche d'âge de cinquante à soixante-dix ans, à dominante féminine. En 1991 selon une enquête dans vingt-deux bibliothèques municipales, le pourcentage d'ouvrages allemands n'atteint que 3,8 % et il est pratiquement inexistant pour la jeunesse (0,05 %). Actuellement la politique des bibliothèques consiste à diversifier des fonds (littérature contemporaine, fonds documentaire axé sur les régions frontalières), à rechercher de nouveaux publics, bien que la création d'un fonds pour la jeunesse ne connaisse guère de succès, et à développer la coopération transfrontalière.

Cette étude de Suzanne Rousselot permet aussi d'appréhender la vision de l'Allemagne du lecteur à travers ses emprunts. Ils étonnent par leur aspect homogène. Ils se composent pour l'essentiel de romans appartenant à une littérature qualifiée par les Allemands de Trivialliteratur, de fabrication quasi industrielle et qui « se caractérise par le refus de la réalité au profit d'un monde idéalisé ». Il s'agit de Frauenromane qui correspondent à nos romans sentimentaux, de romans policiers, de westerns et de romans de terroir qui représentent une spécificité germanique. Ces deux derniers genres « relèvent d'un même phénomène de fuite devant le monde industriel et les changements socio-économiques qui lui sont liés ». Le thème principal du Wildwestroman est la conquête de l'ouest américain et l'ethnocide des Indiens. Si le Frauenroman est lu surtout par les femmes, le dernier est lu par les publics des deux sexes. Les deux autres intéressent majoritairement les hommes.

Le Heimatroman est particulièrement recherché. Cette forme littéraire, apparue au XIXe siècle, est l'expression d'un courant conservateur, chantre d'une Heimat idyllique, de forêts d'épicéas, de torrents tumultueux, de costumes folkloriques et des coutumes d'antan. L'auteur préféré des lecteurs alsaciens est Hans Ernst (1904-1984). Ses romans décrivent des paysages et des villages immuables imprégnés par un « kitsch sentimental teinté de religiosité ». Son idéologie se caractérise par le rejet de l'intellectuel, de la modernité et de la civilisation et le mythe de la paysannerie régénératrice. Véhicule d'une idéologie conservatrice et passéiste, d'une société gardienne de valeurs « éternelles », ce roman semble devoir convenir à un public fragile et peu intégré dans la société contemporaine qui utilise en plus une autre langue. Selon quelques sondages dans des bibliothèques badoises on constate une fois de plus un certain archaïsme, car ce type de littérature est presque absent de nos jours des fonds de bibliothèques badois, en partie il est vrai en raison d'une politique active d'actualisation et de réorientation des fonds.

Sur le plan religieux, les offices des deux confessions ont été longtemps célébrés en allemand. Les calendriers de Sainte-Odile et de Saint-Joseph ont également contribué au maintien de la lecture en allemand.

L'intensification des relations avec les voisins allemands et ses limites

A côté de cette vision passéiste on assiste à partir des années 1950 à une collaboration croissante entre les habitants des deux côtés du Rhin. Vers 1960 des contacts transfrontaliers s'instaurent qui débouchent en 1975 sur une coopération interétatique officielle. Les jumelages de communes se multiplient. Les investissements allemands prolifèrent. En 1979 20 % de la population active travaille dans des entreprises dont au moins la moitié du capital est allemande. En 1988 un tiers des salariés sont employés dans des sociétés à participation étrangère, dont 43 % sont allemandes.

Ensuite se développe le phénomène des travailleurs frontaliers. En 1992 ils sont 28 000 à exercer leur profession en Allemagne et 33 000 en Suisse alémanique. Les stations de radio allemandes bénéficient d'une certaine audience (40 % des auditeurs en 1979), tout comme certaines émissions des chaînes de télévision (variétés, émissions sportives, films, théâtre, musique) mais sans qu'on puisse apporter d'estimations quantitatives. En sens inverse les touristes allemands affluent notamment durant les week-ends (gastronomie puis résidences secondaires, un quart du total dans la vallée de Munster) et depuis quelques années un nombre croissant d'Allemands s'installe, pour un coût plus avantageux, dans des lotissements le long du Rhin. Longtemps totalement absents de l'université, ils y reviennent peu à peu (389 en 1990, soit 1 % du total des étudiants). Nombreuses sont aujourd'hui les fêtes locales qui invitent une harmonie ou un groupe folklorique allemand, sans compter les nombreux Allemands qui assistent aux concerts strasbourgeois.

Et pourtant ces relations demeurent superficielles. En dépit des apparences l'Alsace n'est pas une « terre d'expertise » en choses allemandes. Selon Jean-Marie Woehrling les rapports avec l'Allemagne « constituent un piment et non un ingrédient »[374]. Les classes moyennes connaissent peu l'Allemagne (hormis les grands magasins le long de la frontière). Les PME alsaciennes ont du mal à pénétrer le marché allemand, parce que leur culture d'entreprise est trop marquée par l'esprit français. La faiblesse de l'intérêt culturel apparaît aussi à travers les librairies. Si les grandes librairies badoises possèdent toutes un rayon d'alsatiques, en Alsace les livres sur le pays de Bade, le Wurtemberg et le Palatinat sont pratiquement absents des rayons en raison d'une demande quasi inexistante, comme d'ailleurs pour les livres allemands en général depuis les années 1960. Les Alsaciens paraissent peu intéressés par l'Allemagne, hormis par certains programmes des chaînes de télévision et par les radios dans une partie des campagnes. Le choix de l'allemand comme première langue étrangère reflète surtout un opportunisme scolaire. Il subsiste encore une véritable défiance qui s'exprime par toute une série d'appréciations négatives : souci de se démarquer du style allemand, réactions défavorables aux succès sportifs allemands. En fait derrière le refus de l'Allemagne il y a un refus de soi. La part d'identité allemande leur est insupportable, comme l'atteste le vocabulaire : alors qu'en 1789 les Alsaciens eux-mêmes se désignaient comme Allemands, et avant 1870 la « France allemande », on préfère des termes plus elliptiques, culture « rhénane », zone « alémanique », région ou sentier des « trois frontières », c'est-à-dire tous les noms possibles sauf celui d'allemand. Cette défiance existe aussi, à un degré moindre, envers la Suisse. Elle est en partie compensée par une certaine admiration qui va à l'efficacité.

Cette animosité à l'égard de la composante allemande de leur identité est nourrie par plusieurs facteurs : une « conception quelque peu désuète de la loyauté à l'égard de la France », le « retour du refoulé est mal vécu », d'où des réactions très brutales à l'égard de revendications régionales modérées – comme l'atteste le courrier des lecteurs des *DNA* de 1990 à 1992. Malgré l'amitié franco-allemande le qualificatif de germanophile reste une injure clé avec celle d'autonomiste dans la panoplie patriotique. Même une grande partie des défenseurs de cet héritage culturel insistent lourdement sur la spécificité alsacienne par rapport à la culture allemande par peur de se faire traiter de Schwowe. « Dans ce mouvement les femmes ont été en tête, car le besoin d'identification à la culture française a été encore plus fort pour les valeurs féminines : l'élégance, la grâce, la finesse, la modernité, la mode sont françaises, l'alsacien-allemand par contre est grossier et rétrograde. » (Woehrling) L'intelligentsia alsacienne a clairement choisi depuis plus de deux siècles l'assimilation au modèle culturel français. Ainsi la dimension culturelle française est devenue pour les Alsaciens synonyme d'ouverture intellectuelle, de promotion sociale et de liberté, tandis que la tendance allemande est identifiée, hormis chez quelques luthériens entre 1870 et 1939, à l'enfermement provincial, à l'absence d'esprit et à l'autoritarisme. Qui eût osé après 1945 défendre de telles valeurs ? De même combien d'Alsaciens souhaitent-ils et peuvent-ils suivre une pièce de théâtre en allemand, chose pratiquement disparue depuis 1945 ainsi que la lecture de la littérature allemande contemporaine.

Certes les frontières sont sur le point de disparaître du paysage. Le Rhin a perdu son symbolisme patriotique, traversé désormais pour des raisons économiques, commerciales et de loisirs : l'Alsace n'est plus un Finistère continental. Il s'agit au contraire de replacer dans la géographie des axes du développement européen. Aujourd'hui l'Alsace a besoin de l'Allemagne pour renforcer une identité culturelle affaiblie. L'alsacien n'a pas d'avenir comme langue de repli régional, mais il peut accéder à une existence nouvelle comme instrument d'ouverture vers l'est, comme expression régionale de la langue la plus répandue d'Europe. « Ce n'est que par l'intermédiaire de l'allemand qu'il (le dialecte) peut conserver une existence au XXIe siècle. Ainsi notre rapport avec l'Allemagne a une portée existentielle : il est une condition pour que l'Alsace survive avec son identité. »

Le problème des relations avec l'Allemagne soulève la question de la capacité de l'Alsace à assumer sa situation historique et géographique. « Il s'agit de savoir si l'Alsace est capable de reconnaître ses véritables intérêts et de les gérer conformément à son identité, ou bien si elle se laissera dicter son avenir par de vieux réflexes de culpabilité ». « Pour jouer pleinement la carte européenne, ils (les Alsaciens) doivent clarifier leur relation avec leur propre identité, afin qu'ils redeviennent capables de dire : nous sommes français, mais aussi de culture allemande ; nous sommes fiers de ces doubles racines qui nous aideront à choisir nous-mêmes notre place dans l'Europe de demain » (Woehrling). Malgré ces limites la collaboration transfrontalière tend à devenir aujourd'hui un phénomène normal, surtout dans la jeune génération. Aussi l'idée européenne est-elle ici beaucoup plus répandue, en partie grâce à l'action persévérante du MRP et de Pierre Pflimlin, comme on a pu le constater lors du réferendum du 20 septembre 1992, où la région Alsace a été celle qui a connu le pourcentage de oui le plus élevé (65 %).

L'évolution linguistique récente : d'une langue régionale vers la langue du voisin[375]

De 1946 à 1962 le recul de l'alsacien peut être cerné par les bulletins individuels du recensement qui posent en Alsace les questions suivantes : « Savez-vous parler le français ? Le dialecte ? L'allemand ? » Certes il faut traiter avec prudence des réponses qui peuvent être subjectives. A partir de 1968 cette question linguistique a été supprimée, de sorte qu'on ne dispose désormais que de sondages très partiels et plus d'aucune précision statistique. En 1946 le pourcentage des personnes parlant le dialecte demeure encore très élevé (90,8 %), mais il apparaît déjà moins pratiqué dans les trois grandes villes (63,8 % à Colmar, 65,9 % à Mulhouse). Entre 1946 et 1962 l'érosion devient sensible : plus que 84,7 % en Alsace et 81,4 % dans les communes urbaines parlent l'alsacien, alors que la connaissance déclarée de l'allemand tombe de 84 à 62 %. Une enquête menée par l'INSEE Strasbourg en 1979 confirme la régression de l'alsacien : plus que 75 % des personnes de plus de quinze ans déclarent le parler encore. Il est plus pratiqué à la campagne que dans les villes, dans le Bas-Rhin que dans le Haut-Rhin. La régression progresse avec les générations : dans 63 % seulement des ménages les parents parlent à leurs enfants en alsacien. Le dialecte est plus souvent parlé à la maison qu'à l'extérieur et le moins dans les administrations.

Au même moment un chercheur autrichien, Wolfgang Ladin, fait une enquête auprès de 685 élèves dialectophones bas-rhinois dans les classes de troisième de quinze collèges. Le bilan est assez pessimiste sur l'avenir du dialecte. Bien que les parents parlent alsacien entre eux dans 83 % des cas, ils ne sont que 53 % à l'utiliser avec leurs enfants, qui entre frères et sœurs ne sont plus que 34 %. La francisation est plus forte chez les filles et les femmes, dans le secteur tertiaire et selon la taille des villes. A Strasbourg seuls 30 % continuent à utiliser l'alsacien, contre 50 % dans les villes moyennes et 70 % à la campagne[376]. En 1983 on constate au niveau des parents que 87,3 % des personnes parlent alsacien en milieu rural et 63,4 % seulement en milieu urbain. Les pourcentages tombent à 81,6 % et 40,7 % pour les enfants. Depuis 1983 la régression ne cesse de se poursuivre à travers les divers sondages réalisés. En 1984 seulement 15 à 20 % des enfants des écoles maternelles s'expriment encore en alsacien. Dans le Haut-Rhin seuls 13 % des élèves de l'enseignement primaire parlent l'alsacien et dans les villes ce pourcentage tombe à 5 %. En 1988 il ne reste que 15 % de jeunes de moins de 25 ans résidant en Alsace qui parlent l'alsacien (mais selon une autre enquête de 1990 ce serait le tiers) et dans les écoles maternelles leur nombre est de 18 %. Sur le plan socioprofessionnel[377] les familles d'agriculteurs, d'ouvriers, d'employés le parlent le plus, à l'inverse de celles des cadres supérieurs et moyens, des professions libérales. Par contre les patrons de l'industrie et du commerce pratiquent plus le dialecte que les ouvriers et les employés. Les pertes les plus fortes ont lieu dans les familles des cadres moyens et des professions libérales, les plus faibles chez les agriculteurs et les patrons par intérêt bien compris.

Une enquête dans vingt-huit lycées réalisée en 1985-1986[378] fournit des résultats intéressants. Chez les parents si la connaissance du dialecte est quasi universelle, la pratique réelle est très différente : un tiers des parents alsaciens privilégient le français comme langue d'amitié et seulement 43 % échangent au foyer exclusivement en dialecte, pourcentage qui tombe à 20 % pour l'alsacien comme seule langue d'échange entre parents et enfants. Les mariages mixtes entre dialectophone et non-dialectophone conduisent à la perte presque totale du dialecte pour les enfants. Chez les adolescents, si près de la moitié parle facilement le dialecte, une proportion plus importante d'entre eux développe une attitude linguistique passive et ne le parle pas tout en le comprenant. Par contre certains adolescents de familles non dialectophones réussissent à faire l'apprentissage du dialecte. Il semble qu'il y ait une volonté parentale de ne pas apprendre le dialecte aux enfants ou au moins de les placer en situation de bilinguisme. Le problème central du maintien est bien lié à la volonté plus ou moins affirmée des parents d'en assurer la transmission. Bien que peu pratiqué, le dialecte reste connu et compris par la majorité des adolescents d'origine alsacienne, mais dans les relations de copains la primauté du français paraît incontestable. Dans le Bas-Rhin « environ les trois quarts de la population rurale comprennent facilement l'alsacien et deux tiers le parlent avec aisance », alors que dans les communes urbaines (plus de 2 000 habitants en 1982) « seulement 49,7 % de la population parle facilement le dialecte et 31,4 % est réputé ne pas le parler ». Dans le Haut-Rhin la compréhension du dialecte est plus faible et son usage moins fréquent.

Selon un sondage *DNA*-ISERCO du 16 mars 1990 – le plus récent à ma connaissance –, à la question « Parlez-vous ou comprenez-vous le dialecte alsacien ? », 71 % des personnes interrogées répondent positivement. Parmi celles-ci 40 % affirment le parler très souvent, 21 % assez souvent et 10 % presque jamais. Il confirme la baisse chez les plus jeunes, la meilleure résistance du Bas-Rhin et du milieu rural (80 % des sondés) que dans les villes de plus de 5 000 habitants (55 %). L'école peut certes, en faisant une place à l'alsacien, « le réhabiliter, contribuer à un environnement sociopsychologique favorable à son maintien, aider à réhabiliter une langue oubliée pour beaucoup du côté de la petite enfance... L'école ne peut pallier la « défaillance » des parents qui ont glissé dans le confort du monolinguisme, ni suppléer leur abdication »[379]. L'attitude des partisans de l'assimilation a enfin perdu son agressivité pour des raisons de plus grande tolérance, de changements dans la mentalité générale ou d'apparition d'intérêts culturels et économiques nouveaux.

L'utilisation du dialecte a fortement baissé depuis trois générations dans l'ensemble de l'Alsace, hormis les trois arrondissements du nord de l'Alsace (Saverne, Haguenau et Wissembourg). Cette régression s'explique en grande partie par le choix linguistique des parents. Partout les femmes parlent plus le français que les hommes. Pierre Kretz cite un village où « au milieu des années 50, tous les enfants étaient exclusivement dialectophones à leur entrée à l'école maternelle. Vingt-cinq ans plus tard, la situation était déjà radicalement inversée ; la totalité des enfants étaient exclusivement francophones », alors qu'il s'agit des mêmes familles[380]. Si pendant assez longtemps les Alsaciens pratiquaient un bilinguisme à deux registres, parlant le français au travail et le dialecte à la maison, actuellement un pourcentage important de couples parlent français en famille. La profession joue un rôle déterminant pour l'usage des langues. Sauf dans le cas des artisans, commerçants et chefs d'entreprise, la hiérarchie linguistique reproduit exactement l'échelle socioprofessionnelle. Les femmes accomplissent un effort particulier d'assimilation du français, probablement en vue de réaliser une réelle ascension sociale.

La maîtrise simultanée du dialecte et du français demeure pourtant très importante en Alsace, mais le bilinguisme risque de constituer une étape vers une pratique limitée au seul français, sauf si la prise de conscience se diffuse plus largement. Actuellement il dépasse 40 % dans les familles alsaciennes, alors que le français est la seule langue maternelle de 47,6 % des adolescents. « Le bilinguisme paraît être le passage obligé d'une langue à l'autre et traduit une progression du français à travers les générations : les parents parlent alsacien aux grands-parents, les deux langues à leurs enfants. Les enfants sont bilingues avec leurs parents, parlent surtout le dialecte avec leurs grands-parents, mais le français avec leurs frères et sœurs ». La conclusion de l'étude est assez pessimiste : « L'abandon de l'alsacien paraît maintenant général dans toutes les couches de la société », il régresse notamment « comme langue affective ».

Dans les régions restées les plus dialectophones, une enquête de Monique Wach en 1984[381] confirme que l'alsacien demeure la langue de l'affectivité et le français la langue de l'école. Selon la nouvelle politique scolaire menée depuis 1982 il s'agit de transformer un handicap scolaire en atout. Le fait de parler le dialecte ne semble plus poser de problème d'appartenance nationale. Pourtant, bien que ce ne soit pas admis par tout le monde, la possibilité d'un bilinguisme existe. L'alsacien n'est pas un handicap pour la réussite scolaire. Le plurilinguisme est un atout. « Avoir deux systèmes linguistiques et culturels permet une plus grande diversité d'expression, une plasticité mentale efficiente. » Peu à peu se répand la prise de conscience que le dialecte est un atout et un pouvoir et que son ignorance peut être une gêne. Toutefois s'il est « devenu chic de parler alsacien » dans certains milieux, cette nouvelle règle du bon goût n'atteint pas encore les milieux populaires. Selon M. Wach désormais « l'usage de l'alsacien est lié à la possession d'un plus dans le capital linguistique, le français étant supposé commun à tous, la hiérarchie est inversée ». L'alsacien demeure une représentation mentale forte de l'identité régionale. Toutes les statistiques disponibles attestent un déclin accéléré du dialecte chez les enfants d'âge scolaire, une situation qui fragilise une politique linguistique scolaire fondée sur l'existence d'une base dialectophone et témoigne de l'urgence de l'action. Environ un tiers des enfants scolarisés sont encore dialectophones. Il est indispensable de faire fructifier un capital qui sommeille et se déprécie de plus en plus, et d'empêcher, par une pédagogie adaptée, « cette potentialité de dépérir, la valoriser, l'exploiter par des méthodes appropriées ».

La place des langues en Alsace : esquisse d'un état des lieux aujourd'hui

Longtemps occulté, le problème des langues connaît une vigueur nouvelle : depuis plusieurs années il apparaît fréquemment dans le courrier des lecteurs des deux quotidiens régionaux. Evelyne Schmitt-Troxler, dans une analyse des articles parus de 1989 à 1992[382], distingue six tendances favorables (pédagogique, antijacobine, économique, européenne, identitaire et droit des minorités) et quatre hostiles : nous sommes en France, pas en Allemagne et souvenir des anciens combattants, l'alsacien ce n'est pas de l'allemand, tendance pédagogique, à savoir le cliché que le « bilinguisme serait un handicap sur le plan des performances intellectuelles ». L'alsacien est un langage pittoresque et savoureux, qui a horreur de l'abstraction. C'est une langue bien adaptée pour les rapports quotidiens, qui permet de dire tout ce qui a trait à la vie pratique, professionnelle et privée, avec une dimension poétique et un registre très large pour les jurons, en particulier ceux dont on abreuvait autrefois les bêtes de trait.

Mais la disparition de l'allemand et donc de toute référence normative sur le plan lexical et grammatical entraîne un appauvrissement considérable, face aux trente mille mots du dictionnaire de Lienhart et Martin (1897). Le recul de la pratique transforme l'alsacien en une langue en jachère – qui tend à être ramenée dans un état linguistique immature – pauvre en vocabulaire et incorrecte en syntaxes. L'alsacien, coupé de l'allemand qui est sa sève nourricière, tend à être confiné dans un passé rural et artisanal, des techniques devenues obsolètes sans lien avec la culture moderne. Le risque principal aujourd'hui est une aliénation progressive par des emprunts massifs au français qui ne sont endigués par aucune instance normative. Alors qu'au XIXe siècle le parler alsacien a su assimiler de 1 500 à 2 000 transfuges lexicaux, aujourd'hui se multiplient les gallicismes, des mots ou des constructions propres à la langue française, qui envahissent le dialecte, sans compter des phrases hybrides, une juxtaposition d'expressions et de phrases, le *code-switching* qui menace de dénaturer et de dépersonnaliser le dialecte, confiné dans l'enceinte de la famille. Ce mélange vide l'alsacien de sa substance et le prive de sa raison d'être. L'alsacien est alors souvent ressenti comme un instrument linguistique incapable de satisfaire aux exigences de la communication orale, et se trouve éliminé de nombreux domaines d'utilisation.

L'allemand tend à disparaître peu à peu de la presse, des bibliothèques, des offices religieux, du chant et du théâtre. Depuis les années 60 il a été remplacé par le français sur les affiches des festivités dans les campagnes. Seules certaines émissions de radio et de télévision sont encore suivies. Ce recul est dû à l'absence d'un continuum linguistique entre le dialecte et la langue standard, ce qui accentue la coupure avec l'aire culturelle couverte par la koiné allemande. Les conséquences économiques en sont désastreuses : les entreprises ont des difficultés à recruter un personnel maîtrisant l'allemand écrit et les frontaliers ont du mal à occuper des emplois exigeant cette qualification, d'où les deux concepts nouveaux de trilingue et de « langue du voisin ». La disparition de la littérature allemande constitue une « rupture de la continuité culturelle, une perte de mémoire ». Seuls des diplômés de l'université peuvent aujourd'hui encore pratiquer une véritable double culture et affirmer qu'ils sont « in beiden Kulturen beheimatet ». Plus encore qu'avant 1870 l'allemand utilisé apparaît bien pauvre. Selon un observateur suisse l'allemand des journaux est un « pauvre idiome bâtard, rudimentaire et indigent » avec de nombreux régionalismes et archaïsmes, beaucoup d'écarts de syntaxe et de lexique et un style souvent désuet et maladroit [383].

A l'inverse le français qui au début était une langue un peu artificielle et très scolaire s'est imposé dans l'usage. Il a acquis une position prépondérante et irréversible. Alors qu'en 1950 l'Alsace était une région dialectophone dans un ensemble français, aujourd'hui elle devient une région à dominante française avec une composante dialectale, où l'allemand est perçu comme étranger. Le résultat c'est qu'à partir des années 50 de plus en plus nombreux sont les dialectophones privés de véritable moyen de communication et d'expression. « A cheval sur deux ou trois idiomes ils n'en maîtrisent aucun, n'ayant plus qu'une connaissance passive de l'allemand, ne possédant plus à fond et intimement le dialecte et ne faisant qu'un usage pénible du français. » Dans les années 50 des milliers de jeunes appelés en métropole et en Algérie ne peuvent correspondre avec leurs parents, car les premiers ne maîtrisent pas l'allemand ni les seconds le français.

La conséquence en est un affaiblissement de la culture populaire, une amnésie collective. Le monolinguisme français risque de provoquer à terme une désintégration de la personnalité du peuple alsacien, qui, coupé de la vieille communauté linguistique, se sent déraciné et ignore son passé, car seule l'histoire de France est enseignée à l'école, d'où actuellement le succès des conférences et des alsatiques relatifs à l'histoire de l'Alsace, et le regret de nombreux jeunes de ne pas y avoir été initiés par leurs parents. Ce n'est que depuis peu que le dialecte est perçu comme une richesse et non comme un handicap, car il constitue un riche substrat linguistique. Si être bilingue est un plus, c'est souvent aussi une situation inconfortable sur le plan personnel et psychologique, car bien des Alsaciens vivent dans un *no man's land* culturel.

ÉPILOGUE

Vers l'Alsace de l'an 2005

Dans le cadre du discours identitaire de l'Alsace et de la prise de conscience du problème linguistique, les collectivités territoriales ont engagé depuis peu des études de prospective – département du Haut-Rhin, villes de Strasbourg et de Mulhouse, et surtout la région Alsace qui a élaboré un projet, Alsace 2005. On peut regrouper les thèmes relatifs à la culture en trois rubriques : langue, place de l'Alsace et pôles d'excellence.

Une politique scolaire désormais ouverte au bilinguisme

La préservation du patrimoine linguistique constitue un objectif majeur et représente un atout pour une Alsace ouverte sur le monde. Le français constitue la langue de communication, l'alsacien la langue identitaire et le moyen d'expression privilégié d'une culture populaire riche et développée, alors que l'allemand est encouragé à l'école. L'avenir du dialecte continue à susciter des passions. L'indifférence progresse chez une partie de la jeune génération, alors que la nécessité de son maintien est maintenant partagée par la classe politique, pratiquement toutes étiquettes confondues, et par les autorités académiques et religieuses. Mais les réserves subsistent bien en Alsace que dans certaines instances parisiennes. Il est significatif de noter que la France refuse de signer la charte européenne des langues, sous le prétexte qu'en raison du principe d'égalité les minorités régionales ne peuvent exister en son sein. D'ailleurs, en juin 1992, le Parlement a notifié dans la Constitution que « la langue de la République est le français ». La politique scolaire en faveur de l'allemand bénéficie d'un soutien actif des collectivités territoriales, en étroite collaboration avec le rectorat. Mais pour bien des Alsaciens, le lien entre l'alsacien et l'allemand est loin d'être évident. L'allemand demeure la langue écrite, mais l'invasion de l'alsacien par des termes français en nombre croissant risque d'élargir à moyen terme le fossé entre les langues orale et écrite, beaucoup plus qu'en Suisse alémanique.

L'écrivain André Weckmann a élaboré un plaidoyer pour une zone bilingue, de « convivialité linguistique ». En 1982 le recteur Pierre Deyon précise que l'allemand est la langue régionale en Alsace dans ses deux composantes, l'expression orale dialectale (une variante orale régionale de la langue allemande) et l'expression écrite Hochdeutsch. Il met en route un vaste programme académique : langue et culture régionales, dénommé par la suite enseignements régionaux et internationaux. Mais la dynamique est freinée par un manque de moyens financiers et fragilisée par le principe du volontariat. De plus, l'acquisition de l'autonomie de fonctionnement exige une situation de bain linguistique, ce qui suppose un entraînement quotidien sous forme de séquences d'apprentissage et d'emploi de la langue dans l'une ou l'autre matière. Le jour où l'alémanique et le francique auront disparu de notre paysage linguistique (une menace prise aujourd'hui très au sérieux et annoncée dès 1963 par Germain Muller), la langue allemande n'aura plus d'existence sociale dans nos régions et deviendra la langue du voisin, une expression déjà trop souvent utilisée. La promotion du bilinguisme n'est pas uniquement l'affaire de l'école. De même l'affirmation de la vocation européenne de Strasbourg serait plus crédible, si la ville, à l'image de Bruxelles et de Luxembourg, était bilingue et non monolingue et avait le courage « d'être, de réintégrer ce qu'on a été dans ce qu'on est devenu, s'afficher à la fois Strasbourg et Strassburg ». Selon André Weckmann, la mise en route d'un projet cohérent, une zone bilingue franco-allemande, permettrait encore d'enrayer l'hémorragie [384]. Depuis peu, on assiste à un début de réaction avec la signature d'une charte en 1993 entre le conseil général du Haut-Rhin et l'Education nationale qui prévoit un enseignement à parité en français et en allemand dans les écoles maternelles qui en feront la demande.

Une seconde orientation est celle de l'ouverture et de l'ambition de l'Alsace en France et en Europe à l'horizon 2005 [385]. Le positionnement géostratégique de l'Alsace conduit à articuler ensemble une meilleure intégration dans l'espace national, l'intégration dans le Bassin rhénan et l'ouverture sur le monde. Le projet 2005 prévoit plusieurs orientations. D'abord développer les relations avec Paris en renforçant la présence alsacienne dans les centres de décision et les réseaux d'acteurs nationaux pour y valoriser la position de la région et renforcer la capacité d'attractivité de l'Alsace. L'Alsace comme zone de rencontre avec la culture allemande est une « région laboratoire et pilote pour la France en matière d'apprentissage et de formation en alternance et plus largement de partenariat entre le système éducatif et le monde des entreprises ». Enfin Strasbourg devient un centre des fonctions de tertiaire supérieur du grand-est français.

L'Alsace doit développer enfin sa vocation rhénane sous la forme d'un partenariat actif pour un codéveloppement équilibré sur l'ensemble de l'espace rhénan. Cette stratégie se traduit par un aménagement du territoire rhénan (aménagement urbain, communications, le développement des réseaux d'acteurs dans les domaines de la recherche et de la culture) et un nouveau souffle pour la coopération transfrontalière. « Le Rhin supérieur peut désormais retrouver sa fonction d'espace de rencontre et de fécondité créatrice et devenir en cela un modèle pour l'Europe », en particulier avec le développement de la culture scientifique, technique et industrielle. Enfin la vocation européenne peut se traduire par un positionnement dans le domaine de la recherche fondamentale de niveau mondial, un renforcement du nombre et du rôle des organismes européens implantés à Strasbourg et de la présence alsacienne dans les pays d'Europe orientale. Reconnue capitale européenne en décembre 1992, elle est le siège de sept organismes importants : Conseil de l'Europe, Commission et Cour européenne des Droits de l'homme, Institut international des Droits de l'homme, Commission centrale de la navigation du Rhin, Centre européen de la jeunesse, Fondation européenne des sciences et ARTE, chaîne de télévision franco-allemande.

Une politique de formation adaptée à une économie performante

Enfin deux des trois « priorités d'excellence » retenues par le plan de référence Alsace 2005 concernent la culture. C'est d'abord la formation. Le débat national sur l'apprentissage souligne combien le système alsacien peut devenir modèle de référence à l'échelle nationale. Les taux de scolarisation des jeunes de seize à vingt-quatre ans sont inférieurs aux taux nationaux, tout comme le niveau d'obtention du baccalauréat sur une génération (41,7 % contre 44,4 %). Mais depuis cinq ans les taux de scolarisation ont connu une progression tout à fait satisfaisante. Cette orientation plus sévère permet à l'académie de Strasbourg d'avoir les meilleurs résultats nationaux : 78,2 % de réussite contre 72,2 % en moyenne nationale. « La région peut devenir modèle en choisissant d'accélérer vigoureusement les évolutions actuelles vers un enseignement technique professionnel long de qualité, qui a trop longtemps fait défaut à la France. » La formation alternée par contrat d'apprentissage revêt en Alsace une importance particulière et explique en partie le niveau de qualification satisfaisant de la main-d'œuvre régionale. 17 % des 16-25 ans suivent une formation d'apprentis, contre 10 % de moyenne nationale. L'enseignement professionnel a été rénové et développé depuis les années 80, une politique d'autant plus nécessaire que jusqu'ici trop de jeunes ont quitté l'école sans formation : 62 % de non-qualifiés ont en 1991 un niveau inférieur à la classe de troisième ou n'ont plus entrepris de formation professionnelle contre 38 % sur le plan national. L'exigence de qualité, à l'origine d'un élargissement et d'un relèvement des formations offertes, contribue à faire de l'apprentissage en Alsace une nouvelle voie d'excellence, stimulée par le rapprochement entre le monde de l'éducation et celui de l'économie.

Une politique scientifique de haut niveau

La seconde priorité d'excellence est la recherche, où l'Alsace dispose d'un potentiel exceptionnel qui la place au troisième rang de la recherche scientifique en France. L'Alsace offre un ensemble complet et pluridisciplinaire d'enseignements de haut niveau qui attirent un nombre important de bacheliers originaires de Moselle et de Franche-Comté, alors que la proportion d'étudiants étrangers est l'une des plus élevées de France (15 %). L'enseignement supérieur se caractérise par l'importance des formations techniques : la présence conjointe et bien représentée d'un cycle supérieur court technologique et d'un supérieur long et doctoral est tout à fait original. En 1992 on compte vingt-quatre DESS et sept magistères, les taux d'inscription en DEA et la part des thèses soutenues sont particulièrement élevés. L'ouverture internationale se traduit par un pôle européen et la Conférence des recteurs et présidents des universités du Rhin supérieur fondée en 1984, renforcée en 1989 par la création d'Eucor, dont l'objectif est de réaliser un véritable espace universitaire, pluriculturel et polycentrique. Il a déjà mis en place des programmes de recherches communs, une école de biotechnologies et l'ISU.

Enfin, il existe une osmose entre recherche et enseignement.

La recherche fondamentale est très développée et reconnue au plan international. La recherche alsacienne constitue le troisième pôle scientifique régional français avec 250 laboratoires employant environ 2 200 chercheurs et 3 000 ingénieurs et techniciens. L'excellence scientifique est attestée par le nombre de soutenances de thèses et l'attractivité internationale : Strasbourg est la seconde ville de France pour l'accueil de congrès scientifiques internationaux. L'Alsace constitue une pointe du triangle d'or de la recherche européenne qui cumule les performances : Nobel de Chimie à Strasbourg (1987) et à Zurich (1991), Nobel de Médecine à Bâle (1978), Nobel de Physique à Stuttgart (1986) et à Zurich (1987). Elle apparaît comme l'une des trois ou quatre régions françaises dotées d'une taille critique suffisante pour s'affirmer comme un pôle majeur de recherche au niveau international. Par contre l'Alsace se situe au seizième rang des régions françaises pour les dépenses de recherche-développement, ce qui freine la capacité d'innovation et la compétitivité des entreprises de la région. De même les transferts de technologie demeurent insuffisants. Le projet Alsace 2005 prévoit de renforcer les pôles d'excellence en recherche fondamentale en adaptant les infrastructures technologiques par une politique de formation d'ingénieurs, en renforçant la recherche publique par une implantation significative d'organismes de recherches nationaux. Enfin le projet prévoit la poursuite de l'ouverture internationale de la recherche et le renforcement des capacités d'accueil pour permettre à Strasbourg de devenir un centre international de congrès scientifiques.

L'identité alsacienne aujourd'hui[386]

A l'époque actuelle la réflexion identitaire tient une grande place dans l'opinion. L'Alsace est avec la Corse la région où ce phénomène est le plus voyant. La perception de la différence avec le voisin lorrain demeure très marquée à la fois dans les mentalités et le paysage. L'identité a été forgée par l'histoire dont il subsiste de manière consciente le droit local, en particulier le statut scolaire et religieux. Les quatre-vingt-sept sociétés d'histoire et d'archéologie, dont les comités sont composés surtout d'autochtones, regroupent plus de soixante mille membres, soit quatre pour cent de la population alsacienne. C'est l'attachement à un certain nombre de valeurs marquées par l'influence rhénane et alémanique et la religion. Les principales valeurs sont le sens du travail, de la régularité, de la ponctualité, de l'honnêteté, un sens plus marqué de l'intérêt général, un climat social plus consensuel, la propreté, le souci de l'environnement, le sens du concret, du possible et du juste milieu et, à l'inverse, le refus des extrêmes et des idéologies, encore que ce point mérite aujourd'hui réflexion avec la percée du Front national.

Mais certaines valeurs posent aujourd'hui problème. L'attachement à la terre d'Alsace avec ses repères géographiques et gastronomiques et son cadre de vie est parfois hypertrophié. Or celui-ci ne peut être réduit au domaine folklorique (costumes), gastronomique (choucroute) soit les « cinq C ». Par ailleurs le cadre de vie doit être concilié avec les nécessités économiques dans une politique d'environnement. La famille, bien que fragilisée, demeure une valeur clé par l'importance des fêtes de famille, mais la natalité est faible, les familles peu nombreuses, beaucoup de personnes âgées se retrouvent seules, le fossé entre les générations tend à être agrandi par une rupture culturelle et linguistique. La vie associative, beaucoup plus forte que dans le reste de la France, favorise la convivialité et la solidarité, mais elle tend à être menacée par le manque de moyens et le recul du bénévolat. Actuellement on estime qu'un Alsacien sur deux au moins fait partie d'une association et seule une commune sur six n'a pas son club de football qui constitue souvent un symbole de la vitalité villageoise. La religion continue à faire partie du paysage. Les grandes fêtes tiennent toujours une place appréciable. Elle a droit de cité dans la presse, à l'école, et ses institutions demeurent reconnues par un statut spécifique. Or elle tend à se réduire à une dimension plus privée et intime : le statut public mérite un toilettage, mais comment le modifier ?

A côté des valeurs l'identité se caractérise par l'ouverture à deux cultures, objet aujourd'hui des discours officiels, mais volontairement occultée pendant des décennies. D'un côté la culture française a profondément marqué l'Alsace par l'école, les médias, le travail et de manière croissante les loisirs. D'un autre côté l'apport de la culture allemande se manifeste par l'importance donnée à l'habitat, au chez-soi et au confort, le rôle de la musique (chorales, fanfares, harmonies), une partie de la gastronomie (charcuterie, bière) et la religion demeurée un fait public, sans oublier le dialecte. Sur le plan intellectuel l'Alsacien fait preuve d'esprit critique et satirique (en particulier de 1940 à 1944), il est plus porté vers les sciences que les lettres, vers l'histoire que la philosophie, peu spéculatif il est parfois un peu terre à terre, mais avec un remarquable savoir-faire comme bricoleur, et un peu mystique et sentimental. Il dispose d'un large répertoire de dictons, ce qui lui permet de s'abriter derrière quand il doit prendre une position personnelle, une manière d'être qu'on n'aime guère dans une grande partie des milieux populaires et qui a été encouragée entre 1871 et 1945, où elle a facilité l'art de l'esquive.

Enfin l'identité c'est une certaine manière d'être : une certaine méfiance envers les idéologies, une réserve envers l'étranger et parfois la nouveauté, un certain pragmatisme, une difficulté à s'exprimer, naturelle (taciturne) ou psychologique (liée à une faible maîtrise de la langue), une certaine tolérance mais qui actuellement semble en recul, attachement à l'ordre et à la discipline et au sens de l'organisation, enfin l'attachement à la liberté et à la démocratie. Il est intéressant de noter qu'un manuel de géographie à l'usage des écoles primaires il y a un siècle décrit ainsi les caractères des Alsaciens : ardeur au travail, courage, amour de l'ordre, esprit d'économie, moralité et droiture, sens du confort et de l'hospitalité, amour de la liberté, esprit d'invention et quête de savoir[387]. C'est aussi une sensibilité, illustrée par le succès du théâtre alsacien et l'audience des émissions régionales et dialectales de FR3 Alsace. Il convient aussi d'y ajouter l'importance des alsatiques (l'Alsace est la seule région française à avoir suscité ce terme spécifique). Beaucoup de ceux-ci bénéficient d'un succès commercial et d'une large diffusion en particulier les ouvrages touristiques et culinaires. Mais ces dernières années la prolifération des titres, le plus souvent abondamment illustrés, a tendance à sacrifier le contenu : seul un très petit nombre cèle un contenu neuf et consistant.

Cette manière d'être privilégie un modèle communautaire et un mode de vie ouvert, qui permet une intégration aux valeurs acceptées sans parler alsacien. Ainsi « le retrait relatif d'un bilinguisme au quotidien ne signifie pas forcément l'affaiblissement d'un mode de socialisation spécifique »[388]. L'alsacianité est beaucoup plus une décision culturelle qu'une donnée biologique. Mais cette identité n'est pas une. L'Alsace est aussi plurielle, par les confessions, dont l'empreinte diminue, par la géographie (régions naturelles) et la langue (francique, haut et bas alémanique), d'où de multiples sous-ensembles. Un clivage important est celui de l'ancien Landgraben, limite physique devenue mythique, il demeure une limite psychologique entre les deux départements. Le Haut-Rhinois a facilement tendance à faire le complexe du partenaire insuffisamment valorisé. Sur le plan économique l'espace de Mulhouse a tendance à se tourner à la fois vers Bâle et le pôle de Belfort-Montbéliard, alors qu'à l'autre extrémité Karlsruhe commence à faire sentir son influence.

L'identité n'est pas seulement un état, mais aussi une action. Elle ne saurait être un état passif, le repli sur un trésor enchâssé dans le passé. Parmi les acteurs on peut citer en particulier le cercle Schickelé, le Haut Comité de référence pour la langue et la culture alémanique et francique en Alsace et en Moselle et la région Alsace, à travers le plan de référence Alsace 2005. Les deux premiers organismes militent pour sa défense et sa transmission, dans le domaine du théâtre, de la musique, du folklore et du patrimoine. Longtemps frappé d'un certain ostracisme, le cercle Schickelé est aujourd'hui un acteur culturel actif. La région s'engage à défendre une politique culturelle dans l'espace rhénan par la promotion du patrimoine linguistique et le soutien aux réseaux associatifs à travers l'Office alsacien du bilinguisme, créé en 1993. Parmi les axes de développement figurent le soutien aux sociétés savantes, la planification des actions de sauvegarde du patrimoine, la promotion de la musique, de la culture musicale, des arts plastiques et de la création contemporaine, la défense du livre, la mise en place d'un enseignement généralisé de l'histoire de l'Alsace et de la culture religieuse.

L'identité ne peut en effet se fossiliser, mais elle doit s'adapter aux préoccupations du présent (chanson, théâtre...). Le lent glissement vers l'expression française dans la jeune génération rend ce problème plus aigu si l'Alsace veut conserver ses spécificités dont beaucoup sont liées à l'expression dialectale. Il est heureux qu'aujourd'hui les hommes politiques et de multiples organismes aient enfin la « volonté de continuer à faire valoir l'héritage qu'on a reçu indivis » (Ernest Renan). Malgré la tentation – réelle – du repli sur soi, du nombrilisme, tradition et souci du passé se conjuguent avec ouverture, en particulier dans la perspective européenne. L'Alsace a connu un affaiblissement de son identité. « Tout se passe comme si le langage symbolique de l'Alsace était devenu muet tout en gardant ses apparences premières et en s'enrichissant de quelques ornements supplémentaires » (Georges Bischoff). Avec la généralisation du remembrement dans les campagnes et l'effondrement du nombre des agriculteurs, on assiste à la disparition de la grande majorité des lieux-dits. Dans de nombreux lotissements, les municipalités pratiquent une banalisation des noms de rues (noms de fleurs, d'oiseaux...) au détriment des anciens lieux-dits. Une affirmation de l'identité passe par un véritable bilinguisme, la promotion de la qualité de vie, la résistance aux forces centrifuges et le refus de la bipolarisation Strasbourg-Mulhouse.

Si l'avenir du dialecte demeure incertain – « il est minuit moins cinq au clocher alsacien » selon André Weckmann – par contre le paysage culturel bénéficie actuellement d'une grande effervescence : diversification, enrichissement du « geistige Elsässertum »[389], relative importance des investissements publics, ouverture à des projets artistiques de qualité. Mais il existe aussi le risque d'une dilution de l'identité, de ses valeurs et pour une partie importante des milieux populaires un alignement par le bas. D'ailleurs Tomi Ungerer n'a pas hésité à dire que les Alsaciens ont déjà « moins d'identité que de cartes d'identité » (*DNA*, 18 février 1981). Par ailleurs un certain nombre d'associations et d'organismes culturels semblent connaître un problème de renouvellement, car bien des comités sont en large majorité constitués de retraités, ce qui se répercute sur leur dynamisme.

L'Alsace se trouve aujourd'hui à la croisée des chemins. Alors que toute tentation d'irrédentisme est désormais écartée (une liste Autonomie n'a pas atteint 2 % aux élections régionales de mars 1992), l'identité régionale est enfin reconnue et assumée : « Le parent pauvre, jadis mis au rencart, a le droit maintenant de s'asseoir à la table familiale » (André Weckmann). La pratique d'une pédagogie de rupture (oublier tous les jours un mot de dialecte et apprendre un mot de français) a plus ou moins disparu et cette image de Félix Bertaux devient enfin du passé : « L'Alsace est un lac sur lequel l'Allemagne et la France, dans un accès de narcissisme, sont venues se pencher, exigeant qu'il renvoie leur image, la réclamant plus belle que nature. Or la fièvre des arrivants a troublé le fond. »[390]

Une coexistence plus pacifique s'est installée entre les langues d'Alsace. Le droit à la différence n'est plus perçu comme une « offense au patriotisme ». Mais les acquis restent fragiles, car la base dialectale qui conditionne un enseignement efficace de l'allemand continue à se rétrécir. Sans faire preuve d'un pessimisme excessif, il est permis de s'interroger sur ce qui restera dans une à deux générations en dehors d'un noyau dur de résistance constitué autour de quelques dizaines de milliers de travailleurs frontaliers, afin d'éviter que le Rhin ne devienne, dans une Europe unie, une frontière linguistique dont les riverains pour se comprendre devront s'exprimer en anglais.

BIBLIOGRAPHIE

En raison du faible nombre d'ouvrages qui concernent plusieurs périodes, le lecteur trouvera les références par période dans les notes du livre. Seuls les titres suivants concernent l'ensemble de la période.

P. LÉVY, *Histoire linguistique d'Alsace et de Lorraine*, 2 vol., Paris, 1929.

Les Sciences en Alsace 1538-1988, Strasbourg, 1989.

Les Lettres en Alsace, Strasbourg, 1962.

A. FINCK, *Littérature alsacienne XXe siècle*, Strasbourg, 1990.

H. HAUG, *L'Art en Alsace*, Paris, 1962.

Histoire de Mulhouse des origines à nos jours, sous la direction de G. LIVET et R. OBERLE, Strasbourg, 1977.

Histoire de Strasbourg des origines à nos jours, sous la direction de G. LIVET et F. RAPP, 4 vol., Strasbourg, 1981-1982.

Histoire de Colmar, sous la direction de G. LIVET, Toulouse, 1983.

Histoire de Strasbourg, sous la direction de G. LIVET et F. RAPP, Toulouse-Strasbourg, 1987.

Deux ouvrages collectifs incontournables : *Encyclopédie de l'Alsace* en 12 volumes, Strasbourg, 1982-1986, en particulier « Histoire de l'art », par V. BEYER, VII, 1984, p. 3969-4012, « Mouvements culturels », par Ph. CLAUS et J. Cl. RICHEZ, IX, 1984, p. 5284-5300, « Musique », par R. KOPFF, IX, 1989, p. 5418-5429.

Nouveau Dictionnaire de biographie alsacienne, 20 cahiers parus fin 1992, A-Ki, Strasbourg, Fédération des Sociétés d'Histoire et d'Archéologie, 1982.

NOTES

CHAPITRE I

1. W. KLEIBER, *Otfrid von Weissenburg*, Darmstadt, 1978.
2. *NDBA*, XIV, 1989, p. 1333-1334.
3. *NDBA*, XVI, 1990, p. 1543-1544. Une reconstitution : *Herrad of Hohenbourg, Hortus deliciarum*, édition et commentaires, sous la direction de R. GREEN, London-Leiden, 1979, 2 vol.
4. *Encyclopédie de l'Alsace*, VI, 1984, p. 3619-3621. Une édition récente par B. WEIS et alii, 2 vol., Strasbourg, 1983.
5. V. BEYER, « Histoire de l'art », in *Encyclopédie de l'Alsace*, VII, 1984, p. 3978.
6. *Id.*, p. 3982.

CHAPITRE II

7. Sur l'imprimerie et le livre : F. RITTER, *Histoire de l'imprimerie alsacienne aux XVe et XVIe siècles*, Strasbourg-Paris 1955 ; M.U. CHRISMAN, *Lay Culture, Learned Culture. Books and Social Change in Strasbourg*, 1480-1599, New Haven-London, 1982 ; *Ibid., Bibliography of Strasbourg Imprints*, New Haven, 1982.
8. Sur la culture laïque : M.U. CHRISMAN, « L'imprimerie et l'évolution de la culture laïque à Strasbourg (1480-1599) », in *Revue d'Alsace*, 111, 1985, p. 57-77.

8a. Sur les gravures en bois de Grüninger : J. WURTH, J. LEVY et C. DUPEUX, *La Gravure d'illustration en Alsace au XVIe siècle, I. Jean Grüninger*, Strasbourg, 1992.

9. Sur l'humanisme en Alsace, objet de nombreuses recherches récentes : Ch. SCHMIDT, *Histoire littéraire de l'Alsace à la fin du XVe et au début du XVIe siècle*, Paris, 1879, 2 vol. ; *L'Humanisme en Alsace*, Paris, 1939 ; F. RAPP, « Les lettres en Alsace à l'époque de l'humanisme : bilan sommaire de quatre-vingts ans d'érudition », in *Les Lettres en Alsace*, 1962, p. 75-92 ; *Grandes Figures de l'humanisme alsacien ; Courants milieux destins*, Strasbourg, 1978.
10. *NDBA*, XII, 1988, p. 1136-1139.
11. *NDBA*, V, 1984, p. 334-335.
12. J. KNEPPER, *J. Wimpheling, sein Leben und seine Werke*, Fribourg, 1902.
13. *Videbam monarchiam absque tyrannide, aristocratium sine factionibus, democratiam sine tumultu*, P.S. ALLEN, *Opus Epistolarum Erasmi*, t. II, n° 305, p. 19.
14. Sur Ringmann : Ch. SCHMIDT, *op. cit.*, t. II, p. 87-132.
15. *Thomas Murner : humaniste et théologien alsacien (1475-1537)*, Karlsruhe, 1987.
16. F. RITTER, *op. cit.*, p. 178.
17. M. THOMANN, « Humanisme et droit en Alsace », in *Grandes Figures...*, p. 262.
18. L'annuaire de 1985 des Amis de la bibliothèque humaniste de Sélestat est entièrement consacré à Beatus Rhenanus.
19. L. BAILLET, « Aspects et richesses de l'humanisme à Colmar et en Haute-Alsace », in *Grandes Figures...*, p. 63-108.
20. *Histoire de Colmar*, Toulouse, 1983, p. 100 ; *NDBA*, XII, 1988, p. 1051-1053.
21. E. STAEHELIN, « Bâle et l'Alsace », in *L'Humanisme en Alsace*, Paris, 1939, p. 33.

22. F. Rapp, *L'Alsace à la fin du Moyen Age*, Wettolsheim, 1977, p. 134.
23. F. Rapp, « Ecole latine de Sélestat », in *Encyclopédie de l'Alsace*, V, 1983, p. 2630-2633.
24. M.U. Chrisman, *op. cit.*, p. 60-61.
25. *NDBA*, XIII, 1988, p. 1159-1160 ; R. Recht, *Nicolas de Leyde et la sculpture à Strasbourg 1460-1525*, Strasbourg, 1988.
26. M. Fuchs, *La Sculpture en Haute-Alsace à la fin du Moyen Age 1456-1521*, Strasbourg, 1987.
27. Une mise au point récente par A. Chatelet in *NDBA*, XIV, 1989, p. 1308-1310.
28. M. Thomann, « Humanisme et droit en Alsace », in *Grandes Figures...*, p. 267 et 280.
29. Ch. Schmidt, *Histoire littéraire...*, t. II, p. 125.
30. Cf. *supra* note 28.
31. M. Philipp, « La koiné allemande en Alsace du XVIe siècle à 1918 », in *L'Allemand en Alsace*, Strasbourg, 1988, p. 19.

CHAPITRE III

32. *NDBA*, V, 1984, p. 396-405.
33. L'imprimerie de cette époque est bien connue grâce à M.U. Chrisman, *Lay Culture, Learned Culture, Books and Social Change in Strasbourg, 1480-1599*, New Haven et Londres, 1982. Elle a donné deux articles en français, « L'imprimerie et l'évolution de la culture laïque à Strasbourg (1480-1599) », in *Revue d'Alsace*, 111, 1985, p. 57-58, et « Polémique, livre, doctrine : l'édition protestante à Strasbourg, 1519-1599 », in *Bulletin de la Société de l'histoire du protestantisme français* (SHPF), 130, 1984, p. 319-344.
34. M. Lienhard, « Strasbourg et la guerre des pamphlets », in *Grandes Figures...*, p. 127-134.
35. Le *Dictionarium latinogermanicarum et vice versa germanicolatinum* (1536), destiné aux écoles latines humanistes marque le début de la lexicographie allemande moderne. Il a connu vingt-neuf éditions au XVIe siècle, *NDBA*, VII, 1986, p. 582-583.
36. M. U. Chrisman, « L'imprimerie à Strasbourg de 1480 à 1599 », in *Strasbourg au cœur religieux du XVIe siècle*, Strasbourg, 1977, p. 539-550.
37. A. Hanauer, *Les Imprimeurs de Haguenau*, Strasbourg, 1904, et F. Ritter, *op. cit.*, p. 369-410.
38. *NDBA*, X, 1987, p. 894.
39. *NDBA*, XIV, 1989, p. 1310-1311.
40. Sur le gymnase, deux études récentes : A. Schindling, *Humanistische Hochschule und freie Reichsstadt*, Wiesbaden, 1977 ; G. Livet et P. Schang, *Histoire du gymnase Jean Sturm*, Strasbourg, 1988. Cf. aussi Ch. Engel et M. Fournier, *Les Statuts et Privilèges des universités françaises*, t. IV, 1 : Gymnase, académie, université de Strasbourg, Paris, 1894.
41. La meilleure biographie demeure celle de Ch. Schmidt, *La Vie et les Travaux de Jean Sturm, premier recteur du gymnase et de l'académie de Strasbourg*, Strasbourg, Paris, Leipzig, 1855. J. Rott, Jean Sturm, *Encyclopédie de l'Alsace*, XII, 1986, p. 7170-7171.
42. Sur le rayonnement : B. Vo-

GLER, « L'impact du gymnase sur d'autres écoles », in *Bulletin de la SHPF*, 1989, p. 29-35.

43. Sur Conrad Dasypodius (1531-1601), coréalisateur de l'horloge de la cathédrale, *NDBA*, VII, 1985, p. 583-584.

44. La description de l'Alsace in J. LEBEAU et J.M. VALENTIN, *L'Alsace au siècle de la Réforme 1482-1621*, Nancy, 1985, p. 302-304.

45. M. THOMANN, L'enseignement du droit à Strasbourg de 1530 à 1621, in *Bulletin de la SHPF*, 1989, p. 87-97.

46. Th. VETTER, « L'enseignement médical à Strasbourg. Du *studium cyclopaedium* vers une faculté 1538-1621 », in *Bulletin de la SHPF*, 1989, p. 98-116.

47. F. MUNCH, « Le chant scolaire sous Christophe Thomas Walliser », in *L'Humanisme en Alsace*, Paris, 1939, p. 215-222.

48. J. SCHMIDLIN, » Die religiöse-kulturelle Hebung des katholischen Volkes im Elsass am Vorabend des dreissigjährigen Krieges «, in *Archives de l'Eglise d'Alsace*, 1949-1950, p. 149-152.

49. J. BÜCKING, *Johann Rasser und die Gegenreformation im Oberelsass*, Munster, 1970.

50. K. HAHN, » Das Aufkommen der Jesuiten in der Diözese Strassburg und die Gründung des Jesuitenkollegs in Molsheim «, *Zeitschrift für die Geschichte des Oberrheins*, 64, 1910, p. 246-294.

51. Sur Fischart, A. HAUFFEN, *Johann Fischart. Ein Literaturbild aus der Zeit der Gegenreformation*, Leipzig-Berlin, 1921-22, 2 vol., *Encyclopédie de l'Alsace*, V, 1983, p. 3001-3002, et *NDBA*, XI, 1988, p. 943-945.

52. Sur le théâtre : J. LEBEAU et J.M. VALENTIN, *L'Alsace au siècle de la Réforme 1482-1621*, Nancy, 1985, p. 377-387.

53. J. LEBEAU, *Salvator Mundi – L'exemple de Joseph dans le théâtre allemand au XVIe siècle*, Nieuwkoop, 2 vol., 1977 ; *id.*, « Thiebolt Gart de Sélestat et l'essor de la comédie biblique au XVIe siècle », in *Grandes Figures...*, p. 221-225.

54. J. ROTT, Bernhart Hertzog (1537-1596/97), » Chronist und Amtmann zu Wörth «, *Investigationes historicae*, Strasbourg, 1986, t. II, p. 327-338.

55. M. CHRISMAN, « Les publications historiques à Strasbourg 1480-1599 », in *Horizons européens de la Réforme en Alsace*, Strasbourg, 1980, p. 19-36.

56. R. PETER, « Daniel Specklin (1536-1589) et l'art des fortifications », in *Grandes Figures...*, p. 203-219.

57. Sur les bibliothèques strasbourgeoises au XVIe siècle : M. CHRISMAN, *op. cit.*

58. J. WALTER, *Catalogue général de la bibliothèque municipale de la ville de Sélestat*, t. III, Colmar, 1929.

59. L. BAILLET, « La bibliothèque des seigneurs de Ribeaupierre, humanistes alsaciens », in *Les Lettres en Alsace*, Strasbourg, 1963, p. 109-119.

60. Les deux références sont toujours H. HAUG, *L'Art en Alsace*, Strasbourg, 1962, et V. BEYER, « Histoire de l'art », in *Encyclopédie de l'Alsace*, VII, 1984, p. 3992-3996.

61. F. LEVY-COBLENCE, *L'Art du meuble en Alsace du milieu du XVIe siècle au début du XVIIIe siècle*, Strasbourg, 1975.

62. L. CHATELET-LANGE, « Une architecture "papiste" pour Strasbourg : le "Neue Bau" de Hans Schoch (1580-1585) », in *Cahiers alsaciens d'archéologie, d'art et d'histoire*, 1992, p. 147-167.
63. R. PETER, « Les premiers ouvrages français imprimés à Strasbourg », in *Annuaire de la Société des amis du Vieux-Strasbourg*, 1974, p. 73-108, 1978, p. 11-75, 1980, p. 35-46.
64. P. LEVY, *Histoire linguistique d'Alsace et de Lorraine*, t. I, Strasbourg, 1929, p. 212.
65. Sur la paroisse réformée de langue française : J. ROTT, « L'Eglise des réfugiés de langue française à Strasbourg au XVIe siècle : aperçu de son histoire et de ses crises à partir de 1541 », in *Bulletin de la SHPF*, 1976, p. 525-550. Ph. DENIS, *Les Eglises d'étrangers en pays rhénans (1538-1564)*, Paris, 1984.
66. R. REUSS, *L'Alsace au XVIIe siècle*, t. 2, Paris, 1898, p. 190.
67. J.P. KINTZ, « Instruction, culture et sensibilité bourgeoises à Strasbourg du milieu du XVIe au milieu du XVIIe siècle », in *Mélanges offerts à R. Oberlé*, Genève-Paris, 1983, p. 71-107.
68. G. BISCHOFF, « L'Alsace autrichienne : un carrefour diplomatique et militaire au XVe et au XVIe siècle », in *Mélanges R. Oberlé*, Genève-Paris, 1983, p. 66.
69. *Curiosités d'Alsace*, t. II, Colmar, 1863, p. 303-304.
70. G. BISCHOFF, *art. cit.*, p. 61.
71. Texte sur l'Alsace, cf. note 44.

CHAPITRE IV

72. Pendant plus de 70 ans celui d'E. SITZMANN, *Dictionnaire des hommes célèbres d'Alsace*, Rixheim, 1909, 2 vol., a fait autorité. Depuis 1982 est publié le *NDBA*, 20 cahiers parus début 1993.
73. Sur le collège d'Ensisheim, L. CHATELLIER, « Le collège d'Ensisheim et la Haute-Alsace dans la première moitié du XVIIe siècle », in *Jacob Balde und seine Zeit*, éd. par J.M. VALENTIN, Berne, Peter Lang, 1986, p. 36-47.
74. *NDBA*, III, 1983, p. 185-186.
75. *NDBA*, II, 1983, p. 90-91 et les actes d'un colloque tenu en 1982 à Ensisheim et publiés par J.M. VALENTIN, *Jacob Balde und seine Zeit*, Berne, Peter Lang, 1986.
76. St. F.L. GRUNWALD, *A Biography of Johann Michael Moscherosch (1601-1669)*, Berne, 1969 ; W. SCHAEFER, *Johann Michel Moscherosch. Staatsmann, Satiriker und Pädagoge im Barockzeitalter*, Munich, Beck, 1982.
77. R. REUSS, *L'Alsace au XVIIe siècle*, t. II, Paris, 1898, p. 188.
78. P. LEVY, *op. cit.*, t. I, p. 285.
79. *Id.*, p. 388.
80. Cité par R. REUSS, *op. cit.*, p. 200.
81. Sur le théâtre, G. LIVET, *L'Intendance d'Alsace (1634-1715)*, 2e éd., Strasbourg, 1991, p. 803-804 et P. DECK, *Histoire du théâtre français à Strasbourg (1681-1830)*, Strasbourg, 1948.
82. L. CHATELLIER, « Recherches sur l'université de Molsheim, 2e moitié du XVIIe siècle », in *Annuaire de la Société d'histoire et*

d'archéologie de Molsheim et environs, 1974, p. 95-106.
83. Cité par L. CHATELLIER, *Tradition chrétienne et renouveau catholique dans l'ancien diocèse de Strasbourg*, Paris, 1981, p. 235.
84. R. REUSS, *op. cit.*, t. II, p. 374.
85. J.P. KINTZ, « Opinion publique, journalisme et autorité du Magistrat au milieu du XVIIe siècle à Strasbourg », in *Pouvoir, Ville et Société en Europe 1650-1750*, Strasbourg, 1983, p. 88-90.
86. V. BEYER, « Histoire de l'Art », in *Encyclopédie de l'Alsace*, VII, 1984, p. 3996-4000.
87. *Id.*, p. 3996.
88. A. HALTER, *Le Chef-d'œuvre inachevé de Vauban. Neuf-Brisach*, Strasbourg, 1992.
89. R. KOPFF, « Musique », in *Encyclopédie de l'Alsace*, IX, 1984, p. 5421-5422.
90. A. DORLAN, *Notices historiques sur l'Alsace et principalement sur la ville de Schlestadt*, Colmar, 1843, p. 256.
91. J. PONS, *L'Influence française à Sélestat de 1648 à 1871*, thèse, Besançon, 1993, p. 304.

CHAPITRE V

92. S. DREYER-ROOS, *La Population strasbourgeoise sous l'Ancien Régime*, Strasbourg, 1969.
92a. J.M. BOEHLER, *Une société rurale en milieu rhénan : la paysannerie de la plaine d'Alsace (1648-1789)*, thèse de doctorat, 1993, p. 1800-1881.
93. Ch. PFISTER, « Le comté de Horbourg et la seigneurie de Riquewihr sous la souveraineté française (1680-1793) », in *Revue d'Alsace*, 1888, p. 399.
94. S. FAERBER, *Aspects de l'école et de l'instruction au XVIIIe siècle dans le comté de Hanau-Lichtenberg – essai sur l'alphabétisation*, mémoire de maîtrise, 1992.
95. *Histoire de Colmar*, Toulouse, 1983, p. 182.
96. W. WESTPHAL, *Histoire du gymnase Jean Sturm*, Strasbourg, 1988, p. 174-238.
97. Ch. KLEIN, *Festschrift zur Feier des dreihundertjährigen Bestehens des Gymnasiums in Buchsweiler. 1612-1912*, Bouxwiller, 1912.
98. D. JULIA et W. FRIJHOFF, « Un collège de cocagne : la consommation alimentaire au pensionnat de Molsheim à la fin du XVIIIe siècle », in *Annuaire de Molsheim*, 1986, p. 45-76.
99. N. SCHRECK, *La Vie culturelle à Mulhouse au XVIIIe siècle*, mémoire de maîtrise, 1991, p. 101-105.
100. G. BRAEUNER, « L'Académie militaire de Colmar », in *Théophile Conrad Pfeffel, Européen avant la lettre*, Colmar, 1987, p. 155-171.
101. R. EPP, « L'université catholique de Strasbourg au XVIIIe siècle (1701-1791) », in *Les Universités du Rhin supérieur de la fin du Moyen Age à nos jours*, Strasbourg, 1988, p. 83-99.
102. Sur Schoepflin et l'université de Strasbourg : J. VOSS, *Universität, Geschichtswissenschaft und Diplomatie im Zeitalter der Aufklärung – Johann Daniel Schöpflin (1694-1771)*, Munich, 1979.
103. Sur Lambert : *Actes du colloque Lambert*, Paris, 1979.
104. Sur Voltaire et l'Alsace : L. CHATELLIER, « Voltaire,

Colmar, les jésuites et l'histoire », in *Revue d'Alsace*, 106, 1980, p. 69-82.

105. N. SCHRECK, *op. cit.*, p. 32-42, a fait une étude fine de cette société.

106. D. ROCHE, *Le Siècle des Lumières en province – Académies et académiciens provinciaux, 1680-1789*, Paris, La Haye, 1978.

107. J. LEFFTZ, *Die gelehrten und literarischen Gesellschaften im Elsass vor 1870*, Colmar, 1931.

108. J. VOSS, » Die Strassburger « Société des philanthropes » und ihre Mitglieder im Jahre 1777 «, in *Revue d'Alsace*, 108, 1982, p. 65-80.

109. J. VOSS, » Das Elsass als Mittler zwischen deutscher und französischer Geschichtswissenschaft im 18. Jahrhundert «, in *Historische Forschung im 18. Jahrhundert*, éd. K. HAMMER et J. VOSS, Bonn, 1976, p. 334-363.

110. Sur la dynastie Decker : *NDBA*, VII, 1986, p. 596-598.

111. F. BARBIER, « L'imprimerie strasbourgeoise au siècle des Lumières », in *Revue d'histoire moderne et contemporaine*, 1977, p. 161-188, et *id., Trois Cents Ans de librairie et d'imprimerie Berger-Levrault 1676-1830*, Genève, 1979.

112. Sur les Heitz : *NDBA*, XVI, 1990, p. 1493-1494 et F. BARBIER, *Le Monde du livre à Strasbourg de la fin de l'Ancien Régime à la chute de l'Alsace française*, thèse de 3e cycle, Paris I, 1980, p. 114-116.

113. Ph. CLAUS, « Un centre de diffusion des Lumières à Strasbourg : la Librairie académique (1783-1799) », in *Revue d'Alsace*, 108, 1982, p. 81-102.

114. M. ELLOY, « Le livre à Strasbourg au XVIIIe siècle », in *Bulletin de la Société académique du Bas-Rhin*, 1973-1974, p. 1-71.

115. N. SCHRECK, *op. cit.*, p. 117-124.

115a. J.M. BOEHLER, *op. cit.*, p. 1881-1900.

116. P. DECK, *Histoire du théâtre français à Strasbourg 1681-1830*, Strasbourg-Paris, 1948 ; J.M. VALENTIN, « Le Théâtre à Strasbourg : entre la France et l'Empire », in *Pouvoir, Ville et Société en Europe 1650-1750*, Strasbourg, 1983, p. 169 ; cf. aussi S. BACHOFEN, *Histoire du théâtre français à Strasbourg de 1681 à 1789*, mémoire de maîtrise, 1989.

117. R. KOPFF, « Histoire de la musique », in *Encyclopédie de l'Alsace*, IX, 1984, p. 5423.

118. B. DIRINGER, *Franc-maçonnerie et Société à Strasbourg au XVIIIe siècle*, mémoire de maîtrise, Strasbourg, 1980.

119. Th. RIEGER, « Baroque », in *Encyclopédie de l'Alsace*, I, 1982, p. 491-501 et « Histoire de l'Art », par V. BEYER, *id.*, VII, 1984, p. 4000-4007.

120. Sur les Hannong : *NDBA*, XV, 1989, p. 1406-1408 et J.D. LUDMANN, *Histoire de Strasbourg*, t. III, Strasbourg, 1981, p. 512-515.

121. M.J. BOPP, « La langue et la culture française à Colmar dans la seconde moitié du XVIIIe siècle : le groupe de Pfeffel », in *Les Lettres en Alsace*, Strasbourg, 1962, p. 159.

122. Cité par W. WESTPHAL, « La langue française au gymnase Jean Sturm », in *Les Lettres en Alsace*, Strasbourg, 1962, p. 145.

123. W. WESTPHAL, *Histoire du*

gymnase Jean Sturm, Strasbourg, 1988, p. 191.

124. Cité par O. WINCKELMANN, « Zur Geschichte des deutschen Theaters in Strassburg unter französischer Herrschaft », in *Jahrbuch des Vogesen-Clubs*, 14, 1898, p. 222.

124a. F. HARTWEG, « A propos de la "francilisation de la ci-devant Alsace" pendant la Révolution française », in *Wissenschaftliche Zeitschrift der Karl-Marx-Universität Leipzig*, 39, 1990, p. 371.

124b. *Journal encyclopédique*, I, 10.2.1791, p. 482.

125. Cité par P. LEVY, *op. cit.*, I, p. 339.

126. N. SCHRECK, *op. cit.*, p. 109-112.

127. G. LIVET, « De la mosaïque à l'unité : la conscience provinciale en Alsace à la fin du XVIIIe siècle », in *Revue du Nord*, 261-262, 1984, p. 839-851.

128. H.L. D'OBERKIRCH, *Mémoires*, Paris, 1970, p. 131.

128a. J.M. BOEHLER, *op. cit.*, p. 1362.

129. L. CHATELLIER, « Voltaire, Colmar... », *op. cit.*, p. 73.

CHAPITRE VI

130. F. BRUNOT, *Histoire de la langue française des origines à nos jours*, VII, Paris, 1967, p. 286.

131. K. RICHTER, « Andreas Ulrich und die Sprachenfrage im Elsass. Eine fast vergessene Strassburger Persönlichkeit aus der Zeit der Französischen Revolution », in *Zeitschrift für die Geschichte des Oberrheins*, 134, 1986, p. 227-244.

132. M. DE CERTEAU, D. JULIA, J. REVEL, *Une politique de la langue – La Révolution française et les patois*. « L'enquête de Grégoire », Paris, 1975, p. 277.

133. F. BRUNOT, *op. cit.*, IX, Paris, 1969, p. 80-82.

134. M. DE CERTEAU..., *op. cit.*, p. 300-317.

135. « Texte de Barère », in *id.*, p. 291-299.

136. P. LEVY, *op. cit.*, t. II, p. 11.

137. F. BRUNOT, *op. cit.*, IX, p. 255.

138. F.A. AULARD, *Recueil des actes du Comité de salut public avec la correspondance officielle des représentants en mission*, VIII, Paris, p. 683.

139. MIGNERET, *Description du Bas-Rhin*, t. III, Paris, 1871, p. 34.

140. Sur la presse : R. MARX, *Recherches sur la vie politique de l'Alsace prérévolutionnaire et révolutionnaire*, Strasbourg, 1966, p. 73-93 ; J.P. KINTZ, « Alsace », in *La Presse départementale en Révolution (1789-1799), Bibliographie historique et critique*, t. I, La Garenne-Colombes, 1992, p. 185-275.

141. R. REUSS, *La Grande Fuite de décembre 1793 et la situation politique et religieuse du Bas-Rhin de 1794 à 1799*, Strasbourg, 1924, p. 201.

142. P. THIEBOLD, *Les Pamphlets dans le Bas-Rhin de 1789 à 1799*, Strasbourg, 1988, 168 p.

143. R. MARX, « Strasbourg, centre de la propagande révolutionnaire vers l'Allemagne », in *Deutschland und die Französische Revolution*, éd. par J. VOSS, Munich et Zurich, 1983, p. 16-25 ; E. PELZER, « Strasbourg et la propagande révolutionnaire vers

l'Allemagne », in *Revue d'Alsace*, 116, 1989, p. 295-300.
144. F. BARBIER, *Trois Cents Ans de librairie et d'imprimerie Berger-Levrault 1676-1830*, Genève, 1979, p. 261.
145. *Id.*, p. 322.
146. *Statistique du département du Bas-Rhin*, Paris, an X, p. 282-284.
147. P. BREINER, « La vie musicale à Strasbourg sous la Révolution : continuité ou rupture », in *Revue d'Alsace*, 116, 1989, p. 187-193.
148. G. HONEGGER, « La chanson révolutionnaire à Strasbourg », in *Saisons d'Alsace*, 104, 1989, p. 179-192.
149. S. GUETH, *La Constitution des bibliothèques publiques dans le département du Bas-Rhin 1789-1803*, mémoire de l'école nationale supérieure des bibliothécaires, 1991.
150. C. FURSTOS, *Le District de Colmar de 1789 à 1795 à travers les délibérations des conseils municipaux*, mémoire de maîtrise, Strasbourg, 1985, p. 17-18.
151. A. BIESSLE, *Die Bedeutung der französischen Revolution für die Französisierung des Elsass*, Francfort, 1933, p. 59.

CHAPITRE VII

152. J.M. SELIG, *Malnutrition et développement économique dans l'Alsace du XIXe siècle*, thèse de doctorat, 1993, p. 80.
152a. Recueil officiel des actes de la préfecture du département du Bas-Rhin, XXXIII, 331 (1832).
153. Lettre de Delcasso du 7 décembre 1859 au ministre, publiée par H. KAISER, *Der Kampf gegen die deutsche Sprache in den elsässischen Schulen von 1833-1870*, Strasbourg, 1913, p. 49-56.
154. P. LEUILLIOT, *L'Alsace au début du XIXe siècle*, t. III : *Religions et culture*, Paris, 1960, p. 312.
155. R. OBERLE, *L'Enseignement à Mulhouse de 1798 à 1870*, Strasbourg, 1961, p. 32-33.
156. Y. BISCH, *L'Ecole intercommunale de Tagsdorf-Heiwiller-Schwoben*, Société d'histoire de la Hochkirch, 1988, p. 24.
157. Ch. BAECHLER, *L'Enseignement primaire dans le Bas-Rhin sous le Second Empire*, diplôme d'études supérieures, Strasbourg, 1965 ; F. L'HUILLIER, « L'enseignement primaire en Alsace à la fin du Second Empire », in *L'Alsace en 1870-1871*, Strasbourg, 1971, p. 43-56.
158. Y. BISCH, *Les Pontonniers de l'instruction du peuple*, Société d'histoire de la Hochkirch, 1987.
159. G. BISCHOFF, « Les chantiers du progrès », in *id.*, p. 12.
160. P. LEUILLIOT, *op. cit.*, t. III, p. 315.
161. Y. BISCH, *op. cit.*, p. 27.
162. P. LEVY, *op. cit.*, II, p. 180.
163. Y. BISCH, *op. cit.*, p. 84.
164. G. GOETZ, « L'inspection de Bouxwiller de 1852 à 1870 », in *Bulletin SHPF*, 1981, p. 559.
165. R. OBERLE, *op. cit.*, p. 58.
166. B. SCHNEIDER, *La Création de l'école normale pour institutrices protestantes à Strasbourg 1846-1870*, mémoire de maîtrise, Strasbourg, 1990.
167. J.P. KINTZ, « Recherches sur l'instruction populaire en Alsace à l'aube du XIXe siècle », in *Mélanges Reinhard*, Paris, 1973, pp. 357-371.
168. Tableau tiré de J.P. KINTZ,

« Instruction et lectures populaires à la fin du Second Empire », in *L'Alsace en 1870-1871, op. cit.*, p. 59.

169. J.P. KINTZ, *Journaux politiques et journalistes strasbourgeois sous le Second Empire (1852-1870)*, Strasbourg, 1974, p. 113.

170. Selon un rapport d'inspecteur (1822) cité par P. LEUILLIOT, *op. cit.*, t. III, p. 288.

171. P. LEVY, *op. cit.*, II, p. 299.

172. P. LEUILLIOT, *op. cit.*, t. III, p. 287.

173. Sur l'université : G. LIVET, « Université », in *Encyclopédie de l'Alsace*, XII, 1986, p. 7479-7481.

174. M. HAU, *L'Industrialisation de l'Alsace (1803-1939)*, Strasbourg, 1987, p. 316-322.

175. *Id.*, p. 321.

176. *Id.*, p. 386.

176a. N. STOSKOPF, *Le Patronat alsacien sous le Second Empire*, Paris, 1993.

177. M. HAU, *op. cit.*, p. 366-385.

178. Sur les innovations scientifiques : H. DURANTON et alii, *Les Sciences en Alsace 1538-1988*, Strasbourg, 1989.

179. *NDBA*, XVI, 1990, p. 1594-1595.

180. Sur Oberlin et son œuvre : *Jean-Frédéric Oberlin. Le divin ordre du monde 1740-1826*, sous la direction de M. SCHNEIDER et M.J. GEYER, Strasbourg, 1991.

181. Sur les sociétés savantes : J. LEFFTZ, *Die gelehrten und literarischen Gesellschaften im Elsass vor 1870*, Colmar, 1931.

182. Sur la presse : cf. *supra* note 169 et A. IRJUD, « Presse », in *Encyclopédie de l'Alsace*, X, 1985, p. 6150-6151.

183. J.P. KINTZ, *Journaux..., op. cit.*, p. 111.

184. L. SPACH, *Moderne Kulturzustände im Elsass*, Strasbourg, 1873, t. I, p. 123.

185. *Id., Biographies alsaciennes*, Strasbourg, 1873, t. II, p. 391.

186. *Erwinia*, I, Prospectus, 1838.

187. J. Cl. RICHEZ, « Mouvements culturels », in *Encyclopédie de l'Alsace*, IX, 1984, p. 5286-5289.

188. Bonne description par M.J. BOPP, La littérature alsacienne de 1800 à 1870, *Les Lettres en Alsace*, Strasbourg, 1962, p. 279-303.

188a. A. WACKENHEIM, *La Littérature dialectale alsacienne*, t. I, Paris, 1993, p. 89.

189. Ch. WOLFF, Spoerlin Marguerite, *Dictionnaire du monde religieux contemporain, l'Alsace*, Paris, 1987, p. 416.

190. F. KNIFFKE, « Deux Alsaciens traducteurs : Paul Ristelhuber, Théodore Braun », in *Les Lettres en Alsace*, Strasbourg, 1962, p. 319-330.

191. P. KIM, *La Revue d'Alsace (1834-1974) : une historiographie*, mémoire de maîtrise, Strasbourg, 1982 ; résumé in *Revue d'Alsace*, 1984, p. 5-26.

192. J.P. KINTZ, art. cit., p. 70-72 et F. BARBIER, *Le Monde du livre à Strasbourg de la fin de l'Ancien Régime à la chute de l'Alsace française*, thèse, Paris, 1980, p. 210-211.

193. Sur l'imagerie : D. LERCH, *Imagerie et Société – L'Imagerie Wentzel de Wissembourg au XIXe siècle*, Strasbourg, 1982 et *id.* « Imagerie populaire », in *Encyclopédie de l'Alsace*, VII, 1984, p. 4201-4231 ; *id., Imagerie populaire en Alsace et dans l'est de la France*, Nancy, 1992.

194. Sur l'imprimerie à Strasbourg : les travaux de F. BARBIER, *Trois Cents Ans de librairie et d'imprimerie Berger-Levrault 1676-1830*, Genève, 1979 ; *Histoire d'un imprimeur Berger-Levrault 1676-1976*, s.l., 1976 et *Le Monde..., op. cit.* (n. 192).
195. *Id.*, « Une librairie "internationale" : Treuttel et Wurtz à Strasbourg, Paris et Londres », in *Revue d'Alsace*, 1985, p. 111-123.
196. A. HEIT, *Elsässische Publizistik im Jahre 1848*, Berne, 1975, p. 157.
197. Ph. JUNG, *André Jung 1793-1863, une mémoire européenne de l'Alsace*, mémoire de maîtrise, Strasbourg, 1988.
198. F. IGERSHEIM, *Politique et administration dans le Bas-Rhin (1848-1870)*, Strasbourg, 1993, p. 482.
199. J.P. KINTZ, *art. cit.*
200. Ch. SINGER, *L'Inspection ecclésiastique de Colmar 1802-1870*, mémoire de maîtrise, Strasbourg, 1987, p. 158-168.
201. J.M. GALL, *Le Théâtre populaire alsacien au XIXe siècle*, Strasbourg, 1974.
201a. J. FRITSCH, Une affaire d'Etat : le théâtre à Strasbourg 1830-1870, *Saisons d'Alsace*, 120, 1993, p. 25.
202. R. KOPFF, « Musique », in *Encyclopédie de l'Alsace*, IX, 1984, p. 5424-5426.
203. G. HONEGGER, *Sur la trace des musiciens célèbres à Strasbourg*, Strasbourg, La Nuée Bleue, 1988, p. 50-74.
204. Sur l'art : V. BEYER, « Histoire de l'art », in *Encyclopédie de l'Alsace*, VII, 1984, p. 4007-4010 et T. RIEGER, « Néo-classique et néo-gothique », *id.*, IX, 1984, p. 5495-5499.
205. R. HEITZ, *La Peinture en Alsace 1050-1950*, Strasbourg, 1975.
206. Cl. MULLER, *Dieu est catholique et alsacien*, s.l., 1987, p. 1119.
207. Cité par P. LEVY, *op. cit.*, II, p. 190.
208. *Erwinia*, 1838, p. 34-37.
209. *Id.*, p. 153.
210. H. KAISER, *op. cit.*, p. 26.
211. P. LEUILLIOT, *op. cit.*, t. III, p. 318.
212. P. LEVY, *op. cit.*, t. II, p. 112.
213. G. FOESSEL, *Histoire de Strasbourg*, t. IV, Strasbourg, 1982, p. 86.
214. P. LEVY, *op. cit.*, II, p. 153.
215. P. LEVY, *op. cit.*, II, p. 286-287.
216. Ch. PFISTER, « L'Alsace et la France », in *Alsace française*, 6e année, 49, 4 décembre 1926, p. 980.
217. F. IGERSHEIM, *op. cit.*, p. 481.
218. *Le Courrier du Bas-Rhin* du 24 août 1867.
219. L. CAZEAUX, *Essai sur la conservation de la langue allemande en Alsace*, Strasbourg, 1867, p. 31-36.
220. M. BAUM, *Johann Wilhelm Baum, ein protestantisches Charakterbild aus dem Elsass, 1809-1878*, Brême, 1880, p. 161.
221. A. HEIT, *op. cit.*, p. 266.
222. J.P. KINTZ, *op. cit.*, p. 114.
223. G. FOESSEL, *op. cit.*, p. 86.
224. P. ADAM, *Histoire religieuse de Sélestat*, t. III, Sélestat, 1975, p. 306.
225. Procès-verbaux des délibérations du conseil général du Bas-Rhin, 1853, p. 148.
226. *Histoire de l'Alsace*, sous la direction de Ph. DOLLINGER, Toulouse, 1970, p. 428.

227. Ch. GEROLD, *La Faculté de théologie et le Séminaire protestant de Strasbourg (1803-1872)*, Strasbourg, 1923, p. 276-278.
228. P. IMBS, « Notes sur la langue française dans la bourgeoisie alsacienne », in *La Bourgeoisie alsacienne*, Strasbourg, 1954, p. 311.
229. H. KAISER, *op. cit.*, p. 48.
230. *ADHR*, t. 109, rapport pour l'année 1842-1843.
231. J.M. GALL, *op. cit.*, p. 59.
232. H. KAISER, *op. cit.*, p. 42.
233. A. DELVAU, *Du Pont des Arts au pont de Kehl*, Paris, 1866, p. 26.
234. F. IGERSHEIM, *op. cit.*, p. 908.
235. Bonne analyse dans P. LEUILLIOT, *op. cit.*, t. I, p. 45-48.
236. *Erwinia*, 1838, p. 152.
237. P. LEVY, *op. cit.*, II, p. 144.

CHAPITRE VIII

238. F. LICHTENBERGER, *L'Alsace en deuil*, Strasbourg, 1872, 15 p.
239. *Das sind ja unsere Lieder. Das sind Heimatsklänge, die auch unsern Herzen lieb geblieben. Es wird uns unaussprechlich weh und doch wieder so selig zu Mute*, Ch. KLEIN, *Fröschweiler Chronik. Kriegs- und Friedensbilder aus dem Jahre 1870*, Nördlingen, 1876, p. 137.
240. H. RULAND, *Deutschland und Franzosentum in Elsass-Lothringen. Eine Kulturfrage*, Strasbourg, 1908, p. 137.
241. *Verhandlungen des Landesausschusses*, 80, p. 741.
242. P. LEVY, *op. cit.*, II, p. 347.
243. Sur l'école primaire de 1871 à 1878 : *Die Verwaltung des niederen Unterrichts in Elsass-Lothringen von 1871 bis Ende 1878*, Strasbourg, 1879.
244. G. BODE, *L'Enseignement technique dans le Reichsland*, publication en cours.
245. D[r] EK, « Un projet de collèges bilingues en Alsace-Lorraine », in *Cahiers alsaciens*, I, 1912, p. 225 sqq.
246. Sur la littérature, l'ouvrage de référence que nous utilisons largement est celui d'A. FINCK, *Littérature alsacienne au XXe siècle*, Strasbourg, 1990, p. 23-88.
247. *Id.*, p. 30.
248. J.M. GALL, Avant-propos, *Saisons d'Alsace*, 73, 1981, p. 7.
249. P. KIM, « La *Revue d'Alsace* (1834-1974) : une historiographie », in *Revue d'Alsace*, 110, 1984, p. 12-18.
250. *NDBA*, XVI, 1990, p. 1495.
251. WEYDMANN, *Die Volksbibliotheken Elsass-Lothringens in den Gemeinden bis zu 5 000 Einwohnern. Eine statistische Studie*, Strasbourg, 1914.
252. J. KEPPI, *Die Zeitungen Elsass-Lothringens – Eine statistische Studie*, Strasbourg, 1913 ; » Das Zeitungswesen «, in *Das Elsass von 1870-1932*, Colmar, s.d., p. 208-245.
253. D. WIRTZ, *De l'éphémère au centenaire ou l'histoire d'un quotidien de province* : les Dernières Nouvelles d'Alsace, Strasbourg, 1980.
254. Sur la presse catholique : L. BRUNNER, » Die katholische Presse im Elsass in den letzten 60 Jahren «, in *Haegy-Festschrift*, Colmar, 1932, p. 459-490 et Ch. BAECHLER, *Le Parti catholique alsacien 1890-1939*, Paris, 1982.
255. C. SCHNEIDER, « Victor Nes-

sler », in *La Musique en Alsace*, Strasbourg, 1970, p. 165-172.

255a. P. BREINER, *Le Conservatoire de musique de Strasbourg. 1855-1930*, mémoire de maîtrise, 1985.

256. Sur l'architecture : *1871-1918 Strasbourg architecture*, par Th. RIEGER, D. DURAND DE BOUSINGEN et K. NOHLEN, Strasbourg, 1991.

257. *Id.*, p. 10.

258. H. HIERY, *Reichstagswahlen im Reichsland*, Düsseldorf, 1986, p. 52, nº 48.

259. Ph. HUSSER, *Un instituteur alsacien – Entre France et Allemagne, journal, 1919-1951*, Paris-Strasbourg, 1989.

260. H. RULAND, *op. cit.*, p. 89.

261. Sur l'autonomie et la loi de 1911 : J.M. MAYEUR, *Autonomie et Politique en Alsace – La Constitution de 1911*, Paris, 1970.

262. Cité par P. LEVY, *op. cit.*, II, p. 340.

263. J. SPIESER, *Elsass-Lothringen als Bundesstaat*, Berlin, 1908, p. 13.

264. H. WITTE, *Zur Geschichte des Deutschtums im Elsass*, Stuttgart, 1897, p. 67.

265. G. WOYTT, » Kultur -und Sprachpolitik in Elsass-Lothringen während der Reichslandzeit (1871-1918). Dokumente und Erinnerungen «, in *Zeitschrift für die Geschichte des Oberrheins*, 139, 1991, p. 389-402.

266. M. SIEGEL, *Les Banques en Alsace 1870-1914*, thèse de doctorat, Strasbourg, 1991, p. 61-62.

267. P. LEVY, *op. cit.*, II, p. 431.

268. Sur le mouvement culturel : J. Cl. RICHEZ, « Mouvements culturels », in *Encyclopédie de l'Alsace*, IX, 1984, p. 5289-5290.

268a. *Id.*, « L'Alsace revue et inventée », in *Saisons d'Alsace*, 119, 1993, p. 83-93.

269. *Revue politique et parlementaire*, février 1907.

270. A. LAUGEL, « L'avenir intellectuel de l'Alsace », in *id.*, août 1908, p. 30.

271. J.M. MAYEUR, *op. cit.*, p. 185.

271a. G. BISCHOFF, « L'invention de l'Alsace », in *Saisons d'Alsace*, 119, 1993, p. 34-69.

272. J. Cl. RICHEZ, « Guides touristiques de Strasbourg et la frontière », in *Revue des sciences sociales*, 19, 1991-92, p. 31-44.

273. *Nouvelliste* du 25 mai 1909.

274. REYBELL, « Le socialisme et la question d'Alsace-Lorraine », in *Revue socialiste*, 1904, p. 184.

275. A. LAUGEL, *La Formation du caractère alsacien*, Paris, 1918, p. 52.

276. G. FOESSEL, in *L'Alsace de 1900 à nos jours*, Toulouse, 1979, p. 76.

277. Ch. BAECHLER, *L'Alsace entre la guerre et la paix (1917-1918)*, thèse de 3ᵉ cycle, Strasbourg, 1969.

CHAPITRE IX

278. *Das Elsass 1870-1932*, t. I, Colmar, 1936, p. 195.

279. J.M. WOEHRLING, « Quelques réflexions sur l'évolution du droit des langues en Alsace-Moselle », in *Histoire du droit local*, Strasbourg, 1990, p. 198-199.

280. O. DE FERENZY, *La Vérité sur l'Alsace*, Paris, 1930, p. 42.

281. G. WOYTT, » Kultur- und

Sprachpolitik in Elsass-Lothringen während der Reichslandzeit (1871-1918) «, in *Zeitschrift für Geschichte des Oberrheins*, 139, 1991, p. 392.

282. Cité par J.M. GILLIG, *La Question scolaire en Alsace de 1918 à 1939*, thèse de 3e cycle, Strasbourg, 1979, p. 107.

283. Sur la question scolaire et son enjeu de 1918 à 1939 : J.M. GILLIG, *op. cit.*

284. O. DE FERENZY, *op. cit.*, p. 336-338.

285. Lettre parue dans *La Revue du christianisme social*, février-mars 1926, p. 218-219.

286. E. BAAS, *Situation de l'Alsace*, Strasbourg, 1946, p. 74-75.

287. Bonne analyse par J.M. GILLIG, *op. cit.*, p. 406-407. *Ich lerne Deutsch, Lese- und Ubungsbuch* connut plusieurs éditions.

288. Le dixième anniversaire de la Société savante d'Alsace et de Lorraine, signé P.I. Sch., *Revue d'Alsace*, 1937, p. 177.

289. Cité par J. Cl. RICHEZ, « Mouvements culturels », in *Encyclopédie de l'Alsace*, IX, 1984, p. 5291.

290. C. SCHNEIDER, « La littérature alsacienne depuis 1945 », in *Lettres en Alsace*, Strasbourg, 1962, p. 456.

291. P. LEVY, « La langue française en Alsace et en Lorraine de 1871 à 1933 », in *Le français moderne*, 2, 1934, p. 145.

292. Annuaire statistique (Bas-Rhin, Haut-Rhin, Moselle), Premier volume, Strasbourg, 1932, p. 83-84.

293. P. SCHLIENGER, « L'enseignement secondaire d'Etat », in *L'Alsace depuis son retour à la France*, t. I, Strasbourg, 1932, p. 369-385.

294. Très bonne analyse par l'historien américain J. CRAIG, *Scholarship and Nation Building – The Universities of Strasbourg and Alsatian Society, 1870-1939*, Chicago, 1984.

295. J. Cl. RICHEZ, *art. cit.*, p. 5290-5292 et A. FINCK, *Littérature alsacienne XXe siècle*, Strasbourg, 1990.

296. La meilleure analyse de son œuvre est celle de Y. SIEBERT, *Nathan Katz, poète du Sundgau*, Strasbourg, 1978.

297. A. FINCK, *op. cit.*, p. 96.

298. Cf. *Ernst Barthel philosophe alsacien (1890-1953)*, Recueil d'études publié par J.P. WURTZ, Strasbourg, 1991.

299. P. KIM, *op. cit.*, p. 18-21.

300. Sur la presse catholique : Ch. BAECHLER, *Le Parti catholique...*, p. 609-621.

301. Tableau des organes de presse in K. ROTHENBERGER, *Die elsass-lothringische Heimat- und Autonomiebewegung zwischen den beiden Weltkriegen*, Berne, 1976, p. 256-259.

302. Sur la radio : G. WACKERMANN, « Radio et Télévision », in *Encyclopédie de l'Alsace*, X, 1985, p. 6223-6227.

303. C. SCHLUMBERGER, « Les bibliothèques », in *L'Alsace depuis son retour...*, Strasbourg, t. I, p. 461-479.

304. K.H. ROTHENBERGER, *op. cit.*, p. 140-141 et Ch. BAECHLER, « L'Alsace-Lorraine dans les relations franco-allemandes de 1918 à 1933 », in *La France et l'Allemagne entre les deux guerres mondiales*, Nancy, 1987, p. 87-89.

305. Sur l'institut : I. GRUNEWALD, *Die Elsass-Lothringer im*

Reich 1918-1933, Francfort, 1984, p. 112-128.

306. K.H. ROTHENBERGER, *op. cit.*, p. 212-221.

306a. J. Cl. RICHEZ et A. WAHL, *La Vie quotidienne en Alsace entre France et Allemagne 1850-1950*, Paris, 1993, p. 165.

307. V. BOURGEOIS, « L'œuvre de reconstruction des églises catholiques », in *L'Alsace depuis son retour...*, t. 3, p. 164.

308. Cité par A. GOTTHELF, » Zur Sprachenfrage «, in *Im Dienst der Kirche und des Volkes*, Colmar, 1930, p. 316.

CHAPITRE X

309. Sur l'évacuation : Cl. DIETRICH, *L'Évacuation de l'Alsace du Nord et ses problèmes (sept. 1939-sept. 1940)*, mémoire de maîtrise, 1986 ; *Saisons d'Alsace*, 105, 1989, *1939, l'évacuation.*

310. E. BAAS, *Situation de l'Alsace*, Strasbourg, 1946, p. 83.

311. *Id.*, p. 82.

312. A. IRJUD, « La germanisation des noms en Alsace entre 1940 et 1944 », in *Revue d'Alsace*, 113, 1987, p. 239-261.

313. Sur ce journal I. BOGEN, *La Propagande nazie à travers les* Strassburger Neueste Nachrichten, mémoire de maîtrise, Strasbourg, 1984.

314. E. RIEDWEG, *L'Alsace et les Alsaciens de 1939 à 1945*, thèse de doctorat, Strasbourg, 1983, p. 308.

315. G. HUMBERT, « Les grandes lignes de la politique allemande de la jeunesse en Alsace occupée (1940-1944) », in *Revue d'Alsace*, 110, 1984, p. 183-218.

316. I. BOGEN, « Un théâtre d'ombres et de lumières », in *Saisons d'Alsace*, 114, 1991, p. 73-78.

317. H. CHATELLIER, D. GOELDEL, M. SCHWEYER, « La bibliothèque municipale de Strasbourg sous l'occupation (1940-1944) », in *Bulletin de la faculté des lettres*, nov. 1969, p. 47-84.

318. G. FOESSEL, « Le nazisme s'expose », in *Saisons d'Alsace*, 117, p. 135-146.

319. Sur les incorporés de force existe une littérature abondante. Citons ici *Avant l'oubli*, Strasbourg, 1988, A. WAECHTER, « Incorporés de force », in *Encyclopédie de l'Alsace*, 7, 1984, p. 4235-4237. E. RIEDWEG, *op. cit.*, p. 316-347 ; plusieurs contributions dans *Saisons d'Alsace*, 117, 1992, intitulé *1942, l'incorporation de force*, qui complète les trois numéros consacrés aux années 1939, 1940 et 1941.

320. Deux textes cités par J.P. GRASSER et G. TRABAND, *Histoire contemporaine d'Alsace – Documents*, Langue et culture régionales, 15, Strasbourg, 1990, p. 106.

321. L. SCHMITT, *L'Alsace sous l'oppression nazie 1940-1944*, Strasbourg, 1977, p. 140.

322. F.G. DREYFUS, « L'Alsace sous le joug (1940-1944) », in *L'Alsace de 1900 à nos jours*, Toulouse, 1979, p. 215.

CHAPITRE XI

323. E. RIEDWEG, *op. cit.*, p. 412.

324. Il s'agit des secteurs d'Ittenheim-Furdenheim, Sarre-Union, Bouxwiller et Hatten-Hunspach.

325. P. SCHAEFFER, *L'Alsace et*

l'Allemagne, thèse de doctorat, Metz, 1975, p. 180-265.

326. J'ai obtenu de nombreux témoignages oraux à ce sujet ; cf. aussi J. DE MULLENHEIM, *L'Echo de l'Est*, 13 mars 1945.

327. Bibliographie abondante, en particulier G. NONNENMACHER, *La Grande Honte de l'incorporation de force des Alsaciens-Lorrains, Eupénois-Malmédiens et Luxembourgeois dans l'armée allemande au cours de la Deuxième Guerre mondiale*, Colmar, 1965 ; P. SCHAEFFER, *op. cit.*, p. 25-69. A. WAHL, « Incorporés de force », in *Encyclopédie de l'Alsace*, VII, 1984, p. 4235-4237.

328. *L'Alsace* du 16 décembre 1945.

329. Propos de deux inspecteurs de l'Education nationale en 1972 et 1973, cités par P. KLEIN, *L'Alsace*, Paris, 1981, p. 421.

330. Lettre publiée par *De Budderflade*, 16, 1979, p. 2.

331. F. HARTWEG, « L'alsacien, un dialecte allemand tabou », in *Vingt-cinq Communautés linguistiques de la France*, sous la direction de G. VERMES, Paris, 1988, p. 42.

332. M. PHILIPP, « L'accent alsacien », in *Le français en Alsace*, études recueillies par G.L. SALMON, Paris-Genève, 1985, p. 19-26.

333. Cité par *Land und Sproch*, 1975, 1.

334. Sur cette nouvelle politique académique : P. DEYON, « Le programme Langue et culture régionales en Alsace. Bilan et perspectives juin 1982 - juin 1985 », in *Revue d'Alsace*, 112, 1986, p. 363-371.

335. Cl. LORENTZ, « La presse alsacienne de la Libération à 1949 », in *Revue d'Alsace*, 118, 1992, p. 141-166.

336. Sur la presse contemporaine : D. WIRTZ-HABERMEYER, « Evolution de la presse régionale de 1945 à nos jours », in *Saisons d'Alsace*, 100, 1988, p. 77-88, et A. IRJUD, « Presse », in *Encyclopédie de l'Alsace*, X, 1985, p. 6154-6157.

337. R. KLINGELSCHMITT, « La presse bilingue en Alsace depuis 1945 », in *L'Allemand en Alsace*, Strasbourg, 1988, p. 147-170.

338. Sur l'histoire de la radio et de la télévision : G. WACKERMANN, « Radio et télévision et radios libres », in *Encyclopédie de l'Alsace*, X, 1985, p. 6228-6243 ; G. TRABAND et alli, « La télévision en Alsace des origines à nos jours », in *Saisons d'Alsace*, 100, 1988, p. 133-148.

339. Cité par G. WACKERMANN, « Weckerlin (Association J.B.) », in *Encyclopédie de l'Alsace*, XII, 1986, p. 7699.

340. Procès-verbal de l'assemblée générale du 15 juin 1964 de l'Association Weckerlin.

341. P. MAUGUE, *Le Particularisme alsacien 1918-1967*, Paris, 1970, p. 21.

342. G. WACKERMANN, « Cabaret Barabli », in *Encyclopédie de l'Alsace*, II, 1983, p. 946-950.

343. Paru en 1951 chez Flammarion. Réédité en 1978 en livre de poche et traduit en japonais.

344. Ce roman écrit sous l'occupation est publié d'abord en feuilleton dans *Le Nouveau Rhin français* de 1950 à 1951.

345. Cf. à ce sujet J. Cl. RICHEZ, « Mouvements culturels (1968-1983) », in *Encyclopédie de l'Alsace*, IX, 1984, p. 5292-5300.

346. *Les Luttes linguistiques en Alsace*, 1975, *La Crise d'identité*, 1978, *Le Défi alsacien*, 1979.
347. Cf. A. FINCK, *Littérature alsacienne XXe siècle*, Strasbourg, 1990 et *id., Die deutschsprachige Gegenwartsliteratur im Elsass*, Hildesheim, 1987.
348. *Id., Die deutschsprachige...*, p. 76.
349. *Id.*, p. 82-83.
350. G. LITTLER, « L'édition en Alsace », in *Revue d'Alsace*, 112, 1986, p. 317-321.
351. Vu le nombre des auteurs, il ne m'est pas possible de les citer tous, de sorte que je me limite à un échantillon très restreint destiné uniquement à illustrer mon propos.
352. J. CREUSAT et K. DEMESY, *L'Alsace industrielle*, Strasbourg, INSEE, 1991, p. 128-133.
353. La meilleure information se trouve dans l'article Bibliothèques in *Encyclopédie de l'Alsace*, I, 1982, p. 606-616, par R. BURGUN, R. KLEINSCHMAGER, F. RAPP et G. WACKERMANN.
354. Sur le CNRS et la recherche : numéro 106, 1989, de *Saisons d'Alsace, Le CNRS Alsace, des laboratoires tout terrain.*
355. Cf. *Les Sciences en Alsace, 1538-1988*, Strasbourg, 1989.
356. Th. HAMMAN, « La recherche à l'université de Haute-Alsace », *id.*, p. 133-138.
357. Sur la politique culturelle : R. SEILER, *La Politique culturelle du conseil régional d'Alsace* 1972-1986, mémoire de maîtrise, Strasbourg, 1986, et *La Politique culturelle régionale en Alsace*, rapport du comité économique et social d'Alsace, 1991. Je remercie Guy Sautter, Philippe Forstmann et Roger Lehni pour leurs conseils et informations.
358. Bonne analyse par R. MANN, *La Vie culturelle dans les petites villes*, rapport dactylographié, s.d.
359. *La Politique...*, p. 28.
360. R. GROSSMANN, Introduction, *La Culture atout du développement*, conseil général du Bas-Rhin, 1992, p. 7.
361. Sur l'ACTA : les trois bilans par P. BLONDE, *Trajectoires... cinq ans d'ACTA* ; *Chemins faisant. L'ACTA a dix ans* ; *Paysages en mouvement – L'ACTA, quinze ans.*
362. *Paysages en mouvement – L'agence culturelle, quinze ans*, 1992, p. 17.
363. Sur la musique : *La Politique culturelle...* et *Encyclopédie d'Alsace*, articles Chorales par H. DENNEFELD, t. III, 1983, p. 1701-1708, Festival par G. WACKERMANN, t. V, 1983, p. 2971-2975 et Orchestres par H. DENNEFELD, t. IX, 1984, p. 5687-5696.
364. A. WICKER, « La nouvelle chanson alsacienne », in *Encyclopédie de l'Alsace*, III, 1983, p. 1554-1558.
365. C. SAUTTER, *Auswirkungen der französischen Kulturpolitik im Elsass*, Diplomarbeit, 1986.
366. *La Lettre rhénane*, 5 mars 1991.
366a. *Saisons d'Alsace*, 120, 1993, « Gens de théâtre ».
367. F. LOTZ, *Artistes peintres alsaciens de jadis et de naguère (1880-1982)*, Kaysersberg, 1985 ; *id., Artistes peintres d'Alsace vivant et œuvrant à la date du 1er janvier 1982*, Kaysersberg, 1985 ; A. BAUER et J. CARPENTIER, *Répertoire des Artistes*

d'Alsace des XIXe et XXe siècles, 5 cahiers, Strasbourg, 1984-1991.

368. F. RAPHAEL, « L'Alsace mon beau musée », in *Saisons d'Alsace*, 110, 1990, p. 173-184.

369. *La Politique culturelle...*, p. 212.

370. G. WACKERMANN, « Université populaire européenne de Strasbourg », G. LESER, « Universités populaires d'Alsace », in *Encyclopédie de l'Alsace*, t. XII, 1986, p. 7503-7504 et *Saisons d'Alsace* 112, 1991, consacré aux universités populaires.

371. G. CASTELLINO, *Land und Sproch*, 1986, 1, p. 60.

372. J. FREUND, « Entre la France et l'Europe », in *Saisons d'Alsace*, 110, 1990, p. 144.

373. S. ROUSSELOT, *Bilinguisme et Bibliothèques en Alsace : les livres en langue allemande dans les bibliothèques de lecture publique du Haut-Rhin 1945-1991*, DESS, école nationale supérieure des sciences de l'information et des bibliothèques, 1992.

374. J.M. WOEHRLING, « Face à l'Allemagne », in *Saisons d'Alsace*, 1990, 110, p. 253-270.

375. Cf. en particulier M.N. DENIS et C. VELTMAN, *Le Déclin du dialecte alsacien*, Strasbourg, 1989.

376. W. LADIN, *Der elsässische Dialekt-Museumsreif*, Strasbourg, 1982.

377. M.N. DENIS, « Dialecte alsacien et catégories sociales », in *Chiffres pour l'Alsace*, 1983, 2, p. 41-43

378. Cf. *supra* note 375, p. 41-100.

379. F. HARTWEG, « L'Alsace dans toutes ses langues », in *Saisons d'Alsace*, 110, 1990, p. 234.

380. P. KRETZ, « Staarwa esch oï a kunscht », in *Saisons d'Alsace*, 110, 1990, p. 273.

381. Le vécu de l'élève dialectophone, note 375, p. 101-122.

382. Le débat sur l'identité à travers la presse et les lettres de lecteurs, *Land un Sproch*, 1992, 104, p. 9-12.

383. F. HARTWEG, L'Alsace..., *op. cit.*, p. 232.

ÉPILOGUE

384. A. WECKMANN, « Plaidoyer pour une zone bilingue franco-allemande », in *Saisons d'Alsace*, 110, 1990, p. 241-252.

385. *Alsace 2005. Première synthèse*, décembre 1991.

386. Sur l'identité : J.P. SORG, « L'identité alsacienne », in *Objectif Alsace*, 20 mars 1988, M. LIENHARD, « Comment être alsacien ? », in *Messager évangélique*, n° 39, 1991 ; B. VOGLER, « Réflexions sur l'identité régionale », in *Revue des sciences sociales*, 16, 1988-89, p. 13-15.

387. C. WICKERSHEIMER, *Kleine Geographie von Elsass-Lothringen*, 7e éd., Strasbourg, 1884, p. 49.

388. Ph. BRETON, « A la recherche de l'alsacianité », in *Chiffres pour l'Alsace*, 23, 1992, p. 8.

389. La formule est utilisée pour la première fois par Ernst Stadler pour désigner son entreprise commune avec René Schickelé (1913). Cf. A. FINCK, *Geistiges Elsässertum*, Landau, 1992.

390. Cité par F. HARTWEG, « L'alsacien, un dialecte allemand tabou », in *op. cit.*, p. 84.

INDEX DES ILLUSTRATIONS

INDEX DES NOMS DE PERSONNES

INDEX DES NOMS DE LIEUX

Cet index ne prend pas en compte en raison d'une fréquence trop grande les concepts suivants : Basse-Alsace, Bas-Rhin, Haute-Alsace, Haut-Rhin, Rhin et Vosges.

TABLE

TABLE

Impression et finition Saint-Paul France S.A.
55000 Bar le Duc
Dépôt initial : octobre 1993
Dépôt légal : octobre 1994
N° 9-94-1116